CITTÀ D'ARTE low cost

Touring Editore

SOMMARIO

LOW COST: STILE DI VITA, FILOSOFIA DI VIAGGIO

Il fenomeno low cost nasce dall'esigenza di ridurre i costi unita alla ricerca di una semplificazione di procedure e modalità di viaggio. La diffusione delle compagnie aeree a basso costo e la crisi dei consumi hanno comportato, in ambito turistico, un significativo ampliamento di un settore fino a non molti anni fa limitato a giovani e giovanissimi, con la creazione di nuovi prodotti e servizi adatti alle esigenze di più ampie fasce di popolazione. Il modo di concepire il viaggio e la vacanza si è completamente modificato: la scelta non è più incentrata unicamente sulla meta, ma giocano un ruolo sempre più rilevante aspetti quali le modalità di accesso, le offerte speciali, le migliori occasioni di soggiorno e di ristorazione. Una sorta di rivoluzione che si va espandendo verso altri segmenti del settore turistico, nella convinzione che sia possibile viaggiare risparmiando senza rinunciare alla qualità della vacanza.

UN NUOVO MODO DI VIAGGIARE

Low cost per necessità, quindi, ma anche come filosofia di vita, come modo di viaggiare: rinuncia al superfluo per concentrarsi sul recupero dell'essenziale e della sobrietà. Per esempio, scegliendo di visitare un luogo a piedi, utilizzando i mezzi pubblici, o in bicicletta, tutti sistemi **ecologici ed economici** che garantiscono anche un **contatto più diretto e autentico**; e ancora, dimostrare disponibilità e apertura alla relazione con la vita del luogo - usanze e cibo compresi - da preferire alle classiche e più rassicuranti formule per turisti 'all inclusive'. In una parola, tutto alla portata di tutti, in modo semplice - ecco il fiorire delle community online, dove è possibile confrontare pareri ed esperienze dei viaggiatori - ed economico, con accesso diretto e immediato alle offerte via internet: si eliminano i costi e gli intermediari inutili, si costruisce autonomamente il viaggio e si ha accesso a un patrimonio di conoscenze in precedenza precluso.
Anche la visita alle città d'arte diventa così un'occasione della quale tutti possono godere: in questa guida ne abbiamo scelte venticinque in tutta Italia, alcune notissime altre meno interessate dai flussi turistici tradizionali, tutte accomunate dalla possibilità di essere visitate a prezzi contenuti.
Viaggiare low cost non significa quindi imporsi dei limiti, anzi: è un insieme di possibilità e di **nuovi punti di vista** che aprono prospettive assolutamente inesplorate sul viaggio e sulle mete raggiunte. E così low cost non vuole dire privarsi di qualcosa, ma, sostanzialmente, risparmiare sulle tre principali voci di spesa di un viaggio, ovvero il mezzo di trasporto (discorso relativo se si utilizza comunque l'auto per gli spostamenti), il pernottamento e il ristoro, senza peraltro rinunciare alla qualità. In questo modo, anche nei momenti di crisi diventa possibile evadere per qualche giorno dalla realtà e scappare dalla routine degli impegni quotidiani.

UNA FORMULA, TANTE POSSIBILITÀ

Il caso più clamoroso di successo della politica 'no frills', ovvero letteralmente 'senza fronzoli' che prevede l'abbattimento di tutta una serie di servizi non essenziali, è stato quello delle **compagnie aeree low cost**. Oggi la formula si è allargata a tutti i settori, fino a comprendere le sistemazioni, il cibo, le attività e il tempo libero: in poche parole l'intero pacchetto vacanza. Considerato che l'offerta turistica tende a essere sempre più personalizzata, non stupirà sapere che le offerte migliori si trovano sempre più spesso in **rete**: pacchetti on demand, last minute e 'viaggi roulette', senza dimenticare i numerosi **forum** dove i viaggiatori confrontano le proprie esperienze scambiandosi informazioni, consigli e impressioni sulle mete e sulle strutture frequentate. Fra i più noti: www.cisonostato.com, www.forumviaggiatori.com, www.ilgiramondo.net, www.tripadvisor.it, www.viaggiatori.net, www.eviaggiatori.it, www.turistipercaso.it e, ultimo nato, www.zingarate.com

VIAGGIARE A BASSO COSTO

In aereo. Consultare periodicamente i siti delle compagnie aeree low cost permette di avere una panoramica completa e aggiornata delle offerte, comprese quelle legate all'apertura di nuove tratte e all'introduzione delle tariffe invernali, solitamente più economiche rispetto a quelle estive. Molto redditizie, in termini di sconto, sono le prenotazioni effettuate con mesi di anticipo rispetto alla data di partenza: i momenti migliori per prenotare sono l'autunno, per partenze estive, e la primavera, per quelle invernali. Molto convenienti, con sconti in alcuni casi superiori anche al 50%, sono i voli last minute, che però hanno lo svantaggio di proporre partenze molto ravvicinate. Poiché sia le tratte sia i giorni dei voli sono soggetti a variazioni (alcuni sono solo stagionali), si consiglia sempre di verificare presso i siti delle compagnie prima della partenza. Per evitare sorprese, prima di acquistare un biglietto online è consigliabile leggere attentamente le clausole e controllare gli eventuali costi aggiuntivi (tasse aeroportuali, tariffe applicate al bagaglio in eccesso, supplemento carburante e spese di assicurazione).

In treno e in bicicletta. Lo sviluppo dell'alta velocità ha ormai portato il treno a competere in alcuni casi con l'aereo e l'automobile: rispetto all'aereo, il treno offre il vantaggio di eliminare i tempi morti e i costi legati ai trasferimenti.

Le principali compagnie low cost

Air Italy, tel. 8955895589, www.airitaly.it
AirOne, tel. 062222 o 800650055 (operatività voli), www.flyairone.it
Air Vallee, tel. 0165303303, www.airvallee.it
Blue Air, www.blueairweb.com
Blue Panorama Airline (Blu-express), tel. 199419777, www.blu-express.com
Darwin Airline, tel. 800786598, www.darwinairline.com
EasyJet, www.easyjet.com
ItAli Airlines, tel. 899656575, www.italiweb.it
Meridiana Eurofly, tel. 892928, www.meridiana.it
Ryanair, tel. 8990188880 o 899289993, www.ryanair.com
Wind Jet, tel. 892020, www.volawindjet.it

Questo particolare, nel caso di voli low cost, è da tenere sempre ben presente, dal momento che in molti casi le compagnie utilizzano scali secondari, spesso lontani dalla città. Il sito delle Ferrovie dello Stato (www.fsitaliane.it) viene continuamente aggiornato con gli sconti proposti stagione per stagione. Una scelta particolarmente interessante ed ecologica è l'opzione treno + bici. Su alcuni treni suburbani, regionali, diretti e interregionali, è possibile far viaggiare al seguito la propria bicicletta acquistando un supplemento al prezzo di € 3,50 valido 24 ore dalla convalida. In alcune regioni il pullman può costituire una valida alternativa al treno: sebbene non necessariamente più rapido e veloce, grazie a una rete efficiente e capillare su tutto il territorio permette di raggiungere anche le località non servite dalla ferrovia. Il portale Ibus (tel. 0514210530, www.ibus.it), cui aderiscono nove compagnie italiane nel settore delle autolinee di lunga percorrenza, propone offerte, promozioni e servizi, tra cui la prenotazione viaggi online da tutta Italia e per qualsiasi destinazione.

In automobile. L'auto consente autonomia e agilità di spostamenti e, specie se si viaggia 'a pieno carico', continua a essere concorrenziale sulle distanze medio-piccole. Tuttavia, nella maggior parte delle città - tanto più nelle mete qui trattate - l'accesso al centro storico è ormai strettamente regolamentato: zone a traffico limitato e aree pedonali costituiscono degli ottimi incentivi per 'dimenticare' l'auto nei parcheggi autorizzati al di fuori del centro, spostandosi a piedi o con i mezzi pubblici.

Cercare offerte scontate

I siti per la ricerca di offerte di viaggio low cost sono ormai numerosissimi. Oltre a quelli più noti, come www.edreams.it o www.expedia.it, molto gettonati sono www.europelowcost.com, portale dove è possibile trovare e confrontare istantaneamente le migliori soluzioni relativamente a voli, sistemazioni, noleggio auto e pacchetti vacanze, e www.lowcostvacanze.com, espressamente dedicato ai viaggi e alle strutture ricettive in Italia. Oltre a questi, sempre maggior interesse stanno riscuotendo siti di gruppi di acquisto collettivo quali www.groupon.it e it.groupalia.com.

ORGANIZZARE IL SOGGIORNO

Spostamenti a parte, la voce principale da tener presente per un soggiorno economico riguarda il pernottamento. Sia pure senza raggiungere i livelli dell'Europa continentale, anche in Italia l'offerta di sistemazioni a basso costo si è notevolmente differenziata e si presenta oggi ampia e articolata. Per l'elenco delle strutture certificate a livello regionale si consiglia di fare sempre riferimento, oltre agli indirizzi forniti in questa guida, agli uffici turistici di ciascuna città o provincia.

Applicata alle **strutture alberghiere**, la formula low cost consiste per lo più in offerte legate alla prenotazione online, alla bassa stagione e al last minute. Sempre più spesso, gli stessi siti delle compagnie aeree hanno una sezione dedicata alle sistemazioni economiche e/o ai pacchetti volo + hotel.

L'opzione più economica, che nel tempo ha acquisito nuovi significati, è quella del soggiorno negli **ostelli della gioventù**, un tempo riservata ai giovani viaggiatori e agli studenti e oggi aperta a tutte le classi di età, alle famiglie e agli ospiti con disabilità. Anche in Italia, il livello di qualità offerto dagli ostelli si è notevolmente innalzato (nell'Europa del Nord la qualità di queste strutture è pari, se non superiore, a quella di un buon albergo): i servizi restano essenziali, ma l'ambiente, la pulizia, la privacy - con la presenza di stanze più piccole, quando non addirittura singole e dotate di servizi - sono radicalmente migliorati. L'ostello non è più una scelta dovuta esclusivamente al budget, ma un modo diverso di scoprire città e Paesi lontani. Una selezione di ostelli certificati si trova sul sito della Aig - Associazione Italiana Alberghi per la Gioventù (tel. 064871152, www.aighotels.com), dove è possibile trovare anche offerte di pacchetti di viaggio a prezzo scontato.

Realtà consolidata su tutto il territorio della Penisola e ormai presenti anche negli immediati dintorni di molte città, gli **agriturismi** offrono spesso una sistemazione a costi contenuti. Abbinando ospitalità immersa nel verde, proposte enogastronomiche del territorio e vendita diretta dei prodotti, queste strutture rispondono pienamente alla filosofia low cost, specie laddove è stato possibile impiantare le aziende nel rispetto del paesaggio e proporre ai clienti un ventaglio di escursioni: a piedi, a cavallo, in mountain bike ecc. L'offerta è veicolata prevalentemente tramite internet e il passaparola. Oltre alla guida *Agriturismo e vacanze in campagna* di Touring Editore, un valido riferimento è offerto dalle associazioni: Agriturist (www.agriturist.it), Terranostra (www.terranostra.it) e Turismo Verde (www.turismoverde.it).

Un'altra formula di accoglienza alternativa all'albergo è quella del **Bed & Breakfast** - settore in gran crescita in tutta Italia - forte di una formula consolidata proprio per la durata relativamente breve dei soggiorni, se è vero, come recitano le statistiche, che più del 50% degli ospiti si ferma per una media di due/tre notti. I B&B offrono alloggio con prima colazione e qualche altro servizio complementare - informazioni, noleggio biciclette, sconti con locali convenzionati - a una clientela in maggioranza giovane e votata al turismo itinerante. Una selezione accurata di strutture si trova sia nella guida *B&B, locande e molto*

Per i più giovani

La **Carta Giovani** viene rilasciata (anche online) ai giovani con meno di 30 anni che diventino soci dell'omonima Associazione. Valida 1 anno, costa € 11 e dà diritto a sconti, agevolazioni e servizi nei settori della cultura, dello sport e del tempo libero, viaggi compresi, in 5000 punti convenzionati in Italia. Per informazioni: tel. 0664960345, www.cartagiovani.it.

Riconosciuta in tutto il mondo e promossa dall'Unesco è la **Isic-Carta Internazionale dello Studente** (www.isic.it), che al costo di € 10 e anch'essa con validità 1 anno dà diritto a sconti (in Italia, ma anche all'estero) su mezzi di trasporto, alloggi, musei, luoghi di divertimento, negozi, e di usufruire dei servizi riservati agli studenti. Entrambe le carte sono promosse e distribuite dal Cts-Centro Turistico Studentesco, associazione impegnata dal 1974 nella promozione del turismo giovanile (tel. 06411166, www.cts.it).

altro di Touring Editore sia sul sito della Federazione Italiana Bed & Breakfast (www.federbb.it). La maggior parte dei Bed & Breakfast è affiliata a portali di prenotazione online come www.bed-and-breakfast.it, che offre un'ampia scelta di indirizzi, soluzioni personalizzate e offerte last minute.

CITTÀ D'ARTE LOW COST IN ITALIA

La guida raccoglie 25 città d'arte per altrettanti weekend o vacanze brevi. La scelta non è stata facile, abbondando in Italia le località che conservano importanti evidenze storiche e artistiche. Sono state escluse naturalmente le città d'arte per eccellenza: Venezia, Firenze, Roma e Napoli sono infatti talmente ricche di tesori da richiedere una trattazione a parte.
Città 'a misura d'uomo' (e di portafoglio). La selezione ha quindi privilegiato, su tutto il territorio nazionale, località di medie dimensioni e di grande interesse storico-artistico e turistico, che nel contempo si prestassero, per vari motivi, a una visita 'low cost': per esempio, per la presenza di sconti e agevolazioni per i visitatori (attraverso le classiche 'card'), oppure per avere un centro storico raccolto e piacevole da visitare a piedi o in bicicletta, o, ancora, per vantare un buon rapporto qualità-prezzo nel campo dell'ospitalità e della ristorazione. Accanto alla ricchezza di testimonianze culturali e artistiche, in queste città si è cercato di segnalare anche spunti di visita 'low cost' che portassero anche a scoprire luoghi meno noti eppure ugualmente meritevoli: dal museo gratuito alla chiesa ricca di opere interessanti, dai gioielli del liberty nascosti nelle periferie al sentiero nella natura a due passi dal centro, alla pista ciclabile, alle fiere e ai mercati contadini.
25 città, centinaia di informazioni. La visita alla singola località, dopo una breve presentazione che ne mette in luce la storia e le caratteristiche salienti, è introdotta da alcune note relative al quando e perché andare, quindi da esaurienti informazioni pratiche sul come arrivare e come muoversi con i diversi mezzi all'interno della città. Sono inoltre segnalate, con tutti i particolari del caso (costi, validità ecc.), le eventuali carte sconto per turisti e visitatori. Un apposito box segnala in modo dettagliato gli eventi di maggior richiamo quali festival, sagre popolari, manifestazioni e fiere, il tutto corredato di descrizione e riferimenti per reperire maggiori informazioni in loco.
La pianta del centro città introduce all'itinerario di visita - rigorosamente a piedi - che tocca i punti più importanti e angoli più nascosti ma egualmente meritevoli di attenzione (uno spazio apposito è dedicato alla bicicletta e ai servizi relativi: noleggio, bike sharing, piste ciclabili, ciclofficine ecc.).
Per ogni località - a seconda delle dimensioni - sono quindi riportate due o tre schede analitiche dedicate ai must da non perdere assolutamente in caso di visita (indipendentemente dal costo del biglietto...), e altrettante descrizioni di alcune 'chicche' low cost.
Indirizzi e spunti low cost. Ogni itinerario di visita si conclude con la sezione indirizzi utili, che raccoglie centinaia di luoghi dove dormire e dove mangiare, selezionati dal Touring in base al criterio del rapporto qualità/prezzo: alberghi, B&B, locande, ostelli, ristoranti, trattorie, osterie nei quali una spesa

contenuta non va a discapito della qualità. Per trascorrere una vacanza, per quanto breve, all'insegna del risparmio ma ricca di soddisfazioni.
Senza la pretesa di presentare un quadro esaustivo di tutti i monumenti e i luoghi di interesse di ogni città (cosa che richiederebbe un'intera guida), le proposte qui raccolte hanno piuttosto lo scopo di fornire una chiave di visita appositamente pensata per chi viaggia "low cost", fornendo spunti anche più originali e meno noti, interessanti e stimolanti, tutti a basso prezzo o addirittura gratuiti, che ogni lettore potrà poi integrare e sviluppare al meglio: il consiglio è sempre quello di tenere d'occhio i siti ufficiali degli uffici turistici o delle amministrazioni comunali e provinciali, e di rivolgersi agli uffici turistici in loco per maggiori dettagli e informazioni aggiornate.

Come leggere la guida

Ogni città è introdotta da un ricco corredo di **INFORMAZIONI UTILI:** quando e perché andare, come arrivare e muoversi in città, card e sconti per turisti, voli low cost.
A corredo, la **PIANTA DELLA LOCALITÀ** illustra la rete viaria, evidenziandone i punti di maggior interesse, e un box dedicato a **EVENTI E MANIFESTAZIONI** elenca gli appuntamenti principali.

La visita della città si articola in tre proposte

SCOPRIRE LA CITTÀ A PIEDI, un itinerario pedonale lungo i punti di maggior richiamo.
I MUST DA NON PERDERE, una selezione di due o tre monumenti o luoghi da visitare assolutamente, a prescindere dal costo.
SPUNTI E CHICCHE LOW COST, palazzi, chiese, parchi e musei gratuiti, ma anche fiere e mercati, tour sotterranei e trenini verdi... proposte originali e soprattuto a basso (o nessun) costo.

Segue una nutrita selezione di indirizzi

DORMIRE, centinaia di alberghi, agriturismi, B&B, case-vacanza e campeggi (solo con strutture abitative): il prezzo minimo/massimo è riferito alla camera doppia (se si è in coppia va diviso per due).
MANGIARE propone ristoranti, trattorie, pizzerie, enoteche e locali, di buona qualità e a prezzi onesti; il prezzo minimo/massimo è per un pasto medio di tre portate, bevande escluse, a persona.
Un'avvertenza: per gli alberghi i prezzi possono variare, anche sensibilmente, in funzione della stagione (alta o bassa) e di eventi particolari quali fiere, feste ecc.; si consiglia, quindi, di verificare sempre le tariffe contattando le singole strutture.

AOSTA
gioiello alpino

Antico baluardo dell'impero romano contro le mire espansionistiche dei popoli nordici, Aosta rimane un importante snodo strategico sulla strada dei traffici e degli scambi commerciali tra l'Italia e i Paesi d'Oltralpe. Adagiata nel cuore di un'ampia conca, alla confluenza delle diramazioni vallive che partono dai valichi del Grande e del Piccolo San Bernardo, circondata da montagne maestose, la città è una perfetta sintesi di cultura, storia, natura e paesaggi spettacolari. Come molte città montane di confine, Aosta conserva tratti decisi e tradizioni peculiari, tutelati dallo statuto speciale del 1948. Oltre alla funzione di capoluogo di regione autonoma, Aosta è anche punto di convergenza del transito tra Italia, Francia e Svizzera. Attenzione: non consideratela solo come tappa di passaggio, perché la città ha molto da offrire a chi decide di sostarvi, anche solo per qualche giorno. Una delle tante particolarità che incontrerete è il *patois*, la lingua franco-provenzale ancora parlata da un'ampia fetta di popolazione. Nonostante l'incalzante incremento turistico e l'intensa attività edilizia, Aosta è promotrice di iniziative a favore di una mobilità alternativa e di un approccio sostenibile all'ambiente e al territorio.

QUANDO ANDARE E PERCHÉ

Aosta è una città accogliente: nella struttura ordinata del tessuto urbano, nei vicoli medievali, nei palazzi quattrocenteschi con i caratteristici *vergers*, o frutteti, nei piccoli locali che si nascondono tra archi e loggette in pietra grigia e che emanano un calore che ristora, dopo una passeggiata o una giornata all'aperto. La città possiede un fascino senza pari nel periodo invernale, quando la neve invade piazza Chanoux e le vie del centro, avvolgendole in un calore che contrasta le basse temperature. Da non perdere l'appuntamento di fine gennaio con l'affollatissima Fiera di Sant'Orso, le cui origini si perdono nella notte dei tempi. Ma Aosta è comunque godibile anche in altri periodi dell'anno, magari in occasione di uno dei molti eventi che ne animano strade, piazze e luoghi di cultura.

COME ARRIVARE

→**IN AUTO** Aosta è raggiungibile da Milano (180 km) e Torino (110 km) attraverso l'autostrada **A5 Torino-Aosta**, con uscite ad Aosta Est Sud, Aosta Est Nord e Aosta Ovest. Per chi proviene dal tunnel del Monte Bianco ed Entréves, sempre la A5 in direzione Aosta. Importante nodo di comunicazione, la città è raggiunta anche da altri importanti assi viari: la **SS27 del Gran San Bernardo**, che la collega a nord con la cittadina svizzera di Martigny, nella valle d'Entremont; e la **SS26 della Valle d'Aosta**, che attraversa longitudinalmente tutta la regione e permette di raggiungere Ivrea e Chivasso, a sud, e il colle del Piccolo San Bernardo, a ovest, connettendosi con la rete viaria francese.

→IN AUTOBUS **Savda** (strada Pont Suaz 6, tel. 800170444 - numero verde - oppure tel. 0165367011, www.savda.it) gestisce i collegamenti con tutti i centri della media e alta valle e garantisce corse periodiche in ambito nazionale con Torino, Novara e Milano, nonché le linee da e per Martigny, in Svizzera, e Chamonix, Chambery e Annecy, in Francia. **Vita** (via Nazionale 10, Arnad, tel. 0125966546, www.vitagroup.it) gestisce una linea invernale di collegamento tra Pavia e Aosta. Tutte le corse fanno capo al **terminal bus** di Aosta (via Giorgio Carrel, tel. 0165262027).

→IN TRENO Il trasporto ferroviario da e per Aosta è interamente gestito da **Trenitalia** (tel. 892021, www.fsitaliane.it) e fa capo alla stazione di piazza Manzetti. Le due linee, una per Pré-Saint-Didier e l'altra per Chivasso e Torino Porta Nuova, non sono elettrificate.

→IN AEREO Aosta dispone di una piccola aerostazione (**Aeroporto "Corrado Gex"**, località Aeroporto, Saint-Christophe, tel. 0165303350, www.avda-aosta.it) interessata esclusivamente da traffico regionale; per i collegamenti su scala nazionale l'aerostazione più vicina è quella di Torino (**Aeroporto "Sandro Pertini"**, strada San Maurizio 12, Caselle Torinese, tel. 0115676361, www.aeroportoditorino.it).

Voli low cost

Compagnie che operano su Torino: **Blue Panorama Airlines** (www.blue-panorama.com), da Roma Fiumicino; **Darwin Airline** (www.darwinairline.com), da Foggia; **Ryanair** (www.ryanair.com), da Bari, Brindisi e Trapani; **Meridiana Eurofly** (www.meridiana.it), da Cagliari, Catania e Olbia; **Wind Jet** (www.volawindjet.it), da Catania e Palermo.

COME MUOVERSI

→IN AUTO Aosta è una città piccola, da girare a piedi. L'intero centro storico è **zona a traffico limitato** (**ZTL**) e, come tale, vincolato da rigide norme di accesso. È inoltre presente un'area pedonale che comprende piazza Chanoux e le vie de Tillier ed Edouard Aubert. L'auto si può lasciare nelle tre grandi aree di sosta in struttura a pagamento: **Park Ospedale** (piazza Caduti Lager Nazisti, sempre aperto), **Park Consolata** (via Federico Chabod, lun-sab 7-21, chiuso dom e festivi) e **Park Carrel** (via Giorgio Carrel 1); oppure nei parcheggi a raso sparsi ovunque in città, con tariffe orarie che variano da € 0,50 a € 1,50. Tutti i servizi di sosta sono gestiti da **APS** (corso Lancieri di Aosta 26, tel. 0165367511, www.comune.aosta.it).

→IN AUTOBUS Il servizio di trasporto pubblico urbano è garantito da **SVAP** (località Plan Félinaz, Charvensod, tel. 016541125, www.svap.it), che gestisce 17 linee più due navette (rossa e verde). Biglietto di corsa semplice € 0,80, € 1 se acquistato in vettura, carta valida per 10 corse sulle navette rossa e verde con validità di 30 gg dalla prima convalida € 3.

➔IN FUNIVIA Da Aosta è possibile raggiungere il comprensorio di Pila in 18 minuti grazie alla telecabina che parte dalla località Pont Suaz 6 (**Società Impianti a Fune di Pila**, tel. 0165521148, biglietteria Aosta tel. 0165235130, lun-dom 8-17, anche durante la stagione estiva).

➔IN TAXI Il servizio taxi in città risponde al numero tel. 0165262010.

SCONTI E RIDUZIONI

➔CARTA VALORE SVAP

Tessera prepagata (€ 5) rilasciata dalla società di trasporto urbano (in vendita anche in vettura), previa ricarica minima di € 10. Permette di viaggiare a un costo di € 0,62 a tratta (con un risparmio di circa il 25%) ed è utilizzabile da più utenti contemporaneamente (fino a 4 persone). Autorizza l'interconnessione entro l'ora dalla prima convalida, ma non è consentito il viaggio di ritorno sulla stessa linea entro l'ora.

Eventi e manifestazioni

Settimana della Cultura

(aprile)

Oltre all'ingresso gratuito o ridotto a castelli, a mostre e siti archeologici, attività culturali e di sensibilizzazione nei confronti del patrimonio storico e artistico della regione (Informazioni: tel. 0165273430–0165273436).

Aosta Blues & Soul Festival

(luglio)

Ogni anno sul palco dello stadio Puchoz grandi artisti del blues e del soul internazionale (Informazioni: tel. 0165231273, www.aostabluesandsoul.it).

Strade del Cinema

(agosto)

Festival del cinema muto musicato. Nello scenario del Teatro romano si premiano le migliori composizioni musicali realizzate per le opere indicate dalla direzione artistica (www.stradedelcinema.it).

Festival del Medioevo

(settembre)

Rievocazione storica cui fanno da contorno conferenze, incontri e visite guidate per conoscere l'enorme patrimonio d'epoca della città (Informazioni: tel. 0165273431).

Festival des Peuples minoritaires

(settembre)

Appuntamento dedicato all'integrazione dei popoli minoritari che, pur mantenendo le proprie tradizioni e peculiarità, rappresentano realtà dinamiche e vive (Informazioni: tel. 0165273431).

Désarpa

(settembre)

La "désarpa", ovvero la transumanza dei bovini, viene celebrata in occasione della festa di S. Michele. Segna la fine della stagione estiva, che una volta coincideva con il rientro delle mucche dai pascoli d'alta montagna. A cadenza biennale, ha luogo l'ultima domenica di settembre e culmina con la processione di bovini per il centro della città (Informazioni: tel. 0165236657).

Fête de la Vallée d'Aoste

(settembre)

Ha luogo il giorno della festa di S. Grato, patrono della regione (7 settembre); vengono consegnati i premi di Chevalier de l'autonomie e di Amis de la Vallée d'Aoste (Informazioni: tel 0165236627).

Courmayeur Noir in Festival

(dicembre)

Si tiene a Courmayeur la principale rassegna cinematografica italiana sul cinema e la letteratura di suspense, con retrospettive e analisi dedicate. Anche incontri letterari (www.noirfest.com).

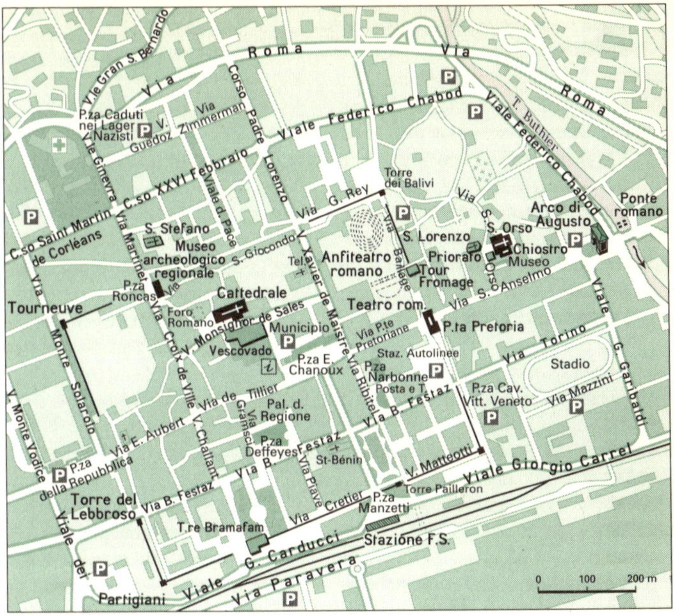

→TOURIST CARD

Serie di carte emesse dai singoli consorzi che aderiscono al circuito – Gran Paradiso (per il quale viene emessa il giugno di ogni anno ed è valida fino a giugno dell'anno successivo), Breuil-Cervinia, Gressoney e Pila – le quali, oltre a garantire una serie di sconti e facilitazioni su musei, impianti e strutture del territorio, offrono numerose agevolazioni anche presso esercizi commerciali, luoghi espositivi e complessi musivi della città di Aosta (www.granparadisonatura.vda.it, www.cervinia.it, www.gressoneymonterosa.it, www.pilaturismo.it).

SCOPRIRE AOSTA A PIEDI

Aosta è caratterizzata dalla tonalità grigia delle sue pietre che, al contrario di quanto si potrebbe pensare, non suscita affatto un senso di freddezza: la città emana calore d'inverno, come se le pareti lasciassero intuire i mille focolari accesi che gli interni custodiscono; e si illumina d'estate, quando diventa piacevole sostare in prossimità della Collegiata o seduti ai tavolini di un bar del centro. Un itinerario in grado di far apprezzare totalmente le bellezze (e la dualità) della città romana e medievale può partire dall'imponente **Arco di Augusto** (25 a.C.), fuori le mura, che conduce direttamente alla **porta Praetoria**, in origine ingresso orientale della città romana di *Augusta Praetoria*, con gli attigui **teatro** e

Una regione da pedalare

La Valle d'Aosta mette a disposizione numerosi itinerari di varia difficoltà e durata, percorribili sia su bici tradizionale sia in mountain bike. La stessa orografia urbana – non particolarmente accidentata – favorisce l'uso della due ruote per gli spostamenti di corto o medio raggio. Così, per esempio, dalla periferia orientale della città ci si può muovere lungo il corso della Dora Baltea e raggiungere Sarre o Quart. Dal 2005, anche Aosta dispone di un efficiente servizio di bike sharing, affiliato al circuito **C'entro in Bici**, che permette di prelevare il mezzo grazie a una chiave con codice personale (Sportello del Cittadino, Comune, tel. 0165300403). A favore di una mobilità sostenibile, sono sorte negli ultimi anni iniziative quali "Dolcezza in bicicletta", fortemente appoggiate dall'amministrazione comunale. Pila, notissimo comprensorio sciistico che domina da meridione la città, diventa nei mesi più caldi una delle capitali della mountain bike (trasporto gratuito del mezzo sulle seggiovie Chamolé e Couis, oppure possibilità di noleggio in loco), con bike stadium, discese mozzafiato e percorsi escursionistici di ogni tipo.

anfiteatro (quest'ultimo inglobato nel monastero medievale delle suore di S. Caterina). Si prosegue verso la centralissima **piazza Chanoux**, sulla quale affaccia il bell'edificio neoclassico del municipio, fino a **piazza S. Giovanni**, parzialmente coincidente con l'area del foro romano. Nei pressi, la **Cattedrale di Notre-Dame** con i due campanili romanici e, velata dai rami di un tiglio secolare, la bella **Collegiata di Sant'Orso**. La zona offre numerose e piacevoli opportunità di sosta per aperitivi e cene. La sera, gli amanti del brivido del gioco potranno fare una puntata al **Casino de la Vallée** di Saint-Vincent (scelta poco low cost, ma magari la fortuna è con voi), mentre chi preferisce gli appuntamenti culturali non avrà che l'imbarazzo della scelta tra i molti eventi organizzati nei castelli e nelle località della Valle. Il sito del VMV-Virtual Museum Vallée (www.vmv.it) propone foto d'epoca e visite virtuali per conoscere le peculiarità della cultura valdostana e della città.

I MUST DA NON PERDERE

Collegiata e complesso di Sant'Orso

ⓘ Informazioni: Complesso monumentale della Collegiata di Sant'Orso, piazzetta di Sant'Orso, tel. 0165262026, lun-sab 10-12.30 e 13.30-17.30, dom e festivi 10-12.30 e 13.30-18.30, da marzo a settembre 9.30-12.30 e 14-18, ingresso gratuito

Sorta nell'XI secolo sulle fondamenta di un preesistente complesso paleocristiano, costituisce una tra le testimonianze di maggior rilievo della storia dell'arte sacra in Valle d'Aosta. Affiancata da un imponente **campanile** (44 metri) leggermente discosto dal-

la costruzione principale, la chiesa presenta un impianto romanico a tre navate risalente al **periodo anselmiano** (994-1025) con successivi apporti gotici, come la copertura con volte a crociera e gli stalli del **coro ligneo**.
Di particolare interesse gli **affreschi di scuola ottoniana**, conservati nel sottotetto della navata centrale (accessibili tramite passerella; per visite, chiedere al custode della Cattedrale di S. Lorenzo, che sorge di fronte al complesso), e lo splendido **chiostro** che, con le sue arcate a tutto sesto, le eleganti colonnine e, soprattutto, i 37 capitelli istoriati in marmo bianco (in origine 52), costituisce un mirabile esempio di arte romanica lombardo-catalana-provenzale. Sulla destra della chiesa, il **priorato**, un'ampia costruzione formata da tre corpi di fabbrica con cinque arcate e facciata in cotto, fatta costruire nella seconda metà del Cinquecento da Giorgio di Challant.
All'interno della Collegiata è stato rinvenuto un mosaico con una strana versione del **Quadrato Magico**, conosciuto anche come Quadrato del Sator, o *latercolo pompeiano*, perché composto dalle cinque parole: *sator*, *arepo*, *tenet*, *opera*, *rotas*. La loro giustapposizione, nell'ordine indicato, dà luogo a un palindromo, vale a dire una sequenza di caratteri che formano una frase che rimane identica se letta da sinistra a destra o viceversa. A tutt'oggi nessuno sembra avere una risposta certa riguardo al significato dell'iscrizione, rinvenuta in molti siti sparsi in tutta Europa. Le singole parole possono essere anagrammate dando origine - a seconda delle interpretazioni - a temi cristiani, satanisti, deisti o massonici. La particolarità del mosaico rinvenuto ad Aosta sta nell'essere l'unica versione del Sator in forma di cerchio.

Cattedrale di Notre Dame de l'Assomption et Saint-Jean Baptiste

ⓘ **Informazioni: Cattedrale di Notre Dame de l'Assomption et Saint-Jean Baptiste, piazza Giovanni XXIII, tel. 016540251, lun-sab 7-12 e 15-19, festivi e durante i mesi estivi possibile orario prolungato**

Dell'originaria costruzione in stile romanico, risalente al periodo compreso tra l'XI e il XII secolo, sopravvivono i due campanili absidali, mentre il resto dell'edificio è stato rimaneggiato a partire dal Quattrocento. La facciata, in stile neoclassico, risale al 1843, e si sovrappone a quella rinascimentale, realizzata nel 1522. L'interno è a tre navate (quella centrale con belle volte a crociera), pilastri a pianta rettangolare e archi a tutto sesto. Nel deambulatorio si trova il **Museo del Tesoro**, mentre dalla navata di sinistra si accede al raccolto **chiostro rinascimentale**. Imponente l'organo Vegezzi Bossi, posizionato sopra il portone d'ingresso principale su una bella cantoria in noce locale.

SPUNTI E CHICCHE LOW COST

Palazzo Roncas e Museo archeologico

Informazioni: Palazzo Roncas, visitabile solo esternamente; MAR-Museo archeologico regionale, piazza Roncas 12, tel. 0165275902, www.regione.vda.it, lun-dom 9-19, ingresso gratuito

Avendo a disposizione qualche ora, potrebbe essere molto interessante la visita del **MAR-Museo archeologico regionale**, aperto nel 1929, in occasione degli scavi condotti in città, e ospitato dal 1993 presso le sale dell'ex monastero della Visitazione. Di fronte, lo splendido **palazzo Roncas**, probabilmente l'edificio rinascimentale più bello della città, a partire dal Settecento sede di tutte le amministrazioni che si sono succedute ad Aosta e oggi quartier generale del locale Comando Carabinieri. La sobria facciata contrasta con le ricche e fantasiose decorazioni interne, di stampo manierista, mentre l'ingresso, la scalinata e i portici sono **affrescati a** grottesche. Ricorrenti i simboli del sole e della luna, oltre a diversi motivi allegorici al piano superiore.

Criptoportico

Informazioni: piazza Giovanni XXIII, tel. 3357981505-0165275911, www.regione.vda.it, ott-febb 11-17, mar-sett. 10.30-12.30 e 13.30-18.30, ultimo ingresso 30 minuti prima della chiusura, ingresso gratuito

Monumentale costruzione di epoca augustea che delimitava un'area sacra dedicata al culto. Si presenta come un edificio seminterrato dalla forma pressoché quadrangolare, dall'interno finemente intonacato e illuminato da una serie di **finestre a bocca di lupo**. La costruzione, che si sviluppa a forma di ferro di cavallo ed è costituita da un doppio corridoio, con **volte a botte** sostenute da robusti pilastri in blocchi di calcare travertinoso, aveva funzioni di contenimento e, per la parte seminterrata, di magazzino.

Mille e ancora mille: la Fiera di Sant'Orso

Le origini della Fiera di Sant'Orso si perdono all'inizio del secondo millennio. Secondo la tradizione, l'atto che ne sancì la nascita fu il dono, da parte del monaco irlandese Sant'Orso, di indumenti e dei tradizionali sabot ai poveri della città. La fiera, che si tiene il 30 e il 31 di gennaio, è oggi l'evento culmine dell'artigianato valdostano, e attira ogni anno oltre 150 000 visitatori. Oltre 1000 gli espositori, in rappresentanza di tutte le attività tradizionali: scultura e intaglio del legno, lavorazione della pietra ollare, del ferro battuto e del cuoio, tessitura del *drap* (stoffa in lana lavorata su antichi telai in legno), merletti e utensili per la casa. Canti e balli nella lunga veglia cittadina. Ristoro di qualità a cura delle Pro Loco "RossoNeri", a prezzi decisamente low (www.fieradisantorso.it).

MANGIARE AD AOSTA

BRASSERIE DU COMMERCE

Via De Tillier 10, tel. 016535613, www.brasserieducommerce.com • coperti 40+70 • chiuso domenica (tranne giugno-agosto) • cucina del territorio • Locale di grande fascino, in un edificio dell'Ottocento dall'impianto antico, gestito da quattro generazioni dalla stessa famiglia segnata da una storia che unisce Parigi e la Valle d'Aosta. Grande l'attenzione alla materia prima, sempre fresca e il più possibile territoriale, non solo nella cucina espressa, ma anche nelle pizze. Presso il piccolo salotto si può gustare un aperitivo leggendo libri o riviste, mentre in estate si mangia all'aperto, in giardino. Al piano superiore, suddiviso in più ambienti, sono ospitati eventi e cerimonie. • **Prezzi:** 20/30

IL GIRASOLE

Via Monsignor des Sales 29, tel. 0165548989, www.ristoranteilgirasoleaosta.com • coperti 95+50 • chiuso lunedì, settembre • cucina classica • Nel centro storico cittadino, un locale semplice, a gestione familiare, che propone soprattutto piatti a base di carni pregiate come bisonte, bufalo e angus, ma anche specialità locali e ottime pizze. Servizio estivo nel dehors. • **Prezzi:** 20/40

LA VINERIA

Via S. Anselmo 121, tel. 0165610143, www.lavineria-aosta.it • coperti 20+35 • cucina valdostana • Nel centro storico, un locale informale che propone piatti tipici freddi e taglieri di formaggi e salumi in abbinamento alla ricca e curata carta dei vini, anche al bicchiere, sia esteri sia nazionali, sapientemente serviti da Laura e Filippo, rispettivamente sommelier e assaggiatore. • **Prezzi:** 10/20

LE PÉLERIN GOURMAND

Via De Tillier 9/B, tel. 0165231850, www.lepeleringourmand.it • coperti 30 • chiuso giovedì, ferie variabili • cucina valdostana e classica • Locale del 1200 sapientemente ristrutturato, conserva una volta in mattoni rossi dell'epoca e i resti di un muro romano. L'ambiente è ideale per una piacevole sosta tra i sapori della cucina tipica. In menu: paste fatte in casa, come gli gnocchi alla fonduta di fontina Dop, stinco di agnello in panure di erbe aromatiche; per finire, spuma di caffè alla valdostana. • **Prezzi:** 25/45

TRATTORIA PRAETORIA

Via S. Anselmo 9, tel. 016544356, praetoria@libero.it • coperti 90 • chiuso martedì sera e mercoledì • cucina valdostana e classica • Cinque salette su due piani, con soffitti a volta in pietra a vista. Torte rustiche come antipasto, poi pappardelle e trippa in umido, carta dei dessert, lista dei formaggi (italiani e francesi). Vini con consumo anche al bicchiere o da asporto. • **Prezzi:** 25/40

Chicche golose

Servito bollente nella classica *coupe*, la coppa dell'amicizia in legno dotata di almeno quattro beccucci, il **caffè valdostano** viene aromatizzato con una buccia di limone o d'arancia, chiodi di garofano e cannella, oltre a una generosa dose di grappa. Dopo aver dato fuoco all'alcol, si aggiunge lo zucchero. A questo punto, ciascun commensale beve a turno dal proprio beccuccio che, a piacimento, può essere anch'esso cosparso di zucchero: il calore ne provocherà la caramellatura, aggiungendo così ulteriore piacere a un momento di convivialità.

DORMIRE AD AOSTA

CECCHIN

Albergo • Via Ponte Romano 27, tel. 016545262 -3382103542, www.hotelcecchin.com • 10 camere • Struttura completamente rinnovata nei pressi dell'arco d'Augusto. Interni accoglienti, con camere dotate di tutti i comfort e arredate in stile montano. Specialità valdostane. **• Prezzi: camera doppia 80/105**

LA FERME

Agriturismo • Località Chabloz 18, tel. 0165551647 • 3 appartamenti • In collina, tra orti, frutteti e vigne, un elegante chalet poco distante dalla casa padronale. A disposizione, prodotti per la prima colazione, frutta, verdura e vino. Svaghi di ogni genere in città (a 2 km), escursioni e sport alpini a breve raggio. **• Prezzi: per persona 30**

LE CHARABAN

Albergo • Località Saraillon 38, tel. 0165238289, www.lecharaban.it • 22 camere • A breve distanza dal centro, in collina e con vista panoramica. Costruzione tipica, ambiente signorile, camere e ristorante in stile, accoglienza calorosa. **• Prezzi: camera doppia 85/95**

MIGNON

Albergo • Viale Gran San Bernardo 7, tel. 016540980, www.hotelmignon.info • 26 camere • Vicino al centro, a 10 minuti dalla stazione ferroviaria e dalla cabinovia Aosta-Pila. Camere accoglienti e confortevoli, tutte con servizi privati e collegamento wireless. Il ristorante annesso è a gestione separata. **• Prezzi: camera doppia 49/68**

PLAN D'AVIE

Agriturismo • Località Arpuilles, tel. 016551126, digilander.libero.it/plandavie • 3 appartamenti • Il pianoro dove sorge l'azienda si affaccia sullo splendido scenario che corona Aosta. Tre appartamenti ristrutturati e possibilità di pranzare all'aperto, sotto una grande tettoia in legno. **• Prezzi: per persona 22/24**

ARVIER

RUITOR

Albergo • Via C. Gex 38, tel. 016599008, www.hotelruitor.com • 23 camere • In un edificio degli anni Cinquanta, atmosfera e gestione familiare. Camere di tono informale, con arredi semplici e curati. **• Prezzi: camera doppia 54/78**

POLLEIN

DIANA

Albergo • Località Saint Benin 1/B, tel. 016553120, www.hoteldianaaosta.com • 30 camere • Struttura anni Sessanta, in bella posizione tra il verde, lungo la strada per Pila. Buone comodità e ristorante aperto agli esterni, con vista sulla valle e cucina valdostana rivisitata. **• Prezzi: camera doppia 75/100**

SAINT-CHRISTOPHE

ALP

Albergo • Località Aeroporto 5, tel. 0165236900, www.hotelalp.com • 51 camere • Alle porte di Aosta, albergo a un piano di impronta moderna, funzionale e accogliente. Camere ampie e luminose, più un campo pratica di golf. Attivo ristorante con piatti della cucina valdostana. **• Prezzi: camera doppia 75/85**

AUTO HOTEL

Albergo • Località Grand Chemin 37, tel. 016540065, www.autohotelaosta.it • 20 camere • Adatto anche a chi arriva fuori stagione, a cinque minuti di auto da Aosta. Grande attenzione alla cucina. Camere semplici, con le comodità essenziali. **• Prezzi: camera doppia 50/70**

TORINO
l'eccellenza a ogni costo

Città di impianto e fondazione romana, Torino ebbe per secoli una rilevanza marginale. Fu con la sua proclamazione a capitale del ducato di Savoia, nel XV secolo, che la città assunse quel ruolo di grande rilevanza politica che avrebbe conservato fino al Risorgimento e alla nascita dell'Italia unita, di cui fu la prima sede governativa. Capitale politica, capitale industriale. Capitale, oggi, di tutto quanto è innovazione in campo scientifico e culturale. Torino è così diventata l'esempio di una città che ha saputo riannodare i fili con il proprio passato più luminoso reinventandosi una identità forte e precisa. Certo, l'evento olimpico del 2006 ha funzionato da volano: nuove infrastrutture, ripensamento degli spazi urbani. Ma tutto ciò non sarebbe stato sufficiente se l'anima di Torino non avesse fatto leva sulla sua voglia di mutare pelle. Fatte queste premesse, sarebbe lecito pensare che il molto che la città ha da offrire abbia necessariamente costi elevati. Certo, vi sono hotel di lusso, ristoranti stellati ed eventi culturali non proprio a buon mercato, ma Torino è in grado di riservare molte sorprese, come quella di offrire un'ampissima offerta turistica di qualità a costi ragionevoli.

QUANDO ANDARE E PERCHÉ

Ottimo il periodo invernale, anche come base per rapide escursioni sulle splendide montagne che le fanno da cornice; ma altrettanto indicati sono i mesi caldi che, oltre a permettere di godere appieno delle bellezze della città, consentono di fruire pienamente del *savoir vivre* torinese in tema di divertimenti e tempo libero. È la città italiana con il miglior rapporto tra verde pubblico e abitante, offre una buona ricettività a prezzi abbordabili abbinata a una proposta enogastronomica varia e diversificata (dal ristorante tipico a molte cucine straniere) di qualità e a costi contenuti, una mobilità sostenibile grazie alla fitta rete del trasporto urbano e all'incentivazione dell'uso delle due ruote, e numerose occasioni culturali a cifre irrisorie se non completamente gratuite.

COME ARRIVARE

Torino è nodo ferroviario e stradale fra i più importanti del Nord Italia, ottimamente collegata a tutti i maggiori centri del Paese e alle principali città europee.

→IN AUTO **Autostrada A4** da Milano, Venezia e Trieste, **A5** da Aosta, **A6** da Savona, **A7** e **A26** per chi ar-

Eventi e manifestazioni

Salone Internazionale del Libro

(maggio)

Importante fiera del libro, è ospitata presso la ex fabbrica Fiat del Lingotto. Operatori del settore, lettori, appassionati, autori per incontri, eventi e reading (via Nizza 280, tel. 0115184268, www.salonelibro.it).

Traffic Torino Free Festival

(luglio)

Cinque giorni di spettacoli gratuiti all'aperto di musica rock, progressive e contemporanea, con contaminazioni frequenti di cinema e arti visive (www.trafficfestival.com).

MITO Settembre Musica

(settembre)

Festival internazionale che unisce Milano e Torino in un fitto calendario di appuntamenti musicali in teatri, chiese e all'aperto, con la partecipazione di ospiti di livello internazionale. Gratuito o a prezzi popolari (www.mitosettembremusica.it).

Salone Internazionale del Gusto

(ottobre)

Operatori e cultori dell'enogastronomia sostenibile si incontrano ogni due anni alla mostra mercato ideata da Slow Food (www.salonedelgusto.it).

Torino Film Festival

(novembre-dicembre)

Si rivolge alla scoperta di talenti innovativi del cinema indipendente internazionale (www.torinofilmfest.org).

riva da Genova. La **A21** collega il capoluogo piemontese a Piacenza, Brescia Bologna e alla dorsale adriatica, mentre la **A32** garantisce l'allacciamento alla rete autostradale francese attraverso il **tunnel del Frejus**. L'articolato sistema autostradale, insieme alla **tangenziale** (**A55**) e alla fitta rete di **strade statali**, è in grado di sopportare flussi di traffico notevoli, anche se non sempre snelli e veloci.

→IN TRENO Le principali stazioni ferroviarie sono **Porta Nuova** e **Porta Susa** (che con il completamento del passante si avvia a diventare il principale scalo cittadino), dove opera il tradizionale carrier nazionale (Trenitalia, tel. 892021, www.fsitaliane.it).

→IN AEREO **L'aeroporto di Torino "Sandro Pertini"** si trova a **Caselle Torinese** (strada San Maurizio 12, tel. 0115676361, www.aeroportoditorino.it) e dista poco più di 15 km dal centro. Collegamento ferroviario con la stazione Dora GTT (durata circa 20 minuti, partenze ogni 30 minuti) e tramite navette **Sadem** (€ 6 la corsa, circa 40 minuti la percorrenza, numero verde 800801600, www.sadem.it), che fanno invece capo alla stazione di Porta Nuova. La stessa società gestisce anche i collegamenti da e per l'aeroporto di Milano Malpensa.

→IN AUTOBUS Partenze e arrivi fanno capo al **bus terminal** (tel. 0114338100, www.autostazionetorino.it) di corso Vittorio Emanuele II e le stazioni di Porta Nuova e Porta Susa.

Voli low cost

Su Torino fanno scalo: **Blue Panorama Airlines** (www.blue-panorama.com) da Roma Fiumicino; **Darwin Airline** (www.darwinairline.com) da Foggia; **Ryanair** (www.ryanair.com) da Bari, Brindisi e Trapani; **Meridiana Eurofly** (www.meridiana.it) da Cagliari, Catania e Olbia; **Wind Jet** (www.volawindjet.it) da Catania e Palermo.

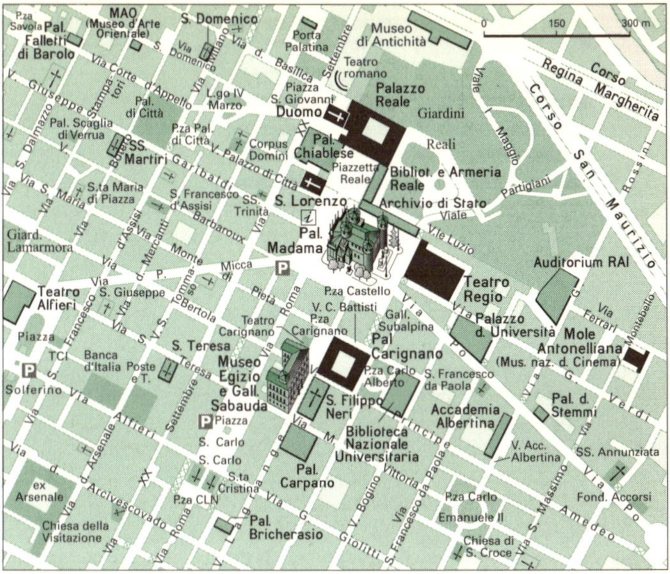

COME MUOVERSI

→IN AUTO Nel centro cittadino vige una **zona a traffico limitato (ZTL Centrale)** nella quale sono vietate circolazione e sosta (tutti i giorni feriali, sabato escluso, dalle 7.30 alle 10.30). In città esistono numerosi **parcheggi a pagamento** gestiti dalla **GTT-Gruppo Torinese Trasporti** (numero verde 800019152, www.gtt.to.it), oltre a due aree (in via Sacchi e via Nizza) gestite direttamente dall'ACI. Per una mobilità sostenibile con un occhio al portafoglio è disponibile un servizio di car sharing (www.carcityclub.it).

→IN AUTOBUS E IN TRAM Il servizio di trasporto pubblico urbano è gestito dalla **GTT** attraverso 8 linee tranviarie e oltre 80 linee automobilistiche. Gli autobus urbani sono di colore arancio. I biglietti (costo di una corsa € 1, validità 70 minuti, tagliando giornaliero € 3,50) sono acquistabili presso qualsiasi tabaccheria, centro servizi al cliente GTT o parcometro della zona blu di sosta a pagamento (24 ore su 24). GTT offre inoltre, durante il weekend o nei prefestivi, il servizio **Night Buster**: bus notturni portano dai capolinea periferici a piazza Vittorio con fermate nelle vicinanze dei principali locali. Il servizio (dalle 00.30 alle 4.30, ogni ora) è attivo tutto l'anno.

→IN METROPOLITANA Realizzata in occasione dei Giochi Olimpici invernali del 2006, quella di Torino è la prima metropolitana automatica d'Italia (numero verde 800019152, www.metrotorino.it). Comoda e veloce, collega il parcheggio di interscambio di Collegno al centro di Torino fino alla stazione di Porta Nuova (in totale 14 fermate) in circa 15 minuti. Il biglietto (€ 1) permette di effettuare una corsa semplice in metropolitana e ha una validità di 70 minuti su tutti i mezzi di superficie.

→IN TAXI Le vetture, di colore bianco, stazionano in oltre 60 parcheggi dislocati su tutto il territorio comunale. Per i servizi a chiamata, **Pronto Taxi** (tel. 0115737) e **Radio Taxi** (tel. 0115730 e 0113399).

→IN BATTELLO E IN DENTIERA Un modo particolare di visitare Torino è utilizzando i battelli che solcano il Po e che partono da Murazzi (numero verde 800019152, tel. 0115764733, biglietto € 2,50 nei giorni feriali, € 4 sabato e festivi). Splendido panorama della città si gode dalla collina di Superga, raggiungibile da Sassi con la **tranvia a cremagliera** (detta 'dentera', o dentiera), con corse ogni ora (biglietto a/r € 6, **gratuito** con **Torino+Piemonte Card**).

SCONTI E RIDUZIONI

→TORINO+PIEMONTE CARD Si tratta di una carta dal costo proporzionato alla durata (2 gg € 22, 3 gg € 27, 5 gg € 33, 7 gg € 37) che permette di avere accesso gratuito a oltre 180 siti culturali cittadini e regionali, nonché alla rete di trasporti di superficie e turistici di Torino (ascensore panoramico della Mole Antonelliana e tranvia a cremagliera per Superga). Sconto del 10% sul biglietto City Sightseeing Torino. La Torino+Piemonte Card si acquista presso gli IAT-Uffici di Informazione e Accoglienza Turistica di Turismo Torino e Provincia (numero verde 800333444, www.turismotorino.org/torinopiemonte_card).

→ABBONAMENTO MUSEI TORINO PIEMONTE Tessera che permette di accedere durante tutto l'anno a musei, residenze reali, castelli, giardini e fortezze e agli eventi espositivi in corso. Il costo è di € 49; ridotto per giovani fino a 26 anni e persone oltre i 65 a € 30 (numero verde 800329329, www.abbonamentomusei.it).

Per i viaggiatori dell'ultimo minuto

Partire senza aver programmato (né prenotato) nulla. Per chi si trova in queste condizioni, l'Ufficio Turismo mette a disposizione sul suo sito (www.turismotorino.org/dormire) un servizio last minute per riservare hotel e appartamenti 48 ore prima dell'arrivo, oppure per bed & breakfast fino a sette giorni prima.

SCOPRIRE TORINO A PIEDI

Torino è una città ricca, sotto molti punti di vista. È ricca di storia; è ricca di suggestioni barocche che si svelano in monumenti solo apparentemente discreti; è ricca di cultura industriale; è ricca di fascino nelle sue **strade porticate** (ben 18 km!) che invitano ad assaporarla lentamente. Ma Torino è ricca anche di occasioni, di angoli insoliti, di luoghi poco battuti e non per questo meno attraenti e, il più delle volte, accessibili gratuitamente o a prezzi decisamente low. Una ricchezza di cui appropriarsi a buon mercato. Un primo approccio alla città non può non prendere le mosse dal suo nucleo storico: **piazza Castello**. Qui e negli immediati dintorni sono concentrati, in pochissimo spazio, i luoghi e i monumenti simbolo di Torino e del barocco: **Palazzo Madama, Palazzo Reale** e la **chiesa di S. Lorenzo**; alle loro spalle, di poco discosta, la **Mole**, severa custode delle magie del cinema; sempre da piazza Castello, percorrendo via Roma si arriva in piazza S. Carlo, autentico "salotto" cittadino, incorniciato da palazzi porticati e due chiese barocche (S. Cristina e S. Carlo).

Muoversi low cost: Torino ciclabile

Torino, fra tutte le grandi città italiane, è quella che ha prestato maggiore attenzione alla mobilità su due ruote. La rete di piste ciclabili è in costante incremento, così come i servizi dedicati ai fruitori: presso il Comune è stato istituito un **Ufficio Biciclette** (numero verde 800018235) e, da giugno 2010, è attivo **[TO] Bike** (numero verde 800548040, www.tobike.it), servizio di bike sharing a prelievo automatizzato (abbonamento giornaliero a € 5, prima mezz'ora gratuita). Tra i servizi collaterali, le iniziative di **Ciclofficina Tandem** (via Virle 22, tel. 3491237209, www.ciclofficinatandem.it) con corsi di ciclomeccanica e servizio di cicloconsegne a domicilio, oppure di **Ciclobus** (via Pio VII 26, tel. 3312788656), che ripara bici su un bus dismesso della GTT.

Tornando sui propri passi, dalla parte opposta rispetto a piazza Castello, gli amanti dello shopping (anche low cost) potranno visitare il '**quadrilatero romano**', con le vie **S. Teresa**, **S. Chiara** e **della Consolata**. Quindi nuovamente a nord, per una doverosa visita al **Duomo**. Per un po' di refrigerio durante le calde giornate estive, o anche solo per passeggiare o rilassarsi a due passi dal centro, niente di meglio che una puntata al **Parco del Valentino**, con lo scorrere dell'acqua del Po in sottofondo. Seguendo il corso del Po, l'adiacente corso Nizza porta al Lingotto, oggi centro polifunzionale, polo fieristico, centro commerciale e sede della pregevole Pinacoteca Giovanni e Marella Agnelli: un tuffo nella Torino più all'avanguardia.

Gli amanti del divertimento e della vita notturna rimarranno soddisfatti dai numerosi locali che affollano i **Murazzi**, tra piazza Vittorio Veneto e corso Vittorio Emanuele II; per chi preferisce cucina multietnica, trattorie casalinghe o ambienti più defilati, niente di meglio di una passeggiata fino a **Borgo Dora**.

Una visita (s)low: a piedi per la città

Un modo molto economico (oltre che molto piacevole) di godere Torino è quello di percorrerne il centro storico a piedi. A questo proposito, estremamente interessanti sono le visite guidate – **La tua prima volta a Torino** e i **Tour tematici** – che permettono di scoprire i volti più o meno noti della città a un costo decisamente abbordabile e con tempi gradevolmente soft (al sabato mattina, partenze dallo IAT di piazza Castello/via Garibaldi, da € 8 a persona, € 6,50 con Torino+Piemonte Card, tel. 0118185011, www.turismotorino.org).

I MUST DA NON PERDERE

Mole Antonelliana e Museo del Cinema

Informazioni: Mole Antonelliana, via Montebello 20
Ascensore panoramico, numero verde 800019152 (GTT), mar-ven e festivi 10-20; sab 10-23. Prezzi: € 5 (ridotto € 3,50); **gratuito con Torino+Piemonte Card**
Museo nazionale del Cinema, tel. 0118138560/1, www.museocinematorino.it, mar-dom 9-20, sab 9-23. Prezzi: € 7 (ridotto € 5), cumulativo Museo e ascensore € 9 (ridotto € 7); **gratuito con Torino+Piemonte Card**

Si cade nel luogo comune? Ahimé, è vero. Ma arrivare a Torino e non visitare la Mole è delitto di lesa maestà. Sia per la storia che la caratterizza (era nata su ispirazione della comunità ebraica torinese, che intendeva farne la propria sinagoga), sia per l'uso al quale è stata destinata. Inaugurata nel 1889 e alta oltre **167 metri** (guglia compresa, il che ne fa la struttura in muratura più alta d'Italia), la Mole è il simbolo della città. Dalla cupola, che è possibile raggiungere attraverso un **ascensore panoramico**, si gode una vista straordinaria della città. Dal 2000, l'edificio è sede del **Museo nazionale del Cinema**, disposto su cinque piani e con una superficie complessiva di 3200 metri quadrati. Qui batte il cuore del **Torino Film Festival**.

Museo Egizio e Galleria sabauda

Informazioni: Museo Egizio, via Accademia delle Scienze 6, tel. 0115617776, www.museoegizio.org, 8.30-19.30. Prezzi: € 7,50 (€ 3,50 tra 18 e 25 anni; **gratuito minori di 18 anni, maggiori di 65 anni e possessori di Torino+Piemonte Card**
Galleria Sabauda, Via Accademia delle Scienze 6, Torino, tel. 0115641755, www.artito.arti.beniculturali.it/galleria_sabauda, mar, ven-dom e festivi 8.30-14, mer 14-19.30; giov 10-19.30 (settembre-maggio), 14-19.30 (giugno-agosto). Prezzi: € 4 (ridotto € 2); **gratuito con Torino+Piemonte Card**

Il palazzo dell'**Accademia delle Scienze**, eretto nel XVII secolo su progetto di Guarino Guarini, ospita il **Museo Egizio**, considerato il secondo al mondo per importanza dopo quello del Cairo. Oltre alle collezioni che si sono accumulate nel tempo, il museo accoglie i ritrovamenti effettuati dalla missione archeologica italiana tra il 1900 e il 1935; tra i capolavori, la **statua in diorite di Ramesse II**.
Nel palazzo dell'Accademia è anche la **Galleria sabauda**, istituita nel lontano 1832 e una fra le maggiori pinacoteche italiane. Accoglie nelle proprie sale le collezioni provenienti da palazzo Carignano e Palazzo Reale, a Torino, e da palazzo Durazzo, a Genova. Tra le opere più significative, lavori di Gaudenzio Ferrari, Beato Angelico, Pollaiolo, Mantegna, Guercino e Veronese. Notevole la collezione di pittura fiamminga e olandese, con opere di Memling, Van Eyck e Rembrandt.

I caffè storici

Gli ottocenteschi caffè della 'regal Torino' furono salotti letterari e politici, raffinati e sontuosi: «il lusso ne' principali è straordinario», si legge in una descrizione risalente al 1840. A dispetto del mutamento dei tempi, raffinatezza e ricercatezza caratterizzano ancora oggi i caffè cittadini, che restano un tipico luogo di incontro dei torinesi. Per rendersene conto, basta fare una passeggiata intorno alla piccola piazza Carignano, dominata dal palazzo che fu sede del primo parlamento subalpino: qui, o nelle vie adiacenti, si trovano vecchi caffè, gelaterie, pasticcerie dove, respirando gli echi della storia, è possibile gustare il tradizionale zabaione, o un'ottima cioccolata o, ancora, la patisserie mignon appena sfornata. Il tutto presentato su impeccabili servizi di porcellana, con la proverbiale cortesia sabauda a rendere la sosta davvero perfetta. Dal più antico, il caffè ristorante **"Del Cambio"** - ai tempi vera e propria succursale del Parlamento e luogo preferito dallo stesso Cavour -, in piazza Carignano, al vicino **"Baratti & Milano"** (sotto il portico di piazza Castello), elegante tempio della confetteria torinese, fino al liberty fiorito del **"Mulassano"**, primo ritrovo cittadino a essere eletto locale storico dall'Associazione Locali storici d'Italia. Menzione particolare merita l'appartato e piccolissimo **"Al Bicerin"**, in piazza della Consolata, il cui nome si deve all'omonima bevanda – un misto di cioccolata, caffé e crema di latte – qui inventata e divenuta in breve uno dei simboli della città.

Palazzo Reale e Real Chiesa di S. Lorenzo

ⓘ Informazioni: Palazzo Reale, piazzetta Reale 1, tel. 0114361455, mar-dom 8.30-18.30, lunedì chiuso, biglietto da € 3,25 (18-24 anni) a € 6,5 (25-64 anni). **Ingresso gratuito fino a 18 anni, oltre i 65 e per i possessori di Torino+Piemonte Card**
Real Chiesa di S. Lorenzo, via Palazzo di Città 4, tel. 0114361527, www.sanlorenzo.torino.it, lun-ven 7.30-12 e 16-19; sab-dom e festivi 9-13 e 15-19.30; **visite guidate gratuite previo appuntamento telefonico**

Affacciato sull'omonima piazzetta, il **Palazzo Reale** venne fatto erigere nel 1646 dalla madama reale Cristina di Francia sulle fondamenta della vecchia sede vescovile. È stato, fino al 1865, residenza dei sovrani di Sardegna prima e di Vittorio Emanuele II poi. Insieme alle altre dimore reali torinesi è stata dichiarata Patrimonio dell'Umanità dall'Unesco.
La **Biblioteca reale** ospita due splendidi capolavori leonardeschi, *Autoritratto a sanguigna* e *Codice sul volo degli uccelli*. Piacevole la visita agli annessi **giardini reali**, progettati da quello stesso André Le Nôtre giardiniere di Luigi XIV e ideatore dello splendido parco di Versailles e dei giardini delle Tuileries.
La **Real Chiesa di S. Lorenzo**, opera secentesca voluta dai Savoia e realizzata da Guarino Guarini, rappresenta forse la massima espressione del barocco cittadino, con una pianta centrale ottagonale racchiusa in una forma quadrata e una grande cupola ad archi intrecciati.

Relax in piazza Castello o al Valentino

Location ideale per una pausa, magari seduti in un caffè, potrebbe essere proprio **piazza Castello**, da sempre il vero cuore pulsante di Torino. Lì ci si trova, si passeggia, ci si dà appuntamento; stretta nell'abbraccio dei portici più antichi della città (il progetto risale alla fine XVI secolo), è la sintesi estrema della 'torinesità', contenitore perfetto di monumenti che sono anche il simbolo della sua storia bimillenaria, a cominciare dallo splendido **Palazzo Madama** che ne domina il centro. Per una sosta nel verde il **Parco del Valentino** con i suoi prati, i viali alberati e i locali affacciati sull'acqua è perfetto; da vedere il **Giardino roccioso** e l'**Orto botanico**.

Camminare all'ombra dei portici

Una delle principali caratteristiche di Torino è costituita dai lunghi percorsi porticati, che si sviluppano per oltre 18 km (circa 12 dei quali interconnessi). Le prime strutture furono edificate già nel corso del medioevo, ma è solo con l'ordinanza di Carlo Emanuele I per la realizzazione dei portici di piazza Castello, nel 1606, che inizia la costruzione dei portici monumentali che tuttora dominano il panorama cittadino.
I portici torinesi - ampi, luminosi, eleganti - costituiscono la più ampia zona pedonale d'Europa e sono oggi un sistema articolato di spazi di raccordo tra vita pubblica e privata. I torinesi, amano passeggiarvi e abbandonarsi, sovente, ai piaceri di un caffè o di un *bicerin*, sostando nei deliziosi dehors dei bar che ne scandiscono il percorso. Passeggiare così, per ore, passando da un'arcata all'altra, senza timore di essere sorpresi dalla pioggia oppure oppressi dalla calura eccessiva, diventa un ottimo sistema per immergersi nella più vera 'Turin way of life'.

SPUNTI E CHICCHE LOW COST

Palazzo Madama

ⓘ Informazioni: Palazzo Madama, piazza Castello, tel. 0114433501, www.palazzomadamatorino.it; Museo civico d'Arte antica, mar-sab, 10-18; dom 10-20, chiuso il lunedì. Prezzi: € 7,5 (ridotto 6). Ingresso libero il primo martedì del mese; gratuito con la Torino+Piemonte Card. Gratuito anche l'accesso allo scalone e alla corte medievale

Porta d'ingresso alla città in epoca romana, castello nel corso del medioevo e, più tardi, dimora ufficiale delle 'madame reali', cui tributa il nome. Del grande progetto di Filippo Juvarra rimane traccia nella nuova facciata e nelle due rampe dello splendido scalone che si diparte dall'atrio interno. Il palazzo è la sede del **Museo civico d'Arte Antica**.

Duomo

ⓘ Informazioni: Duomo, piazza S. Giovanni 4, tel. 0114361540, lun-sab 7-12.30 e 15-19, dom e festivi 8-12.30 e 15-19. Per informazioni sulla Sindone, www.sindone.org

Solo edificio sacro di epoca rinascimentale rimasto in città, è dedicato a S. Giovanni Battista. Vi è custodita, dal 1578, la **Sacra Sindone** (all'interno dell'omonima cappella firmata dal Guarini).

Venaria e le residenze reali

ⓘ Informazioni: Reggia, piazza della Repubblica, Venaria Reale, tel. 0114992333, www.lavenaria.it, mar-ver 9-17, sab 9-21.30, dom e festivi 9-20. Prezzi: € 12 (ridotto € 8). Castello, piazza Mafalda di Savoia, Rivoli, tel. 0119565222, www.castellodirivoli.org, mar-gio 10-17, ven-dom 10-21, chiuso lunedì. Prezzi: € 6,50. Con biglietto della Reggia di Venaria Reale o del Museo del Cinema, accesso al Museo d'Arte contemporanea a € 2,50. Palazzina di Caccia di Stupinigi, piazza Principe Amedeo 7, Nichelino, tel. 800329329, www.piemonteitalia.eu, lun-ven 10-17, sab-dom e festivi 10-17.15. Prezzi: € 12, ridotto € 8 (12-26 anni e oltre i 65). **Gratuiti con Abbonamento Musei Torino Piemonte e Torino+Piemonte Card**

Alle porte di Torino, la **Reggia di Venaria Reale**, monumentale residenza sabauda, vale sicuramente la visita. Realizzata nella seconda metà del XVII secolo, è oggi sede di numerosi eventi espositivi. Merita anche il **Castello di Rivoli**, risalente al IX-X secolo, che ospita il ricco **Museo d'Arte contemporanea**, uno dei poli museali più famosi d'Europa. Dopo un accurato lavoro di restauro, nel novembre 2011 ha riaperto i battenti la **Palazzina di Caccia di Stupinigi**, sontuosa residenza sabauda realizzata tra il 1729 e il 1739 su progetto di Filippo Juvarra. I tre siti sono Patrimonio dell'Umanità.

Gratis

L'ingresso al **Museo diffuso della Resistenza, della Deportazione, della Guerra, dei Diritti e della Libertà** (corso Valdocco 4/A, tel. 0114363470, www.museodiffusotorino.it) è gratuito. Viaggio virtuale nella Torino del decennio dall'entrata in vigore delle leggi razziali del 1938 all'approvazione della Costituzione.

La Cit Turin liberty

Non tutti sanno che Torino, insieme a Milano, è considerata una delle capitali del liberty in Italia. Espressione di questo stile è la Cit Turin (in piemontese, 'piccola Torino'), quartiere storico delimitato dal quadrilatero costituito da corso Inghilterra, corso Francia, corso Vittorio Emanuele II e corso Ferrucci. Numerose le residenze in stile liberty, neogotico e decó. Tra le più famose, Casa della Vittoria (visibile esternamente in corso Francia 23).

I mercati: Balôn e Gran Balôn

Informazioni: Associazione Commercianti Balôn, Borgo Dora, www.balon.it

Uno dei simboli della torinesità è proprio quello del **Balôn**, ovvero del grande mercato delle pulci che prende il nome dalla zona retrostante Porta Palazzo (la Borgata del Pallone). La fiera si tiene al sabato e vi si può trovare realmente ogni genere di merce. Insieme alle innumerevoli occasioni commerciali, la forte commistione (riuscita) di culture, etnie e tradizioni ne rappresenta la maggiore attrattiva. La seconda domenica di ogni mese si tiene anche il **Gran Balôn**, popolarissimo mercato dell'antiquariato.

La fetta di polenta

Esiste un edificio a Torino, **Casa Scaccabarozzi** (all'angolo tra via Giulio Barolo e corso San Maurizio), che deve la sua celebrità alla forma quanto meno originale che le diede il suo ideatore, quello stesso Alessandro Antonelli progettista della Mole. Si tratta infatti di una costruzione a pianta trapezoidale alta e – soprattutto – sottile, tanto che una delle pareti misura solo 70 cm! Dipinto di giallo, il palazzo venne soprannominato ben presto dagli abitanti della zona **'fetta di polenta'**.

MANGIARE A TORINO

ALDENTE

Via delle Orfane 19/G, tel. 0114368105-3387717700, www.trattorialdente.it • coperti 50+20 • aperto solo la sera (tranne sabato e domenica) • cucina classica • Trattoria all'italiana, con interni rustici e accoglienti; possibilità di mangiare all'esterno in estate. Piatti d'impronta piemontese, come il vitello tonnato, la battuta e la tagliata di fassone; pane e focacce preparati artigianalmente. **• Prezzi: 25/35**

ANTICA TRATTORIA "CON CALMA"

Strada comunale del Cartman 59, tel. 0118980229, www.concalma.it • coperti 80+70 • chiuso lunedì • cucina piemontese • Ambiente piacevole e tranquillo, dove si gustano i piatti tipici della tradizione piemontese: salumi e formaggi, fritto misto, bagna caôda, finanziera, raviolone di spinaci e ricotta al burro con erbe aromatiche, risotto al Barbaresco, guanciale di fassone al Nebbiolo. Per chiudere, zabaione, fonduta di cioccolato e vini esclusivamente piemontesi. **• Prezzi: 25/40**

BIRRIFICIO TORINO

Via Parma 30, tel. 0112876562, www.birrificiotorino.com • lun-dom 20-2, ven-sab cucina aperta fino alle 3, laboratorio visitabile su prenotazione tramite e-mail: info@birrificiotorino.com • birrificio artigianale e cucina tradizionale e piemontese rivisitata • Ristorante-birrificio e 'birraria', come recita l'insegna d'antan. A due passi da piazza Castello, scavalcata la Dora, in una ex fabbrica dei primi del Novecento, è possibile degustare birre artigianali in tutte le possibili varianti e cenare fino a notte inoltrata. Anche menu guidati e degustazione. **• Prezzi: 9/26**

DAI SALETTA

Via Belfiore 37, tel. 0116687867, daisal00@dai saletta.191.it • coperti 50 • chiuso domenica, agosto • cucina piemontese • Trattoria a gestione familiare, caratterizzata da una cucina tradizionale con influssi della provincia. I piatti, secondo disponibilità e stagione, prevedono antipasti misti, trippa di Moncalieri, tagliolini alla langarola, gnocchi al Castelmagno; tra i secondi: arrosto alla crema di nocciole e, su prenotazione, il fritto misto, oppure la finanziera. Tra i dolci casalinghi, il bonet e lo zabaione freddo. • **Prezzi:** 30/35

EXKÌ

Via Amendola 2/E 2, tel. 0115604108, www.exki.it • lun-ven 8-19, sab 7.30-20/21, aperto dom • cucina biodinamica • Un ristorante di qualità, il cui motto è 'Naturale, Fresco e Pronto', ideale per una sosta in ogni momento della giornata. Tra i piatti proposti: insalate, zuppe di verdure fresche, torte salate e dolci, panini, tisane biologiche, il tutto, preparato con ingredienti naturali, freschi e di qualità. Anche take away. Altri locali in via Nizza 262, via Pietro Micca 2/H, via Principi d'Acaja 32, via Carlo Alberto 29 e corso Vittorio Emanuele II 98. • **Prezzi:** 9/30

Chicche golose

Una delle specialità classiche torinesi è proprio il **bicerin**, bevanda a base di cioccolata, caffè e crema di latte, servita caldissima in un piccolo bicchiere. Evoluzione della settecentesca 'bavareisa', nel 2001 il bicerin è stato riconosciuto ufficialmente come bevanda tradizionale piemontese. Tra le altre golosità, le **lose golose** (paste secche non lievitate a base di albume d'uovo, zucchero, mandorle amare, fumetto di mais, cacao e aroma di pesca), la **bagna caôda** (a base di acciughe, olio, burro e aglio, viene servita con verdure cotte e crude) e il **salame di patate** (insaccato di patate bollite con carne e grasso suini).

IL BUCO

Via Lombriasco 4, tel. 0114332210-3388838336, www.ristoranteilbuco.com • coperti 50 • chiuso domenica, ferie variabili • cucina piemontese • Piccolo e accogliente locale composto da quattro sale arredate con gusto. Cucina di ispirazione piemontese, attenta al susseguirsi delle stagioni: flan di peperoni, gnocchi al Castelmagno, ravioli del plin, filetto di maialino al Nebbiolo. Ottimi i dolci, tutti fatti in casa. • **Prezzi:** 23/35

LA CAMPANA

Via XX Settembre 79/E, tel. 0114360100, www.hotelchelsea.it • coperti 60 • chiuso domenica, agosto • cucina piemontese e pugliese • In ambiente curato e caratteristico, all'interno dell'hotel Chelsea, propone una cucina prevalentemente pugliese di pesce e di carne, paste fresche fatte a mano, ma anche piatti tipici piemontesi. Menu per celiaci. • **Prezzi:** 25/30

LA DIMORA DI PUCCINI

Via S. Agostino 15/B, tel. 0115217356, www.ladimoradipuccini.it • coperti 33+15 • aperto solo la sera, chiuso lunedì • cucina marinara e classica • In una casa del Seicento, un locale elegante che si segnala per l'attenzione al particolare e l'atmosfera accogliente. La cucina è classica, prevalentemente a base di pesce fresco. In menu anche piatti a base di carne. • **Prezzi:** 20/35

OSTERIA ANTICHE SERE

Via Cenischia 9/A, tel. 0113854347 • coperti 50+50 • aperto solo la sera, chiuso do-

menica, periodo natalizio e in agosto • cucina piemontese e classica • Nel cuore di Borgo San Paolo, un affascinante locale all'interno di un edificio dei primi del '900, affacciato sulla città vecchia. Cucina tradizionale, che fa largo uso dei prodotti del Novarese: gnocchi di patate con salsiccia, tajarin con fegatini, stinco di maiale al forno, sformati di verdura e dolci fatti in casa. • **Prezzi:** 25/40

RISTORANTINO TEFY

Corso Belgio 26, tel. 011837332 • coperti 35 • chiuso mezzogiorno di sabato e domenica, ferie variabili • cucina umbra e classica • Cucina classica che, nei fine settimana, si converte al pesce e, in inverno, alle ricette umbre. Si apre con il misto norcino, poi vincisgrassi o tagliolini al tartufo nero di Norcia, quindi arrosto porchettato o filetto di lattonzolo al Sagrantino di Montefalco; a degna conclusione, la rocciata, tipico dolce umbro. Importante cantina, con vini da ogni dove. • **Prezzi:** 25/35

SCANNABUE

Largo Saluzzo 25/H, tel. 0116696693-3451785425, www.scannabue.it • coperti 26+30 • chiuso lunedì, periodo in gennaio e in agosto • cucina piemontese e classica • Atmosfera sobria, ma ricercata ed elegante. La cucina proposta, basata su piatti tipici piemontesi, varia in base alle stagioni e all'estro dello chef. Da assaggiare: brandacujùn, trippa alla ligure, stinco e brasato e, per finire, tarte tatin. Ampia la selezione di vini. • **Prezzi:** 22/35

SPADA REALE

Via Principe Amedeo 53, tel. 0118173509-3313174185, www.ristorantelaspadareale.com • coperti 120+60 • chiuso pranzo di lunedì, ferie variabili • cucina mediterranea • Ambiente ricercato in questo locale dove la cucina, mediterranea, prende spunto da piatti d'origine siciliana, con qualche incursione in territorio piemontese. Anche pizze. • **Prezzi:** 20/30

SPAZIO

Via Modane 20/A, tel. 0113797630 • coperti 130 • chiuso lunedì e sera di domenica • cucina piemontese e toscana • Al primo piano della Fondazione Sandretto Re Rebaudengo, nuova gestione per questo locale dall'arredamento elegante e minimalista. Cucina che mescola tradizione piemontese e toscana. Carta dei vini ben fornita. • **Prezzi:** 9/30

TACOS LOCOS

Corso Casale 296, tel. 0118995926, ucaccina@tiscali.it • coperti 55 • aperto solo la sera, chiuso lunedì • cucina messicana • Per chi sogna o ha nostalgia del Messico: sullo sfondo delle coloratissime pareti, i ricchi sapori e l'accoglienza calorosa tipici del Paese centroamericano. • **Prezzi:** 18/22

Eataly, buon gusto per tutte le tasche

Il recupero dell'ex stabilimento Carpano, nel cuore della Torino postindustriale (via Nizza 230/14, tel. 01119506801, www.eatalytorino.it, chiusura lun, 15 agosto, Natale, Capodanno, 25 aprile, Pasqua e primo maggio), ha portato alla creazione di uno dei maggiori poli enogastronomici d'Italia, una vera e propria cittadella del gusto. Centro dedicato ai cibi e alle bevande di qualità, **Eataly** si articola in **aree tematiche** (pasta e pizza, carne, pesce, ortofrutta, salumi e formaggi, vino, birra), che comprendono punti per la ristorazione e spazi dedicati alla degustazione e alla vendita diretta dei prodotti.

TRATTORIA DELLA POSTA

Località Sassi, strada Mongreno 16, tel. 0118980193, www.trattoriadellaposta.com • coperti 75+16 • chiuso sera di domenica e lunedì, agosto e Natale • cucina piemontese • Ai piedi della collina di Superga, buone proposte di cucina piemontese: agnolotti saltati con sugo d'arrosto, bollito misto, finanziera, ruota di formaggio. Buona scelta di vini locali e nazionali. Nella bella stagione si pranza anche all'aperto. • **Prezzi: 25/35**

TRATTORIA L'OSTO DEL BORGH VEJ

Via Torquato Tasso 7, tel. 0114364843, www.losto.it • coperti 35+20 • chiuso domenica, periodo in giugno • cucina piemontese e classica • Piacevole ambiente con vecchie foto alle pareti e cucina stagionale di terra e di mare. Tra le specialità: agnolotti del plin al sugo d'arrosto, risotto al Barolo, vitello tonnato vecchio Piemonte, terrina d'oca con salsa di mirtilli, filetto di fassone al pepe verde, torronata. • **Prezzi: 25/40**

TRATTORIA VALENZA

Via Borgodora 39, tel. 0115213914 • coperti 50+30 • chiuso domenica, periodo in agosto • cucina piemontese • L'ambiente è quello della trattoria, informale, che ben predispone alla degustazione delle specialità della casa, tutte in linea con la tradizione piemontese: i classici antipasti, le paste al matterello, pasta e fagioli, trippa, bollito misto e brasato. • **Prezzi: 18/30**

DORMIRE A TORINO

ALBA

Albergo • Via Maria Vittoria 34, tel. 0118120208, www.albergoalba.it • 7 camere • In pieno centro storico, grazioso albergo a conduzione familiare, con poche camere (insonorizzate), di cui alcune con i servizi. • **Prezzi: camera doppia 55/100**

BORGODORA

B&B • Via V. Andreis 3, tel. 3486708713, borgodora@katamail.com • 1 camera • Nel borgo degli antiquari, una camera dotata dei più moderni comfort, con terrazzino ed entrata indipendente. Gustose e ricche colazioni; a richiesta: posto auto. • **Prezzi: camera doppia 75**

CARLO ALBERTO

B&B • Via Carlo Alberto 41, tel. 0118600056-3479528256, www.carloalberto-torino.it • 2 camere • A due passi da Porta Nuova e da piazza S. Carlo, una casa d'epoca arredata con eleganza che offre comfort e cortesia. In camera, tv a cristalli liquidi, lettore cd e dvd, acqua e frutta di benvenuto, connessione wi-fi gratuita, libri e riviste. A richiesta, parcheggio convenzionato. • **Prezzi: camera doppia 75/80**

CASA CREMA

B&B • Via Susa 4, tel. 3356409523, www.casacrema.it • Stagionale • 2 camere • Al quarto piano di una casa d'epoca ristrutturata, poco distante da Porta Susa e ben collegato al centro città, offre ospitalità in camere ampie, arredate in stile barocco ma con dettagli moderni. Accoglienza cortese e professionale. • **Prezzi: camera doppia 60/75**

CASAMARGA

B&B • Via Bava 1/bis, tel. 011883892-3394371086, casamarga@hotmail.com • Stagionale • 1 camera • Al secondo piano di uno stabile d'epoca, un appartamento signorile su due livelli, collegati da una scala a chiocciola. Per gli ospiti, una camera ampia e una grande cucina, in un clima piacevole e informale. • **Prezzi:** camera doppia 70

D'AZEGLIO

Albergo • Via Menabrea 20, tel. 0116670574, www.turinhotelcompany.com • 25 camere • Presso il Parco del Valentino, un meublé di avanzata tecnologia, che dispone di camere dotate di angolo cottura e di moderni comfort, più un paio di suites con vasca idromassaggio. • **Prezzi:** camera doppia 49/99

DOLCE SIESTA

B&B • Via Torricelli 42, tel. 3404866805, www.dolcesiesta.com • 3 camere • Nell'elegante quartiere della Crocetta, a 10 minuti dal centro città e dalle stazioni di Porta Nuova e Porta Susa. L'arrivo degli ospiti è previsto a partire dalle 17.30 e la prima colazione viene servita entro le ore 9. • **Prezzi:** camera doppia 72/80

PARCO EUROPA

Albergo • Viale XXV Aprile 193/C, tel. 0116612969, www.hotelparcoeuropa.it • 16 camere • In posizione strategica per raggiungere i diversi punti di riferimento della città, piccolo e confortevole hotel a conduzione familiare. • **Prezzi:** camera doppia 70/90

PARCO FIERA

Albergo • Via Giordano Bruno 210, tel. 011615906, www.parcofiera.it • 20 camere • Sorge in posizione strategica vicino alla stazione ferroviaria Lingotto e collegata all'omonimo centro congressi tramite la passerella olimpica. Offre camere curate e arredate con gusto e un ristorante-pizzeria con piatti della tradizione piemontese. • **Prezzi:** camera doppia 55/100

PRESIDENT

Albergo • Via A. Cecchi 67, tel. 011859555, www.hotelpresident-to.it • 72 camere • Palazzo liberty circondato da un giardino, arredato e attrezzato modernamente nei pressi del Parco scientifico e tecnologico per l'Ambiente; attivo ristorante con cucina classica, riservato agli ospiti dell'albergo. Prima colazione a buffet dolce e salata. • **Prezzi:** camera doppia 54/97

PRINCIPI D'ACAJA

Albergo • Via Principi d'Acaja 8, tel. 0114338348, www.hotelprincipidacaja.com • 14 camere • L'edificio è una prestigiosa palazzina liberty, ristrutturata rispettando i particolari architettonici del primo Novecento. Gli interni sono rinnovati, le camere eleganti e confortevoli, impreziosite da arredi in stile. • **Prezzi:** camera doppia 75/95

VITTORIO EMANUELE

B&B • Corso Vittorio Emanuele II 62, tel. 3314605957, web.tiscali.it/marinaborello • 2 camere • Al quarto piano di un palazzo ottocentesco, l'appartamento si affaccia sui celebri portici torinesi. Dotate di tutti comfort, le camere, ampie e silenziose, sono arredate in modo sobrio ed elegante. Abbondante e ricca la prima colazione. • **Prezzi:** camera doppia 75/80

ZOE

B&B • Corso Tassoni 77, tel. 011744832-3473200386, www.zoebedandbreakfast.it • 2 camere • Confortevole struttura in zona centrale, a dieci minuti dal centro storico. Per la prima colazione ci si serve come a casa propria: Maresca fa trovare tutto pronto, le torte e le marmellate fatte in casa, i biscotti e gli affettati. Atmosfera e accoglienza informale e simpatica, come fra amici. • **Prezzi:** camera doppia 80

BERGAMO
orobica perfezione

Coglierne il profilo, arrivando da Milano o da Brescia, è facile, specie in una giornata limpida. Il contorno delle torri, la linea forte delle mura veneziane si stagliano netti sullo sfondo delle Orobie, cui fa da sentinella. Città duale, una avvinghiata al colle, l'altra saldamente ancorata alla pianura; due luoghi che a un primo sguardo possono apparire antitetici, lontani, e che invece si fondono nella comunanza di storia, tradizioni, cultura. Il retaggio della *Bergamum* romana, delle dominazioni longobarda, franca, viscontea, quindi veneta e austriaca hanno dato alla città caratteri peculiari e unici. Bergamo è un segreto da cogliere in ogni vicolo, in ogni angolo raccolto e silenzioso, in ogni slargo o piazza dove aleggia il suo spirito più vero. Non resta che rimanere estasiati quando, dopo avere salito cento e più gradini, senza aver seguito un itinerario preciso, ci si trova di fronte la suggestione intatta del centro storico e la straordinaria vista delle Alpi.

QUANDO ANDARE E PERCHÉ

Il clima di Bergamo è di tipo continentale, con inverni molto freddi (frequenti le giornate di gelo e nebbia fitta, specie nei 'borghi' della città bassa) ed estati calde, nonostante i benefici effetti delle vicine montagne. Il periodo migliore rimane sicuramente la primavera, quando passeggiare per la città (e arrampicarsi per stradine e scalette) diventa davvero piacevole. Bergamo è una città a misura d'uomo, dove la qualità della vita e il rispetto dell'ambiente sono tenuti in grande considerazione. La bellezza dei luoghi, la sopravvivenza di usi e tradizioni per lo più dimenticati e l'offerta gastronomica sono un incentivo in più alla visita.

COME ARRIVARE

➔IN AUTO Bergamo è collegata alla rete autostradale dalla **A4** Torino-Milano-Trieste. Raggiungere la città alta in auto è possibile (ma è vietato durante i fine settimana in alcuni periodi dell'anno); è consigliabile lasciare la vettura a Bergamo bassa e varcare le mura a piedi o con i mezzi pubblici.

➔IN TRENO **Trenitalia** (tel. 892021, www.fsitaliane.it) collega Bergamo a Milano via Treviglio. Dalla stazione (piazza Marconi, tel. 035247950) partono convogli regionali per Brescia e Lecco. Bergamo è anche il capolinea del **Treno Blu** (tel. 0307402851, www.ferrovieturistiche.it), con vagoni d'epoca, che nei giorni festivi, da aprile a settembre, conduce fino a Sarnico.

→IN AEREO Lo scalo di Bergamo è l'**aeroporto internazionale di Orio al Serio** (via Aeroporto 13, Orio al Serio, tel. 035326323, www.orioaeroporto.it), che dista solo 5 km dalla città (e poco più di 40 km da Milano). L'aeroporto è collegato alla città da un servizio di navette (**Airport Bus**) gestito da **ATB-Azienda Trasporti Bergamo** (tel. 035236026, www.atb.bergamo.it, partenze ogni 30 minuti, biglietto a validità oraria € 2, 24 ore € 4,50, 72 ore € 7).

Voli low cost

Compagnie che fanno scalo su Bergamo: **Air Italy**, da Napoli e Olbia (tel. 892024, www.airitaly.it); **Belleair** da Ancona (tel. 0354596349, www.belleair.it); **Elbafly**, dall'isola d'Elba (tel. 0565977900, www.elbafly.com); **Meridianafly**, da Cagliari (tel. 892928, www.meridiana.it); **Mistral Air**, da Catania e Reggio di Calabria (tel. 023919 2530, www.travelfly.com); **Ryanair**, da Alghero, Bari, Brindisi, Cagliari, Lamezia, Palermo, Pescara e Roma Ciampino (tel. 899898241, ww.ryanair.com); **Wind Jet**, da Catania (tel. 892020, www.volawindjet.it).

→IN AUTOBUS La stazione autolinee e le biglietterie si trovano in piazza Marconi, accanto alla stazione ferroviaria. Collegamenti frequenti con Milano gestiti da **Autostradale** (tel. 035318472, www.autostradale.it).

COME MUOVERSI

→IN AUTO La città alta è pressoché interamente a traffico limitato (**ZTL**, accesso vietato sempre nei giorni festivi dalle 10 alle 12 e dalle 14 alle 19 e, con l'ora legale, anche venerdì e sabato dalle 21 alla 1), così come la zona dedicata allo shopping e allo struscio (via XX Settembre, largo Rezzara, largo Belotti e via Sant'Alessandro). Di conseguenza, numerose sono le aree di parcheggio nella città bassa, sia a pagamento (linee blu con parcometri e teleparking) sia gratuiti, tutti gestiti da ATB.

→IN AUTOBUS E IN METROTRANVIA Il servizio di trasporto pubblico è affidato ad **ATB**, che gestisce 15 linee automobilistiche urbane e per i 27 paesi dell'area urbana (biglietto valido 75 minuti € 1,20 per una singola zona, giornaliero urbano € 3,50). Le linee che raggiungono la città alta sono la **1**, la **3** e la **10** (quest'ultima non è attiva nei mesi di luglio e agosto).

→IN FUNICOLARE Collega la città bassa con la città alta. Due le linee: **Città Bassa-Città Alta**, realizzata nel 1887, con partenza dal piazzale antistante la stazione ferroviaria, e **Città Alta-San Vigilio**, costruita nel 1912 e ammodernata nel corso del 2011, con capolinea a porta Sant'Alessandro. Numerose le corse giornaliere.

→IN TAXI Servizio di radiotaxi (tel. 0354519090) e presso i parcheggi di piazza Marconi (tel. 035244505) e via Sentierone (tel. 035242000).

SCONTI E RIDUZIONI

→BERGAMO CARD
Realizzata per rendere agevole la visita del capoluogo, è attiva dal 1° gennaio 2011 (www.bergamocard.it). Nata dalla collaborazione tra **ATB, Accademia Carrara, Museo Adriano Bernareggi, Fondazione Bergamo nella Storia e GAMeC-Galleria d'Arte moderna e contemporanea**, la tessera offre una serie di servizi spendibili nel periodo di validità, fra i quali l'uso illimitato dei servizi pubblici ATB e TEB,

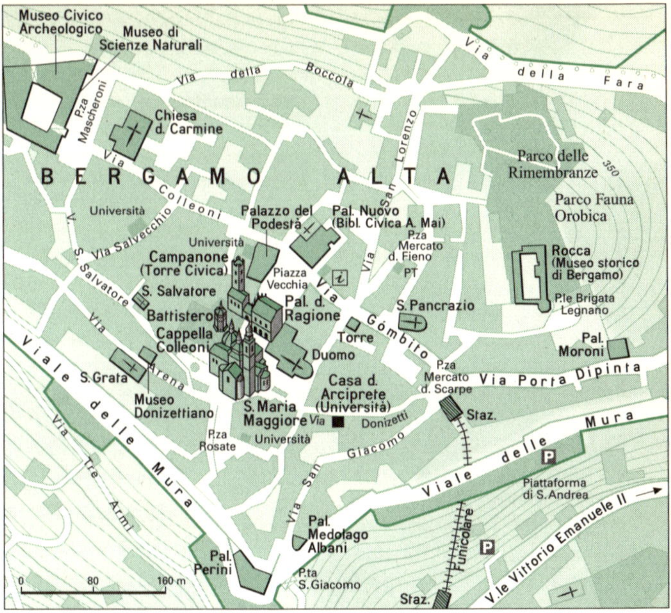

ACCADEMIA CARRARA - GALLERIA D'ARTE MODERNA E CONTEMPORANEA

Eventi e manifestazioni

Bergamo Jazz

(marzo)

Rassegna di musica jazz che si svolge nei teatri cittadini con concerti e incontri-lezione gratuiti e a pagamento. Organizzata dall'Assessorato alla Cultura del Comune e dal Teatro Donizetti (tel. 0354160611, www.teatrodonizetti.it).

Bergamo Film Meeting Festival

(marzo)

Festival dedicato al mondo cinematografico dei nuovi autori e al cinema d'essai (tel. 035363087, www.bergamofilmmeeting.it).

Festival pianistico internazionale di Brescia e Bergamo

(maggio-giugno)

Nato nel 1964 in omaggio al grande pianista Arturo Benedetti Michelangeli, è unanimemente considerato uno dei più importanti festival mondiali dedicati al pianoforte. In ambito cittadino, la sede dei concerti è il Teatro Donizetti (tel. 035240140, www.festivalpianistico.it).

Bergamo Estate

(giugno-settembre)

Tantissimi sono gli eventi sponsorizzati dal Comune, in gran parte gratuiti, che spaziano dalla musica al teatro, dal cinema agli spettacoli per bambini. Numerosi banchetti e posti di ristoro dove poter mangiare a prezzi contenuti (www.bergamoestate.it).

Bergamoscienza

(ottobre)

Festival di divulgazione scientifica che mira al coinvolgimento dell'intera città con un ricco programma di appuntamenti gratuiti. Tra gli eventi, laboratori interattivi, La Notte della Scienza e il nuovo Temporary LAB (tel. 035215992, www.bergamoscienza.it).

l'accesso gratuito (o con riduzione) ai musei di Bergamo e Provincia e il servizio di linea con biglietto ridotto sui servizi di navigazione del lago d'Iseo. Ne sono state realizzate due tipologie: 48 ore (€ 15) e 72 ore (€ 20). Acquistabile presso **ATB Point**, uffici **IAT**, **musei promotori** e **online**.

SCOPRIRE BERGAMO A PIEDI

Uno degli aspetti più attraenti di Bergamo è proprio la sua capacità di fondere, armonizzandole, le anime che la abitano. Così, i suoi abitanti sono riusciti nell'arduo compito di preservare le bellezze della città e, nel contempo, preservando un ambiente naturale ricco e variegato. Una visita alla città alta non può prescindere da quello che è il suo cuore pulsante, **piazza Vecchia**, cui si può accedere dopo aver percorso la **'Corsarola'** (via Colleoni, piazza Vecchia, via Gombito) e aver gettato uno sguardo alle botteghe del centro storico. Qui si concentrano, in poche decine di metri quadrati, le maggiori testimonianze storiche della città: dai **palazzi della Ragione** (visitabile in occasione di mostre) e **Nuovo** alla **basilica di S. Maria Maggiore** e al **Duomo**. Stupenda la vista che si gode dalla **torre civica** (il 'campanone'). Da via Porta Dipinta, passando attraverso Porta S. Agostino e le **scalette** di via della Noce, si approda all'**Accademia Carrara** e al **GaMEC** in un veloce viaggio nel tempo e nella storia dell'arte; da qui, un rapido tour della città bassa tocca la medievale via Pignolo e il Sentierone, su cui affacciano il teatro Donizetti e la chiesa di S. Bartolomeo (con pala di Lorenzo Lotto).

Bergamo in bici

A dispetto della morfologia e delle numerose salite, la città sta mostrando grande attenzione alla mobilità su due ruote. In tale ottica si inserisce l'iniziativa di bike sharing **LaBiGi**, innovativo sistema automatico di noleggio biciclette che si prelevano e si riconsegnano presso le 15 stazioni distribuite per la città (numero verde 800910658, www.bicincitta.com, servizio attivo tutti i giorni dalle 6 alle 23, primi 45 minuti gratuiti, tariffe da € 1 fino a due ore, € 5 oltre le tre ore).

I MUST DA NON PERDERE

Piazza Vecchia

ⓘ Informazioni: Palazzo della Ragione, piazza Vecchia, tel. 035399677; ingresso (giugno-settembre) mar-dom 10-21, sab fino alle 23; (ottobre-maggio) mar-ven 9.30-19-30, sab-dom 10-18; biglietto intero € 5, ridotto € 3, sconti con Bergamo Card; Biblioteca civica Angelo Mai, piazza Vecchia, tel. 035399430, www.bibliotecamai.org, lun-mar-gio-ven 8.30-18.30, mer-sab 8.30-12.30

Con l'attigua piazza del Duomo, **piazza Vecchia** forma il centro monumentale della città alta e ne rappresenta il gioiello più luminoso. Vero e proprio cuore della vita politica, amministrativa ed economica della Bergamo rinascimentale e già sede del **palazzo della Ragione** (risalente al 1198 e più antico palazzo comunale d'Italia), la piazza prese le sembianze attuali nel corso del XV secolo, con l'inizio della dominazione veneziana. Concorsero alla sua realizzazione artisti quali Bramante (autore di splendidi affreschi, solo in parte recuperati) e Vincenzo Scamozzi, cui venne affidato il progetto del nuovo palazzo del Comune - o **Palazzo Nuovo** - ora sede della **Biblioteca civica Angelo Mai.** Al centro della piazza, la **fontana Contarini**, donata alla città nel 1780 dal podestà veneziano Alvise Contarini.

Piazza Duomo e Cappella Colleoni

ⓘ Informazioni: Duomo, piazza Duomo, tel. 035210223, www.cattedraledibergamo.it, ingresso 7.30-12 e 15-18.30; Basilica di S. Maria Maggiore, via piazza Vecchia 6, tel. 035223327, www.operapiamia.it, novembre-marzo, lun-sab 9-12.30 e 14.30-17 (fino alle 18 nei mesi estivi), dom 9-13 e 15-18; Cappella Colleoni, piazza Duomo, tel. 035210061, mar-dom 9-12.30 e 14-16.30 (fino alle 18.30 marzo-ottobre)

Il porticato sotto l'antico palazzo comunale di piazza Vecchia costituisce la frontiera tra l'area che designava il potere civile e quella che era il simbolo del potere religioso. La piazza, infatti, raccolta e bellissima, ospita in uno spazio ridotto e in pittoresca asimmetria i più insigni monumenti religiosi della città: il **Duomo** (risalente alla fine del XVII secolo ed eretto sulle preesistenti cattedrale paleocristiana e quella romanica), la **basilica di S. Maria Maggiore** (XII secolo, il maggior monumento cittadino; superbo il **protiro trecentesco** di Giovanni da Campione, cui si deve anche il prospiciente **battistero**, cinto da una cancellata di ferro e coronato da colonnine in marmo rosso di Verona), e la splendida **Cappella Colleoni**, fatta erigere dal condottiero Bartolomeo Colleoni nel 1476 quale proprio mausoleo, capolavoro di Giovanni Antonio Amadeo e del rinascimento lombardo, con facciata a vivace rivestimento policromo densa di elementi decorativi.

Il 'campanone'

Forse il vero e proprio simbolo della città medievale è la **torre civica**, familiarmente chiamata **'campanone'** per via della grande campana che tutte le sere, allo scoccare delle 22, batte cento colpi in ricordo della chiusura serale delle porte di accesso alla città. Alta 52 metri e dotata di due piani panoramici cui si accede con un moderno ascensore, l'edificio offre un panorama impagabile sulla sottostante piazza Vecchia, sui tetti del centro storico fino alle montagne che si stagliano sullo sfondo (tel. 035247116, fondazione.bergamoestoria.it; inverno, mar-dom 9.30-13 e 14-17.30; da marzo a ottobre, mar-ven 9.30-19, sab e festivi 9.30-17.30, biglietto € 3, gratuito fino a 18 anni).

Galleria d'Arte moderna e contemporanea

Informazioni: Galleria d'Arte moderna e contemporanea-GAMeC, via San Tomaso 53, tel. 035270272, www.gamec.it; mar-dom 10-19, gio 10-22; mostre temporanee biglietto € 6, ridotto € 4; ingresso gratuito alla collezione permanente

La **Galleria d'Arte moderna e contemporanea-GAMeC**, che si trova di fronte all'Accademia Carrara, attualmente in fase di restauro (la riapertura è prevista per il 2012), è uno dei gioielli della città bassa. Inaugurata nel 1991 e dotata di dieci sale su tre piani, possiede una considerevole **collezione permanente** di opere dei maggiori artisti italiani e stranieri del '900, da Balla a Manzù, a De Chirico, Morandi, Casorati, Kandinskij.

SPUNTI E CHICCHE LOW COST

Bergamo sotterranea

Informazioni: Gruppo speleologico bergamasco "Le Nottole", via Marigolda 11/A, Curno, tel. 3332588551, www.nottole.it, visite gratuite, necessaria la prenotazione

Nutrita serie di appuntamenti estivi alla scoperta dei sotterranei cittadini, luoghi esplorati e studiati nell'ambito delle attività di speleologia urbana: dalle **cannoniere** e **sortite** si passa al castello di S. Vigilio, all'**acquedotto dei Vasi** o di **Castagneta**, sino ad arrivare ai più recenti **rifugi antiaerei** della seconda guerra mondiale.

Le scalette

Informazioni: www.comune.bergamo.it

Bergamo è anche passeggiare lungo viottoli e stradine in un panorama che dell'affollato e frenetico modo di vivere cittadino non ha nulla. Decine sono le **scalette** e i sentieri che, racchiusi tra muretti a secco e siepi, solcano i fianchi della collina della città. I resti di una civiltà contadina ormai scomparsa, della fitta rete di collegamenti che in epoca medievale mettevano in comunicazione i borghi alla città alta costituiscono oggi lo sfondo ideale per escursioni nella quiete e nel verde. Tra le più famose e suggestive, le **scalette delle More, del Paradiso, dell'Ortolano, dello Scorlazzino** e **dello Scorlazzone**.

Gratis

In città si può visitare gratuitamente il **Museo civico archeologico** (piazza Cittadella 9, tel. 035242839, aprile-settembre, mar-ven 9-12.30 e 14.30-18, sab-dom 9-19, ottobre-marzo, mar-dom 9-12.30 e 14.30-17.30), che ospita reperti preistorici, romani, paleocristiani e longobardi e una raccolta numismatica. Ben documentata è la cultura di Golasecca, con corredi tombali del VI-V secolo a.C.

MANGIARE A BERGAMO

BARETTO DI SAN VIGILIO

In città alta, via al Castello 1, tel. 035253191-0354329875, www.baretto.it • coperti 70+60 • cucina lombarda e classica • Locale in stile rustico, dove si può gustare una cucina creativa, con interpretazioni moderne delle ricette tradizionali. Buona carta dei vini. • **Prezzi:** 25/40

DA MIMMO

In città alta, via Colleoni 17, tel. 035218535, www.ristorantemimmo.com • coperti 250+150 • chiuso martedì • cucina classica • Nel cuore della città alta, il locale impiega ottime materie prime e prodotti tipici e biologici per la preparazione di specialità della tradizione rielaborate con tecnica e fantasia. • **Prezzi:** 22/40

LA COLOMBINA

In città alta, via Borgo Canale 12, tel. 035261402-3396684370, www.trattorialacolombina.it • coperti 70+70 • chiuso lunedì e martedì, ferie variabili • cucina bergamasca • Nel verde, scendendo dalla città alta, si incontra un locale che offre cucina locale, con terrazza da sfruttare nella bella stagione. • **Prezzi:** 25/40

LA DISPENSA DI ARLECCHINO

In città alta, via Gombito 9, tel. 035242718, www.ladispensadiarlecchino.it • coperti 50 • chiuso lunedì • cucina bergamasca • Una piccola rivendita di prodotti locali introduce alle tre piccole sale, dove sfilano piatti tipici bergamaschi: tagliere di formaggi e salumi, casoncelli e l'interessante abbinamento di uova, taleggio e polenta. • **Prezzi:** 15/35

L'OSTERIA DI VALENTI

Via G. D'Alzano 4, tel. 035243017, www.osteriadivalenti.it • coperti 80+30 • chiuso mezzogiorno di sabato e domenica, periodo in agosto • cucina bergamasca e toscana • La cucina spazia da quella tradizionale bergamasca a qualche specialità toscana: soprattutto piatti a base di carne, proveniente dal macello di proprietà. Buona varietà di salumi tipici e formaggi; ottimi i dolci. • **Prezzi:** 15/30

OL GIOPÌ E LA MARGÌ

Via Borgo Palazzo 27, tel. 035242366, www.giopimargi.eu • coperti 110 • chiuso sera di domenica e lunedì, periodo in gennaio e in agosto • cucina bergamasca e lombarda • Camerieri in costume locale e menu in dialetto bergamasco in un locale del Seicento. Tra le specialità: baccalà mantecato e canapè di caviale di lago, tagliolini all'uva Isabella, filetto di manzo in salsa di vino rosso e tartufo nero; ampia varietà di oli, formaggi e salumi tipici. • **Prezzi:** 30/45

OSTERIA D'AMBROSIO

Via Broseta 58, tel. 035402926, osteriadambrosio@gmail.com • coperti 130+100 • chiuso domenica e mezzogiorno di sabato e festivi, agosto • cucina bergamasca • Nel cuore della città bassa, un locale storico che propone piatti del territorio: casoncelli alla bergamasca, arrosto di codino di vitello, formaggi con marmellate e, tra i dolci, il tirami su e giù. • **Prezzi:** 20/25

Chicche golose

Tra le specialità tipiche, la **torta del Donizetti**, ciambella che unisce agli ingredienti base ananas, albicocche candite, maraschino e vaniglia. Particolare menzione meritano il **chissol** – involto di polenta, formaggio e burro –, i classici **casonsei** ripieni di formaggio ed erbe, la **polenta taragna** e i **margottini alla bergamasca**, sformatini di semolino farciti con gruviera e tuorlo d'uovo.

DORMIRE A BERGAMO

ACCADEMIA

B&B • Via F. Baracca 3, tel. 035211298-3358030054, www.bedbreakfastaccademia.it • 2 camere • Nel cuore della città, nei pressi dei principali luoghi turistici, una casa unifamiliare con giardino dagli arredi caldi e accoglienti, con simpatici richiami ai più noti dipinti della vicina Accademia Carrara. **• Prezzi: camera doppia 60/95**

AGNELLO D'ORO

Albergo • In città alta, via Gombito 22, tel. 035249883, www.agnellodoro.it • 20 camere • In piena città alta, in un edificio del Seicento, camere semplici ma piacevoli e intime, di recente rinnovate negli arredi e nei comfort; frequentato ristorante d'impronta regionale che, in estate, si espande nella piazzetta. Accoglienza familiare e cortese. **• Prezzi: camera doppia 85/93**

ALISÈE

B&B • Via Crocefisso 45, tel. 035241367, www.alisee.biz • 3 camere • Nella zona del Parco dei Colli, 20 minuti a piedi dalla città alta. L'ingresso è indipendente; nella bella stagione la prima colazione viene servita in giardino. Box privato. A 50 metri, la fermata dell'autobus per il centro della città. **• Prezzi: camera doppia 60/70**

CASA CHIARA

B&B • Via A. Balestra 8, tel. 035257733-3351042449, www.bedandbreakfastbergamo.com/casachiara • 2 camere • Posto ideale per ritrovare in città la pace e la tranquillità della campagna, in camere curate e dotate di comfort, con accesso indipendente. Abbondante prima colazione e, su richiesta, con proposte specifiche per sportivi e celiaci. **• Prezzi: camera doppia 70/90**

CENTRAL HOSTEL BG

Ostello • Via Ghislanzoni 30, tel. 035211359, www.centralhostelbg.com • 40 camere • Ostello della gioventù nel centro di Bergamo, a pochi minuti a piedi dalla stazione di autobus e treni. Tutte le camere sono dotate di bagno privato e internet wi-fi. **• Prezzi: camera doppia 55/70**

CICCIO

B&B • Via S. Alessandro 24, tel. 035248421-3382450569, www.cicciobb.com • 4 camere • L'ambiente è dominato da tonalità calde e le camere sono arredate con la massima cura, in linea con lo stile raffinato ed elegante che distingue la struttura. **• Prezzi: camera doppia 55/70**

ENTRO LE MURA

B&B • Via S. Lorenzo 26, tel. 035233189-3383848911, www.bedandbreakfast-elm.it • 5 camere • Palazzina medievale nel cuore del centro storico della città alta, in una delle poche vie transitabili, a pochi metri dalla fermata dell'autobus e dell'arrivo della funicolare. La semplicità e il buon gusto della sistemazione interna valorizzano al massimo l'antica struttura. In estate, si serve la colazione nella corte medievale, circondata da un bel giardino. **• Prezzi: camera doppia 75/100**

LA CASA ROSA

B&B • Via Bronzetti 8/A, tel. 3475339488, www.bedandbreakfastlacasarosa.com • 4 camere • La casa, immersa in un tranquillo e piacevole contesto e a breve distanza dai maggiori luoghi di interesse turistico, accoglie gli ospiti solo in un'ala indipendente e con ampio giardino. Ricca la colazione e, su richiesta, servizio navetta da e per l'aeroporto e la stazione. **• Prezzi: camera doppia 70**

PAVIA
il tempo ritrovato

La romana *Ticinum* (il cui impianto urbanistico si è mantenuto quasi inalterato nei secoli), crocevia di importanti vie di comunicazione, acquisì funzione militare in età imperiale. Baluardo dei goti nella guerra con i bizantini, la città raggiunse il massimo splendore con i longobardi che – conquistatala nel 571 – la elessero a capitale, ruolo che mantenne fino all'XI secolo. Libero comune in epoca medievale, a partire dal XIV secolo la città dovette sottostare prima ai Visconti e agli Sforza, quindi alle dominazioni spagnola e austriaca. Due sono i toni che da sempre dominano Pavia: l'azzurro – il colore del Ticino che ne bagna le rive – e il verde dei campi che la circondano. Il tutto sfumato, appena si prendono le distanze dal centro abitato, in contorni indecisi, resi incerti dalla nebbia, presente in diversi periodi dell'anno. Una città che si offre come luogo insieme antico e moderno, a misura d'uomo, ricco di arte e natura, capace di recuperare il tempo e di far vivere a ritmi dolci. Una virtù a emissioni zero e assolutamente gratuita.

QUANDO ANDARE E PERCHÉ

Pavia possiede un fascino fuori dal comune nelle giornate autunnali, quando nel pomeriggio la nebbia sale dagli argini e si insinua lentamente nelle strade e nei vicoli del centro storico, e ogni luce o lampione fa apparire tutto magico e fuori dal tempo. Nella stagione primaverile, stupende sono le escursioni fuori porta, nel Parco del Ticino o lungo gli spazi verdi che costeggiano il fiume fino alla sua confluenza con il Po. Tra i motivi che inducono alla visita, ci sono poi gli aspetti culturali: Pavia è sede di una tra le più antiche e prestigiose università europee. Ma anche l'offerta enogastronomica a prezzi accessibili e la possibilità di coniugarla a escursioni e passeggiate nei dintorni, che è straordinaria.

COME ARRIVARE

→IN AUTO Pavia è collegata all'**Autostrada dei Fiori A7** Milano-Genova dal raccordo **A53**, che mette in comunicazione la **tangenziale** di Pavia (**A54**) con il casello di Bereguardo-Pavia Nord. La città è inoltre raggiungibile dalle uscite Casteggio-Casatisma e Stradella-Broni della **A21** Torino-Piacenza. Principali assi viari sono la **SS 35 dei Giovi** Milano-Genova, la **SS 234** per Cremona e la **SS 235** per Lodi.

→IN TRENO Pavia è al centro dell'asse ferroviario che collega Ge-

Eventi e manifestazioni

Dialoghi: Jazz per due
(marzo)
Rassegna di musica e cultura jazzistica, con concerti e incontri fra musicisti provenienti da tutto il mondo. Presso la restaurata S. Maria Gualtieri, in piazza della Vittoria (tel. 0382399337).

Festival dell'Illustrazione
(marzo)
Mostre, laboratori e incontri con disegnatori e artisti. La rassegna si tiene presso le sale del castello visconteo (tel. 0382399610).

UpPavia
(giugno)
Festival nato come spazio trasversale, con un unico comune denominatore: la raccolta di fondi a favore di progetti solidali promossi da associazioni noprofit. Bancarelle, stand gastronomici, artisti di strada, spettacoli per grandi e piccini presso il fossato del castello visconteo (tel. 3487018310, www.paviainseriea.it).

Festa del Ticino
(giugno-settembre)
Grande contenitore di concerti, mostre, performance e cinema all'aperto che culmina con il tradizionale spettacolo pirotecnico sulle acque del Ticino. Moltissimi gli eventi gratuiti.

Festival dei Saperi
(settembre)
Il festival si propone di valorizzare le culture umanistica e scientifica sia come strumento formativo sia come occasione di crescita per la comunità. Gli eventi sono per la gran parte gratuiti e disseminati in ogni angolo della città (tel. 0382399343, www.festivaldeisaperi.it).

Autunno Pavese DOC
(ottobre)
È la più importante vetrina del settore e delle tipicità agroalimentari e contribuisce alla (ri)scoperta di tutto il patrimonio enogastronomico del pavese. Corsi di cucina, laboratori per i bambini, serate a tema e degustazioni. Eventi presso il **palazzo delle Esposizioni**, in piazzale Europa (tel. 0382393237, www.autunnopavesedoc.it).

nova a Milano, ed è capolinea delle linee per Alessandria, Cremona, Stradella e Vercelli. Il servizio è gestito in esclusiva da **Trenitalia** (tel. 892021, www.fsitaliane.it) per conto della Regione Lombardia con treni regionali, Eurostar City e Intercity. La **stazione**, ristrutturata di recente, si trova nell'omonimo piazzale (tel. 0382303868).

→**IN AEREO** La città non dispone di uno scalo proprio. Gli aeroporti più vicini sono quelli di **Milano Linate** (58 km) e **Malpensa** (85 km). Il collegamento da e per Linate è garantito da **Autoservizi Migliavacca** con sei corse giornaliere di andata e ritorno (tel. 0382525858, www.migliavaccabus.it, biglietto semplice € 13, a/r € 23).

→**IN AUTOBUS** Pochi i collegamenti diretti con centri extraregionali; molto più frequenti le corse che mettono in comunicazione Pavia con Milano, i paesi della Lomellina e dell'Oltrepò, gestite dalla neonata **PMT** (tel. 0382469293, www.pmtsrl.it), da **ARFEA** (tel. 0131225810, www.arfea.

Voli low cost

Compagnie che fanno scalo su Milano Linate: **Blue Panorama Airlines**, che vola da Reggio Calabria (tel. 199419777, www.blu-express.com); **Meridianafly**, che opera da Cagliari, Catania, Napoli e Olbia (tel. 892928, www.meridiana.it); **Wind Jet**, con operativi da Catania e Palermo (tel. 892020, www.volawindjet.it).

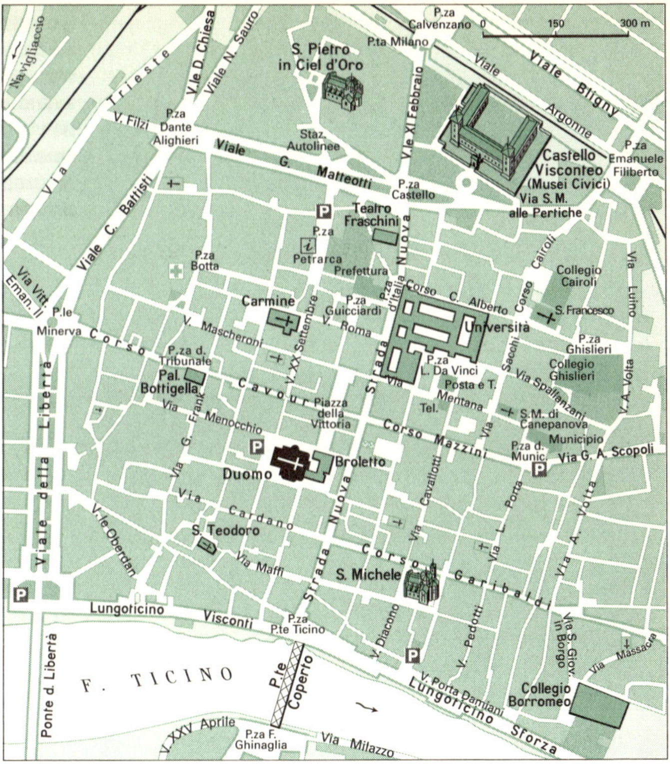

com) e **Line** (numero verde 800111717, www.lineservizi.it). Tutte le linee fanno capo all'**Autostazione** (tel. 0382303307), nel piazzale della stazione ferroviaria.

COME MUOVERSI

→IN AUTO In centro esistono una zona pedonale e una a traffico limitato (ZTL); è stata inoltre designata una zona **a sosta regolamentata** (ZSR, a sua volta suddivisa in tre aree contraddistinte dai colori viola, arancio e rosso, con differente tariffazione), all'interno della quale sono consentite la circolazione e la sosta negli appositi spazi delimitati dalle 8 alle 19 dei giorni feriali. Numerose le aree di **parcheggio a pagamento e gratuite** gestite da **ASM Pavia** (via Donegani 21, numero verde 800189600, www.asm.pv.it; le tariffe orarie variano dai € 0,60 della zona viola a € 1,50 della rossa).

→IN AUTOBUS Il servizio di trasporto pubblico urbano è gestito da **Line** tramite 21 linee automobilistiche diurne e 3 serali (biglietto con validità oraria € 1,20, turistico giornaliero € 3,40). I biglietti sono acquistabili presso tabaccherie, edicole e bar cittadini. Line offre inoltre, nella fascia oraria 20-1, il servizio di trasporto a chiamata **Noctibus** (prenotazioni al numero 848800566, 8-17 nei giorni feriali e 9-13 nei festivi, costo del biglietto € 1,50, acquisto anche a bordo).

➔IN TAXI I taxi pavesi sono di colore bianco e stazionano in quattro parcheggi dedicati: nei pressi della stazione (tel. 038227439), in piazza della Vittoria (tel. 038229190), in piazzale Camillo (tel. 0382526288) e in viale Montegrappa (**CTP**, tel. 0382576576). È attivo il servizio **radiotaxi** (Taxi Radio Pavese, viale Monte Grappa 15, tel. 0382577733).

SCOPRIRE PAVIA A PIEDI

Adagiata appena al di sopra del cuneo verde compreso tra Ticino e Po, Pavia si compiace della sua anima nobile, anche se lo lascia trasparire appena. Il retaggio di capitale del regno longobardo prima, di libero comune e di centro di cultura poi, di città snodo di traffici e di complesse trame politiche - almeno fino alla resa di fronte alla Milano viscontea - hanno lasciato tracce profonde. Il tessuto urbano è disseminato di importantissimi reperti storici e monumenti che, grazie a un'attenta politica di recupero, stanno riacquistando tutto il loro splendore. Eppure, tutto si stempera nel carattere schivo che contraddistingue Pavia.

Un itinerario alla scoperta della città può partire dal suo nume tutelare, il **Ticino**, e dal **Ponte coperto** che lo attraversa in direzione nord. Superato l'argine, una piccola deviazione sulla destra porta a **piazza S. Michele**, con l'omonima basilica, mentre, proseguendo lungo **Strada Nuova** - asse mediano della città - si supera **piazza del Duomo**, a sinistra, e il grande **complesso universitario**, sul lato opposto. Questa è la zona più trendy in assoluto della città e quella più frequentata da giovani e studenti: locali alla moda, wine bar, ristoranti e negozi fanno bella mostra di sé lungo **via Cavour**, la strada della 'vasca' del sabato. Da Strada Nuova è possibile una deviazione in via Roma, per raggiungere **S. Maria del Carmine**, in stile gotico lombardo.

Poco più a sud, dove già sorgeva il foro ro-

La Stazione delle biciclette

A dispetto della topografia del luogo – pianeggiante e privo di asperità, quindi ideale per la mobilità ciclistica – le autorità avevano subito abbastanza passivamente la naturale inclinazione del Pavese a muoversi su due ruote: qualche tratto di pista in città, rete extraurbana abbastanza estesa (con un occhio di riguardo per gli itinerari naturalistici nel Parco del Ticino) e stop. Finalmente, a partire dall'estate 2010, nei pressi dello scalo ferroviario è stata inaugurata la 'Stazione delle biciclette', iniziativa a sostegno della mobilità cittadina a impatto zero (ciclofficina, recupero e riciclo di bici abbandonate, noleggio, escursioni) che va a integrare il servizio di custodia del mezzo a pedali già svolto dalla cooperativa **Il Convoglio** (via Fossarmato, tel. 0382462156).

mano, si entra in **piazza della Vittoria**, un tempo piazza Grande, risalente al XIV secolo. Ancora in direzione sud-ovest, si giunge alla **basilica di S. Teodoro**, con affreschi romanici dipinti su pilastri e cicli pittorici rinascimentali. Rientrati sul percorso, si giunge presto in vista dell'imponente mole del **castello visconteo**. Poco discosta, sulla sinistra, la sagoma inconfondibile della chiesa di **S. Pietro in Ciel d'Oro**.
Da qui, magari in bicicletta, si può andare alla scoperta di quello che resta della immensa tenuta di caccia che dominava la zona a nord del castello e oggi compreso nei confini del Parco della Vernavola, giungendo fino alla **Certosa**.

I MUST DA NON PERDERE

Basilica di S. Michele Maggiore

Informazioni: Basilica di S. Michele Maggiore, piazza San Michele, tel. 038226063, www.sanmichelepavia.it; ingresso lun-ven 8-12 e 14.30-19 (sab 15-19, dom 15-20)

La **basilica di S. Michele**, che venne eretta nel XII secolo sulle fondamenta di una precedente chiesa longobarda, fu testimone di momenti particolarmente importanti nel panorama politico dell'epoca (qui ebbero luogo incoronazioni di re e imperatori tra cui quella, nel 1155, di Federico Barbarossa) e rappresenta una delle maggiori testimonianze dell'architettura romanica.
La **facciata a due spioventi**, suddivisa in tre fronti con proprio portale, è di arenaria e - nella parte soprastante - in mattoni; la **pianta è a croce latina**, col transetto assai sporgente sul perimetro rettangolare. La chiesa, come tutte quelle pavesi, è 'orientata', ovvero con abside rivolto a est. All'interno del transetto sinistro, il **Crocifisso di Teodote**, capolavoro in lamina d'argento risalente alla seconda metà del X secolo. È visibile anche lo stupendo **organo Amati** (attualmente in fase di parziale restauro), della prima metà dell'Ottocento.

Un simbolo da ritrovare: il Duomo e la piazza piccola

Dedicato a S. Stefano, il **Duomo** di Pavia è uno splendido esempio di edificio sacro rinascimentale, con pianta a croce greca e tre navate. La cupola bramantesca, a pianta ottagonale, è alta 97 metri ed è una delle più grandi d'Italia. I lavori, iniziati nel 1488 per volontà del cardinale Ascanio Sforza, ebbero termine solo quattro secoli più tardi, con il completamento della facciata. Purtroppo, a seguito di radicali lavori di ristrutturazione e consolidamento, il Duomo è rimasto chiuso per 15 anni. Ciò ha comportato la perdita non solo di parte della memoria storica della città, ma anche della centralità che la piazza rivestiva in passato. A fianco del Duomo era l'alta **torre civica**, rovinosamente crollata nel marzo del 1989 a seguito di un cedimento strutturale.

Castello visconteo

ⓘInformazioni: Castello visconteo, piazza Castello (ingresso da viale XI Febbraio), tel. 038233853, www.museicivici.pavia.it; ingresso € 6 (accesso a tutti i musei), ridotto € 4 (singoli musei o sezioni), corte del castello € 1, gratuito fino a 18 anni e oltre i 65 (sale espositive: mar-dom 10-18, luglio-agosto e dicembre-febbraio 9-13.30, chiuso lunedì; Biblioteca d'Arte, archivi, fototeca lun-mer-ven 8.30-13.30, mar-gio 8.30-13 e 14-17)

La costruzione della fortezza, commissionata da Gian Galeazzo Visconti a Bernardo da Venezia, venne iniziata nel 1360. Massiccia e imponente, circondata da un **ampio fossato** dove veniva convogliata l'acqua proveniente dal vicino naviglio, con la sua **pianta quadrata** e i **quattro torrioni** costituiva il vertice meridionale del **parco visconteo**, che si estendeva sino alla Certosa, verso Milano. Ai decori interni lavorarono, tra gli altri, Leonardo da Vinci e Bramante. Il castello, oggi sede di numerosi eventi espositivi, ospita nelle sue sale i **Musei civici** (**Pinacoteca Malaspina, Museo "Luigi Robecchi Bricchetti", Museo del Risorgimento**, oltre a una sala dedicata alle mostre temporanee). Manifestazioni e concerti open air si tengono nel fossato (oggi prosciugato) e nell'ampia zona antistante l'ingresso.

SPUNTI E CHICCHE LOW COST

Basilica di S. Pietro in Ciel d'Oro

ⓘInformazioni: Basilica di S. Pietro in Ciel d'Oro, piazza San Pietro in Ciel d'Oro 2, tel. 0382303036, www.santagostinopavia.wordpress.com; ingresso: 7-12 e 15-19

Facciata in cotto e arenaria con portale riccamente scolpito, interno a tre navate, venne consacrata nel 1132 e deve probabilmente il suo nome all'originaria **copertura a capriate lignee dorate**. La volta della navata centrale fu rifatta nel 1487 e subì in seguito vari rimaneggiamenti. Soppressa alla fine del Settecento, la basilica cadde in rovina, e solo alla fine del XIX secolo venne integralmente restaurata. Citata da Dante ("Paradiso", Canto X), Petrarca e Boccaccio, conserva - all'interno di una imponente **arca marmorea** - le **spoglie mortali di S. Agostino** (qui traslate dalla Sardegna dal re longobardo Liutprando) e del filosofo Severino Boezio.

Ponte coperto e Borgo Ticino

È molto caratteristico questo ponte **a cinque arcate** - conosciuto anche come Ponte vecchio -, con cappella consacrata al centro; l'attuale struttura è una ricostruzione (del 1949) di quella originaria, risalente al XIV secolo. Per motivi di sicurezza e per preservare la struttura dalle vibrazioni, la viabilità sul ponte è a unico senso di marcia (autobus a parte). Il ponte collega il centro storico di Pa-

La nascita dell'aviazione commerciale

Pavia è stata una delle città toccate dalla prima linea aerea commerciale italiana, la Torino-Venezia-Trieste. A est del Ponte coperto, nei pressi del palazzo delle Esposizioni e ormai ridotto a un rudere arrugginito, è tuttora visibile l'hangar sospeso su quattro piloni che costituiva la **stazione per gli idrovolanti**. Progettato da Giuseppe Pagano Pogatschnig e inaugurato nel 1926, l'idroscalo presto divenne autonomo, smistando merci e posta anche per l'area milanese. L' edificio, uno dei primi esempi di architettura razionalista a Pavia, fu definitivamente abbandonato alla fine della seconda guerra mondiale.

via, sulla riva sinistra del Ticino, con il pittoresco quartiere di **Borgo Ticino**, dall'altra parte del fiume, che ha mantenuto nel tempo l'antico aspetto di villaggio di pescatori; medievale punto di sosta dei pellegrini diretti in Terrasanta, la parrocchiale di **S. Maria in Betlem** conserva in parte le originarie caratteristiche romaniche.

La Certosa

ⓘInformazioni: Certosa di Pavia, località Monumento 4, tel. 03822925613, www.certosadipavia.com; orari: 9-11.30 e 14.30-17.30 (maggio-agosto fino alle 18), lun chiuso, ingresso gratuito

In direzione nord, a poco più di 7 km da Pavia, si incontra uno dei complessi monumentali più affascinanti dell'Italia settentrionale: la **Certosa**, somma testimonianza del passaggio dal gotico lombardo al rinascimento. La struttura, che sorgeva al limite estremo dell'immenso **parco visconteo** (di cui oggi resta solo una traccia nel Parco della Vernavola), era stata commissionata da Gian Galeazzo Visconti all'architetto Bernardo da Venezia per fungere da cappella privata e mausoleo familiare dei signori di Milano.
La chiesa ha **pianta a croce latina** divisa in tre navate con abside e transetto, coperta da volte a crociera su archi a sesto acuto. Tra le opere pittoriche, lavori del Perugino, del Guercino e di Daniele Crespi. Nella parte latero-posteriore della chiesa, il **chiostro piccolo** (il luogo della vita comunitaria) e il **chiostro grande** (dove si affacciano le celle). Nelle sale del Palazzo Ducale, antica residenza estiva dei Visconti posta sul lato destro del lungo cortile antistante la chiesa, si trovano il negozio e il **Museo della Certosa di Pavia**.

Parco del Ticino

ⓘInformazioni: Parco del Ticino, c/o Cascina Bosco Grande, strada Bosco Grande 1, tel. 0382303793, www.amicideiboschi.it, www.parcoticino.it

Dà emozioni addentrarsi nel fitto reticolo ciclabile che attraversa il Parco del Ticino: il verde avvolge nelle sue mille sfumature e l'alternarsi di campi, boschi e acqua inebria i sensi. Per una pausa, si può sostare in una delle trattorie tipiche disseminate sul territorio.

MANGIARE A PAVIA

ANTICA OSTERIA DEL PREVI

Via Milazzo 65, tel. 038226203, www.anticaosteriadelprevi.com • coperti 50 • chiuso sera di domenica, periodo natalizio e in agosto • cucina pavese e lombarda • Sulla riva del Ticino, a due passi dal Ponte coperto, inaugurato nel 1879. Cucina tradizionale, che propone, tra gli altri, risotti, baccalà alla pavese e sabbiosa con salsa di zabaione. • **Prezzi: 21/40**

DA CESARE

Corso Garibaldi 15, tel. 038225074 • coperti 25+30 • chiuso lunedì • spuntini veloci e cioccolateria • Piccolissimo e minimal, un locale con atmosfere d'antan che nasce come latteria e propone la cioccolata più buona della città; inoltre: gelato artigianale e, per uno spuntino più robusto, qualche toast e panini. Ottimo per una sosta sia di giorno sia di sera.• **Prezzi: 6/10**

DA GIULIO

Viale Matteotti 39, tel. 038223140, www.dagiulio.it • coperti 300 • chiuso giovedì, periodo in luglio • cucina classica e pizzeria • A due passi dal castello visconteo, un ambiente semplice con arredi rustici, che merita per le ottime pizze oppure per concedersi una delle buone proposte del menu, in particolare i piatti di pesce. • **Prezzi: 15/30**

HOSTARIA IL CUPOLONE

Via Cardinal Riboldi 2, tel. 0382303519, www.hostariailcupolone.it • coperti 90 • chiuso mezzogiorno di lunedì e martedì, periodo in gennaio e in agosto • cucina pavese e lombarda • Vicino a piazza del Duomo, uno storico locale (la prima licenza fu rilasciata nel 1862) accogliente e a gestione familiare. Il menu varia ogni mese; corposa è la selezione di salumi e ricca carta dei vini. • **Prezzi: 25/40**

OSTERIA DELLA MADONNA

Via dei Liguri 28, tel. 0382302833, www.osteriadellamadonna.com • coperti 60 • chiuso sera di domenica, periodo in agosto • cucina lombarda • Un'osteria a gestione familiare a due passi dal Duomo. L'ambiente è rustico e piacevole, curato nell'atmosfera e il menu propone pochi ma selezionati piatti della tradizione lombarda. • **Prezzi: 20/30**

OSTERIA DELLA MALORA

Via Milazzo 79, tel. 038234302 • coperti 60 • chiuso sera di domenica e lunedì, periodo in gennaio e in luglio • cucina lombarda • Storica osteria nel centro città che, oltre al nome, ha mantenuto l'ambiente d'antan. Proposta enogastronomica del territorio. Molto interessanti i dolci della Tina. • **Prezzi: 30/40**

OSTERIA DEL NAVIGLIO

Via Alzaia 39/B, tel. 0382460392, www.osteriadelnaviglio.it • coperti 80+50 • chiuso lunedì, ferie variabili • cucina classica • Ambiente caldo e familiare, con veranda estiva per fumatori, ospitato all'interno di un'antica cascina ottocentesca. Propone cucina classica, che varia in base alle stagioni. Discreta selezione di vini. • **Prezzi: 25/30**

Chicche golose

La **zuppa alla pavese** è un piatto tipico della tradizione gastronomica locale consistente in una zuppa in brodo con pane casereccio raffermo, formaggio e un uovo fresco. Tra le altre specialità della zona, i **baci del Signore**, piccoli bocconi dolci con marmellata d'arancia guarniti con cioccolato, e il **pane di S. Siro**, una torta al cioccolato con farcia di crema e liquore e con glassa di cioccolato.

TRATTORIA ACHILLI

Via Aselli 5, tel. 0382525502, sorelle.achilli@tin.it • coperti 50 • aperto solo a mezzogiorno, chiuso sabato • cucina pavese e piacentina • È situata nella zona del Policlinico e degli istituti universitari, a pochi passi dal centro città, questa piacevole e accogliente trattoria a gestione familiare. Genuine le proposte in menu. • **Prezzi: 18/30**

TRATTORIA RESSI

Via Ressi 8/10, tel. 038220184-3393158926 • coperti 32 • chiuso domenica, ferie variabili • cucina lombarda, piemontese e ligure • A gestione familiare, atmosfera piacevole e cucina lombarda, con divagazioni extraregionali. Dal menu: risotto con infuso di erbe aromatiche e formaggio 'chevre', ossobuco in gremolata, dolci assortiti. • **Prezzi: 35/40**

DORMIRE A PAVIA

AURORA

Albergo • Viale Vittorio Emanuele II 25, tel. 038223664, www.hotel-aurora.eu • 21 camere • Atmosfera familiare e buon comfort, anche grazie a una recente ristrutturazione, per questo albergo situato nelle vicinanze del centro storico e della stazione dei treni. Prima colazione a buffet con prodotti dolci. • **Prezzi: camera doppia 80/110**

EXCELSIOR

Albergo • Piazzale Stazione 25, tel. 038228596, www.excelsiorpavia.com • 35 camere • Comodo meublé recentemente rinnovato a pochi metri dalla stazione ferroviaria. Camere confortevoli e ben accessoriate, piccola sala riunioni per circa 15 persone e internet point a disposizione dei clienti. Nelle vicinanze si trova la fermata dei mezzi pubblici per l'aeroporto di Linate. • **Prezzi: camera doppia 93**

TICINO

Campeggio • Località San Lanfranco, via Mascherpa 10, tel. 0382527094, www.campingticino.it • Stagionale • Ordinato e raccolto, comodo sia per visitare la città sia per compiere escursioni nel Parco del Ticino. Reception ricavata da una piccola casa in legno, sosta in piazzole numerate e delimitate da alberi, funzionali e ben tenuti servizi sanitari; dispone anche di bungalow in legno con angolo cottura.

MIRADOLO TERME

CASTELLO

Albergo • Viale Terme 19, tel. 038277139, www.albergoristorantecastello.it • 18 camere • La struttura si affaccia su un bel parco dove è possibile, nella bella stagione, degustare i piatti della cucina classica, nella più totale tranquillità. Offre camere funzionali, dall'arredo essenziale, e prima colazione a buffet con dolci fatti in casa. • **Prezzi: camera doppia 70/110**

SAN GENESIO ED UNITI

RIZ

Albergo • Via dei Longobardi 3, tel. 0382580280, www.hotelrizpavia.com • 116 camere • Struttura ispirata alle cascine della campagna pavese. Le camere sono grandi, con moquette o parquet e, alcune, mansardate; gli arredi sono gradevoli, in legno di ciliegio, e i bagni di comoda grandezza. Anche centro benessere e sala congressi. Servizio navetta da e per il centro di Pavia (gratuito) e l'aeroporto. • **Prezzi: camera doppia 97**

MANTOVA
rinascimento lombardo

Piccola e raccolta, sintesi perfetta di storia, arte e natura, esperimento riuscito di applicazione dell'ideale rinascimentale di perfezione, Mantova si offre al visitatore come uno scrigno traboccante di tesori, capolavori tra i più celebrati dell'arte italiana. Origini avvolte nel mito, secondo il quale sarebbe stata consacrata a Manto, figlia dell'indovino Tiresia, la città fu successivamente etrusca, romana e libero comune, fino a costituirsi in signoria nella seconda metà del 1200 e raggiungere il massimo splendore con l'avvento dei Gonzaga, nel 1328, e la loro permanenza al potere per tre secoli circa. L'avvento della dominazione austriaca, all'inizio del XVIII secolo, e il breve intermezzo napoleonico, riuscirono solo in parte a frenarne il progressivo declino. Circondata su tre lati dall'acqua, viva e orgogliosa del suo passato, oggi Mantova non si sente più «un mondo addormentato in una calda luce» – come la definì Baudelaire – ma un organismo nuovo e rigenerato che, consapevole delle proprie tradizioni, si prepara a lanciare nuove sfide e guarda al futuro con fiducia. Anche di fronte a proposte – nuovi parcheggi, allontanamento della stazione ferroviaria dal centro – che potrebbero intaccarne la struttura urbana e gli equilibri. È allora che il senso civico, il sentimento di appartenenza che lega i mantovani alla loro città riaffiorano più forti. Perché la cultura, la sostenibilità ambientale, la salvaguardia del patrimonio storico-artistico sono valori qui fortemente radicati.

QUANDO ANDARE E PERCHÉ

Ogni periodo dell'anno è ottimo per trascorrervi qualche giorno. Quando le nebbie autunnali infondono magia al paesaggio urbano, oppure allorché le brezze primaverili rendono piacevoli passeggiate ed escursioni in città e fuori porta. Ma anche d'inverno, quando la massa dei turisti tende a scemare e Mantova ritrova il suo abito più intimo e vero, tra le biciclette che si muovono ordinate nell'intrico dei vicoli del centro. Andarci per lasciarsi sedurre da questo mistero di torri, cupole, piazze e portici che si rincorrono senza fine e che svaporano tra la nebbia che sale dal Mincio, o baluginano nella calura estiva. Per lo spettacolo delle distese di loto a fior d'acqua, per la cucina che appaga i sensi, tutti. Perché, da qualunque parte vi si approdi e in qualunque occasione, Mantova saprà ripagarvi con scorci e momenti indimenticabili.

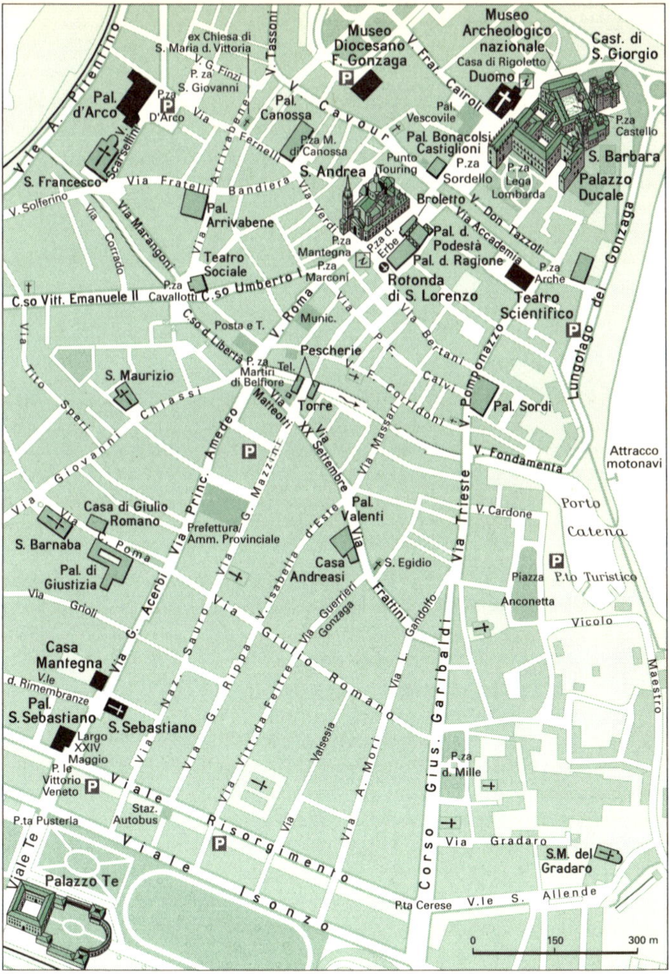

COME ARRIVARE

Incuneata tra Veneto ed Emilia-Romagna, Mantova si trova al centro di una fitta rete di vie di comunicazione stradali che la mettono in contatto diretto con i maggiori centri regionali ed extraregionali. Più problematico raggiungere la città con l'aereo.

→IN AUTO La città è situata lungo l'asse di comunicazione autostradale **A22 Modena-Brennero**, dal quale è raggiungibile attraverso le uscite di Mantova Nord (la più vicina al centro) e Mantova Sud. La **SS 10** collega Mantova a Cremona, la **SS 420** porta a Parma via Sabbioneta, mentre percorrendo la **SS 62** è possibile

Eventi e manifestazioni

Mantovadanza

(marzo-aprile)

Ballerini e compagnie artistiche da ogni parte d'Europa si danno appuntamento nel centro storico, animando con spettacoli, esibizioni e stage, strade, piazze e teatri cittadini. Molte le occasioni gratuite (L'Officina delle Arti, via Oberdan 11, tel. 3492442075).

Mille e 2 formaggi

(aprile)

Rassegna dedicata all'offerta di formaggi e prodotti lattiero-caseari italiani. Eventi, incontri e manifestazioni gratuite disseminati tra piazza Sordello, piazza delle Erbe e piazza Broletto (tel. 0376225757, www.mantovaexpo.it).

Festival Europeo del Teatro Urbano e di Scena

(giugno)

Promosso dal Comune, è ormai un appuntamento fisso tra numerosissime compagnie, teatranti, artisti di strada che animano le vie e le piazze della città in occasione del solstizio d'estate (www.teatrofestival.org).

MantovaFilmFest

(agosto)

Il giovanissimo festival cinematografico mantovano (nato nel 2008) è dedicato alla valorizzazione del cinema italiano dalle generazioni passate a quelle di oggi. L'acquisto di un pass (€ 10) consente il libero accesso a spettacoli e incontri fino a esaurimento dei posti a sedere (tel. 3348179533, www.mantovafilmfest.com), oltre alla la visita gratuita al Museo "Francesco Gonzaga" per tutta la durata del festival.

Festivaletteratura

(settembre)

Manifestazione all'insegna del divertimento culturale, il festival è un contenitore di incontri con autori, reading, spettacoli, concerti. Costituisce un appuntamento fisso per chi ama la lettura e per chi è semplicemente curioso e sa di poter incontrare scrittori, musicisti, attori per le vie e le piazze della città. Gli eventi coinvolgono tutto il centro cittadino e sono per la gran parte gratuiti. Ai bambini è dedicata un'apposita sezione, con incontri, laboratori e animazioni (www.festivaletteratura.it).

Salami e Salumi

(ottobre)

Rassegna gastronomica con stand, performance e spettacoli in tema sparsi tra le piazze del centro storico.

Segni d'Infanzia

(novembre)

Il festival internazionale d'arte e teatro per l'infanzia vede artisti provenienti da tutto il mondo esibirsi in performance che mescolano differenti discipline in un variegato intreccio di teatro, danza e musica (tel. 0376221705, www.segnidinfanzia.org; biglietto € 5, ridotto € 4).

MantovaJazz

(dicembre-aprile)

Appuntamento fisso per gli amanti del genere, dove circa un terzo degli eventi è gratuito; per i restanti, biglietti che variano dai € 5 ai € 25 (con cena, tel. 3495921605, www.mantovajazz.it).

raggiungere Verona, a nord, e Reggio Emilia e Parma a sud.

→IN TRENO Regionali, espressi ed Eurostar di **Trenitalia** (tel. 892021, www.fsitaliane.it) collegano Mantova a Verona e Modena, mentre la linea **Milano-Cremona-Mantova** permette di raggiungere il capoluogo regionale in circa due ore. La stazione ferroviaria (piazza Don Leoni 14) dista soltanto pochi minuti di cammino dal centro storico.

→IN AEREO Lo scalo più vicino è l'**Aeroporto "Valerio Catullo" di Verona Villafranca** (Caselle di Sommacampagna, tel. 0458095666, www.aeroportoverona.it), distante circa 48 km (uscita Verona Nord della

Voli low cost

Principali compagnie che fanno scalo su Verona Villafranca: **Air Italy** (tel. 89950093, www.airitaly.it) collega Verona a Bari, Catania, Napoli e Roma Fiumicino; con **Meridiana Eurofly** (tel. 892828, www.meridiana.it) si possono raggiungere Cagliari, Catania, Olbia, Palermo, Roma Fiumicino e Tortolì; **Ryanair** (tel. 899678910, www.ryanair.com) vola da Alghero, Bari, Brindisi, Palermo, Pescara e Trapani; **Wind Jet** (tel. 892020, www.volawindjet.it) effettua collegamenti con Catania e Palermo.

A22 provenendo da Mantova). L'aerostazione è collegata con il terminal ferroviario di Verona da un servizio di **Aerobus** con partenze ogni 20 minuti (biglietto di corsa singola € 5). Qui, treni da e per Mantova.

→IN AUTOBUS La società di trasporto pubblico **APAM** (numero verde 800821194, da cellulare tel. 0376230339, www.apam.it) gestisce una linea diretta con Brescia.

COME MUOVERSI

→IN AUTO Complici le dimensioni e la pressoché completa pedonalizzazione del centro, muoversi a piedi è d'obbligo. Meglio allora lasciare l'auto negli appositi parcheggi: i più vicini sono sul lungolago Gonzaga, in piazza Arco e in via Cairoli. Maggiori informazioni a proposito delle aree di sosta sul sito della neonata **Aster - Agenzia Servizi al Territorio** (tel. 0376263370, www.aster.mn.it).

→IN AUTOBUS Nove linee urbane gestite da **APAM** (numero verde 800821194, da cellulare tel. 0376230339, www.apam.it; corsa semplice € 1,30, con validità 60 minuti € 1,35, giornaliero € 3,05, giornaliero turistico famiglia € 3,25), con la circolare che collega tutti i punti nevralgici della città (passaggi ogni 20 minuti circa); la società ha inoltre inaugurato nel 2011 **Apamarte** (prenotazioni al numero tel. 0376230258/323, minimo 10 persone), cinque percorsi turistici di eccezionale bellezza per andare alla scoperta della città, di Sabbioneta, San Benedetto Po e Castiglione delle Stiviere, con partenze concordate e minibus a disposizione.

→IN BATTELLO Un modo particolarmente affascinante di conoscere il panorama mantovano è di attraversare le superfici d'acqua che circondano la città. Per la navigazione sul Mincio o sui laghi, **Navi Andes** (tel. 0376324506, www.naviandes.com) o **Olympusaquae** (tel. 0376681121, www.olympusaquae.it), azienda agricola agrituristica che propone percorsi acquatici nel Parco del Mincio su battello a energia

Mantowi-fi

Fra le città italiane più attente alle nuove applicazioni tecnologiche, Mantova si è dotata dal 2009 di una efficiente rete di connessione wi-fi (ovvero il sistema che permette di accedere a internet senza fili), che copre praticamente l'intera area del centro storico. Nata dalla collaborazione del Comune con la società Teanet Servizi, **Mantova Free WiFi** permette a tutti (a patto di essere maggiorenni) di navigare gratuitamente in rete, previa richiesta della card MFW e registrazione presso l'Urp di via Gandolfo 11 (tel. 0376338666), oppure allo IAT Mantova di piazza Mantegna 6. La card turistica ha due giorni di validità a partire dall'attivazione.

solare tra la primavera e l'autunno (anche uscite notturne).

→IN TAXI Quattro sono le aree di sosta in città (viale Albertoni, tel. 0376362491; piazza Cavallotti, tel. 0376324407; piazza Sordello, tel. 0376324408; piazza Don Leoni, tel. 0376325351). Servizio di radiotaxi (tel. 0376368844) attivo 24 ore su 24.

SCONTI E RIDUZIONI

→MANTOVA VERONA CARD
È una carta turistica gratuita, valida per una singola persona, nata dalla collaborazione tra le città di Mantova, Verona e Sabbioneta. Consente di visitare gratuitamente o con riduzione musei, monumenti e chiese delle tre città. Per quanto riguarda Mantova, le facilitazioni sono estese a quasi tutti i palazzi storici e musei, a eccezione di Palazzo Ducale. La carta può essere utilizzata anche in momenti diversi, sempre e comunque entro il 31 dicembre dell'anno di rilascio. Si può ritirare presso lo **IAT** di Mantova (piazza Mantegna 6, tel. 0376432432, www.turismo. mantova.it) o di Sabbioneta (tel. 037552039).

SCOPRIRE MANTOVA A PIEDI

Arte e storia, prima di tutto. Perché Mantova è il punto d'incrocio privilegiato tra la bellezza e la perfezione antiche e l'attualità della fantasia creativa, della realizzazione culturale e del sapere. Ambiente. Perché la città è il risultato di una simbiosi totale con l'acqua, il cielo e le zone boschive che ancora la circondano. Sapori. Perché Mantova nutre la mente ma anche il corpo, senza privilegiare l'uno o l'altra, essendo perfettamente consapevole che il cibo - il buon cibo - è nutrimento anche per l'anima. Un ideale itinerario alla scoperta della città virgiliana può partire dal cuore cittadino, **piazza Sordello**, spazio di dimensioni eccezionali sul quale affacciano i principali edifici storici: **Palazzo Ducale** e **Duomo** su tutti. Da qui, una breve deviazione in via Accademia permette di visitare quel piccolo gioiello foderato di velluti rossi e palchetti che è il **Teatro Bibiena**, ospitato nel **palazzo dell'Accademia nazionale virgiliana**. Oppure, in bicicletta, è possibile raggiungere le sponde dei laghi che circondano la città (da dove partono i principali itinerari ciclopedonali) e rilassarsi immersi nella bucolica atmosfera che circonda le rive, magari nei pressi del **Parco di Belfiore**, da dove è possibile assistere alla magia delle isole di

Mantova in bicicletta

Mantova vanta una delle reti ciclabili più curate fra le città del Nord Italia. Molto belli (e facili) il percorso che segue il perimetro esterno della città e la nuova **ciclovia Mantova-Sabbioneta** (47 km). Cicloescursioni più impegnative fino a Peschiera (dove ci si connette alla rete ciclabile del Garda), oppure lungo la sponda orientale del Mincio. Da settembre 2010 è attivo il servizio di bike sharing **Bicincittà** (www.bicincitta.com), con otto postazioni dove è possibile prelevare e depositare la bici (con tessera a scalare, prima mezz'ora gratuita, quindi ogni ora € 0,50).

fiori di loto che, nella stagione primaverile, affollano la superficie del **lago Superiore**. Tornando sui propri passi, superata **piazza delle Erbe** e la splendida **chiesa di S. Andrea** (da visitare, per la bella cupola di Filippo Juvarra e per le reliquie del Preziosissimo Sangue di Cristo), il godibilissimo rettilineo **via Roma-via Principe Amedeo-via Acerbi** - ottima base di partenza per l'aperitivo, dato l'alto numero di bar e locali storici che affollano le stradine laterali - conduce presto alle viste del magnifico complesso monumentale di **Palazzo Te**, nella periferia meridionale della città.

I MUST DA NON PERDERE

Piazza Sordello e Palazzo Ducale

ⓘ Informazioni: Duomo, piazza Sordello, tel. 0376320220; Museo di Palazzo Ducale e Castello di S. Giorgio, piazza Sordello 40, tel. 0412411897 (prenotazioni), 0376224832 (informazioni), www.mantovaducale.beniculturali.it, mar-dom 8.15-19.15, chiuso lunedì; ingresso € 6,50, ridotto € 3,25, gratuito fino a 18 anni, oltre i 65 e nel giorno del proprio compleanno, prenotazione obbligatoria per la Camera degli Sposi (€ 1); Museo archeologico nazionale, piazza Castello, tel. 0376329223, mar-sab 8.30-18.30, dom e festivi 8.30-13.30, ingresso gratuito

L'acciottolato rimanda il suono dei passi. La quinta è imponente, con il proscenio dominato da edifici monumentali che rendono maestosa la piazza: il **Duomo** settecentesco (dedicato a S. Pietro, opera di Nicolò Baschiera), il sontuoso barocco del **Palazzo Vescovile**, e il **complesso Bonacolsi-Castiglioni**, dominato dalla **Torre della Gabbia**. È però sul lato orientale, tra la **Magna Domus** e il **palazzo del Capitano**, che si apre l'accesso a una delle più belle corti rinascimentali d'Italia, il **Palazzo Ducale**.

La vastissima residenza dei Gonzaga, che occupa l'intera parte nordoccidentale della città spingendosi fino alle rive del lago, accorpa palazzi, loggiati, edifici di rappresentanza, piazze, giardini e cortili interni. Una città nella città. Nelle circa 500 sale del complesso, capolavori assoluti, come la **sala del Pisanello** (ciclo incompiuto di affreschi del XV secolo dedicato a re Artù), il **salone degli Arazzi** (nove preziosi arazzi tessuti in Fiandra su cartoni di Raffaello raffiguranti gli Atti degli Apostoli), il **salone degli Arcieri**, con il ritratto della famiglia ducale a opera di Rubens, e lo splendido **appartamento di Isabella d'Este**. La residenza ducale include anche la **basilica di S. Barbara** (non visitabile) e la fortezza trecentesca del **castello di S. Giorgio**, nella cui torre di nord-est è custodito lo stupefacente ciclo della *Camera picta*, o **Camera degli Sposi**, dipinto da Andrea Mantegna tra il 1465 e il 1474 su commissione di Ludovico II.

Nell'ampio perimetro del complesso monumentale di Palazzo Ducale è compreso anche il **Museo archeologico nazionale** (tuttora in fase di allestimento), situato nell'ex Mercato dei Bozzoli.

Palazzo Te

ⓘ Informazioni: Palazzo Te e Museo civico di Palazzo Te, viale Te 13, tel. 19919911 (prenotazioni), 0376323266 (informazioni), www.palazzote.it; mar-dom 9-18, lun 13-18 (la biglietteria chiude alle 17.30), ingresso € 8, ridotto (persone oltre i 60 anni e Mantova Card) € 5, universitari e visitatori 12-18 anni € 2,5, gratuito fino a 11 anni; cumulativo con visita al vicino palazzo San Sebastiano, antica residenza dei Gonzaga con annesso Museo della Città, € 9

Realizzato tra il 1525 e il 1535 da Giulio Romano per volontà di Federico II Gonzaga, Palazzo Te costituisce il massimo esempio di **architettura manierista** italiana. L'imponente struttura, destinata agli ozi del duca di Mantova, sorgeva fuori le mura cittadine, su di un'isola contigua al centro e denominata in epoca medievale *Tejeto*, Te in forma abbreviata.
L'intero corpo è costituito da **quattro bassi edifici** che si affacciano sul cortile interno, con una **esedra esterna**; gli interni racchiudono veri e propri gioielli: la **sale del Sole** (con stucchi del Primaticcio), la **sala dei Cavalli**, la **sala di Psiche**, dove è illustrata la favola *Amore e Psiche* di Apuleio, e la **sala dei Giganti**, allegoria della vittoria di Carlo V sulla nobiltà che aveva osato sfidarlo; inoltre, i loggiati, l'**appartamento del Giardino Segreto**, il **cortile d'Onore** e il **giardino dell'Esedra** rappresentano nel loro insieme forse la più alta espressione della capacità visionaria di Giulio Romano e degli artisti della sua cerchia. Il palazzo accoglie al suo interno il **Museo civico**, che ospita le collezioni permanenti.

SPUNTI E CHICCHE LOW COST

Fiere e mercati per le strade di Mantova

ⓘ Informazioni: Sportello Attività produttive e Commercio, via Gandolfo 11, tel. 0376338666, www.cittadimantova.it; Fiera del Broccante, Arci Papacqua, via Daino 1, tel. 0376364636, www.papacqua.it; quota di partecipazione € 2

Ogni sabato mattina, sul lungorio IV Novembre si tiene il **Mercato contadino**, rassegna di prodotti tipici e delle produzioni contadine a chilometro zero. Si possono degustare e acquistare tutte le migliori prelibatezze dell'enogastromia mantovana. Piazza Sordello (da ottobre a

Il Bosco virgiliano

La città che gli diede i natali non poteva dimenticarsi di uno dei suoi figli più illustri. A Publio Virgilio Marone è infatti dedicata una deliziosa area verde – il Bosco virgiliano, appunto – posta nell'immediata periferia a sud di Mantova, nei pressi di Porta Cerese, lungo la sponda del lago Inferiore, dove il Mincio riprende il suo placido corso. Istituito nel 1930 per celebrare il bimillenario della nascita, ha la caratteristica di presentare tutta la vegetazione citata da Virgilio nelle sue opere.

marzo) e piazza Virgiliana (da aprile a settembre) ospitano, la terza domenica del mese, il **Mercatino dell'Antiquariato.**
La **Fiera itinerante del Broccante** è un mercato delle pulci molto particolare. Nato nel 2008 per ridare vita alla tradizione popolare di frugare fra centinaia di oggetti - anticaglie, curiosità, abbigliamento e libri usati - si tiene nei quartieri San Leonardo e Anconetta, solitamente la terza domenica del mese, e permette a tutti - grandi e bambini - di trasformarsi in *brocanteur* per un giorno.

Associati per la cultura

Nel 1990, soggetti pubblici e privati hanno unito le loro forze per dare vita a un progetto – il **Centro internazionale d'Arte e di Cultura di Palazzo Te** (tel. 0376369198, www.centropalazzote.it) – che funzionasse da realtà di promozione artistica e ridesse centralità, innovandolo, al ruolo del complesso del Te. Da allora, oltre 30 sono stati gli eventi espositivi (ospitati nello spazio delle fruttiere del palazzo) realizzati nei settori dell'architettura e dell'arte antica e moderna, oltre a pubblicazioni, incontri e progetti di ricerca.

Sinagoga Tempio Norsa

ⓘ Informazioni: via Gilberto Govi 13, tel. 0376321490; visita su prenotazione, lun-ven 9-11, dom solo gruppi, ingresso gratuito

Dichiarato monumento nazionale, l'attuale tempio è la trasposizione esatta dell'antica e privata **Sinagoga Norsa**, già esistente nel 1480 all'interno del Ghetto di Mantova. Si tratta dell'unica rimasta delle sei che originariamente calamitavano la vita religiosa e culturale ebraica della città. La sala rettangolare ospita a est l'**Arca santa** (che custodisce la Torah) e, sul lato opposto, il **pulpito**, entrambi in legno. Originale il **complesso in ferro battuto**, che sostiene lampadari cifrati con il nome della famiglia. Nell'edificio ha sede la Comunità ebraica.

Sabbioneta: patrimonio comune

ⓘ Informazioni: IAT Sabbioneta, piazza d'Armi 1, Sabbioneta, tel. 037552039, www.iatsabbioneta.org, www.mantovasabbioneta-unesco.it; apertura: aprile-ottobre, mar-ven 9.30-13 e 14.30-18 (sab e festivi 18.30), novembre-marzo, 9.30-13 e 14.30-17 (sab e festivi 18); biglietto cumulativo per la visita ai monumenti € 10, ridotto € 5, gratuito fino a 12 anni

A 34 km da Mantova risiede il sogno di pietra del principe umanista Vespasiano Gonzaga, borgo medievale incastonato tra Oglio e Po, rimasto intatto nel suo fascino cinquecentesco. Ispirato dai canoni vitruviani e dai precetti dell'architettura militare, Vespasiano diede vita a uno spazio urbano ideale, circoscritto da una **cinta muraria conformata a stella** e basato su una scacchiera perfetta. All'interno della cittadina, monumenti quali **Palazzo Ducale**, o **Palazzo Grande**, residenza del signore e luogo deputato all'amministrazione statale, il **Teatro all'Antica**, o **Teatro Olimpico** (progettato da Vincenzo Scamozzi, fu il primo edificio a essere costruito appositamente per tale funzione), e la **Galleria degli Antichi**, o **Corridor Grande**, destinata a ospitare la collezione di marmi antichi e i trofei di caccia. L'Unesco ha dichiarato Sabbioneta Patrimonio dell'Umanità, in quanto modello esemplare di città ideale progettata a misura del suo principe e «testimonianza eccezionale di realizzazione urbana, architettonica e artistica del Rinascimento».

Andar per portici

Mantova è una città che invita al passeggio, da godersi con lentezza e tranquillità. Il centro si offre in tutta la sua deliziosa intimità anche e soprattutto seguendo gli itinerari disegnati dagli **antichi portici**: da piazza Sordello a piazza delle Erbe, e poi lungo corso Umberto I, la parallela via Roma e le strade adiacenti, da via Orefici a via Calvi, da via Goito a via Verdi. Le occasioni di sosta e di relax sono molteplici: dalla sequenza pressoché ininterrotta di vetrine alla presenza di numerosi caffè (alcuni di tradizione ultracentenaria), pasticcerie ed enogastronomie.

Il Parco regionale del Mincio

ⓘ Informazioni: Parco regionale del Mincio, piazza Porta Giulia 10, tel. 037622831, www.parcodelmincio.it; i centri visita (Bertone e Rivalta sul Mincio) sono aperti da marzo a ottobre ogni domenica, dalle 10 a un'ora prima del tramonto

Grande area protetta che si estende per circa 16 000 ettari all'interno della provincia mantovana, copre l'alveo del fiume da Peschiera fino alla sua immissione nel Po, all'altezza di Governolo. Istituito nel 1984, tutela aree naturalistiche di grande importanza, quali la **Riserva Valli del Mincio**, a nord-ovest di Mantova, la **Riserva Vallazza**, a sud del capoluogo, e la **Riserva Castellaro Lagusello**. All'interno dei confini del parco è anche la **Riserva statale Bosco Fontana**: circa 230 ettari, gestiti dal Corpo forestale dello Stato, che includono l'antica tenuta di caccia dei Gonzaga e costituiscono l'ultimo residuo della foresta di latifoglie che un tempo ricopriva interamente la pianura.

San Benedetto Po

ⓘ Informazioni: IAT San Benedetto Po e Oltrepò Mantovano, piazza Folengo 22, tel. 0376623036, www.comune.san-benedetto-po.mn.it; Monastero benedettino e Museo civico polironiano, estate: mar-dom 9-12 e 15-18, inverno: mar-dom 9-12 e 14.30-17.30; biglietto cumulativo complesso monastico e Museo civico polironiano € 6, ridotto € 5, gratuito bambini fino a 6 anni

Gonsiderato uno dei borghi più belli d'Italia, il destino di San Benedetto Po è indissolubilmente legato a quello del **monastero benedettino di Polirone**, fondato nel 1007 da Tebaldo di Canossa sull'isola che sorgeva tra il Po e il Lirone. Grazie a Guido Gonzaga (abate commendatario del monastero) l'edificio entrò nel 1420 nell'appena costituita Congregazione di Santa Giustina di Padova, cambiamento non solo religioso, ma che implicò un completo e radicale rinnovamento edilizio, economico e culturale. La **piazza** del paese, maestosa e splendida nella sua semplicità, è rimasta pressoché intatta nelle dimensioni dall'epoca medievale. Fondato nel 1977, molto interessante il **Museo civico polironiano**, uno dei maggiori musei etnografici italiani.

MANGIARE A MANTOVA

ALLA NUOVA MARASCA

Piazza L.B. Alberti 19/20, tel. 0376322620, www.nuovamarasca.it • coperti 72+72 • chiuso lunedì e mezzogiorno di martedì, periodo tra gennaio e febbraio e in luglio • cucina mantovana • Due piccole sale in stile rustico-moderno (e dehors estivo) di fronte la cattedrale di S. Andrea. Cucina tradizionale, che punta sulla ricerca di materie prime genuine e fuori dal comune; dolci di propria produzione • **Prezzi: 26/40**

ANTICA HOSTERIA LEONCINO ROSSO

Via Giustiziati 33, tel. 0376323277 • coperti 35+35 • chiuso sera di domenica, periodo tra gennaio e febbraio e in agosto • cucina mantovana • Osteria attiva sin dal 1818, si trova a pochi passi da Palazzo Ducale e propone i piatti tipici della tradizione mantovana. Da non perdere i tortelloni di zucca e lo stracotto e polenta. • **Prezzi: 20/25**

ANTICA OSTERIA AI RANARI

Via Trieste 11, tel. 0376328431, www.ranari.it • coperti 45 • chiuso lunedì • cucina mantovana • Situata nell'area del vecchio porto, presenta una sala dal basso soffitto e arredo rustico. Cucina del territorio, che offre stracotto di cavallo al lambrusco con polenta e le immancabili rane. A chiudere, sbrisolona e salame di cioccolato. • **Prezzi: 18/33**

DA GIGI

Via G. Oberdan 4, tel. 0376327116 • coperti 45+25 • chiuso lunedì, periodo in gennaio e in luglio • cucina mantovana • Locale di tono rustico, con forno a legna e dehors per il servizio estivo. Cucina di schietta impronta mantovana: carpacci di carne, tortelli di zucca, risotto con il puntel e braciola di maiale, filetto di tonno, stracotto di manzo con polenta, tagliata di manzo alla griglia; anche pizzeria. • **Prezzi: 25/40**

DUE CAVALLINI

Via Salnitro 5, tel. 0376322084 • coperti 100+60 • chiuso martedì, periodo in febbraio e metà luglio-metà agosto • cucina mantovana • I cavallini si affacciano dalle tovaglie di questa trattoria cara alla memoria dei mantovani, dove l'ambiente familiare invita alla degustazione. L'offerta è legata alle tradizioni locali, portate avanti da quattro generazioni dalla famiglia Fagnoni: salame mantovano, maccheroni con stracotto, tortelli di zucca, stinco al forno, bolliti misti. • **Prezzi: 22/35**

FURLOTTI

Viale Sabotino 13, tel. 0376322897 • coperti 100+100 • chiuso sera di lunedì, ferie variabili • cucina mantovana e di pesce • Locale rustico con cucina rispettosa della tradizione: culatello, tortelli di zucca, stracotto, tagliate; discreta can-

Chicche golose

Il **risotto alla 'pilota'**, dal nome degli operai – i piloti, appunto – che lavoravano nelle pile, prevede una bollitura del riso (della qualità vialone nano) per circa dieci minuti. Al termine, lo si unisce a un sugo di salamelle sbriciolate, cotte con burro e vino. Viene servito con abbondante grana o parmigiano. Altri piatti della tradizione sono i **tortelli di zucca** (pasta con ripieno di zucca, mostarda, amaretti, grana e noce moscata), i **ciccioli** (parti grasse del maiale cotte nello strutto), il **bussolano** (morbido dolce aromatizzato alla vaniglia, a forma di ciambella o di esse) e la **sbrisolona**, la classica torta mantovana a base di zucchero, uova, vaniglia, farina bianca e gialla, mandorle e burro.

tina e buona selezione di salumi e formaggi tipici. Tra i dolci, tutti fatti in casa: sbrisolona e bignolata. • **Prezzi:** 20/25

L'OCHINA BIANCA

Via Finzi 2, tel. 0376323700, ochinabianca@hotmail.it • coperti 80 • chiuso sera di domenica e lunedì, periodo in agosto • cucina mantovana e classica • Ambiente semplice e gradevole, con cucina prevalentemente mantovana e di pesce fresco. Tra le proposte: fiori di zucchine farciti di ricotta e fritti, maccheroncini con stufato d'asino, guanciale di manzo stufato, torta sbrisolona con grappa; ampia lista di vini e distillati. • **Prezzi:** 30/40

OSTERIA DELLA FRAGOLETTA

Piazza Arche 5/A, tel. 0376323300, www.fragoletta.it • coperti 40 • chiuso lunedì • cucina mantovana e di ricerca • L'insegna evoca trascorsi settecenteschi, ma l'attuale giovane gestione porta avanti una linea culinaria che, innovando, non rinnega la tradizione: insalata di farro e pollo marinato al limone, tortelli di zucca al burro e salvia, tagliata di maialino da latte, stracotto di cavallo al lambrusco e polenta; ampia scelta di formaggi e ben articolata carta dei vini. • **Prezzi:** 25/32

TRATTORIA UNICORNO

Via Sacchi 23, tel. 0376329319-3401737317, trattoria.unicorno@fastwebnet.it • coperti 60+15 • chiuso sere di lunedì e di martedì, ferie variabili • cucina mantovana • Semplice e con un buon rapporto qualità-prezzo, propone piatti tipici del territorio. Dal menu: risotto alla pilota, tortelli di zucca, stracotto d'asino con polenta, carpaccio di bresaola; inoltre, gnocco fritto e tigelle con salumi e pesto di lardo. • **Prezzi:** 22/35

DORMIRE A MANTOVA

ABBAZIA

B&B • Via Bettinelli 19, tel. 0376222867-0376322329, www.abbaziabedandbreakfast.it • 3 camere • Nel centro storico, prossimo alla stazione ferroviaria, è ideale per gli amanti dello sport e della natura (possibilità di noleggio biciclette). Accoglienti le camere, con soffitto con travi a vista ed elementi d'arredo classici. • **Prezzi:** camera doppia 77

A CORTE POSTA

B&B • Via Ostiglia 1, tel. 0376370422-3484106034, www.corteposta.it • 3 camere • A circa un chilometro dal centro storico, la struttura gode di una posizione particolarmente favorevole e offre stanze arredate con sobrietà e curate nei particolari. Nelle vicinanze, la pista ciclo-pedonale permette un approccio 'dolce' ai tesori del luogo. • **Prezzi:** camera doppia 80

ALLE LANTERNE ROSSE

B&B • Via F. Rismondo 2, tel. 3392252007-0376302658, www.lanterne-rosse.com • 2 camere • Il B&B si trova in una casa padronale del Settecento fedelmente ristrutturata e la sua vicinanza con il centro storico lo rende un ottimo punto di partenza per la visita alle maggiori mete turistiche. Ricca prima colazione, da gustare all'ombra del tasso secolare che alberga nel giardino. Ideale per un rilassante fine settimana. • **Prezzi:** camera doppia 60/80

AL MINCIO

B&B • Località Formigosa, stradello Croce 43, tel. 0376302519-3471306322, www.bbalmincio.it • 3 camere • Casa rurale secentesca circondata da un ampio e bellissimo giardino e immersa nel Parco regionale del Mincio. Sottoposta a restauro conservativo nel corso degli anni, e mantenendo il gusto rustico e accogliente delle antiche cascine padane, è stata arredata con antichi mobili di famiglia. • **Prezzi:** camera doppia 80/90

AL VERDEBLU

B&B • Viale Podgora 2/A, tel. 0376360398-3401401081, www.verdeblumantova.com • 4 camere • A breve distanza dai principali luoghi di interesse turistico della città, in zona silenziosa e tranquilla, offre camere semplici e curate, oltre a un approccio eco-friendly: la colazione, a base di prodotti biologici, e la presenza di disgiuntori elettrici per l'eliminazione del campo elettromagnetico durante il riposo notturno. A disposizione: sala colazione, salotto, ricovero per la propria bicicletta e ingresso indipendente. • **Prezzi:** camera doppia 70/90

ANTICA LOCANDA MATILDA

B&B • Via F. Rismondo 2, tel. 3356390624, www.locandamatilda.it • 3 camere • Un'antica casa padronale del Settecento, nel cuore della campagna mantovana, è stata trasformata in un B&B di charme. Ambiente accogliente, camere mansardate, con soffitti in legno, pavimento in cotto e mobili antichi; la colazione è servita, in estate, all'ombra di alberi secolari, in inverno, in una sala con camino e vista sul giardino. • **Prezzi:** camera doppia 90

BIANCHI STAZIONE

Albergo • Piazza Don Leoni 24, tel. 0376326465, www.albergobianchi.com • 55 camere • A pochi passi dalla stazione ferroviaria sorge questo comodo meublé dotato di camere confortevoli, con arredi in legno e nuovi televisori LCD, american e snack bar. Alcune camere si affacciano su un grazioso giardino interno; accoglienza gentile e partecipe. • **Prezzi:** camera doppia 76/110

CASA MARGHERITA

B&B • Via Broletto 44, tel. 3497506117-3497506117, www.lacasadimargherita.it • 3 appartamenti • Adiacente a piazza delle Erbe, a pochi passi da Palazzo Ducale, offre tre ampi alloggi, ognuno dotato di camera, bagno e di un ulteriore ambiente in cui è possibile aggiungere uno o due letti. La casa, in tipico stile mantovano e ampiamente ristrutturata, è arredata con eleganza e sobrietà. Per la colazione, servita in una sala che affaccia sui portici del centro, sono offerti ogni mattina pane e brioche freschi da forno. • **Prezzi:** camera doppia 80/100

TRENTO
la città diffusa

Adagiata lungo la valle dell'Adige e guardata a vista dalle cime del Boldone, del Calisio e della Marzola sta Trento, per circa otto secoli principato vescovile e sede, tra il 1545 e il 1563, del Concilio che diede inizio alla Controriforma. La città sembra sfuggire a qualsiasi tipo di perimetrazione rigida. Infatti, pur conservando intatti il suo nucleo storico e l'impianto urbanistico di origine romana, Trento pare dotata di tentacoli sfuggenti, con sobborghi che si rincorrono sul fondovalle, si arrampicano nei dintorni meno agevoli, facendone un vero esempio di conglomerato urbano diffuso. Non è un caso se la densità abitativa, calcolata sull'intero territorio comunale, risulti poco più di un terzo rispetto a quella di Bolzano. Ciò non ha tuttavia avuto effetti negativi sulla disponibilità di aree verdi o sull'utilizzo del trasporto pubblico: complici il contesto ambientale (oltre il 50% del territorio comunale è ricoperto da boschi), la fortissima attenzione alla sua tutela e il radicato senso civico, Trento rimane la città che forse più di altre è riuscita a mantenere un saldo equilibrio tra progresso e salvaguardia di uno stile di vita qualitativamente elevato.

QUANDO ANDARE E PERCHÉ

Il profumo di vin brulé e di caldarroste sono la ciliegina sull'atmosfera intima e gioiosa del periodo natalizio. La primavera e l'estate sono ideali per godere delle splendide giornate, con il cielo cristallino a fare da sfondo a escursioni urbane e fuoriporta. Fantastico l'autunno, con i boschi tutto intorno che cambiano magicamente colore e un buon bicchiere di vino come meritata ricompensa. Perché la *Tridentum* romana è ricca di importanti testimonianze storico-artistiche, perché è stata una delle città-simbolo tra i principati vescovili nel medioevo e dell'irredentismo nell'Ottocento; perché può costituire la base ideale per escursioni nelle splendide montagne circostanti, perché la cucina rispecchia l'elevata qualità che caratterizza tutte le materie prime locali, perché è uno dei comprensori vitivinicoli più importanti del Paese. Non è la perfezione, ma ci manca davvero poco.

COME ARRIVARE

→IN AUTO Trento si trova sul principale asse di comunicazione nord-sud, che mette in comunicazione la pianura padana con l'Austria e la Germania attraverso il valico del Brennero. L'uscita di riferimento, percorrendo la **A22**, è quella di

Trento Centro. La città è altresì raggiungibile tramite la **SS 12 Abetone-Brennero**, che risale lungo la Valle dell'Adige, la **SS 47 della Valsugana** (superstrada) provenendo da Padova, Bassano del Grappa e Belluno, e la **SS 45 bis Gardesana occidentale** arrivando dalla zona lombarda del lago di Garda. Per informazioni sulla viabilità: numero verde 800994411, a cura della Provincia autonoma di Trento.

→IN TRENO La città è importante nodo di transito lungo la linea passante **Verona-Brennero-Monaco**. Alla stazione FS (piazza Dante Alighieri 1, tel. 0461229111) sostano EC, IC, Eurostar e interregionali di **Trenitalia** (tel. 892021, www.fsitaliane.it) da e per Verona e Bolzano. Sulle tratte Milano-Brennero e Bologna-Brennero (e quindi con fermata a Trento) operano anche i treni **DB-ÖBB EuroCity**, frutto della collaborazione tra la tedesca Deutsche Bahn e il carrier austriaco ÖBB (per informazioni e prenotazioni, tel. 0267479578, www.bahn.com e www-obb-italia.com). Dalla stazione, collegamento diretto con Venezia Mestre via Bassano del Grappa-Castelfranco Veneto tramite la **linea della Valsugana**. Nelle immediate vicinanze dello scalo, è presente anche la stazione capolinea della **linea Trento-Malè-Marilleva**, a binario singolo e scartamento ridotto (via Dogana 3, tel. 0461238350).

→IN AEREO Decisamente più problematico raggiungere Trento con l'aereo. La città dispone infatti solo di un piccolo scalo turistico - l'**Aeroporto "Giovanni Caproni"** (www.aeroportocaproni.it) - situato a 5 chilometri dal centro, presso il sobborgo di Mattarello. Gli aeroporti commerciali più vicini sono l'**Aeroporto Bolzano-Dolomiti** (solo voli da e per Roma, mentre le tratte da Olbia e Cagliari sono coperte esclusivamente durante il periodo estivo, tel. 0471255255, www.abd-airport.it, uscita Bolzano Sud della A22), a circa 60 km, e l'**Aeroporto "Valerio Catullo" di Verona Villafranca** (Caselle di Sommacampagna, tel. 0458095666, www.aeroportoverona.it), distante 97 km.

Voli low cost

Principali compagnie che fanno scalo su Verona Villafranca: **Air Italy** (tel. 89950093, www.airitaly.it) collega Verona a Bari, Catania, Napoli e Roma Fiumicino; **Bmibaby** (tel. 00448458101100, www.bmibaby.com), che vola su Bologna e Roma Fiumicino; con **Meridiana Eurofly** (tel. 892828, www.meridiana.it) si possono raggiungere Cagliari, Catania Fontanarossa, Olbia, Palermo, Roma Fiumicino e Tortolì; **Ryanair** (tel. 899678910, www.ryanair.com) vola da Alghero, Bari, Brindisi, Palermo, Pescara e Trapani; **Wind Jet** (tel. 892020, www.volawindjet.it) effettua collegamenti con Catania e Palermo.

→IN AUTOBUS È possibile raggiungere Trento anche con gli autobus extraurbani di **Trentino Trasporti** (tel. 0461821000, www.ttesercizio.it), che gestisce i collegamenti tra la città, Bolzano e gli altri centri regionali. Collegamenti diretti anche da Brescia, Milano, Verona, Vicenza, Belluno e Venezia.

COME MUOVERSI

→IN AUTO Il centro cittadino è, per la quasi totalità, **zona a traffico limitato** (ZTL), con accesso regolamentato sia nei giorni feriali sia in quelli festivi. L'area pedonale è comunemente individuata come 'Giro al Sas'. È opportuno quindi lasciare l'auto in una delle molte aree di sosta disseminate per la città, gestite da **Trentino Mobilità** (via Brennero 98, tel. 0461433124, www.trentino mobilita.it). Gli spazi destinati al parcheggio a pagamento (generalmente nella fascia oraria 8-19.30 dei soli giorni feriali, sabato compreso) sono delimitati da strisce blu, e sono soggetti a tre tariffazioni orarie differenti a seconda della zona di appartenenza (**area di prima corona centrale**, € 1, **area di seconda corona centrale e aree periferiche**, € 0,80, e **zone ospedaliere**, € 0,50). Il biglietto può essere acquistato presso gli appositi parcometri o - nella versione 'gratta e sosta' - in tutte le edicole. Tra le aree di sosta più comode, il **parcheggio Sanseverino**, accanto al lungofiume, **Zuffo** (nei pressi del casello autostradale di Trento Centro), **Monte Baldo**, a sud dello stadio, e **Ghiaie**, adiacente il PalaTrento. Queste ultime tre strutture sono servite da un servizio gratuito di navetta per il centro; in loco, un apposito dispositivo eroga automaticamente il biglietto per l'utilizzo del servizio (biglietto da obliterare a bordo). Trentino Mobilità gestisce anche due parcheggi a pagamento in struttura: **Parcheggio Duomo** (piazza Mosna 1/A, lun-sab 7-20.30, € 0,30/ora 7-12 e 14-20.30, gratuito 12-14 e sabato pomeriggio) e **Palazzo Onda** (via Valentina Zambra, lun-sab 8-20, € 1).

Eventi e manifestazioni

Trento Film Festival
[aprile-maggio]

Le tematiche affrontate riguardano la montagna, l'alpinismo e la cultura montana in genere (tel. 0461986120, www. trentofestival.it).

Ex Music & Arts Festival
[giugno]

La kermesse raveggiante è legata agli ambienti in cui si svolgono gli spettacoli: vecchi magazzini, aree industriali dismesse, depositi di autobus (www.exfestival.com).

Festival dell'Economia
[giugno]

La rassegna raccoglie studiosi di fama e premi Nobel. L'ingresso a tutti gli eventi è gratuito fino a esaurimento posti. Non è prevista prenotazione (tel. 0461494614, www.festivaleconomia.it).

Feste Vigiliane
[giugno]

Sono dedicate al patrono della città, S. Vigilio, e nel corso di una settimana animano le vie di Trento con cortei, concerti, appuntamenti enogastronomici e spettacoli (www.feste vigiliane.it).

Autunno Trentino
[settembre]

In due weekend consecutivi presenta il meglio dell'enogastronomia locale, ospitando nel centro storico le tradizioni delle valli e le produzioni di punta delle sette Strade del Vino e dei Sapori del Trentino (tel. 0461233909, www.autun notrentino.it).

Mercatino di Natale
[dicembre]

Il tradizionale *Christkindlmarkt*, ospitato nella quadrangolare piazza Fiera, attira ogni anno sempre più visitatori (tel. 0461230264, www. mercatinodinatale.tn.it).

Mercatino dei Gaudenti
[tutto l'anno]

Animato e vivace mercatino dell'usato che si tiene a cadenza mensile nel centro storico della città (Arteria, tel. 3289493668, www.mercati nodeigaudenti.it).

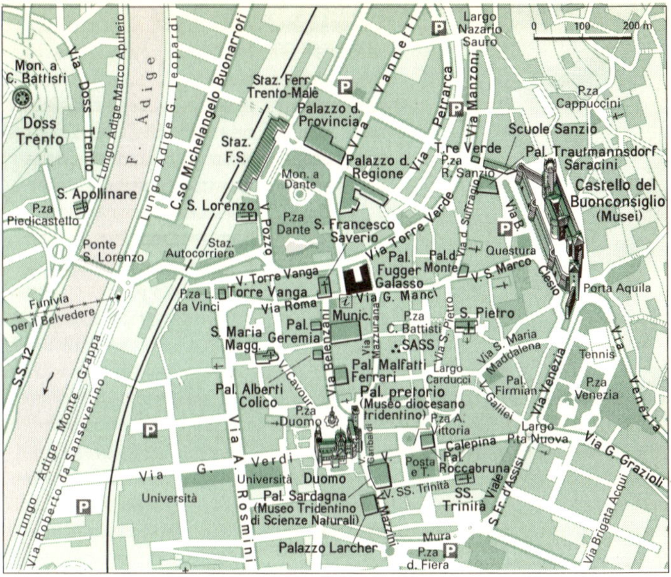

→IN AUTOBUS Il trasporto urbano - 18 linee - è gestito da **Trentino Trasporti** (tel. 0461821000, www.ttesercizio.it). Biglietto con validità 70 minuti (non valido per il collegamento con Lavis) € 1, biglietto famiglia (max 2 adulti + 4 minori) € 2, giornaliero (fare attenzione: vale fino alle 24 del giorno di vidimazione) € 2,60.

→IN FUNIVIA Da Trento è possibile raggiungere la frazione di **Sardagna**, a 600 metri sul versante orientale del Monte Bondone. Partenze ogni 15 minuti (7-9, 11.45-14.30 e 17-20.30), oppure ogni mezz'ora (9-11.30, 14.30-17 e 20.30-22.30), nei pressi di Ponte San Lorenzo (Funivie Trento Sardagna, via Marconi 3, tel. 0461822075).

→IN TAXI Il servizio taxi di Trento è gestito dalla **Cooperativa Radiotaxi Trento** (via De Gasperi 27, tel. 0461930002, www.taxitrento.it).

SCONTI E RIDUZIONI

→TRENTO CARD

La Trento Card (APT Trento, via Manci 2, tel. 0461216000, www.apt.trento.it) è una card prepagata e viene proposta in due versioni: con validità di 24 ore (€ 10) e di 48 ore (€ 15). Insieme si riceve un completo "kit info" utile guida alla scoperta del territorio e dei servizi. La card è valida per un adulto e un bambino sotto i 12 anni. Tra gli altri servizi, consente l'ingresso gratuito ai musei cittadini e alle mostre che vi sono allestite, l'utilizzo libero della rete di trasporti urbana, della funivia Trento-Sardagna e del prestito biciclette, oltre a uno sconto del 10% in tutti i negozi convenzionati. La versione 48 ore 'regala' anche l'ingresso al Museo di Arte moderna e contemporanea di Trento e Rovereto-Mart e a Castel Thun.

SCOPRIRE TRENTO A PIEDI

Trento è città di nobile e severo aspetto, ricca di preziose testimonianze romaniche, gotiche, rinascimentali e barocche. Il cuore è **piazza Duomo**, da dove può partire un ideale percorso di visita. Imboccata **via Belenzani**, sul lato nord della piazza, sono visibili a sinistra la facciata affrescata di **palazzo Geremia** - edificio gotico-rinascimentale sede di numerosi eventi culturali (per visite: Urp, tel. 0461884453) - e, di fronte, **palazzo Thun**, sede del Comune. Nella zona, enoteche, trattorie e pasticcerie offrono specialità trentine, anche a prezzi abbordabili. Girando a destra e addentrandosi nel **Sas** - il nucleo storico cittadino - si prosegue fino al rinascimentale **convento di S. Marco**, per giungere poi in vista del **castello del Buonconsiglio**. Per gli amanti del trekking, un ottimo itinerario è quello che, superato il ponte di S. Lorenzo, sull'Adige, porta prima alla **chiesa di S. Apollinare**, di origini romaniche, riedificata in forme gotico-cistercensi, quindi al **Dos Trento** (sulla sommità, il **Museo nazionale degli Alpini**), una rupe di forma arrotondata e boscosa dalla quale si gode uno splendido panorama sulla valle dell'Adige. Il vicinissimo **Monte Bondone**, oltre a piste innevate e percorsi naturalistici, ospita anche il suggestivo borgo di **Sardagna**, con i suoi caratteristici **murales**.

In bici gratis

C'entro in bici permette di dotarsi gratuitamente di una due ruote per circolare a emissioni zero nel territorio cittadino. Unico vincolo, il versamento di una cauzione di 25 €. In cambio, una chiave personale consente l'accesso al mezzo parcheggiato in nove punti della città, dove è possibile lasciare la propria auto. Le bici si riconsegnano nello stesso luogo in cui è avvenuto il prelievo entro le ore 20 (informazioni: Urp, via Belenzani 3, numero verde 800017615, oppure Trentino Mobilità, via Brennero 98, tel. 0461433124, www.trentinomobilita.it). Trento è anche una delle tappe della **Ciclopista della Valle dell'Adige**, che attraversa la provincia seguendo il corso dell'Adige.

I MUST DA NON PERDERE

Castello del Buonconsiglio

ⓘ Informazioni: Museo Castello del Buonconsiglio, via Bernardo Clesio 5, tel. 0461233770, www.buonconsiglio.it; aprile-novembre mar-dom 10-18, chiuso lunedì, dicembre-marzo 9.30-17.30, biglietto € 8, over 65 € 5, 15-26 anni € 4, gratuito fino a 14 anni. È possibile acquistare il cumulativo per la visita a Castel Stenico, Castel Beseno e Castel Thun, € 12; gratuito con Trento Card

Edificato nel XIII secolo intorno al nucleo della **Torre di Augusto**, e via via ampliato con l'aggiunta di corpi di fabbrica secondari, era parte integrante del sistema difensivo della città, destinato alla residenza dei principi-vescovi di Trento. Così, accanto al merlato **Ca-**

stelvecchio, la parte a sud dell'edificio comprende il **Magno palazzo**, realizzato tra il 1528 e il 1536, simbolo della grande fioritura della città in epoca rinascimentale. All'interno della secentesca **Giunta Albertiana**, tra gli altri, gli splendidi affreschi mitologici di Gerolamo Romanino. Nella contigua **torre dell'Aquila** è conservato il **Ciclo dei Mesi**, autentico capolavoro del gotico internazionale, una serie di affreschi databili intorno al 1400, realizzati da un ignoto artista di probabile origine boema e raffiguranti scene di vita di corte e popolare. Le sale del castello ospitano oggi il **Museo provinciale**, con dipinti, ceramiche e incisioni lignee del XV secolo.

Il Duomo e la piazza

Informazioni: Cattedrale di S. Vigilio, piazza Duomo, tel. 0461980132, orari 6.30-12 e 14-18; Museo diocesano, piazza Duomo 18, tel. 0461 234419, www.museodiocesanotridentino.it, apertura tutti i giorni, tranne martedì, 9.30-12.30 e 14.30-18 (fino alle 17.30 da ottobre a maggio), ingresso € 4 (accesso gratuito alla basilica paleocristiana di S. Vigilio), oltre i 65anni € 2,50, 12-18 anni € 1, biglietto famiglia € 8, visita guidata gratuita prima domenica del mese alle ore 16

Piazza Duomo, il raffinato salotto della città, è non solo un ottimo punto di osservazione, della vita quotidiana, ma anche di ciò che Trento è stata nel corso dei secoli. Vi si affacciano, infatti, alcune tra le maggiori testimonianze architettoniche simbolo del potere cittadino a partire dall'alto medioevo. L'area è dominata, al centro, dalla barocca **fontana del Nettuno**, dai cui gradoni si gode pienamente lo spettacolo della facciata settentrionale della **Cattedrale**. La chiesa, consacrata a S. Vigilio, patrono della città, venne realizzata all'inizio del XIII secolo sui resti di una basilica paleocristiana, su progetto del maestro campionese Adamo d'Arogno. Sulla fiancata che affaccia sulla piazza spiccano la **porta del Vescovo**, accesso diretto all'edificio durante i giorni del Concilio (1545-1563), e lo splendido rosone, popolarmente chiamato **Ruota della Fortuna**. La facciata, su via Verdi, è dominata da un campanile - il secondo è rimasto incompiuto - e presenta un gran rosone al centro. Interno a tre navate, con transetto e ampio presbiterio. Interessante il contrasto tra l'impianto romanico lombardo e la volumetria interna, dove l'altezza delle volte rimanda a ispirazioni gotiche. Sulla piazza sorge anche **palazzo Pretorio** (antica residenza dei principi-vescovi e ora sede permanente del **Museo diocesano tridentino**), austero edificio duecentesco a pianta quadrangolare ornato di merlature ghibelline e presidiato dalla **torre civica**, costruita intorno al 1200 sulle rovine della porta romana di accesso alla via Claudia Augusta. Delimita la piazza **palazzo Balduini**, costruzione in cui la struttura gotica originaria è ancora visibile a dispetto delle modifiche intervenute nel corso dei secoli, e le cui decorazioni, ispirate ai temi della natura, rappresentano il più antico ornamento esterno di edificio cittadino.

SPUNTI E CHICCHE LOW COST

Palazzo delle Albere

Informazioni: Palazzo delle Albere, lungadige Roberto da Sanseverino; Mart, corso Bettini 43, Rovereto, tel. 800397760, www.mart.trento.it, mar-dom 10-18, ven 10-21, € 11 intero, € 7 ridotto (15-26 anni e oltre i 65)

L'edificio, detto 'delle Albere' dai filari di pioppi cipressini che adornavano il grande viale di accesso che lo collegavano alla città, venne portato a termine tra il 1550 e il 1560. L'interno conserva bei cicli affrescati, come quello dei *dodici mesi*, al primo piano. La splendida residenza extraurbana si presenta come un massiccio palazzo circondato da un fossato con quattro torrioni angolari e un'apertura a serliane sovrapposte sul prospetto principale, rivolto a oriente. Il palazzo, sede del **Museo d'Arte moderna e contemporanea di Trento e Rovereto-Mart** (opere dell'Ottocento), è temporaneamente chiuso per restauri. Le mostre e gli altri eventi si tengono nella duecentesca **torre Vanga**.

In gita al Dos Trento

Può essere piacevole arrampicarsi sulla cima boscosa del Dos Trento, sperone roccioso sulla riva idrografica destra dell'Adige, nei pressi del capoluogo. Il sentiero parte alla fine di via Brescia e consente, giunti sulla sommità, di visitare gratuitamente il **mausoleo a Cesare Battisti** e il **Museo nazionale storico degli Alpini** (via Brescia 1, tel. 0461827248, www.truppealpine.eu/museo_alpini/foto_museo.htm, lun-gio 9-12 e 13.30-16.30, ven solo al mattino).

Le Strade del Vino e dei Sapori

Informazioni: Trentino S.p.A., via Romagnosi 11, tel. 0461219300, www.stradedelvinodeltrentino.it

Sono **sette i percorsi geografici** - segnalati con appositi cartelli e mappe -che, centrati su Trento e seguendo cultivar, vigne, trattorie e testimonianze storico-culturali di particolare interesse, disegnano delle specifiche aree caratterizzate da coltivazioni e produzioni agroalimentari tipiche.

Al fine di garantire un'alta qualità dei prodotti e dei servizi proposti, ogni itinerario si è fornito di un disciplinare che definisce i requisiti di appartenenza.

I murales di Sardagna

Chi vuole vedere la città da un punto privilegiato, può ascendere i fianchi del Monte Bondone e raggiungere la frazione di Sardagna. Al prezzo di un biglietto ordinario si può scoprire l'antico borgo, fare una passeggiata all'aperto e godere di uno splendido panorama. Il borgo è costellato di murales – eseguiti a *trompe l'oeil* – nascosti nelle stradine e nei cortili, rappresentazioni degli usi, delle tradizioni e della vita contadina di un tempo.

MANGIARE A TRENTO

ANTICA TRATTORIA AL VÒLT

Via S. Croce 16, tel. 0461983776, www.tienne.it/alvolt • coperti 30 • chiuso giovedì e sera di domenica • cucina trentina • Osteria attiva dal 1894, propone un menu trentino, realizzato con prodotti locali secondo le antiche ricette e in base alle stagioni. • **Prezzi:** 25/35

DOC

Via Milano 148, tel. 0461262022, www.doctrento.com • coperti 250+60 • chiuso sabato a mezzogiorno e domenica • cucina trentina di ricerca • Specialità trentine che cambiano ogni giorno e un menu degustazione. Tra le proposte, ottimo il filettino di maiale al finocchietto selvatico con tortino soffice di patate, cipolla e salsa all'aceto rosso invecchiato. Anche pizzeria. • **Prezzi:** 15/30

EVEREST

Corso Alpini 14, tel. 0461825300, www.hoteleverest.it • coperti 300 • chiuso sera di domenica (inverno), Natale • cucina trentina e classica • Ristorante dell'omonimo hotel, con buoni piatti e un tocco di creatività: crostone rustico di asparagi, filetto di manzo al Puzzone di Moena; menù per celiaci. • **Prezzi:** 20/30

LA CANTINOTA

Via S. Marco 22/24, tel. 0461238527-3477733998, www.cantinota.editarea.com • coperti 150+70 • chiuso giovedì • cucina trentina e classica • Nel cuore del centro storico, un'autentica cantina del Cinquecento. Piatti della tradizione, secondo stagione, accompagnati da vini regionali. • **Prezzi:** 22/40

OSTERIA IL CAPPELLO

Piazza B. Lunelli 5, tel. 0461235850, info@osteriailcappello.it • coperti 50+30 • chiuso sera di domenica e lunedì, periodo in gennaio e in giugno • cucina trentina e classica • La cucina propone, tra gli altri, piccoli canederli ai formaggi trentini su funghi porcini e guance di vitello brasate al Teroldego con polenta e bastoncini di sedano rapa. Selezione di formaggi di malga da gustare con frutta e miele, buona carta dei vini. • **Prezzi:** 25/45

RISTORANTE PIZZERIA BAVARESE

Via Milano 148, tel. 0461262022, www.doctrento.eu • coperti 40 • cucina • Ambiente moderno ed elegante a pochi passi dal centro città. La cucina unisce ricette tradizionali trentine e innovazioni proprie; anche pizze con farina integrale. • **Prezzi:** 20/30

VILLA MADRUZZO

Località Cognola, via Ponte Alto 26, tel. 0461986220, www.villamadruzzo.it • coperti 80+100 • chiuso domenica • cucina trentina e classica • All'interno dell'albergo che lo ospita, una cucina che propone ricette tradizionali e tipiche trentine, come il filetto di cervo con marmellata di mirtillo rosso e il classico strudel di mele. Buona carta dei vini, in prevalenza trentini. • **Prezzi:** 30/40

Chicche golose

I **basin de trent** sono dei dolcetti tondi, di tradizione cinquecentesca, a base di uova, zucchero e mandorle. A differenza dei tradizionali amaretti, si utilizzano solo mandorle dolci. Tra le altre specialità, i **canederli trentini** (gnocchi a base di pane raffermo e latte, con lucanica, pancetta, grana trentino, uova, prezzemolo, aglio, noce moscata) e il **pan co le fritole**, preparato con farina gialla condito con le 'fritole', ovvero i ciccioli.

DORMIRE A TRENTO

ALLE COSTE

B&B • Località Cognola, via alle Coste 24, tel. 0461983783-3462309185, www.bedandbreakfastallecoste.it • Stagionale • 2 camere • La posizione è strategica: immersa nel verde, sulla collina di Trento, vicino alla città e alle principali vie di comunicazione. Arredato con cura, offre una forma di ospitalità familiare; le camere sono fornite di giochi per bambini. **• Prezzi: camera doppia 65**

CA' BIANCA

B&B • Località Povo, via Gabbiolo 22, tel. 3488208977, www.cabiancatrento.it • 2 camere • Ricavato da una casa colonica dell'Ottocento, a 3 km dal centro e in zona collinare. Le stanze sono anche adatte per famiglie con bambini. D'estate la colazione, a base di prodotti tipici trentini, viene servita in giardino. **• Prezzi: camera doppia 60/70**

CASA POMPERMAIER

B&B • Via A. Schmid 5, tel. 0461822190-3466695886, www.casapompermaier.it • 3 camere • In posizione tranquilla, nella parte nord della città, propone tre stanze di cui una con uscita sul piccolo giardino; gli ospiti hanno a disposizione una cucina e il cortile/giardino. **• Prezzi: camera doppia 70**

KARINHALL

Albergo • Località I Grezzi 17, tel. 0461945339, www.karinhall.it • 12 camere • In posizione panoramica e vicina a Trento e Rovereto, una struttura moderna e accogliente, con camere semplici e confortevoli, dotate dei moderni comfort; cucina tradizionale e classica nell'annesso ristorante, con una buona selezione di vini. Possibilità di alloggio anche in quattro appartamenti. **• Prezzi: camera doppia 80**

PONTE ALTO

Agriturismo • Località Povo, via alla Cascata 27, tel. 0461810753-3471474234, www.agriturpontealto.it • 12 camere • Una struttura immersa nel verde dei vigneti dell'azienda e vicina a mete di interesse culturale. La cantina, da cui escono rosso, bianco e spumante, è poco distante e vi si possono organizzare percorsi con degustazioni. Presso l'osteria, su prenotazione, si possono provare le ricette tipiche del territorio. **• Prezzi: camera doppia 70/86**

SAN GIORGIO DELLA SCALA

Albergo • Via Brescia 133, tel. 0461238848, www.garnisangiorgio.it • 15 camere • Un garni con camere accoglienti e una splendida vista sulle montagne, nel contesto di una villa d'epoca arredata con mobili in stile country e con grande cura dei particolari. Il clima è familiare e accogliente. **• Prezzi: camera doppia 75/90**

VAL D'ADIGE

Agriturismo • Località Roncafort 78/A, tel. 0461955008-3495530601, www.agriturvaldadige.it • 8 camere • Questo agriturismo, circondato da montagne e rigogliosi frutteti, è la base ideale per visite alla città ed escursioni nei dintorni. Camere confortevoli, con poggiolo o giardino, piccolo soggiorno per il relax e piacevole sala per la prima colazione. **• Prezzi: camera doppia 70/90**

VENEZIA

Albergo • Piazza Duomo 45, tel. 0461234114, www.hotelveneziatn.it • 43 camere • In pieno centro, gestito dalla stessa famiglia dal 1930. Camere semplici e funzionali, molte delle quali con vista sul Duomo. Comodo deposito per le biciclette. **• Prezzi: camera doppia 76**

BOLZANO
anticipo di Mitteleuropa

Ultima propaggine d'Italia o già Austria? È la domanda che ci si pone tutte le volte che si supera il confine invisibile fra Trentino e Alto Adige, quando le montagne si fanno più aspre e sembrano incombere sulla strada che vi si incunea e mira a nord: i suoni assumono una cadenza inconfondibile e l'atmosfera che vi si respira – le finestre e i balconi ricolmi di colori, l'ordine e la pulizia – richiamano ormai il vicinissimo Tirolo. Agglomerato informe ed 'errante' almeno fino agli inizi del secondo millennio, Bolzano assurse a importante centro commerciale prima per opera del vescovo di Trento, quindi con l'assoggettamento alla contea del Tirolo e all'entrata nell'orbita austriaca. Infine, nel 1919, l'annessione all'Italia. Accesso privilegiato alle Dolomiti (da poco dichiarate Patrimonio dell'Umanità), Bolzano è stata ed è città di incontro e di scambi tra mondo mediterraneo e mitteleuropeo: commerciali, certo, ma anche e soprattutto culturali, favoriti dalla nuova università trilingue, dai numerosi istituti di ricerca, dalla scuola di cinema e dalle istituzioni operanti sul territorio. Bolzano, la 'montagna travestita da città' – secondo la felice definizione di Reinhold Messner – è affascinante proprio per questo suo continuo divenire che la propone sempre diversa, in base al punto e al momento di osservazione.

QUANDO ANDARE E PERCHÉ

L'inverno potrebbe sembrare la stagione ideale: le Dolomiti a un passo, comprensori sciistici per tutti i gusti, l'atmosfera unica dell'Avvento. Ma poi ci si accorge dell'offerta enogastronomica locale e multietnica (di qualità e a costi contenuti), della possibilità di escursioni indimenticabili tra boschi e torrenti, delle numerosissime offerte culturali, e il periodo favorevole si estende allora a buona parte dell'anno. Recarsi a Bolzano significa scoprire le numerose sfaccettature che nascono dall'incontro tra Mediterraneo e Mitteleuropa: c'è la 'città nuovissima' dei teatri e della cultura, e quella tradizionale delle *stube*, dei palazzi e delle botteghe artigiane, dei mercati e – negli immediati dintorni – della Strada del Vino.

COME ARRIVARE

→IN AUTO Distante solo un'ottantina di chilometri dal confine con l'Austria, Bolzano è raggiungibile dalle uscite Bolzano Sud e Bolzano Nord della **A22 del Brennero.** La città è inoltre collegata a Trento e al Brennero dalla **SS 12**, mentre la **SS**

Eventi e manifestazioni

Festa dello Speck Speckfest

(maggio)

Rassegna dedicata al salume, principe della zona, che si tiene nella centrale piazza Walther. Degustazioni, musica e concerti di "Goaßlschnöller", i suonatori di frusta delle vallate alpine (www.speck.org).

Südtirol Jazz Festival Alto Adige

(giugno-luglio)

Festival jazzistico nato nel capoluogo e diffuso ai maggiori centri dell'intera provincia. Star e parecchie novità (www.suedtiroljazzfestival.com).

Bolzano Danza Tanz Bozen

(luglio)

Un viaggio tra i nomi della danza e della coreografia italiane più noti (tel. 0471053800, www.bolzanodanza.it).

Bolzano Festival Bozen

(luglio-ottobre)

La rassegna (www.bolzanofestivalbozen.it) si avvale della partecipazione di Claudio Abbado, della Gustav Mahler Jugendorchester e della European Union Youth Orchestra. Tra gli eventi: il Concorso pianistico internazionale Ferruccio Busoni (tel. 0471976568, www.concorsobusoni.it) e il Festival di Musica Antiqua (tel. 3489500272, www.antiqua.bz).

Mercatino di Natale-Christkindlmarkt

(dicembre)

Il mercatino di Natale più antico in Italia e l'evento più atteso dell'anno. Nelle caratteristiche casette in legno, allestite in piazza Walther, tante idee regalo all'insegna della più genuina tradizione artigianale. Palazzo Velier, di fronte al Duomo, viene addobbato come un vero calendario dell'Avvento (lun-ven 10-19, sab 9-20, dom 9-19, ingresso gratuito).

38 conduce al Passo dello Stelvio e la **SS 40** al Passo Resia. Una strada a doppia corsia per senso di marcia - la **MeBo** - porta velocemente fino a Merano.

→IN TRENO Posizionata lungo la linea passante **Verona-Innsbruck**, Bolzano è servita dai treni dell'operatore nazionale **Trenitalia** (tel. 892021, www.fsitaliane.it). Sulla tratta operano anche i treni **DB-ÖBB EuroCity** (per informazioni e prenotazioni, tel. 0267479578, www.bahn.com e www.obb-talia.com). Dalla Stazione centrale (piazza della Stazione 1, tel. 0471976077) partono anche i treni locali per Merano e la **ferrovia della Val Venosta.**

→IN AEREO Il piccolo scalo cittadino, **ABD-Airport Bolzano Dolomiti** (via Aeroporto Francesco Baracca 1, tel. 0471255255, www.abd-airport.it), dista circa 3 km dall'uscita autostradale di Bolzano Sud e, al momento, non è collegato direttamente al centro cittadino (le linee **10A** e **10B** fermano all'inizio della strada di accesso, a circa 100 m dall'ingresso). Collegamenti quotidiani con Roma e voli charter estivi e invernali. Per un ventaglio più ampio

Voli low cost

Su Verona Villafranca operano: **Air Italy** (tel. 89950093, www.airitaly.it) da Bari, Catania, Napoli e Roma Fiumicino; **Bmibaby** (tel. 00448458101100, www.bmibaby.com), da Bologna e Roma Fiumicino; **Meridiana Eurofly** (tel. 892828, www.meridiana.it) da Cagliari, Catania, Olbia, Palermo, Roma Fiumicino e Tortolì; **Ryanair** (tel. 899678910, www.ryanair.com) da Alghero, Bari, Brindisi, Palermo, Pescara e Trapani; **Wind Jet** (tel. 892020, www.volawindjet.it) da Catania e Palermo.

S. AGOSTINO - CONVENTO DEI BENEDETTINI DI MURI

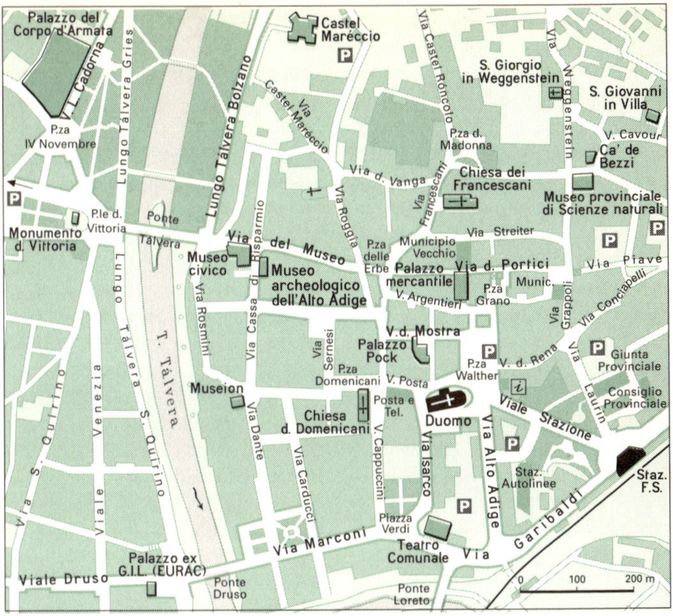

di destinazioni dirette nazionali e internazionali conviene fare riferimento allo scalo di Verona (**Aeroporto "Valerio Catullo" di Verona Villafranca**, Caselle di Sommacampagna, tel. 0458095666, www.aeroportoverona.it), raggiungibile in poco più di un'ora d'auto.

→IN AUTOBUS La stazione delle autocorriere è situata nei pressi dello scalo ferroviario (via Doktor Julius Perathoner 4). Autobus di linea privati collegano la città anche con l'estero, Germania e Austria in particolare.

COME MUOVERSI

→IN AUTO Il centro cittadino è per la quasi totalità zona pedonale e, per il resto, soggetto a una rigidissima **zona a traffico limitato (ZTL)**, all'interno della quale è praticamente impossibile circolare e sostare con l'automobile senza correre il rischio di avere sanzioni salatissime. Meglio allora una sana visita a piedi, lasciando il veicolo in una delle aree di sosta che punteggiano la città. Per chi arriva da sud, è consigliato il **parcheggio presso la Fiera** (gratuito, tranne nei periodi di manifestazioni; si arriva in centro con le linee 10 A e 10 B, oppure con la ferrovia Bolzano-Merano); per chi entra in città da nord, più indicato il parcheggio **Bolzano Centro** (via Mayr-Nusser 95, tariffa oraria 7-20 € 1,20, 20-7 € 0,50), a soli 5 minuti a piedi da piazza Walther. Altre aree sono in **viale Duca d'Aosta**, in **via Milano**, in **via Alessandria** e in **via Perathoner.** Per i posti auto in superficie la tariffa oraria varia da zona a zona (da un minimo di € 0,30 a un massimo di € 2). La società che gestisce il servizio parcheggi è la **SEAB** (via Mayr-Nusser 95, numero verde 800116166, www.seab.bz.it).

→IN AUTOBUS La società che ha in gestione il servizio di trasporto cittadino è la **SASA** (via Buozzi 8, 0471519519, www.sasabz.it), attiva su 15 linee. Biglietto € 1. In città è attivo anche il **BoBus**, servizio shuttle turistico con partenza (ogni ora e 10 minuti circa dalle 9 alle 18.40) e arrivo da piazza Walther. La società **SAD-Trasporto Locale** (corso Italia 13/N, tel. 0471450111, www.sad.it), oltre a gestire il trasporto extraurbano, fa parte del **Sistema di Trasporto Integrato dell'Alto Adige**, che prevede l'emissione di biglietti validi su tutta la rete provinciale con possibilità di raggiungere Trento, Cortina d'Ampezzo e Innsbruck, in Austria.

→IN TAXI Il servizio è gestito da **Radio Taxi Funk**, attivo 24 ore su 24 (via Perathoner 4, tel. 0471981111, www.ratabz.it). Presso la stazione ferroviaria, si trova il parcheggio taxi (piazza della Stazione, tel. 0471973333). **Taxi Rosa Taxi** è un'iniziativa che permette alle donne di muoversi in sicurezza anche nelle ore serali e notturne.

SCONTI E RIDUZIONI

→BIKEPASS ALTO ADIGE
Il pass, gratuito, permette l'utilizzo combinato di bici a noleggio, autobus e treno con partenza da Bolzano Sud; è riservato a quanti noleggiano una bicicletta e fanno ritorno al punto di partenza con il treno o l'autobus ed è vincolato alla data del noleggio. Riduzione di tariffa a chi usa il mezzo pubblico anche per arrivare al punto noleggio bicicletta (tel. 840000471, www.sii.bz.it).

→BOLZANO BOZEN CARD
Permette di utilizzare in modo illimitato i mezzi pubblici del Trasporto Integrato Alto Adige-TIAA. Inoltre, ingressi gratuiti in 8 musei cittadini. Validità: 3 gg, adulti € 28 e junior (6-14 anni) € 16. Gratuita per i bambini fino a 6 anni. Presso tutti i punti vendita del TIAA e negli uffici turistici (tel. 0471307000, www.bolzano-bozen.it).

→MUSEUMOBIL CARD
Oltre all'utilizzo gratuito dei mezzi pubblici, la **Museumobil Card** dà diritto a una visita di ciascun museo. I prezzi variano da € 20 (adulti) e € 10 (junior), per la validità di 3 gg, a € 25 e € 12,50 per quella di 7 gg.

SCOPRIRE BOLZANO A PIEDI

Polo commerciale, centro culturale, avanguardia nella corsa a un mondo sostenibile, simbolo dell'integrazione tra mondo tedesco e italiano. La linea sottile che lega il cuore pulsante della città - **piazza Walther** e il **Duomo** che ne domina la prospettiva (magari da ammirare seduti al centralissimo Stadt Cafè Città) - a **Gries**, delizioso quartiere-paese oltre il fiume Talvera, disegna la mappa di un mondo antico ma pieno di novità.

Proprio dal Duomo può prendere le mosse un itinerario di visita ideale. Cento metri a ovest, è la gotica **chiesa dei Domenicani**, nell'omonima piazza, con la cappella dei Domenicani con affreschi di Giotto, e l'attiguo **chiostro**; di poco discosta, è la secentesca **chiesa dei Cappuccini**, dedicata a Sant'Antonio da Padova. Da qui, via

Bolzano ciclabile

La rete di **piste ciclabili** del capoluogo è esemplare. L'attenzione dell'amministrazione pubblica si sposa all'amore inveterato dei bolzanini per lo spostamento su due ruote: in bici si va davvero ovunque. In città, durante il periodo maggio-ottobre, è disponibile un punto di noleggio in viale della Stazione (lun-sab 7.30-20, tranne i festivi, € 1 le prime sei ore, € 2 oltre le sei ore, € 5 giornaliero, cauzione di € 10).

Goethe porta alla vivace **piazza delle Erbe**, dal 1295 sede dell'animato mercato ortofrutticolo cittadino. Imboccata a destra **via dei Portici**, da sempre anima commerciale della città, si giunge in **via dei Bottai**, una delle più tipiche del centro storico per le originali insegne in ferro battuto, le numerose locande e l'antico ed elegante **albergo Luna-Mondschein**. Se, dopo un primo assaggio della città, volete bearvi anche delle delizie gastronomiche locali, allora potrete recarvi nell'intricato dedalo di stradine che caratterizzano l'area nei pressi del vicinissimo **municipio**, in cui si susseguono osterie tradizionali e ristoranti un po' per tutte le tasche. Gli amanti della buona birra, poi, avranno di che dissetarsi in vecchie birrerie nei pressi di piazza delle Erbe, oppure tornando in via Goethe. Da qui, una volta ripreso fiato, si può percorrere la bella via Argentieri fino a **piazza del Grano**, il nucleo urbano storico di Bolzano, sede dell'antico mercato del grano. A nord della piazza, si incontra uno degli edifici più pittoreschi della città: la **casa della Pesa**.

I MUST DA NON PERDERE

Piazza Walther e il Duomo

ⓘ Informazioni: Duomo di S. Maria Assunta, piazza della Parrocchia 27, tel. 0471978676, www.bolzano.net/duomo.htm, lun-sab 10-12 e 14-17); Museo del Tesoro del Duomo, piazza della Parrocchia 27, tel. 0471978676, www.provinz.bz.it, mar-sab 10-12, ingresso € 4, oltre i 65 anni € 3, 7-12 anni € 2; gratuito bambini fino a 7 anni

Punto di partenza ideale per la scoperta della città, piazza Walther von der Vogelweide è considerata a tutti gli effetti il salotto buono di Bolzano. Qui è il centro degli affari, qui il luogo di ritrovo preferito e delle principali manifestazioni cittadine, dal tradizionale mercatino di Natale ai festeggiamenti per il patrono. Al centro dell'area - realizzata nel 1808 per volontà di Massimiliano di Baviera - troneggia il monumento al poeta-cantastorie del medioevo cui la piazza è intitolata. Affacciata sul lato sud-ovest di piazza Walther è la possente sagoma gotica del **Duomo di S. Maria Assunta.** L'edificio, la cui costruzione continuò per oltre un secolo, venne iniziato in forme romaniche nel 1280, assumendo la struttura definitiva a cavallo tra XIV e XV secolo. Potente è l'architettura del **campanile**, con la cuspide traforata in pietra arenaria di scuola sveva, che domina la copertura verde-oro del monumento e l'intera città dall'alto dei suoi 65 metri. Caratteristica, sul lato nord, la cosiddetta **porticina del vino**, risalente al 1400 e il cui nome è dovuto al privilegio accordato dall'arciduca Alberto d'Austria alla parrocchia per la vendita esclusiva del vino nei pressi della chiesa. L'interno, primo esempio architettonico di una chiesa a sala, conserva il **pulpito tardo-gotico** e l'**altar maggiore**, monumentale manufatto barocco in marmo policromo di scuola veronese. Il **Museo del Tesoro** conserva uno dei più ricchi inventari di corredi sacri di epoca barocca dell'intero Tirolo.

Via dei Portici

ⓘ Informazioni: Archivio storico della Città, via Portici 30, tel. 0471997588, lun-mer e ven 9-12.30, mar anche 15-16.30, gio 8.30-13 e 14-17.30

Costituisce il vero nucleo originario della città, edificata alla fine del XII secolo per volere del principe vescovo di Trento e all'epoca chiusa sui due lati da una porta superiore (**obertor**) e una inferiore (**niedertor**). Lunga più di 300 metri, orientata in direzione est-ovest per rimanere riparata dai venti settentrionali, via dei Portici costituì sin dalla sua creazione il cuore pulsante della Bolzano mercantile; le case che la costeggiavano, realizzate secondo schemi, misure e caratteristiche architettoniche ben definite, fungevano a un tempo da abitazione, bottega e magazzino. Sulla via affaccia anche un'ala dell'edificio che ospitava l'antico **municipio medievale** - oggi sede dell'**Archivio storico della Città** - con il portico originario e decorazioni tardo gotiche risalenti alla fine del XV secolo. La strada è oggi la via privilegiata dello shopping, con la lunga teoria di boutique, negozi e vecchie botteghe artigiane.

Museo archeologico dell'Alto Adige

ⓘ Informazioni: Museo archeologico dell'Alto Adige, via Museo 43, tel. 0471320100, www.iceman.it, mar-dom 10-18, lun chiuso, luglio e agosto aperto anche lun, ingresso € 9, ridotto € 7 (6-27 anni e oltre i 65), gratuito bambini fino a 6 anni

Centro espositivo importantissimo per conoscere in modo completo ed esauriente la storia dell'areale sud-tirolese dal Paleolitico al periodo carolingio, con una mostra permanente che ospita gli oggetti più importanti sull'archeologia altoatesina. Si tratta di uno degli spazi musivi più visitati della provincia, con reperti originali, modelli, ologrammi, video e guide acustiche. Ancora più interessante è avventurarsi alla scoperta della storia di **Ötzi**, l'uomo dei ghiacci, rinvenuto con tutto il suo equipaggiamento originale nel 1991, nei pressi del sentiero che dal rifugio Similaun, in alta val Venosta, porta al giogo di Tisa.

SPUNTI E CHICCHE LOW COST

Il Museo della Scuola

Informazioni: Museo della Scuola, via Cassa di Risparmio 24, tel. 0471982805-0471997588, www.comune.bolzano.it/cultura_home.jsp, settembre-giugno, lun-ven 9-12 e 15-18, sab 9-12, ingresso gratuito

Il Museo della Scuola (Schulmuseum) è stato inaugurato nel 1995 e ospita materiale documentario storico e didattico. Attraverso i materiali didattici, le fotografie, le pagelle, i documenti, gli arredi, i visitatori ricostruiscono l'esperienza storica vissuta dalle tre culture - italiana, tedesca e ladina - che abitano questa terra. L'interessante raccolta dei cartelloni murali e il ricco archivio fotografico che raccoglie più di 500 fotografie risalenti al 1800 e ai primi decenni del 1900, documentano aspetti della vita quotidiana nella scuola tra Trentino, Tirolo, Vorarlberg e Carinzia.

Le passeggiate in città e nei dintorni

Informazioni: APT Bolzano, piazza Walther 8, tel. 0471307000, www.bolzano-bozen.it

Città moderna e dinamica, anche Bolzano deve fare i conti con ritmi e problemi tipicamente urbani: stress, vita frenetica, traffico. Ma bastano pochi passi per lasciarsi tutto alle spalle e immergersi in una dimensione di calma assoluta, per esempio camminando lungo gli argini del Talvera (**Lungo Talvera Bolzano** e **Lungo Talvera San Quirino**) che, con le loro distese di prati e il rigoglioso **Parco Petrarca**, offrono un'oasi di relax a ridosso del centro. Per chi ama camminare un po' di più, niente di meglio delle celebri passeggiate del **Guncina** e di **Sant'Osvaldo**, che risalgono dolcemente le pendici della conca cittadina, offrendo una splendida vista sulla città e sui monti che la circondano. Oppure, si può salire a **Collalbo** con il trenino e seguire le orme di Sigmund Freud lungo il sentiero a lui intitolato (**sentiero n. 1 del Renon**), mentre sullo sfondo scorrono le magnifiche immagini dello Sciliar e del gruppo del Catinaccio.

La bozensacher

Lo **Stadt Cafè Città**, situato in piazza Walther e dai cui tavolini è possibile godere di una splendida vista sul Duomo, è un locale molto particolare. Innanzitutto l'atmosfera, che ricorda molto quella di un caffè viennese. Al mattino è tappa per un caffè, un cornetto o una brioche fatta in casa e per leggere le notizie fresche di stampa; in serata si sosta per l'aperitivo, godendosi il passeggio e qualche chiacchiera. Ma ciò che rende davvero particolare lo Stadt è il privilegio di essere l'unico rivenditore autorizzato in Italia dell'autentica Sachertorte. Nello **Sacher Shop** si può trovare la qualità (e la delizia inconfondibile) dell'originale Sacher e la collezione di oggetti Sacher (Stadt Cafè Città, piazza Walther 21, tel. 0471975221).

Un giro a Gries

ⓘ **Informazioni: APT Bolzano, piazza Walther 8, tel. 0471307000, www.bolzano-bozen.it**

Autonoma fino al 1925 e ridotta oggi a semplice circoscrizione di Bolzano, Gries conserva ancora la sua caratterizzazione di paese nella città, anche se i confini tendono sempre più a perdersi nella nuova conurbazione cittadina. L'antica **Keller** (cantina) - questo il nome originario - era anticamente un importante centro agricolo a vocazione viticola, quindi rinomata stazione di soggiorno, con alberghi, ville, parchi e giardini; ospita ancora oggi il **convento benedettino di Muri-Gries**, la vecchia **parrocchiale** (all'interno, uno dei capolavori di Michael Pacher, il **Flügelaltar** dedicato all'Incoronazione di Maria) e la **chiesa di S. Agostino**, oltre a importanti **masi d'origine medievale** generalmente dediti alla viticoltura. Tra questi, di particolare pregio il tardo gotico **Mauracher-Steinkeller**, vicino alla strada per la val Sarentino, attualmente sotto la tutela dei Beni architettonici. Gries è collegata con il centro cittadino dalla linea 1 del trasporto urbano.

Ferrovie fuori dal comune

L'Alto Adige è stata una delle prime amministrazioni italiane a rivalutare, recuperandole, strade ferrate in disuso o che avevano comunque perso l'appeal dei giorni migliori. La **Ferrovia della Val Venosta** (Trasporto Integrato Alto Adige, tel. 840000471, www.ferroviavalvenosta.it) ne è uno degli esempi più riusciti. Nata nel 1906 per collegare Merano a Malles, la linea veniva dismessa nel 1990, vittima dei tagli da parte delle FS. Nel 2005, grazie allo sforzo congiunto di pubblico e privato e all'attenta azione di recupero architettonico e di ammodernamento infrastrutturale, i treni hanno ricominciato a percorrere la storica tratta con cadenza oraria.

Le funivie di Bolzano

ⓘ **Informazioni: SII-Servizio Informativo aziende trasporto pubblico locale, tel. 840000471, www.sii.bz.it.**

Da Bolzano, con una spesa minima, è possibile raggiungere alcune località in quota con impianti fissi. La **Funivia del Renon** collega la città alla località di Soprabolzano, superando - in poco più di 4,5 chilometri - un dislivello di circa 1000 metri. Dalla stazione a monte, il trenino a scartamento ridotto, inaugurato nel 1907, raggiunge Collalbo. La **Funicolare della Mendola** conduce da Caldaro al Colle della Mendola, superando un dislivello di oltre 800 metri a una pendenza del 65%.
Infine, la **Funivia di San Genesio** permette di raggiungere l'omonimo, incantevole comune a 1100 metri di altitudine e, al contempo, di godere di un meraviglioso panorama sulle Dolomiti.

MANGIARE A BOLZANO/BOZEN

BATZENHÄUSL-CA' DE BEZZI

Via A. Hofer 30, tel. 0471050950, www.batzen.it • coperti 250+250 • cucina del territorio • Tra le più antiche osterie della città, è oggi un locale accogliente ed elegante. Proposta gastronomica strettamente legata al territorio e affiancata da un'altrettanto valida attività culturale. In menu: oltre ai classici canederli, stinco del birraio con crauti, costine di maiale alla contadina e strudel di mele con salsa alla vaniglia. La birra è artigianale. • **Prezzi:** 20/40

BISTRÒ AL VICOLO

Vicolo Parrocchia 2, tel. 0471975990, darz2772@yahoo.it • coperti 70+30 • cucina altoatesina • Il luogo adatto per provare l'originale cucina altoatesina e i piatti tipici della cucina mediterranea. Servizio cortese e professionale. • **Prezzi:** 15/30

CASTEL RONCOLO

Via S. Antonio 15, tel. 0471324073, www.roncolo.info • coperti 60 • aperto solo a mezzogiorno, chiuso lunedì • cucina del territorio • All'interno delle mura del castello si trova questa osteria, che offre piatti tipici della cucina tirolese. Su richiesta, anche ricette medievali originali. In caso di manifestazioni, concerti o rappresentazioni teatrali all'interno del castello, il locale resta aperto anche la sera. • **Prezzi:** 20/35

CAVALLINO BIANCO WEISSES RÖSSL

Via Bottai 6, tel. 0471973267 • coperti 170+40 • chiuso sera di sabato e domenica, periodo tra giugno e luglio • cucina altoatesina e classica • Quattro secoli di storia enogastronomica altoatesina raccontati nella proposta di questa trattoria rustica ben nota ai buongustai bolzanini. Ci si accomoda nelle tre accoglienti sale, dove si è invitati ad assaporare i gustosi piatti della tradizione: speck, zuppe, canederli, carni e goulash, strudel di mele. • **Prezzi:** 20/28

FRANZISKANERSTUBEN

Via Francescani 7, tel. 0471976183, www.franziskanerstuben.it • coperti 100+20 • chiuso sera di domenica e lunedì • cucina del territorio e classica • Un locale elegante dove si respira un'atmosfera piacevole: ambiente tipico da stube, con tanto legno, stufe in ceramica e vetrate che vengono aperte nella bella stagione. La gestione è cortese. Cucina del territorio, ma anche piatti di varia ispirazione, come la paella, la zuppa di pesce e la fiorentina. • **Prezzi:** 15/25

HOPFEN & CO

Piazza delle Erbe 17, tel. 0471300788, www.boznerbier.it • chiuso venerdì a pranzo • birreria con cucina • Classica birreria in stile tradizionale tirolese, ottima per

Chicche golose

La **kastanientorte** è un dolce composto da castagne bollite, schiacciate e mescolate con burro, zucchero, farina e uova, e guarnito con panna montata. Tra le specialità tipiche, i **knödel**, o **canederli**, per i quali l'impasto base può variare con aggiunta di speck, fegato vaccino, salame o altro (possono essere anche neri, fatti con farina di segale e grano saraceno). La **bauernsuppe** è una minestra di frumento e avena con carote, sedano e porri e, a cottura ultimata, erbe e panna acida, mentre molto particolare è il **furtaites**, sorta di frittata cosparsa di zucchero e servita con frutta sciroppata o marmellata di mirtilli.

una buona birra (da provare quella prodotta dalla casa) o per gustare uno dei tanti piatti della tradizione locale proposti in menu, dai canederli allo stinco di maiale; zuppe e insalate se si vuol stare più leggeri. • **Prezzi:** 10/20

KOHLERN
Località Colle/Kohlern, via Colle di Villa 11, tel. 0471329978, www.albergocolle.com • coperti 60+60 • aperto Pasqua-Epifania, chiuso lunedì • cucina altoatesina • Tavoli in legno, caminetto e stufa di maiolica in questo locale che propone, in menu, paste fatte in casa, speck di produzione propria, affumicati e canederli dolci e salati. Da provare lo stoccafisso alla bolzanina, con insalata di cavolo cappuccio, e le costine d'agnello alla griglia con polenta e cavolo cappuccio in umido. • **Prezzi:** 25/45

MORITZINGERHOF
Via Merano 113, tel. 0471932202, moritzingerhof@rolmail.net • coperti 140+50 • chiuso sera di domenica e lunedì • cucina altoatesina e classica • Ambiente familiare, arredato in tipico stile tirolese, dove gustare tutte le specialità della cucina altoatesina. • **Prezzi:** 20/32

RASTBICHLER
Via L. Cadorna 1, tel. 0471261131, www.ristoranterastbichler.com • coperti 60+50 • chiuso mezzogiorno di sabato e di domenica, periodo in gennaio e in agosto • cucina altoatesina e classica • Locale tipico di buona e lunga tradizione, con giardino pergolato per il servizio estivo, dove si gustano grigliate di carne, pesce e verdure; prodotti freschi di stagione e piatti altoatesini ma anche nazionali; ampia la carta dei vini e dei distillati. • **Prezzi:** 25/35

VÖGELE
Via Goethe 3, tel. 0471973938, www.voegele.it • coperti 100+20 • chiuso domenica e festivi • cucina altoatesina e classica • Ambiente tradizionale, tutto in legno, che presenta anche salette arredate con garbo. Gestione ultracentenaria e cucina nel solco della tradizione; bella varietà di formaggi e ottima selezione di vini. • **Prezzi:** 25/35

ZUR KAISERKRON
Piazza della Mostra 1, tel. 0471980214, www.kaiserkron.bz • coperti 80+40 • chiuso domenica, periodo in febbraio, in luglio e in novembre • cucina trentina e mediterranea • Elegante locale situato in pieno centro storico, nel Palais Pock, di epoca barocca. Molto curato il menu, che propone piatti rivisitati della tradizione altoatesina e mediterranea, a base di prodotti regionali e stagionali freschi e di qualità. • **Prezzi:** 20/40

DORMIRE A BOLZANO/BOZEN

LEWALD
Albergo • Via Maso della Pieve 17, tel. 0471250330, www.lewald.it • 24 camere • Confortevole e accogliente e immerso nel verde, gestito dalla stessa famiglia da quattro generazioni; servizio ristorante solo la sera, da lunedì a venerdì. Grazie alla radicale trasformazione della struttura d'inizio Novecento, dispone di camere e di alcune suites dotate di ogni comodità. • **Prezzi:** camera doppia 102/118

TRATTORIA HOFER
Albergo • Via Bergamo 19, tel. 0471913522, www.hoferbz.it • 14 camere • Gestione

familiare per questa locanda rinnovata di recente, situata in una zona residenziale e tranquilla. Il centro è raggiungibile in 20 minuti a piedi oppure, per gli amanti della bicicletta, c'è una pista ciclabile che arriva fino in città. Si soggiorna in camere semplici, caratterizzate da arredi in legno e comfort essenziali. Il ristotante propone specialità della cucina tirolese; possibiltà di parcheggio riservato. • **Prezzi:** camera doppia 80/90

APPIANO SULLA STRADA DEL VINO/EPPAN AN DER WEINSTRASSE

FEDERER HOF

B&B • Località San Michele, via Montiggler 29, tel. 0471662048 • Stagionale • 5 camere • Situata tra le vigne e i frutteti delle colline intorno ad Appiano, nella più estesa zona vitivinicola del Sud Tirolo, la casa dispone di cinque camere, dagli arredi classici, e di una bella terrazza, sulla quale è possibile consumare la ricca prima colazione dolce e salata, altrimenti servita in una saletta riservata. Per il relax, perfetto il giardino con un tavolo da ping-pong e un'area giochi per bambini. • **Prezzi:** camera doppia 40/70

GÄSTEHAUS SANIN

B&B • Località Ganda di Sopra, via M. Sparer 8, tel. 0471664547 • 6 camere • È una grande casa, circondata dal verde, ai piedi del massiccio del Penegal-Macaian, con vista sulle Dolomiti. Gli ospiti dispongono di sei camere in stile tirolese, del giardino posto su due livelli e di una terrazza con veranda, all'ombra di un grande ciliegio. L'abbondante prima colazione, arricchita da marmellate naturali, prodotti locali e vari tipi di pane, viene consumata a self-service nelle stanze o all'aperto. • **Prezzi:** camera doppia 44/70

LAIVES/LEIFERS

TSCHUFFENERL

Agriturismo • Via La Costa/Seit 34, tel. 0471250716, tschuffenerlhof@virgilio.it • 4 appartamenti • A pochi chilometri da Bolzano, affacciato all'Adige nel punto di sbocco della Vallarsa, con bel colpo d'occhio verso Merano e il Gruppo di Tessa a chiudere l'orizzonte, una costruzione di impronta tradizionale, nella verde cornice di un pendio erboso. La posizione soleggiata permette di godere delle attrezzature per il soggiorno all'aria aperta, come piscina, parco giochi e campo di calcetto. Possibilità di partecipare alla vita del maso, con guida ai lavori agricoli. Disponibiltà di piscina e biciclette. • **Prezzi:** 45/59 al giorno

STEINER

Campeggio • Via Kennedy 32, tel. 0471950105, www.campingsteiner.com • Stagionale • Accogliente e ordinato, immerso nel verde della Val d'Adige, dispone di casette in legno mono-bilocali con arredo rustico e bagno, oltre ad appartamenti provvisti di grande balcone. La vicinanza con Bolzano (collegamento con autobus ogni 20 minuti) consente di raggiungere la città facilmente, mentre il territorio assicura escursioni per tutti i gusti.

TERLANO/TERLAN

SPARERHOF

Albergo • Località Vilpiano/Vilpian, via Nalles 2, tel. 0471678671, www.hotelsparerhof.it • 15 camere • Articolato in vari corpi funzionali, si distingue per la linearità e la raffinatezza delle camere, oltre che per una galleria d'arte. Il ristorante, sobrio ed elegante, propone i piatti della tradizione preparati con prodotti tipici della zona; ampia scelta di vini, distillati e formaggi. • **Prezzi:** camera doppia 80/90

PADOVA

della terra e dello spirito

Terra e spirito. I vecchi di alcuni Paesi del Sud usavano spesso queste parole per definire un luogo particolarmente ricco, baciato dalla fortuna materiale e ultraterrena. Padova è uno di questi luoghi. Di sentinella a un territorio prodigo di acque – quindi fertile e fruttuoso – la città vanta trascorsi di alto lignaggio e un patrimonio storico culturale di livello assoluto. Fu importante *municipium* romano, poi comune medievale di spicco, passato sotto la dominazione della famiglia dei Carraresi prima e, dal 1405, di Venezia. Caduta la Serenissima, nel 1797, appartenne per quasi un secolo al Regno Lombardo-Veneto, passando nel 1866 al Regno d'Italia. Patria d'elezione di quell'Antonio 'il Santo' da Lisbona, sede universitaria tra le più antiche, luogo giottesco per eccellenza, Padova conserva tracce evidenti dei suoi giorni gloriosi.

QUANDO ANDARE E PERCHÉ

Sempre, senza nessun tipo di distinguo. Se siete particolarmente affascinati dalle manifestazioni di forte religiosità, non perdetevi una visita in occasione dei festeggiamenti in onore del santo patrono (S. Antonio, naturalmente), il 13 giugno. Il ciclo di affreschi che adornano la Cappella degli Scrovegni da solo vale il viaggio. La leggenda di S. Antonio, i vicini colli Euganei e le benefiche acque termali che vi sgorgano e l'offerta enogastronomica di alto livello sono altrettanti validi motivi. Come pure il particolare tessuto urbano, sviluppato lungo le assi viarie storiche e caratterizzato da corsi d'acqua e dalla doppia cerchia di mura, che invita a rilassanti passeggiate per la città.

COME ARRIVARE

→IN AUTO Padova è collegata alla rete autostradale dai caselli di Padova Ovest e Padova Est della **A4 Torino-Trieste** (www.autobspd.it), e direttamente a Bologna dalla **A13** (www.autostrade.it). La città è raggiungibile da Venezia e Vicenza dalla **SS 11 Padana Superiore**, da Trento tramite la **SS 47 della Valsugana** e da Adria con la **SS 516 Piovese**. Tutto il sistema stradale è raccordato da un sistema di tangenziali – **Raccordo anulare di Padova** – che corre intorno alla città per circa 40 km.

→IN TRENO Il sistema ferroviario cittadino è articolato in più scali. Quello principale, **Padova Centrale** (piazzale della Stazione 1, tel. 049662092), è stazione di transito sulla linea passante Milano-Venezia e di testa per le linee dirette a Bologna e a Bassano del Grappa. Il servizio nazionale, oltre ad alcune tratte delle linee internazionali, è gestito da **Trenitalia** (tel. 892021, www.fsitaliane.it).

→IN AEREO Lo scalo di riferimento è l'**Aeroporto "Marco Polo" di Venezia** (viale Galilei 30/1, loc. Tessera, tel. 0412606111, www.veniceairport.it), che dista circa 45 km ed è comodamente raggiungibile con l'autostrada A4 oppure in autobus (partenze ogni 30 minuti durante i feriali, ogni 60 minuti nei festivi, durata media del viaggio 1 ora circa, biglietto di sola andata € 8).

→IN AUTOBUS Partenze e arrivi presso la nuovissima **autostazione** di viale della Pace, inaugurata nel giugno 2010 e attigua al piazzale della stazione ferroviaria. Collegamenti con altri centri regionali, extraregionali (Lecce), internazionali (Monaco, Norimberga e Francoforte) e con gli aeroporti di Venezia e Treviso sono gestiti da **SITA** (via del Pescarotto 25/27, tel. 0498206811, www.sitabus.it). All'autostazione fanno capo anche i mezzi di **ACTV** (da Venezia), **La Marca** (da Treviso), **CTM** (da Castelfranco Veneto) e **FTV** (da Vicenza).

Voli low cost

Principali compagnie cha fanno scalo a Venezia: **easyJet** (tel. 899678990, www.easyjet.com), da Roma Fiumicino e Napoli; **Meridiana Eurofly** (tel. 892928, www.meridiana.it) da Cagliari e Olbia; **Ryanair** (tel. 899898241, www.ryanair.com), da Alghero, Bari, Brindisi, Cagliari, Palermo e Trapani; **Wind Jet** (tel. 892020, www.volawindjet.it), da Catania e Palermo. Principali compagnie cha fanno scalo a Treviso: **Ryanair** (tel. 899898241, www.ryanair.com), da Alghero, Bari, Brindisi, Cagliari e Trapani.

COME MUOVERSI

→IN AUTO Il centro storico è protetto da un'**ampia area pedonale** e da una **zona a traffico limitato** (**ZTL**) (tel. 0498562438) esistente dal 1989 e il cui accesso, sorvegliato da 10 varchi elettronici, è consentito solo a residenti e a mezzi pubblici. Per questo, ma anche per godere appieno delle bellezze cittadine, conviene sicuramente muoversi a piedi o con i mezzi pubblici, lasciando l'auto in uno degli ampi parcheggi scambiatori gestiti dal comune (**Piovese, Bembo, Guizza** e **Pontevigodarzere**, i primi due gratuiti, per informazioni tel. 0498204808), oppure presso le aree di sosta di **APS Parcheggi** (via Rismondo 28, tel. 0488766320, www.apsholding.it). Convenienti le tariffe, se si pensa che per mezza giornata di sosta nel **Centralpark** (via Annibale da Bassano, aperto 24 ore su 24, a due passi dalla stazione ferroviaria e dall'autostazione) si pagano solo € 2 (le fasce orarie: 6-14, 14-21 e 21-6). Le tariffe orarie nei parcheggi stradali vanno invece da € 1 a € 1,70, pagamento tramite parcometro o grattapark.

→IN AUTOBUS E IN METROTRAM Il servizio di trasporto pubblico urbano nella città di Padova e nella zona termale di Abano, Montegrotto e Torreglia è gestito da **APS Holding** (via Salboro 22/B, tel. 04920111, www.apsholding.it). Il biglietto ordinario urbano, con validità 75 minuti, costa € 1,20, il biglietto famiglia € 3. Le linee, urbane ed extraurbane, sono complessivamente 24. APS gestisce anche i 10,3 km del-

Eventi e manifestazioni

Padova e la Cappella degli Scrovegni
[marzo]

Il 25 marzo di ogni anno, ricorrenza dell'Annunciazione, la città di Padova apre gratuitamente al pubblico il proprio massimo gioiello. In caso di giornata soleggiata, un raggio luminoso va a colpire un punto ben preciso del grande affresco della controfacciata: la mano di Enrico Scrovegni nell'atto di presentare l'oratorio alla Vergine Maria, gioco ottico conosciuto come 'raggio di Giotto' (tel. 0492010020, www.cappelladegliscrovegni.it).

Festa di S. Antonio
[giugno]

Il cartellone prevede numerosissimi appuntamenti culturali, visite guidate e celebrazioni religiose per festeggiare il santo protettore di Padova. Già la sera del 12, all'Arcella, con il transito del Santo. Il tutto culmina nella grandiosa (e affollatissima) processione del giorno successivo, che si snoda lungo le principali vie cittadine.

Sherwood Festival
[giugno-luglio]

Evento alternativo organizzato dalla storica emittente Radio Sherwood. Concerti dal vivo, spettacoli teatrali, incontri, dibattiti, dj set e cinema on the road: il tutto disseminato per vie, piazze e arene dedicate. Molte le occasioni gratuite (Radio Sherwood, vicolo Pontecorvo 1/A, tel. 0499817423, www.sherwood.it/festival).

ExpoBici
[settembre]

Manifestazione che porta la bicicletta al centro di un appuntamento fieristico imperdibile per gli appassionati delle due ruote. Ampia area dedicata ai bike test e agli spettacoli (PadovaFiere, via Tommaseo 59, tel. 049840111, www.expobici.it).

Padova Jazz Festival
[novembre]

Rassegna di musica jazz declinata in tutte le sue mille voci, dal blues alla fusion, dal contemporary al dixie. Data anche la stagione, si tengono concerti al 'coperto', distribuiti fra Teatro Verdi, Teatro MPX e Hotel Plaza (tel. 3477580904, www.padovajazz.com/padovajazz festival).

la **linea tramviaria Translohr** Sir 1 (o 'tram su gomma'), sistema di trasporto a guida vincolata che attraversa la città dalla periferia nord (Pontevigodarzere) a sud (Guizza).

→IN TAXI La **Cooperativa Radio Taxi Padova** gestisce il servizio su chiamata, che è attivo 24 ore su 24, e di trasporto collettivo (via Svizzera 6, tel. 049653333, www.taxipadova.it).

SCONTI E RIDUZIONI

→PADOVA CARD
Promossa da Regione Veneto, Comune, Turismo Padova e CCIAA, è una carta prepagata, proposta in due tipologie: 48 ore, € 16, e 72 ore, € 21. La carta, valida per un adulto e un bambino fino a 14 anni, consente di viaggiare gratuitamente sui mezzi pubblici APS sia in città sia nei percorsi extraurbani, usufruire di parcheggio gratuito per auto e moto a Padova, ingresso gratuito a 12 siti di grande interesse storico-artistico – incluso l'intero sistema civico museale padovano – oltre a sconti e riduzioni per visite ad altri 24 monumenti, utilizzo del City Sightseeing Bus, escursioni in battello lungo la Riviera del Brenta, visite guidate, fiere di maggiore richiamo, principali spettacoli teatrali proposti dalla storico Teatro Verdi e in numerosi esercizi convenzionati. In vendita presso gli **Uffici Informazione e Assistenza Turistica (IAT)**

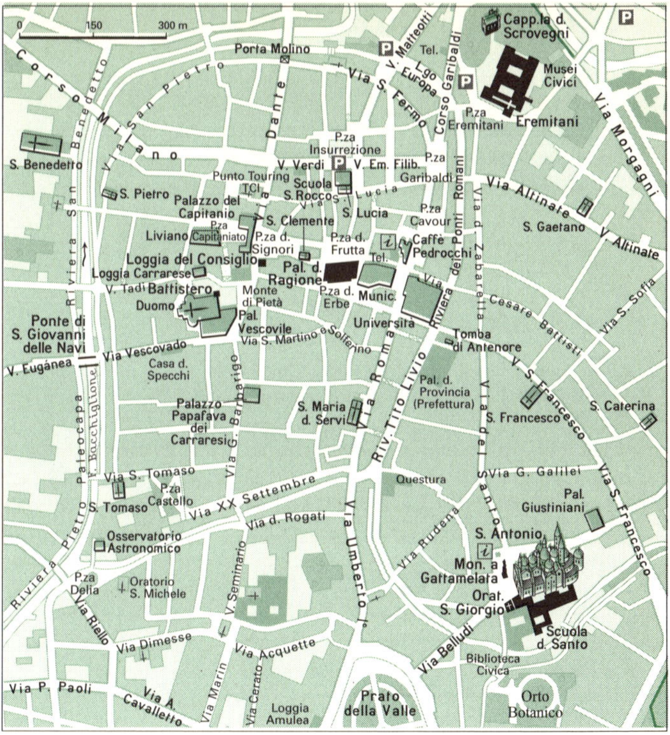

o la cassa dei **Musei civici eremitani**. Per informazioni e prenotazioni: Consorzio di Promozione turistica di Padova, Riviera dei Mugnai 8, tel. 0498033069, www.padovacard.it.

➔PADOVA MUSEI

Biglietto unico che permette di accedere gratuitamente a tutto il patrimonio museale padovano, pagando solo l'eventuale diritto di prenotazione. Due le tipologie: **Carta famiglia**, per 2 adulti e 2 bambini sotto i 12 anni, validità 15 giorni dal primo utilizzo, € 25; **Tutto l'anno**, per una sola persona, validità di un anno a partire dal primo utilizzo, € 15. In vendita presso i Musei civici, piazza Eremitani 8, tel. 0498204551.

Una guida a costo zero

Tra le molte iniziative volte a incentivare l'offerta turistica, le innovative audioguide **I-Padova** scaricabili gratuitamente dal sito **multimedia.padovanet.it** permettono di seguire sul proprio lettore Mp3 o su Iphone cinque itinerari in forma recitata che toccano gli angoli più intimi e meno conosciuti di Padova, oppure ne esplorano i simboli in modo inusuale: dall'Arena romana al mitico Caffè Pedrocchi, al palazzo della Ragione e alle piazze che lo circondano, al Ghetto ebraico e alla reggia dei Carraresi, al Prato della Valle e al giro delle mura in bicicletta.

SCOPRIRE PADOVA A PIEDI

Adagiata tra laguna, prealpi e colline, centro tra i più vivi della pianura dal punto di vista economico e culturale, Padova non può essere vissuta di corsa. Disseminata di testimonianze storico-artistiche, meta religiosa tra le più amate della cristianità, la città apprezza la lentezza e lo sguardo curioso, offrendo il molto che possiede a un prezzo ragionevole, come si conviene a un ospite così generoso. L'offerta è talmente ampia da lasciare indecisi riguardo a cosa privilegiare nel corso della visita. Ovviamente, qui non si tratta di seguire itinerari predeterminati ma di scegliere, in base al tempo che si ha a disposizione, cosa visitare e cosa poi conservare nell'album personale dei ricordi.

L'itinerario proposto disegna un triangolo ideale avente come vertice superiore la **Cappella degli Scrovegni**. Da qui, passando davanti alla chiesa degli Eremitani si può proseguire lungo il percorso alberato delle **Riviere**, che conduce da **porta Molino** alla **Barriera saracinesca**. Oppure, imboccato corso Garibaldi ed effettuata una sosta allo storico **Caffè Pedrocchi**, si devia lungo l'asse pedonale di via Santa Lucia, addentrandosi nel cuore della città: **palazzo della Ragione**, **del Capitanio**, **Loggia del Consiglio**, **Duomo** e **Battistero** sono racchiusi in pochi, suggestivi metri. Qui trovare ristoro sarà facile: locali, trattorie, 'bacari' e wine bar abbondano, con offerte per tutte le tasche e tutti i gusti. Superata **piazza delle Erbe**, via San Francesco e via del Santo conducono infine, in rapida successione, alla **basilica di S. Antonio**.

Altro percorso caratteristico è quello che, imboccata via Soncin, conduce all'interno dell'antico **Ghetto**. Qui, tra botteghe artigiane e negozietti, è possibile godersi un aperitivo condito dei tradizionali 'spuncioni' (i tipici assaggini infilzati da uno stuzzicadenti) in uno dei bar della zona. Superata piazza Duomo, sosta nelle piazze

Padova in bicicletta

Padova è una delle città italiane in cui la bicicletta gode di maggior successo. La bici qui è molto amata come alternativa all'auto. Presso il bicipark di piazzale della Stazione (tel. 0498759608) è possibile lasciare in custodia il proprio mezzo (€ 1 per 24 ore, € 3 per il weekend), oppure noleggiarne uno (prima ora € 3, ore successive € 1, una giornata € 6, cauzione € 50). Inoltre, la bicicletta può rappresentare il mezzo ideale per turisti e visitatori che vogliano andare alla scoperta dei tesori di Padova. In quest'ottica, il piano per la ciclabilità urbana 2010-15 ha come obiettivo finale rendere ciclabili tutte le strade della città. Nel frattempo, è stato approvato il nuovo progetto di bike sharing che, dal 2012, sbarcherà a Padova: 230 biciclette dislocate in 23 postazioni, abbonamento e utilizzo di mezz'ora minimo con un badge elettronico personale. E – novità assoluta per l'Italia – 30 mezzi elettrici ricaricabili grazie a sette pensiline con pannelli fotovoltaici (Ufficio mobilità ciclabile, via Paolo Sarpi 2, tel. 0498204883).

dei Signori, **delle Erbe** e **della Frutta** per un giro tra i mercati che vi si svolgono quotidianamente.
Per chi non vuole limitarsi agli itinerari classici, Padova offre una serie di escursioni cittadine che permettono di scoprire il vincolo intimo che lega la città all'ambiente acquatico. Si tratta di una serie di percorsi che seguono le rive di alcuni canali e corsi d'acqua a sud della città, lungo veri e propri corridoi verdi con aree attrezzate e all'interno dei quali è favorita la mobilità ciclabile e pedonale. Il progetto "**La U verde di Padova**" ha previsto la creazione di tre itinerari, caratterizzati da colori diversi: giallo (canale San Gregorio), azzurro (lungargine Boschetto, lungo il Bacchiglione) e verde (canale Scaricatore). Chioschi fluviali, aree picnic e punti informativi disseminati lungo i percorsi allietano la sosta e favoriscono il relax (Ufficio Promozione - Settore Parchi e Giardini, via Zamboni 1, tel. 0498204474).

I MUST DA NON PERDERE

Cappella degli Scrovegni

ⓘ Informazioni: Cappella degli Scrovegni, piazza Eremitani 8, tel. 0492010020, www.cappelladegliscrovegni.it, visite solo su prenotazione, ingresso 9-19, dal 1° marzo anche 19-22 tranne i lunedì non festivi, biglietto € 13, ridotto € 8 il lunedì, ridotto speciale, € 6, per ragazzi 6-17 anni; gratuito per i possessori di Padova Card e Padova Musei (tranne € 1 per diritto di prenotazione)

Nei pressi dell'ex convento degli Eremitani (oggi sede dei Musei civici) si trova una costruzione estremamente semplice, con mattoni a vista e tetto a due falde, consacrata a S. Maria della Carità. Conosciuta universalmente come **Cappella degli Scrovegni**, ospita al suo interno uno dei capolavori assoluti dell'arte mondiale. Realizzato tra il 1303 e il 1305, il piccolo edificio era destinato - secondo le intenzioni del committente, il ricco banchiere Enrico Scrovegni - a fungere da oratorio privato e futuro mausoleo di famiglia. Per le decorazioni parietali venne chiamato Giotto, artista fiorentino all'epoca occupato in città presso la basilica antoniana. Il **ciclo di affreschi**, che ricopre interamente le pareti della cappella, è parte di un progetto pittorico

Multimediale gratis

Oggi è possibile assistere gratuitamente allo spettacolo della Cappella degli Scrovegni senza muoversi da casa. Il capolavoro di Giotto, con le sue caratteristiche di assoluta novità nel panorama pittorico del Trecento, la straordinaria chiarezza e luminosità del colore, i minuziosi elementi decorativi e l'immediatezza dei gesti raffigurati sono infatti a disposizione di tutti gli utenti della rete. L'iniziativa, che è frutto della stretta collaborazione tra la direzione dei Musei civici padovani e Haltadefinizione, è visitabile al sito www.ilsole24ore.com/scrovegni.

unitario e raffigura una sequenza di **storie tratte dal Vecchio e dal Nuovo Testamento** che, partendo da episodi della vita della Vergine e del Cristo, culminano nella morte e resurrezione di Gesù e nel grandioso **Giudizio Universale**, presentato sulla controfacciata. Sulle pareti laterali si succedono **38 riquadri**, disposti in tre fasce di affreschi; in basso, sullo zoccolo alla base delle pareti, si fronteggiano **vizi capitali e virtù**, rappresentati in forma allegorica; su tutto, incombe la splendida **volta stellata** dipinta in un profondissimo e suggestivo blu oltremare, con la figura benedicente del Cristo Pantocratore. Percorso conoscitivo con sette postazioni multimediali, utili alla conoscenza degli affreschi della cappella e del contesto storico artistico in cui l'artista ha operato. Per preservare l'opera sono state messe in atto rigidissime le regole di accesso, con visite brevi e parametri ambientali costantemente monitorati.

Basilica del Santo

ⓘ Informazioni: Basilica del Santo, via Orto Botanico 11, tel. 0498225652, www.basilicadelsanto.org; visita basilica e chiostri 6.20-19 (ora solare), 6.20-19.45 (ora legale), ingresso gratuito; visite guidate per gruppi su prenotazione, offerta libera

Il nome della città è da otto secoli legato indissolubilmente - spesso anche a torto - alla figura di quel Fernando Martim de Bulhões e Taveira Azevedo, al secolo Antonio, o 'il Santo', come viene popolarmente chiamato, religioso di natali portoghesi e fama e santità patavine. Nato nel 1195 a Lisbona, agostiniano a Coimbra fino al 1210, quindi francescano in missione in Francia e in Italia, Antonio scelse Padova come patria di elezione. Qui morì nel 1231, avvolto da un'aura di precoce santità che la Chiesa gli riconobbe ufficialmente l'anno successivo.

La **pontificia basilica di S. Antonio**, o **il Santo**, è una grande struttura ampliatasi per accrescimenti successivi e ingloba al proprio interno quella **chiesetta di S. Maria Mater Domini** che ne costituisce il nucleo originario e che ospita le spoglie mortali del beato. Iniziata subito dopo la morte di Anto-

Padova in battello

Un modo particolare di godere delle bellezze di Padova è percorrerne le numerose vie d'acqua in battello. Non esiste più un servizio di linea vero e proprio, ma vi sono tuttora delle compagnie di navigazione turistica che, nei periodi che vanno da marzo a ottobre, effettuano dei tour all'interno della cerchia dei canali e dei fiumi che circondano la città, con piacevolissime escursioni e minicrociere tra le ville della Riviera del Brenta (possibilità di escursioni guidate), in direzione di Venezia e viceversa. Decine gli itinerari possibili, in città (sabato, alle 17.30, dalla chiusa delle porte Contarine, adulti € 15, 6-12 anni € 10) e fuori. Una curiosità: la navigazione non avviene mai di lunedì, giorno di riposo dei ponti e delle chiuse (tel. 0498033069, www.padovanavigazione.it).

nio, la costruzione si protrasse fino al 1310, anche se è con il XV secolo che assume il suo aspetto definitivo, caratterizzato da una perfetta armonizzazione dei diversi stili architettonici: il **romanico della facciata a capanna**, i **richiami bizantini delle cupole**, le slanciate **forme gotiche delle absidi**. L'interno, a tre navate, conserva innumerevoli tesori: dalla **cappella di S. Felice o di S. Giacomo**, nel transetto, alla **cappella del Tesoro**, che si apre nel presbiterio. Nell'**altare maggiore** si trovano sette statue realizzate da Donatello e che raffigurano la Madonna col Bambino e i santi Antonio, Giustina, Daniele e Prosdocimo. Il complesso racchiude, tra gli altri, anche il **chiostro della Magnolia** o **del Capitolo** (il più antico) e il **chiostro del Paradiso**, di epoca cinquecentesca. Il chiostro del Capitolo ospita alcune tombe di docenti dell'Università di Padova, fra cui quelle di Bonjacopo Sanvito e Raniero degli Arsendi.

L'orto dei semplici

Se avete voglia di concedervi una pausa dopo tante mistiche peregrinazioni, non c'è niente di meglio che varcare la soglia di quello che è considerato il papà di tutti gli orti botanici. Nato nel 1545 su un terreno dei monaci benedettini, è il più antico **orto botanico** universitario del mondo tuttora esistente. Fu istituito, su delibera del Senato della Repubblica Veneta, per la coltivazione delle piante medicinali, che al tempo costituivano l'ingrediente fondamentale dei 'semplici', ovvero di quelle che oggi chiameremmo medicine naturali. Per il suo valore assoluto, nel 1997 è stato inserito dall'Unesco nella lista dei Patrimoni dell'Umanità (via Orto Botanico 15, tel. 0498272119, www.ortobotanico.unipd.it, novembre-marzo 9-13, chiuso i festivi, aprile-ottobre 9-13 e 15-19, ingresso € 4, ridotto oltre i 65 anni € 3).

Palazzo della Ragione

ⓘ Informazioni: Palazzo della Ragione, piazza delle Erbe, tel. 0498205006, www.padovanet.it e www.sottoilsalone.it, ingresso febbraio-ottobre 9-19, novembre-marzo fino alle 18, la visita ai sotterranei è consentita martedì e giovedì in quattro turni di un'ora a partire dalle 15, e sabato in tre turni dalle 10, biglietto € 4; **gratuito con Padova Card e Padova Musei**

Nato nel 1218 come sede del tribunale cittadino, l'imponente palazzo della Ragione, o Salone, venne sopraelevato tra il 1306 e il 1308 da Giovanni degli Eremitani ed è dotato di una **copertura in rame a forma di carena di nave rovesciata** mentre l'interno, al piano superiore, conserva quella che all'epoca era l**a più grande sala pensile del mondo** (82 m di lunghezza per 27 di larghezza), con **soffitto a sesto acuto in legno**. A Giotto venne affidato il compito di affrescare le pareti: il ciclo, però, fu distrutto nel 1420 da un incendio. L'attuale ciclo di affreschi, suddiviso in 333 riquadri e ripartito in tre fasce sovrapposte, decora le pareti e costituisce uno dei rarissimi **cicli astrologici** medievali giunti fino a noi. L'ambiente è oggi sede di mostre ed eventi espositivi. Lo spazio sottostante, formato da **due gallerie loggiate parallele**, ha conservato l'originaria destinazione ad area dedicata ai traffici e ai commerci, favoriti dalla contiguità con piazza delle Erbe e piazza della Frutta. A partire dal 2011, anche i sotterranei sono entrati a far parte del sistema museale cittadino.

SPUNTI E CHICCHE LOW COST

Le delizie del caffè

ⓘ Informazioni: Caffè Pedrocchi, via 8 Febbraio 15, tel. 0498764674, www.caffepedrocchi.it, chiuso il mercoledì; Museo del Risorgimento e dell'Età contemporanea, 9.30-12.30 e 15.30-18.30 tutti i giorni tranne i lunedì non festivi, biglietto € 4, ridotto € 2,50; gratuito con Padova Card

Tutto il Veneto e l'area tridentina in genere sono famosi per i caffè, che spesso trascendono mode e semplice destinazione d'uso trasformandosi in veri e propri circoli letterari e luoghi di ritrovo di intellettuali e maître à penser. Non fa eccezione Padova, dove il **Caffè Pedrocchi** è un'istituzione cittadina a partire dal 1836, anno della sua realizzazione. Nievo, Stendhal, D'Annunzio e Marinetti sono solo alcuni dei personaggi che si sono succeduti ai gloriosi tavolini del 'caffè senza porte', perché pensato per rimanere aperto anche di notte. Nella **costruzione neogotica** si consuma ancora oggi l'omonimo caffè, in cui la menta dolce e fredda si mescola sapientemente all'espresso amaro e caldo e a una spolverata di cacao. L'ideale per una sosta da buongustai. Le sale al primo piano ospitano il **Museo del Risorgimento e dell'Età contemporanea**, che documenta circa due secoli di storia padovana e italiana a partire dalla caduta della Repubblica di Venezia, nel 1797.

Mercato a km zero

A Padova è presente, non lontano dalla Cappella degli Scrovegni, un **mercato contadino**. Vi prendono parte agricoltori padovani e veneti, che producono e vendono direttamente prodotti locali come frutta, verdura, salumi, formaggi, miele e vino. L'iniziativa ha lo scopo di agevolare la distribuzione a 'ciclo corto', con un rapporto diretto tra produttore e consumatore e particolare attenzione a qualità, tipicità e stagionalità dei prodotti (Mercato contadino, piazza De Gasperi, ven 9-14; per informazioni, tel. 0498205856/73/81).

Le vie d'acqua di Padova

ⓘ Informazioni: Museo archeologico ambientale delle Acque del Padovano, via Querini 84, tel. 049615449, www.maaap.org, apertura lun-ven 8.30-13 e 14.30-18, solo su prenotazione

Come per le altre città venete, l'acqua ha avuto un significato particolare per Padova. Vie preferenziali dedicate agli spostamenti, ai traffici, ai commerci e ai collegamenti con la laguna e il mare, il Brenta a nord e il Bacchiglione a sud, hanno rappresentato gli assi principali di un sistema fluviale 'a rete' capillare e diffuso. Tutto il traffico proveniente dal Vicentino attraversava così la città, e tramite la conca di navigazione delle **porte Contarine** (XIII secolo), inserite nella cinta muraria del centro storico di Padova, si immetteva nel **canale Piovego**, completato nel 1209, da dove era possibile raggiungere Venezia.

Oggi, dopo il recupero delle porte avvenuto nel 2000, è possibile godere di piacevolissime passeggiate tra i canali interni della città, costeggiando le antiche mura rinascimentali e i bastioni. Per maggiori informazioni sulle vie d'acqua padovane e sull'importanza della cultura dell'acqua per la città, niente di meglio di una visita al **Museo archeologico ambientale delle Acque del Padovano**, ospitato all'interno dell'ex chiesa di S. Eufemia ad Altichiero, a Padova.

Gratis

Non stupisce trovare a Padova, città d'acqua, il **Museo del Marinaio d'Italia** (Prato della Valle 70, tel. 3483647435-0498070191, lun-dom 10-12, anche su richiesta), piccola struttura museale sorta nel 1922 presso la sede dell'allora UMI-Unione Marinara Italiana e oggi ricca di cimeli di varia natura, armi, modelli e strumenti nautici. Si può invece lasciare una piccola offerta per visitare il **Museo nazionale dell'Internamento** (viale dell'Internato Ignoto 24, tel. 0498033041-0496883370-3496362033, www.museodelinternamento.it), ospitato presso la chiesa parrocchiale di S. Gaetano da Thiene, che documenta, con fotografie e cimeli, il sacrificio dei deportati nei campi di sterminio nazisti.

Il complesso abbaziale di Praglia

Informazioni: Abbazia di Praglia, via Abbazia di Praglia 16, Teolo, tel. 0499999300, www.praglia.it, giorni feriali: ora solare 14.30, 15.10, 15.50, 16.30, ora legale 15.30, 16.10, 16.50, 17.30; dom e festivi: ora solare 14.30, 15, 15.30, 16, 16.30, ora legale 15.30, 16, 16.30, 17, 17.30; offerta libera

A circa 12 km da Padova, ai piedi dei Colli Euganei, si trova il complesso abbaziale benedettino di Praglia. Sorta tra l'XI e il XII secolo, l'abbazia venne ulteriormente arricchita con la realizzazione, nel 1490, della **chiesa dell'Assunta**, su progetto di Tullio Lombardo (e successivo portale di Andrea Moroni), che costituisce oggi il vero cuore del complesso. Procedendo lungo il lato esterno destro della chiesa si accede al **chiostro del Paradiso**, realizzato come struttura pensile nel 1469, quindi al **chiostro botanico**, così chiamato per via dell'orto dei Semplici con le piante officinali, su cui affacciano gli ambienti con il laboratorio di restauro librario. Una scala monumentale permette di salire al **chiostro pensile**, realizzato allo stesso livello della chiesa, da dove si accede al **refettorio grande**, decorato con scene tratte dal Vecchio e Nuovo Testamento.

MANGIARE A PADOVA

AL CICHETO

Via dei Savonarola 59, tel. 0498719794 • coperti 40 • chiuso domenica, gennaio e agosto • cucina di ricerca e classica • In pieno centro storico, questa osteria dispone di un piacevole spazio esterno che si affaccia sul fiume. Il menu varia continuamente, proponendo una buona scelta di piatti, sia di carne sia di pesce, ispirati dalla tradizione e rivisitati. **• Prezzi:** 30/40

ANTICA OSTERIA DAL CAPO

Via degli Obizzi 2, tel. 049663105 • coperti 34 • chiuso domenica e mezzogiorno di lunedì, periodo in agosto e tra dicembre e gennaio • cucina veneta • Una cucina legata alla tradizione, attenta alla scelta delle materie prime; da assaggiare gli gnocchi di ricotta di Borgoforte, il guanciale di scottona brasata e la trippa di baccalà. Carta dei vini limitata, ma interessante, e articolata scelta di distillati. **• Prezzi:** 30/40

ANTICA TRATTORIA BERTOLINI

Via Altichiero 162, tel. 049600357, www.bertolini1849.it • coperti 130+30 • chiuso sera di venerdì e sabato, periodo in agosto • cucina veneta • Antico (la gestione familiare risale al 1849) e valido riferimento del-la ristorazione locale, a pochi chilometri dalla città. Ambiente accogliente e per la bella stagione c'è uno spazio nel fresco giardino. La cucina è attenta alle tradizioni territoriali e offre una varietà di piatti stagionali con buon rapporto qualità-prezzo. **• Prezzi:** 24/40

BASTIONI DEL MORO

Via P. Bronzetti 18, tel. 0498710006, www.bastionidelmoro.it • coperti 60+40 • chiuso domenica, periodo in agosto • cucina veneta e classica • Ambiente elegante di tono classico, che si articola in tre salette cui si aggiunge il giardino per il servizio nella stagione estiva. Cucina regionale, con proposte stagionali e pesce fresco, selezionata carta dei vini, ampie quelle dei distillati, degli oli e dei formaggi. Propone anche menu degustazione e per colazioni di lavoro. Certificato per cucina senza glutine. **• Prezzi:** 25/40

DONNA IRENE

Vicolo Pontecorvo 1, tel. 049656852-3939534892, www.donnairene.com • coperti 75+75 • chiuso lunedì • cucina veneta e siciliana • L'idea della ristorazione nasce dalla passione per il vino, che qui può essere gustato in abbinamento a piatti della tradizione veneta e siciliana. L'ambiente è caldo e accogliente e in estate si può cenare nell'ampio giardino. Dal menu segnaliamo: le polpettine di sarde su marinata di cipolla rossa, le paste fresche fatte in casa, la surra di tonno alla siciliana e i buoni dolci casalinghi. **• Prezzi:** 25/35

Chicche golose

La specialità dolciaria patavina per eccellenza è il **dolce del Santo**, pasta sfoglia a forma di aureola farcita di marmellata di albicocche, buccia d'arancia, canditi, pan di Spagna, marzapane o granella di amaretti. Altre golosità tipiche sono i **bigoli**, simili a grossi spaghetti, la **luganega nostrana padovana** e la **smegiassa**, dolce di origine contadina a base di farine di mais e di grano tenero, acqua di cottura del musetto o ciccioli di maiale, zucchero, miele, uva passita, fichi secchi, buccia d'arancia, grappa e zucca arrostita in forno.

ENOTECA SEVERINO
Via del Santo 44, tel. 049650697 • chiuso domenica, agosto • enoteca • Vicinissima alla basilica del Santo, un'enoteca storica e accogliente; per accompagnare uno dei tanti vini proposti in degustazione, si può scegliere tra piatti freddi e stuzzichini vari. Vendita in loco di vini e prodotti tipici. **• Prezzi:** 5/10

GROTTA AZZURRA
Via Colleoni 49, tel. 049756380, oscar.benettello@libero.it • coperti 30 • cucina del territorio • Una trattoria informale e caratteristica, consigliata sia per i piatti proposti sia per l'atmosfera familiare che vi si respira; la cucina si rifà alla vera tradizione veneta, con pasta e dolci rigorosamente fatti in casa. **• Prezzi:** 10/30

ISOLA DI CAPRERA
Via Marsilio da Padova 11/15, tel. 0498760244, www.ristoranteisoladicaprera.it • coperti 150 • cucina veneta • Un locale che sin dal 1985 ospita in un'ampia sala da pranzo e in salette riservate, con pareti e arredi dalle tonalità calde e morbide; la cucina offre ricette a base di pesce pregiato, sapori prelibati tipici della tradizione veneta e accostamenti insoliti. Si degustano ottimi vini. Domenica sera solo su prenotazione. **• Prezzi:** 16/40

LA CORTE DEI LEONI
Via Boccalerie 8, tel.0498750083, www.cortedeileoni.it • chiuso domenica sera • enoteca ristorante • Nel cuore della città, enoteca ristorante curata e accogliente sia nelle sale sia nella corte esterna; ampia scelta di vini e di proposte della cucina, con vari piatti e sfiziosità. A pranzo, possibilità di menu fisso a prezzi più contenuti. **• Prezzi:** 25/40

PACCAGNELLA
Via Ospedale Civile 81, tel. 049664417, ristorantpacc@yahoo.it • coperti 220 • chiuso sabato, agosto • cucina veneta • Nella zona della basilica del Santo, unisce al tono familiare degli ambienti la schietta impronta della tradizione veneta, con bigoli in salsa d'acciuga e baccalà alla vicentina. Tra i dolci, tiramisù fatto in casa. **• Prezzi:** 18/35

DORMIRE A PADOVA

AI GIRASOLI
B&B • Via Piovese 182, tel. 3337099366, www.aigirasoli.info • 2 camere • Posizione è interessantenel settore sud-est dell'abitato, entro la cerchia della tangenziale che serve lo snodo autostradale di Padova. Gradevole ambiente con camere moderne e terrazza. **• Prezzi:** camera doppia 55/65

AL CEDRO
B&B • Via Dignano 1, tel. 0498641655-3491607276, www.bandb-veneto.it/kokonor/img_bandb/schede/cedro.html • 1 camera • Il B&B è stato allestito in un appartamento al secondo piano di una costruzione bifamiliare, con giardino e gazebo, arredato in stile moderno. Situato in una zona tranquilla, ben servita da negozi e mezzi pubblici (bus 13-15 e 24), il proprietario è disponibile ad aiutare gli ospiti nella scelta degli itinerari sia in città sia nell'area del Veneto, suggerendo percorsi interessanti e non usuali. **• Prezzi:** camera doppia 60/65

BENINCASA

B&B • Via Montegrappa 23, tel. 3405265177, www.benincasabb.it • 2 camere • Appena fuori dalle mura, a dieci minuti da piazza dei Signori. Simpatica accoglienza in una casa fuori dai consueti schemi: da segnalare, tra l'altro, un salone con camino ('ambientaverna'), a disposizione degli ospiti per il relax. **• Prezzi: camera doppia 80**

BOOK AND BIKE

B&B • Via G. Lister 21/A, tel. 049720785-3497324971, www.bookandbike.it • 3 camere • Si soggiorna in un quartiere periferico, ma in posizione strategica, in un appartamento indipendente al piano terra di una villetta bifamiliare. I titolari riservano un occhio di riguardo agli amanti delle due ruote: bici a noleggio, ricovero e assistenza. **• Prezzi: camera doppia 50/60**

BRENTELLA

Affittacamere • Via Lungargine Brusegana 51/B, tel. 0498975358-3408714133, gpavanello@hotmail.it • 1 camera • La casa, non lontana dal centro, si trova in una zona ricca di verde, da cui partono rilassanti passeggiate lungo il fiume Brentella. La camera, con bel giardino ed entrata autonoma, è adatta a ospitare comodamente fino a quattro persone. **• Prezzi: camera doppia 40/60**

CASACAMILLA

B&B • Via Pirano 2, tel. 049618907-3385644256, www.casacamilla.it • 1 camera, 2 appartamenti • Una casa confortevole ed 'eco-friendly': materiali naturali, energia pulita, tecnologie ineccepibili. Soggiorno in un tranquillo quartiere esterno, in posizione favorevole rispetto alla stazione e all'autostrada Milano-Venezia, ben servito dai mezzi che portano rapidamente in centro. **• Prezzi: camera doppia 70/80**

EDEN

Albergo • Via C. Battisti 255, tel. 049650484, www.hoteledenpadova.it • 25 camere • A conduzione familiare, un albergo entro le mura medievali, in posizione ottimale per raggiungere i punti di interesse quali l'ospedale, l'università o il complesso fieristico. Le camere sono semplici, ma luminose e spaziose; si comincia la giornata con una prima colazione continentale. **• Prezzi: camera doppia 40/85**

EZUMEZU

B&B • Via Sondrio 10/A, tel. 049692594-3486924306, xoomer.virgilio.it/paozili • 1 camera • La villetta bifamiliare che ospita il B&B si trova nella zona Sacra Famiglia, a pochi passi da Prato della Valle e non lontano dal centro cittadino. La proprietaria mette a disposizione degli ospiti un'ampia e luminosa camera e un bel giardino, in cui viene servita la prima colazione. **• Prezzi: camera doppia 60**

GIOIA

B&B • Via P. Liberi 10, tel. 3482617298, www.bbgioia.com • 3 camere • La sistemazione è doppiamente vantaggiosa: per l'ambiente - moderno e raffinato - e per la vicinanza con la stazione ferroviaria; le tre camere sono dotate di bagno wellness: una ha la vasca idromassaggio, una la sauna e l'altra il bagno turco. **• Prezzi: camera doppia 90**

GIOVANNI

Albergo • Via T. Mamiani 17, tel. 0498073382, www.hotelgiovanni.it • 33 camere • In zona fiera, non lontano dalle sedi universitarie, struttura moderna di 4 piani che propone camere gradevoli. La sala dove viene servita la prima colazione è ampia e luminosa, per un buffet dolce e salato con prodotti fatti in casa. **• Prezzi: camera doppia 60/120**

IBIS PADOVA

Albergo • Località Camin, corso Stati Uniti 14/B, tel. 049761900, www.accorhotels.com/italia • 135 camere • Nella zona industriale, moderno complesso con strutture e servizi polivalenti e sette sale attrezzate per riunioni di lavoro. Ristorante à la carte aperto solo la sera, prima colazione a buffet dolce e salato, bar per aperitivi e stuzzichini aperto 24 ore su 24 . **• Prezzi: camera doppia 78/98**

IL BASTIONE

B&B • Via Sanmicheli 76, tel. 0498766723-3497310178, www.ilbastione.com • 3 camere • Padova conserva ampi tratti delle sue fortificazioni rinascimentali – i bastioni, per l'appunto – che oggi rappresentano una cintura verdeggiante adibita a parco. I quartieri interni ne godono in termini di quiete e serenità di vedute. Questo vale anche per questa casa a schiera dei primi del Novecento, ristrutturata con mano molto felice. Pochi passi ed ecco Prato della Valle, con le cupole del Santo che spuntano sui tetti del centro. **• Prezzi: camera doppia 35/70**

IL BURCIO

Albergo • Località Selvazzano Dentro, via Euganea 23, tel. 0498055599, www.hotelpiroga.com • 19 camere • Buon punto di riferimento per rilassanti soste di viaggio o per incontri d'affari; pasti presso il vicino ristorante, a gestione separata. Piano bar la sera. **• Prezzi: camera doppia 50/90**

SAGITTARIO

Albergo • Via Randaccio 6, tel. 049725877, www.hotelsagittario.com • 43 camere • In un'oasi verde e riposante, a pochi minuti dal centro, un buon punto di sosta per l'uomo d'affari e per il turista in visita alla città. Si soggiorna in camere piacevoli e confortevoli; per gustare i piatti della cucina veneta e classica si può approfittare del vicino ristorante "Dotto di Campagna", della stessa gestione. **• Prezzi: camera doppia 55/114**

SANT'ANTONIO

Albergo • Via S. Fermo 118, tel. 0498751393, www.hotelsantantonio.it • 33 camere • Nel centro storico di Padova, gode di una posizione tranquilla, propone ambienti di tono classico e camere confortevoli, soluzione ideale per chi viaggia per scoprire le bellezze della città. Prima colazione a buffet sia dolce sia salata. **• Prezzi: camera doppia 82/94**

TIBETAN HOUSE

B&B • Via Dignano 1, tel. 0498643394-3383377912, www.bbtibetanhouse.it • 3 camere • Borgomagno è il quartiere residenziale a nord del centro storico. Qui si trova il rifugio di una viaggiatrice appassionata dell'Oriente e del Tibet. Ecco spiegati sia il nome sia l'atmosfera e i colori di questa accogliente dimora. Interessante per la posizione tra il centro e le autostrade e per la vicinanza della stazione ferroviaria, che rende superfluo pensare alla macchina per l'irrinunciabile gita a Venezia. **• Prezzi: camera doppia 70**

VENETO

B&B • Via Tommaseo 24, tel. 0498364660-3332781223, www.b-breakfast.it • 2 camere • Vicino alla stazione, ottimo punto di appoggio per escursioni fuori città, un appartamento dall'atmosfera accogliente e tranquilla, arredato con gusto e raffinatezza e dotato dei migliori comfort. Abbondante prima colazione di tipo continentale. **• Prezzi: camera doppia 60/70**

VERONA
patrimonio d'arte e storia

A volte i miti vanno sfatati. In alcuni casi, prevale la delusione; in altri, lo svelamento scopre panorami inusitati, lati affascinanti fino ad allora tralasciati sicuramente. Shakespeare ha giocato un ruolo decisivo nella storia della città e nell'immaginario collettivo: ancora oggi il turismo romantico rappresenta una voce importante nell'economia locale. Ma Verona è anche altro. È un concentrato di arte, storia e cultura immerso nella suggestiva atmosfera di vicoli e piazze, allietata dai sapori della cucina tradizionale e territoriale. Verona è il suo fiume, l'Adige, dal cui seno è stata generata, protetta e invasa nel corso del tempo. Cresciuta vorticosamente, la città si è via via allontanata dagli argini, relegandoli a periferia di qualità. Eppure lì risiede il cuore, il *genius loci*. Dal primo nucleo abitativo, sul colle San Pietro, la città crebbe sotto la dominazione romana fino a diventare uno dei centri più importanti dell'Italia settentrionale. Comune indipendente nel basso medioevo, signoria sotto la famiglia della Scala, Verona rimase per circa quattro secoli sotto il dominio di Venezia, prima di venire assoggettata a francesi e austriaci e diventare, nel 1866, parte del Regno d'Italia. Verona è oggi la forte consapevolezza identitaria, il senso di appartenenza, l'attaccamento alle radici: un organismo complesso, sfaccettato. Inafferrabile. Forse per questo – soprattutto per questo – affascinante.

QUANDO ANDARE E PERCHÉ

La città vale il viaggio, sempre. La primavera, per gli amanti del buon vino, tra escursioni nella vicina Valpolicella e una puntata al Vinitaly; l'estate, per gli appuntamenti culturali; l'autunno, per le passeggiate nei vicoli lucidi di pioggia; e l'inverno, per il calore che emana l'intrico delle stradine del centro storico ammantate di luci. Nel 2000 Verona è stata dichiarata Patrimonio mondiale dell'Umanità «per il suo tessuto urbano e l'architettura. [...] Rappresenta inoltre in modo eccezionale il concetto della città fortificata, in più tappe determinanti della storia europea». Basterebbe la motivazione fornita dall'Unesco per giustificare la visita. Ma poi ci sono la stagione lirica in Arena, gli appuntamenti con il teatro, le rassegne enogastronomiche... Offerta di qualità, piacevolezza del vivere quotidiano, ottima cucina e, a saper scegliere, prezzi accessibili. Serve altro?

COME ARRIVARE

→IN AUTO Situata alle pendici meridionali dei monti Lessini, la città è sempre stata un punto nodale nei sistemi di trasporto dell'Italia nordorientale. Già in epoca Romana, quattro strade consolari (la **Claudia Augusta**, la **Gallica**, la **Postumia** e il **Vicum Veronensium**) mettevano in comunicazione la città con l'alta valle dell'Adige, il centro della pianura padana e Aquileia. Anche oggi Verona costituisce un importante snodo stradale lungo le direttrici che collegano da una parte l'Italia centrale con il passo del Brennero, dall'altra l'area nordoccidentale del Paese con l'Adriatico. All'altezza della città si intersecano due importantissimi assi viari: la **A22 Modena-Brennero**, dalla quale è raggiungibile attraverso l'uscita di Verona Nord, e la **A4 Milano-Venezia**, cui è collegata dagli svincoli di Verona Est e Verona Sud. Un sistema di **strade tangenziali**, attualmente in fase di completamento con il traforo delle Torricelle, segue il perimetro del centro abitato a sud, est e ovest. La rete viaria è completata dalla **SS 11 Padana Superiore** (collegamento con Torino e Venezia), dalla **SS 434 Transpolesana** (che congiunge Verona a Rovigo) e dalla **SS 12 dell'Abetone e del Brennero** (connessione con Pisa, da una parte, Trento, Bolzano e il Brennero dall'altra).

→IN TRENO Verona si trova sull'importante direttrice che mette in comunicazione Roma con la Germania tramite la **linea del Brennero**. I collegamenti con Milano e Venezia, gestiti anch'essi da **Trenitalia** (tel. 892021, www.fsitaliane.it), sono molto frequenti; è in parte in fase ancora progettuale l'Alta Velocità sulla tratta in questione. Verona è inoltre capolinea della linea per Mantova e Modena e di quella per Rovigo. Dalla **stazione di Porta Nuova** (piazzale XXV Aprile, www.grandistazioni.it) è possibile raggiungere il centro storico in 15 minuti a piedi, oppure usufruendo del trasporto urbano (informazioni: IAT Stazione F.S. tel. 0458000861).

→IN AEREO Lo scalo cittadino è l'**Aeroporto "Valerio Catullo" di Verona Villafranca** (Caselle di Sommacampagna, tel. 0458095666, www. aeroportoverona.it), distante circa 12 km dalla città (uscita Verona Nord percorrendo la A22, svincolo Sommacampagna muovendosi lungo la A4). L'aerostazione è collegata con il terminal ferroviario di Verona Porta Nuova ogni 20 minuti da un servizio di **Aerobus** (tragitto circa 15 minuti, biglietto della corsa singola € 5).

→IN AUTOBUS La società di trasporti **ATV-Azienda Trasporti Verona** (tel. 0458057811, www.atv.verona.it) gestisce un importante bus

Voli low cost

Principali compagnie che fanno scalo su Verona Villafranca: **Air Italy** (tel. 89950093, www.airitaly.it) collega Verona a Bari, Catania, Napoli e Roma Fiumicino; **Bmibaby** (tel. 00448458101100, www.bmibaby.com), che vola su Bologna e Roma; con **Meridiana Eurofly** (tel. 892828, www.meridiana.it) si possono raggiungere Cagliari, Catania Fontanarossa, Olbia, Palermo, Roma Fiumicino e Tortolì; **Ryanair** (tel. 899678910, www.ryanair.com) vola da Alghero, Bari, Brindisi, Palermo, Pescara e Trapani; **Wind Jet** (tel. 892020, www.volawindjet.it) effettua collegamenti con Catania e Palermo.

terminal nel piazzale antistante la stazione di Porta Nuova, da dove partono anche gli autobus per Mantova, Vicenza e Rovigo.

COME MUOVERSI

→IN AUTO La zona off-limits è costituita dalle vie Roma, Mazzini, Cappello, Leoni e da corso Porta Borsari, pedonalizzate. Nel centro storico vige una **zona a traffico limitato** (ZTL) - nell'ansa compresa tra il ponte Scaligero di Castelvecchio e ponte Aleardi - all'interno della quale l'accesso e la circolazione dei veicoli sono limitati a ore prestabilite e a particolari categorie di utenti; l'area è presidiata da 8 varchi elettronici per il controllo del transito dei veicoli non autorizzati. L'accesso è libero a tutti nei seguenti orari: lun-ven 10-13.30, 16-18 e 20-22, sab, dom e festivi 10-13.30. Per la sosta all'interno della ZTL è necessario dotarsi di tagliandi prepagati **Verona Park** (di colore verde), che hanno validità mezz'ora (€ 0,75) o 1 ora (€ 1,50), da esporre sul cruscotto. Nella ZTL il parcheggio è a pagamento **tutti i giorni della settimana**, dalle 8 alle 24. In alcune strade la sosta massima consentita è di 2 ore. Nella zona centrale di Corona la sosta è regolamentata da tagliandi di colore rosso (1/2 ora € 0,50, 1 ora € 1). Vi sono anche tre **aree di parcheggio** gratuite a porta Palio, in piazzale Olimpia e in piazzale Guardini.

→IN AUTOBUS (E IN FILOBUS) La città è dotata di un servizio di autobus urbani (21 le linee feriali diurne e 10 quelle serali e festive) ed extraurbani gestito da **ATV-Azienda Trasporti Verona** (tel. 0458057811, www.atv.verona.it). Biglietto con validità 60 minuti, € 1,10, giornaliero valido su tutta la rete comunale € 3,50. È in corso l'iter burocratico per la creazione di un sistema filoviario ad assi incrociati che dovrebbe in qualche modo alleggerire l'inquinamento e il traffico cittadini. Lavori in corso e messa in funzione prevista per il 2013.

Eventi e manifestazioni

Il Quartiere va a Teatro

(gennaio-aprile)

Iniziativa prettamente locale, ma nulla vieta di prendervi parte anche nelle vesti di turista. Si tratta, infatti, di una serie di spettacoli gratuiti messi in scena in ciascuna delle otto circoscrizioni cittadine (tel. 0458078950/53/29).

Carnevale

(marzo)

Il carnevale, o **Bacanal del gnoco**, va in scena da oltre 500 anni e presenta legami con antichi riti religiosi e con le corse del Palio celebrate da Dante nella Commedia. Tra le maschere più significative, il Papà del gnoco, il Duca de la pignata, il Dio de l'oro, il Conte Caramela e tante altre ancora. Le celebrazioni culminano nella sfilata per le vie cittadine del venerdì gnocolar, con carri allegorici, bande e majorette, per la gioia di adulti e bambini (tel. 045592829, www.ducatosantostefano.it).

Verona Film Festival Schermi d'Amore

(aprile-maggio)

Festival cinematografico internazionale dedicato al tema dell'amore. Unica rassegna in campo mondiale dedicata al melò. Biglietti a € 5, ridotto € 4 (per info, tel. 0458005348, www.schermidamore.it).

Estate Teatrale Veronese

(maggio-agosto)

È una rassegna estiva a livello internazionale di spettaco-

li di prosa, musica jazz e danza promossa dal Comune di Verona, che si svolge in parte nella suggestiva cornice del Teatro romano, in parte in quella più raccolta di Corte Mercato Vecchio (Assessorato alla Cultura, palazzo Barbieri, angolo via Leoncino 61, tel. 0458077500/201, www.estateteatraleveronese.it).

Festival Lirico

(giugno-settembre)

Sullo straordinario palcoscenico dell'anfiteatro romano di piazza Bra, vanno in scena le più belle opere della storia della musica con interpreti e musicisti provenienti da ogni parte del mondo. Code chilometriche di appassionati, per cui è bene prenotare per tempo. Il costo dei biglietti varia da un minimo di € 15 a un massimo di € 198 per le poltronissime gold per le recite del venerdì e del sabato (tel. 0458005151, www.arena.it). Non ci sono spettacoli gratuiti, ma ne vale la pena.

Banchéti de Santa Lussia

(dicembre)

In occasione della festività di S. Lucia – che inaugura le celebrazioni natalizie a Verona – in città hanno luogo varie manifestazioni, che culminano con il tradizionale mercatino di piazza Bra, in un tripudio di luci, addobbi e idee regalo. Suggestivo lo scenario, caratterizzato dalla bianca stella cometa d'acciaio che esce dalla sommità dell'Arena e ormai acquisita come simbolo del Natale veronese.

→IN TAXI Il servizio di radiotaxi, attivo 24 ore su 24, risponde al numero 045532666, oppure tramite il sito internet www.radiotaxiverona.it.

SCONTI E RIDUZIONI

→VERONA CARD
Si tratta di **un biglietto cumulativo**, acquistabile presso i molti punti vendita che aderiscono all'iniziativa, le tabaccherie del centro cittadino e gli uffici di informazione turistica IAT di Verona e lago di Garda. La carta permette di viaggiare sui mezzi urbani ATV e visitare musei, raccolte pubbliche, chiese e monumenti gratuitamente. Il costo è di € 15 (validità due giorni) o € 20 (validità cinque giorni consecutivi). **Informazioni:** Assessorato al Turismo, tel. 0458077774, www.veronacard.it).

→MANTOVA VERONA CARD
È una carta turistica nata dalla collaborazione tra le città di Mantova, Verona e Sabbioneta, che consente di visitare gratuitamente, o con riduzioni, musei, monumenti e chiese delle tre città (vedi anche Mantova, pag. 56). È gratuita ed è distribuita all'area arrivi dell'aeroporto veronese di Villafranca (Info Point Aeroporto Catullo, tel. 045986800, www.mantovaveronacard.it).

Internet gratis

Verona promuove **WI-FI Guglielmo**, la card che dà accesso gratuito a internet in numerosissime aree della città servite da connessioni wireless. È sufficiente registrarsi presso l'Urp di via Adigetto 10 o presso la Biblioteca civica di via Cappello (ingresso da vicolo S. Sebastiano 3) e in altre biblioteche, o alle Pari Opportunità di largo Divisione Pasubio 6, durante gli orari di apertura. Conclusa la registrazione, l'utente riceve la tessera Verona Wi-Fi™ in cui sono indicati gli estremi per collegarsi a internet (username e password). I turisti possono ricevere direttamente sul cellulare, tramite sms, i codici di accesso per una durata massima di tre ore, collegandosi al portale Guglielmo e seguendo le istruzioni.

SCOPRIRE VERONA A PIEDI

Ciò che colpisce di Verona è l'intreccio prezioso che percorre la pietra con cui è costruita. Non importa l'origine storica di edifici, vie, monumenti, fregi, non l'epoca di appartenenza. Il filo rosso che lega tutto è il ricco intarsio di trame, incisioni, solchi, rientranze che mani sapienti hanno ricavato dal bianco del marmo e dal rosso del mattone e consegnato alla storia. La città è talmente ricca di tesori architettonici, artistici e culturali che una visita breve lascia senza dubbio l'amaro in bocca. 'Capitare' a Verona non è senza conseguenze. Ma la vita moderna, con i suoi ritmi, obbliga a scelte coraggiose e anche in un lasso di tempo relativamente ridotto è possibile godere di spettacoli indimenticabili. Due i percorsi ideali di visita, entrambi aventi come base il salotto della città: **piazza Bra**. Da qui è possibile, imboccata via Roma, raggiungere prima lo splendido **Castelvecchio** con il suggestivo **ponte scaligero** sullo sfondo, quindi, seguendo il corso dell'Adige, il complesso di **S. Zeno**

Maggiore e l'attigua **chiesetta di S. Procopio**. In alternativa, partendo dall'**Arena** si può proseguire lungo l'asse pedonale di **via Mazzini**, una delle vie dello shopping veronese, al termine della quale, a sinistra, si apre lo spazio medievale di **piazza delle Erbe** con la **torre dei Lamberti**, la **fontana di Madonna Verona** e il **palazzo della Ragione**, e a destra si trova la mitica **casa di Giulietta**; sulla sinistra di piazza delle Erbe, le splendide **Arche scaligere** (le monumentali tombe dei signori di Verona). Dalla zona - ricca di locali e trattorie, ottime per una sosta ristoratrice - gli amanti dello struscio e dei negozi potranno addentrarsi in **corso Porta Borsari**, lungo il quale è possibile andare alla scoperta di angoli nascosti quali **corte Sgarzarie** e la sua loggia trecentesca, oppure la stretta via Fama, affollata di piccoli negozi di frutta, dischi e fumetti. Se siete ancora abbastanza in forze, molto piacevole è la passeggiata che da piazza delle Erbe - imboccata via Forti - conduce **Oltradige** attraversando il **ponte Pietra** e giunge fino allo splendido **Teatro romano**, sede di importanti rappresentazioni estive.

Verona su due ruote

Non estesissima la rete ciclabile cittadina, anche se la conformazione del territorio urbano tende a favorire la mobilità su due ruote. L'amministrazione comunale sta cercando di incentivare l'uso della bicicletta anche attraverso iniziative quali **Prendi la chiave e vai in bici**: 44 le bici a disposizione in cinque cicloparcheggi, prelevabili dalle 6.30 alle 22 attraverso una chiave personale (ottenibile con cauzione di € 5, da versare all'Urp di via Adigetto 10, lun-ven 9-13, mar e gio anche 15-17).

I MUST DA NON PERDERE

Arena

Informazioni: Anfiteatro Arena, piazza Bra, tel. 0458003204, www.arena.it; orari: lun 13.30-19.15, mar-dom 8.30-19.15, chiusura alle 17 nei giorni di spettacolo. Biglietto € 6, prima domenica del mese (tranne il periodo estivo), € 1; gratuito con Verona Card. Biglietteria spettacoli: tel. 0458005151

Arrivare a Verona ed evitare l'Arena non solo non si deve: non si può. È l'anfiteatro romano meglio conservato in assoluto e risale con tutta probabilità al I secolo d.C. Simile nella struttura a quello di Pola, in **pietra calcarea rossa**, l'edificio è di fatto privo dell'anello esterno. I resti di quella che originariamente costituiva la facciata monumentale vera e propria sono visibili nella cosiddetta 'Ala', con i suoi quattro archi a triplo ordine.

Palcoscenico oggi di importanti manifestazioni operistiche e di eventi musicali, può contenere circa 22 000 spettatori, mentre si ipotizza una capienza originaria di 30 000 persone. Splendida la location sullo sfondo: **piazza Bra**, con **palazzo Barbieri**, al cui interno è ospitato il Municipio, e il monumentale **palazzo della Gran Guardia,** sottoposto a un accurato restauro e oggi location di importanti eventi espositivi; nella parte ovest, il **listòn**, l'ampio marciapiede utilizzato dai veronesi per passeggiate, incontri e chiacchiere.

Torre dei Lamberti e piazza delle Erbe

ⓘ Informazioni: Torre dei Lamberti, piazza dei Signori - Cortile del Mercato Vecchio, tel. 0459273027, www.agec.it; ottobre-maggio, lun-dom 8.30-19.30; giugno-settembre 8.30-20.30, ven fino alle 23; ingresso € 6, ridotto (8-14 anni, oltre i 60 anni, studenti) € 4,5, prima domenica del mese (tranne il periodo estivo), € 1; gratuito con Verona Card

La torre, con i suoi 83 metri d'altezza, offre un ottimo punto di vista sui tetti della città. Parte residuale del contiguo **palazzo della Ragione** risalente alla fine del XII secolo (che, dopo il restauro curato da Afra e Tobia Scarpa, è sede espositiva di grande prestigio), la torre domina la sottostante **piazza delle Erbe**, antico foro romano e uno degli angoli più affascinanti di Verona. A partire dal 2009, la torre annuncia nuovamente - con il rintocco del **rengo**, la campana maggiore - l'apertura della seduta del consiglio comunale. Per raggiungere la cima, salita a piedi, oppure il più comodo ascensore. L'impronta di area commerciale di piazza delle Erbe è ben visibile nella presenza - soprattutto nella zona centrale (il così detto 'toloneo') - di numerose bancarelle ed edicole. Tra gli edifici più significativi, **palazzo Maffei** (1668) e le cinquecentesche **case dei Mazzanti.** Nella piazza è anche la **fontana di Madonna Verona**, in marmo bianco, e il **capitello**, o tribuna, usato per l'investitura di podestà e pretori).

Arche gratis

Senza spendere neppure un centesimo è possibile visitare le **arche scaligere**, monumentale complesso funerario in stile gotico destinato a contenere le arche, o tombe, dei maggiori esponenti della casata. Offrono un particolare sguardo d'insieme su una delle dinastie che più profondamente hanno segnato la storia della città, da Cangrande la Mastino II, a Cansignorio, ad Alberto I fino a Giovanni della Scala (via Santa Maria Antica, mar-dom 10-13 e 14-18.30, ingresso gratuito).

Basilica di S. Zeno

ⓘ Informazioni: Basilica di S. Zeno, piazza San Zeno; lun-sab 10-18, dom e festivi 13-18, visite turistiche sospese durante le funzioni

Considerata uno degli esempi più fulgidi del romanico italiano, si sviluppa su tre livelli ed è sede delle spoglie mortali del santo cui è dedicata. Le sue origini sono databili al IV-V secolo, ma è soltanto con la fine del XIV secolo che la basilica assume la sua forma definitiva. Splendido il **rosone centrale**, decorato da sei statue, così come il **protiro**, firmato da Niccolò da Ferrara, e il ricchissimo

portale ligneo con le sue 48 formelle. L'interno, **a tre navate**, conserva – tra le numerose opere d'arte – la *pala di S. Zeno* del Mantegna, dipinta tra il 1457 e il 1459, capolavoro della pittura rinascimentale e primo esempio di 'sacra conversazione'. All'interno di una piccola abside, la statua in marmo rosso del patrono della città e icona dei veronesi, familiarmente chiamata 'San Zen che ride'. Contigui alla basilica, la bella **torre campanaria** e la duecentesca **chiesa di S. Procolo**.

SPUNTI E CHICCHE LOW COST

Castelvecchio e ponte Scaligero

ⓘ Informazioni: Museo di Castelvecchio, corso Castelvecchio 2, tel. 0458062611, lun 13.30-19.30, mar-dom 8.30-19.30, ingresso € 6, ridotto (8-14 anni, oltre i 60 anni, studenti) € 4,5, prima domenica del mese (tranne il periodo estivo), € 1; gratuito con Verona Card

Splendido esempio di architettura militare, il castello e il ponte vennero costruiti per iniziativa di Cangrande della Scala, come difesa da attacchi esterni e come riparo da eventuali sollevazioni interne. Il ponte merlato – via di fuga verso la campagna e, oggi, punto di osservazione sul fiume – venne distrutto dai tedeschi nel 1945 e riportato all'antico splendore solo sei anni dopo. Il castello è oggi sede del **Museo civico** (collezioni di arte medievale, rinascimentale e moderna fino al XVIII secolo).

Musei low cost

Ogni prima domenica del mese, da gennaio a maggio e da ottobre a dicembre, il costo del biglietto per l'accesso ad alcuni musei e monumenti è ridotto a € 1. Gli enti che aderiscono all'iniziativa sono il **Museo di Castelvecchio**, il **Museo lapidario maffeiano**, la Tomba di Giulietta e **Museo degli Affreschi "G.B. Cavalcaselle"**, il **Museo archeologico** e Teatro romano, il **Museo civico di Storia naturale**, l'anfiteatro Arena, la casa di Giulietta e la torre dei Lamberti.

La casa di Giulietta

ⓘ Informazioni: Casa di Giulietta, via Cappello 23, tel. 0458034303, lun 13.30-19.30, mar-dom 9-19

Ebbene sì, alla fine non è proprio possibile farne a meno: disponendo di tempo, il pellegrinaggio è da fare. Svoltata via Mazzini, eccovi catapultati al centro di uno dei più popolari intrighi amorosi della storia. Il celebre **balcone**, l'edificio del XIII secolo (che appartenne alla famiglia dei Cappello, identificati con i Capuleti) con **portale in stile gotico**, le **finestre trilobate**: ci sono tutti gli elementi per rivivere, anche solo per un attimo, l'appassionata vicenda resa immortale da Shakespeare. Attraverso l'iniziativa 'Sposami a Verona', il Comune mette a disposizione il sito per matrimoni civili.

Verona fai-da-te

ⓘ Informazioni: Primavera Creativa, piazza Mura Gallieno 3, tel. 0458078911, ogni dom di maggio 9.30-19

Per gli amanti delle attività hobbistiche e dell'antiquariato, varie mostre itineranti interamente dedicate al fai-da-te, una vetrina di prodotti artigianali ideati da appassionati hobbisti. L'iniziativa, oltre a far conoscere le più diverse abilità manuali, intende rivitalizzare alcuni luoghi caratteristici del centro storico poco frequentati da cittadini e turisti. Gli oggetti possono essere acquistati a offerta libera, il ricavato va a favore di un'iniziativa umanitaria.

Il giro delle pievi

ⓘ Informazioni: APT Verona, via Franceschine 10, tel. 0458619163, www.tourism.verona.it

Avendo più tempo a disposizione, è possibile effettuare un'escursione particolare e rilassante sulle colline che declinano verso il lago di Garda. Si tratta di un percorso che unisce fede, arte e storia e che, tra antichi paesi, ulivi e vigne, porta alla scoperta di oratori, chiesette, eremi e monasteri che un tempo costituivano il centro della vita del luogo. Dalle pievi della Valpolicella (**S. Floriano, S. Pietro, S. Michele ad Arcè**) a quelle lungo le rive del lago (**S. Severo**, a Bardolino, **S. Maria di Cisano**, le **chiese medievali** di Brenzone), da quelle sparse sui Monti Lessini (**S. Anna di Alfaedo**) fino a quelle situate a est della città (**chiesa dell'Alzana**, ad Arcole, il **monastero benedettino** di Badia Calavena, **chiesa della Disciplina**, a Tregnago).

Due i siti che meritano senz'altro una visita: il cinquecentesco **santuario della Madonna di Campagna**, (tel. 045972083), a circa 3 chilometri da Verona, progetto di Michele Sanmicheli, i cui altari custodiscono dipinti di artisti veronesi del XVI e XVII secolo; e il **santuario della Madonna della Corona** (tel. 0457220014), a Spiazzi, incastonato nel fianco orientale del Monte Baldo e a strapiombo sulla val d'Adige. Nulla vieta che all'escursione culturale si possa abbinare una visita a uno tra i molti agriturismi, trattorie e ristoranti tipici presenti in zona e che servono cibo genuino a prezzi decisamente contenuti.

Picnic in città

Per i turisti fai-da-te, per chi non vuole finire nei soliti fast food, per chi non ha tempo di cercare un ristorante o semplicemente desidera una soluzione low cost, il Comune ha ideato le aree picnic nel cuore del centro storico. Si tratta di piccole oasi di verde attrezzate con tavoli e panchine e allestite in luoghi strategici per la visita della città: piazza Indipendenza (nei pressi di piazza delle Erbe), giardini Pradaval (vicino a piazza Bra), giardini di via Ponte Aleardi, giardini Raggio di Sole e santuario di Nostra Signora di Lourdes. Un panino, e via.

MANGIARE A VERONA

AL BERSAGLIERE

Via Dietro Pallone 1, tel. 0458004824, www.trattoriaalbersagliere.it • coperti 50+24 • chiuso domenica e lunedì (in estate il sabato sera), periodo in gennaio e in agosto • cucina del territorio • Trattoria tipica nel centro storico della città, con salette impreziosite da un'esposizione di fossili di grande valore archeologico. Propone piatti di schietta impronta territoriale, legate alle stagioni. Da non perdere i dolci della casa, soprattutto 'il diplomatico'. Carta dei vini ben articolata e meditata selezione di distillati. • **Prezzi:** 25/40

ALL'ISOLO

Piazza Isolo 5/A, tel. 045594291, trattoriaisolo@gmail.com • coperti 50+30 • chiuso mercoledì, ferie variabili • cucina veronese • Una trattoria semplice e familiare, dagli arredi rustici e con uno spazio esterno per l'estate; propone una cucina di carne che attinge dalla tradizione veronese: sopressa veneta con polenta, fettuccine al sugo d'anatra, pastissada di cavallo, per concludere con il dolce 'diplomatico'. Conveniente il menu per l'orario di pranzo. • **Prezzi:** 20/30

AL PARIGIN

Località Trezzolano, via Trezzolano 13, tel. 045988124 • coperti 80 • chiuso mercoledì, periodo in settembre • cucina veronese • Piacevole locale situato sulle belle colline coltivate a vite e frutta, a poca distanza da Verona. L'ambiente è quello tipico delle trattorie di un tempo, con sala da pranzo semplice e funzionale e possibilità, nella bella stagione, di mangiare sulla fresca terrazza ammirando il verde circostante. La cucina è quella veronese verace, piatti poveri e saporiti tratti dalle tradizioni contadine. In evidenza: la soppressa, i bigoli al torchio con l'anatra, le lumache alla veronese; a fine pasto non manca qualche dolce proposta casalinga. • **Prezzi:** 18/22

Chicche golose

La cucina veronese affonda le radici nelle tradizioni popolari; i sapori di un tempo vengono oggi riproposti – rivisitati oppure rispettando i canoni classici – da ristoranti e trattorie cittadine e nei dintorni: il livello qualitativo è sempre ottimo, eccelso in molti casi. Non solo **riso** (nella provincia si coltiva il pregiatissimo vialone nano, unica varietà ad aver ricevuto il riconoscimento Igp) e **polenta**, ma piatti della tradizione quali **paparele**, **ravioli con il radicchio rosso di Verona**, **peperita**, **bollito di manzo con salsa pepata al formaggio**, **pastisada de caval**, **stufato di carne equina**. Tra i dolci, lo storico **pandoro**, il **nadalin**, tradizionale dolce natalizio a forma di stella, le **frittelle di Verona**, il **mandorlato di Cologna Veneta**. Verona è, infine, la prima provincia italiana per la produzione di vini Doc.

ANTICA TRATTORIA DA L'AMELIA

Lungadige B. Rubele 32, tel. 0458005526, www.trattoriaamelia.com • coperti 60+30 • chiuso sera di domenica e lunedì, periodo tra gennaio e febbraio • cucina veneta • Situato lungo il fiume, un esercizio di tono rustico tra mura che conservano alcuni tratti delle antiche architetture. In cucina, preparazioni tradizionali, come: carpaccio di carne sala', gnocchi al radicchio rosso di Verona, bigoli con sugo d'anatra e, vanto della casa, il carrello dei bolliti e degli arrosti accompagnati da salse varie. Pasta e dolci fatti in casa; meditata selezione di vini e distillati, varietà di salumi e formaggi. • **Prezzi:** 25/35

BELL'ITALIA

Località San Michele Extra, via Unità d'Italia 346, tel. 0458952501, www.alliancealberghi.com • coperti 120+60 • cucina veneta e classica • Moderna struttura di tono classico ed elegante, propone una cucina tradizionale ispirata alle specialità regionali, rielaborate con cura all'insegna della genuinità (filetto di sampietro alle punte di asparagi, risotto al Prosecco, tacchinella al vino bianco) e accompagnata da una piccola ma curata lista di vini locali. • **Prezzi:** 25/30

BOTTIGLIERIA CORSINI

Largo Divisione Pasubio 2, tel. 045596657 • chiuso domenica • enoteca • Ampia scelta di vini, celebre per l'aperitivo che, nel fine settimana, prosegue fino a tardi con musica dal vivo. Propone anche taglieri di salumi e cucina, sia di carne sia di pesce, per cenette informali. • **Prezzi:** 20/35

DALLA DISPENSA DI BORGHETTI

Località Parona di Valpolicella, via Valpolicella 47, tel. 045942366, www.hotelborghetti.com • coperti 80 • chiuso domenica, periodo in gennaio • cucina veronese e veneta • Fa parte di un albergo di buon comfort; accuratezza di servizio e professionalità nell'interpretazione delle ricette della Valpolicella. Tra gli altri, polenta, funghi e scaglie di monte veronese, sbrisolona con recioto. Importante carta dei vini e dei distillati. • **Prezzi:** 25/40

TORCOLO

Via C. Cattaneo 11, tel. 0458033730, www.ristorantetorcolo.com • coperti 120+40 • chiuso lunedì, periodo fra gennaio e febbraio • cucina del territorio • A pochi passi dall'Arena, un ristorante d'albergo di raffinata eleganza. Tra le proposte della cucina, culatello con mostarda veneta, pappardelle al tartufo nero scorzone della Lessinia e formaggio monte veronese, fettuccine ai quattro sughi, carrello di bolliti e arrosti. In estate effettua anche il servizio dopo teatro con la cucina aperta fino a notte inoltrata. • **Prezzi:** 30/40

DORMIRE A VERONA

ABACUS

B&B • Via Pindemonte 2/B, tel. 0458350557-3484726344, www.abacusbab.com • 3 camere • Nel signorile quartiere Pindemonte si trova questa palazzina liberty totalmente rinnovata, con camere ampie e luminose, arredate all'insegna del comfort. Il centro è a portata di mano, ma la posizione d'oltrefiume risulta particolarmente favorevole per una gita. • **Prezzi:** camera doppia 40/100

ACCADEMIA DEGLI SCACCHI

B&B • Via Caprera 1, tel. 0458301408-3385950120, www.bedandbreakfastdellaccademia.it • 1 camera • Ha sede in una prestigiosa palazzina liberty, nel quartiere residenziale di Borgo Trento. Una parte dell'immobile è stata destinata a foresteria, per la gioia di chi ama le atmosfere d'antan. La posizione è interessante, nell'oltrefiume, a breve distanza dalle piazze centrali della città. • **Prezzi:** camera doppia 75/80

AD CENTRUM

B&B • Lungadige Porta Vittoria 23, tel. 0458000742-3485180496, www.adcentrumveronabedandbreakfast.com • 3 camere • Camere con vista... è proprio il caso di dirlo, perché di là dall'Adige con uno sguardo si passa in rassegna tutto il centro storico. Palazzo d'epoca con camere arredate in stile e terrazzo. **• Prezzi:** camera doppia 60/110

AD OLIMPIAM

B&B • Via Fontana del Ferro 15/D, tel. 3476829261-3923924482, www.bebadolimpiam.com • 1 camera • Si soggiorna a Veronetta, il borgo d'oltrefiume, nel verde della collina di Castel San Pietro. Si attraversa il ponte Pietra e, in pochi minuti, si approda all'isola pedonale che va dalle piazze centrali all'Arena. Sistemazione pratica al piano terra di una palazzina bifamiliare, con giardino. **• Prezzi:** camera doppia 70/85

AL GHIRO

B&B • Via Negrelli 21, tel. 3294959620, www.ilghiro.net • 2 camere • Nella parte storica della città, un ambiente tranquillo che dispone di due accoglienti camere doppie, una delle quali dotata di un bel balcone fiorito; la casa è arredata in modo semplice e originale. **• Prezzi:** camera doppia 55/75

ALLA FONTANA DEL FERRO

B&B • Via Fontana del Ferro 30/B, tel. 0458003467, www.allafontanadelferro.com • 4 camere • All'interno di una villa con ampio giardino, a ridosso delle verdi colline che cingono Verona. Il giardino è attrezzato con tavolini e sedie a sdraio, le camere, recentemente rinnovate, sono accoglienti e arredate con gusto. Nonostante le apparenze, basta attraversare il ponte Pietra per essere nel vivo del centro storico della città. **• Prezzi:** camera doppia 70/85

ALLE TORRICELLE

Agriturismo • Via Bonuzzo S. Anna 4/A, tel. 0458300230-3485623195, www.agriturismotorricelle.com • 8 camere • Immerso nel verde, in posizione panoramica e a soli 10 minuti dalla fiera, l'agriturismo offre ospitalità in comode camere, alcune dotate di bagno privato. Possibilità di acquistare i prodotti dell'azienda. **• Prezzi:** camera doppia 50/90

AL QUADRIFOGLIO

B&B • Via 24 Maggio 6, tel. 3382253681, www.alquadrifoglio.it • 3 camere • In posizione strategica: vicino al centro storico, ma tranquillo; a portata d'autostrada, ma senza avere l'impressione della periferia, in pieno Borgo Trento. **• Prezzi:** camera doppia 55/80

CASA BALDO

B&B • Via Don Baldo 5/A, tel. 3492248425, www.casabaldo.it • 3 camere • Soggiorno d'oltrefiume, ai piedi delle verdi colline delle Torricelle. Varcato il ponte Pietra, si è subito in centro. Si soggiorna in ambienti confotevoli, con una pergola per la colazione o momenti di relax. La strada che passa sotto casa sale verso la Valpolicella e la val Lagarina. **• Prezzi:** camera doppia 75

CORTE MACCINI

Agriturismo • Località Cancello, via Cancello 3, tel. 045988007, cortemaccini@tiscali.it • 2 camere, 1 appartamento • Situata sulle colline veronesi, l'azienda domina la città. Possibilità di gustare la cucina genuina veronese e, per le scolaresche, guide in vari percorsi didattici. **• Prezzi:** camera doppia 60/80

DUOMO

B&B • Via Duomo 19, tel. 0458034006-3296885513, www.bedandbreakfastduomo.com • 3 camere • Il nucleo più antico di Verona è condensato in un'ansa dell'Adige. Uscire di casa la mattina e avere tutto a portata di mano è da privilegiati. Soluzione ideale per una full immersion nella città, con la comodità del parcheggio garantito. • **Prezzi:** camera doppia 75/115

EURO MOTEL CROCE BIANCA

Albergo • Strada Bresciana 2, tel. 0458903890, www.euromotel.net • 60 camere • La posizione è particolarmente favorevole per chi viaggia in auto e per la clientela d'affari; camere moderne e funzionali, dotate dei necessari comfort; prima colazione a buffet, sia dolce che salata. • **Prezzi:** camera doppia 50/80

GALO CASTALDO

B&B • Località Basson, strada Bresciana 84/D, tel. 3462465090, www.bebgalocastaldo.it • 3 camere • Il B&B è collocato in un'antica abitazione completamente ristrutturata. La posizione è ideale per raggiungere in dieci minuti l'Arena e in cinque minuti l'aeroporto Catullo. • **Prezzi:** camera doppia 70/100

IN THE SUN

B&B • Località Quinto di Valpantena, via S. Vincenzo 3, tel. 045551786-3470167610, www.bbinthesun.com • Stagionale • 2 camere • "Natural Life Style" è lo slogan di questo B&B, posizionato nel paesaggio delle Torricelle e che fa della qualità ambientale il suo motivo di vanto. Ambiente rustico-raffinato, con un gradevole giardino dove gustare la prima colazione e camere arredate in stile moderno con richiami etnici. • **Prezzi:** camera doppia 55/85

LA CAMALDOLA

B&B • Località Avesa, via Camaldola 1, tel. 045916378-3891834716, www.webalice.it/ginododa • Stagionale • 1 camera • Avesa è una suggestiva frazione collinare di Verona, percorsa da una delle strade che portano in Valpolicella. Ideale per visitare la città, magari sfruttando la pista ciclabile che scende verso il centro. • **Prezzi:** camera doppia 70/80

LIBERTY

B&B • Via Volturno 11, tel. 045500684-3331584501, www.libertybb.it • 3 camere • Fresca di restauro, villa dei primi del Novecento caratterizzata da colori vivaci e ricercata negli arredi. Si colloca in Borgo Roma, nel quadrante sud-est: in centro si arriva con la pista ciclabile, mentre l'autostrada è a portata di mano. • **Prezzi:** camera doppia 80

MELBA

B&B • Località Mizzole, via Trezzolano 21, tel. 045988011-3356004016, www.code001.it/perara • 2 camere • Nel fresco delle colline e circondata dagli olivi, un'antica casa rurale all'imbocco della valle di Squaranto; gli interni, dove predomina il legno, sono semplici e accoglienti. • **Prezzi:** camera doppia 60

SAN FAUSTINO

B&B • Corticella S. Faustino 7, tel. 0459690400-346 1835090, www.residenzasanfaustino.it • 3 camere • Nell'oltrefiume - oltre il ponte Pietra e nelle vicinanze del Teatro romano - in una corte appartata si scopre questa soluzione di charme, ben situata dal punto di vista logistico. • **Prezzi:** camera doppia 80/110

SAN MATTIA

Agriturismo • Via S. Giuliana 2/A, tel. 045913797-3401580887, www.sanmattia.it • 12 camere, 3 appartamenti • Sulla strada dei colli, in camere confortevoli, lontano dal clamore cittadino e con un occhio di riguardo alla salvaguardia dell'ambiente: la struttura è dotata di pannelli fotovoltaici e di impianto di recupero e purificazione delle acque. • **Prezzi:** camera doppia 50/90

TRIESTE
aristocratica grazia

La bellezza di Trieste è nel vento forte che la trascolora, che miete vie, case e persone, fondendo le une alle altre in uno straordinario effetto dissolvenza. Ma che porta anche il sapore dell'altro da sé: altre culture, altre voci, altri influssi, elementi che si sono stratificati e che hanno dato vita al fenomeno unico della 'triestinità', originale e riuscito melting pot ante litteram. Città di mare, Trieste si svela e si nasconde in un attimo: si apre in panorami smisurati se vista dalla sommità del colle di San Giusto, per poi serrarsi nei vicoli della città vecchia, il suo ombelico più segreto, o lungo le Rive e i quartieri sette-ottocenteschi. Città di mare, città aperta. Come il confine che correva fino a Muggia e che, soppresso nel 2007, ha ridonato a Trieste il suo entroterra e ampliato ulteriormente lo spazio di interscambio commerciale e culturale. Terra di mescolamenti e di tensione verso il nuovo. Come ha scritto Paolo Rumiz, «Trieste è capolinea perfetto, [...] italiana a modo suo [...]. Trieste città di transito, teatro etnico all'aperto».

QUANDO ANDARE E PERCHÉ

D'inverno, recitano le statistiche, un giorno su quattro è bora, con temperature rigidissime. Ma è anche il momento in cui la città sa essere se stessa. Se però si vuole essere certi di godere del tempo all'aperto senza volar via, conviene attendere le giornate primaverili, quando la luce sorge alle spalle della città e ne disegna i confini in modo netto. D'estate, l'occasione può essere il Festival dell'Operetta, o, più tardi, quando il rosso autunnale infiamma il Carso, la celebre regata della Barcolana. Per il resto, anche la mezza giornata trascorsa a sfogliare le pagine dei giornali in uno degli storici caffè o la visita delle numerose testimonianze storiche e artistiche faranno ricordare con piacere il soggiorno. La dominazione asburgica ha lasciato una forte impronta così come le diverse credenze religiose che qui hanno trovato ospitalità, ricambiata con l'edificazione di chiese e santuari. E poi gli innumerevoli echi letterari, le Rive, gli edifici liberty e altro ancora.

COME ARRIVARE

→IN AUTO Trieste è il punto terminale dell'autostrada **A4 Torino-Trieste**. L'uscita è quella di **Trieste Lisert**, dalla quale si prosegue per circa 20 km sulla SS14, che porta di-

Eventi e manifestazioni

Olio Capitale
(marzo)
La manifestazione è dedicata all'olio d'oliva extravergine di alta qualità e costituisce la vetrina d'eccellenza e il punto di riferimento per gli amanti della gastronomia, che potranno partecipare a convegni, corsi di cucina, degustazioni guidate e seminari (tel. 0409494111, www.oliocapitale.it, ingresso € 5).

Festival internazionale del Balletto
(aprile)
Importante rassegna di danza classica e moderna con interpreti internazionali. Spettacoli presso la Sala Tripcovich, laboratori e incontri (Cenacolo Arabesque, via Roma 15, Ronchi dei Legionari-Gorizia, tel. 0481779716).

Bavisela
(maggio)
Importante manifestazione podistica, richiama ogni anno migliaia di appassionati anche dall'estero. Maratona (con partenza da Gradisca d'Isonzo), maratonina (da Duino Aurisina) e gara non competitiva di 7 km convergono verso l'arrivo di piazza dell'Unità d'Italia (tel. 040410399, www.bavisela.it).

Festival internazionale dell'Operetta
(luglio-agosto)
Numerosi gli spettacoli in programma per gli amanti del bel canto, dal musical all'operetta, che si tengono presso la Sala Tripcovich, al Teatro Verdi e nel parco del castello di Miramare (numero verde 800054525, www.teatroverdi-trieste.com).

Maremetraggio
(luglio)
I migliori cortometraggi europei e le opere prime più significative del panorama cinematografico italiano, più una retrospettiva dedicata a un noto attore o un'attrice italiana e un focus su un Paese europeo (tel. 0403224428, www.maremetraggio.com).

Barcolana
(ottobre)
Si tratta di una vera e propria festa del mare. La regata più amata del Mediterraneo, nata nel 1969 e cresciuta di pari passo con il numero dei partecipanti, si tiene nello splendido golfo di Trieste. Di contorno, la Barcolana di Carta, rassegna del libro di mare, e numerosi concerti gratuiti (tel. 040411664, www.barcolana.it).

rettamente in centro. Stante la notevole intensità dei flussi di traffico sulla rete autostradale (che può risultare addirittura congestionato nel periodo estivo), per coprire i 150 km che separano la città da Venezia è sicuramente preferibile, e meno stressante, percorrere la **SS14**, che almeno permette di godere del paesaggio circostante.

→IN TRENO RFI (tel. 892021, www.fsitaliane.it) gestisce i frequenti collegamenti tra Venezia (circa 2 ore), Udine (1 ora e 10 minuti-1 ora e 30 minuti) e la **Stazione Centrale** (piazza della Libertà 8, tel. 040412695). Collegamenti diretti con Milano, Roma, Napoli e Lecce.

→IN AEREO Scalo di riferimento è l'**Aeroporto "Friuli-Venezia Giulia"** (via Aquileia 46, Ronchi dei Legionari, tel. 0481773224, www.aeroporto.fvg. it), distante 33 km e collegato alla A4 dallo svincolo di **Redipuglia.** È collegato alla città della linea 51 (partenze dal terminal autobus di Trieste ogni mezz'ora, dalle 4.50 alle 22.15, corsa semplice € 3,30).

Voli low cost

Principali compagnie cha fanno scalo a Ronchi dei Legionari (Gorizia): **Ryanair** (tel. 899898241, www.ryanair.com), che vola da Cagliari e Trapani.

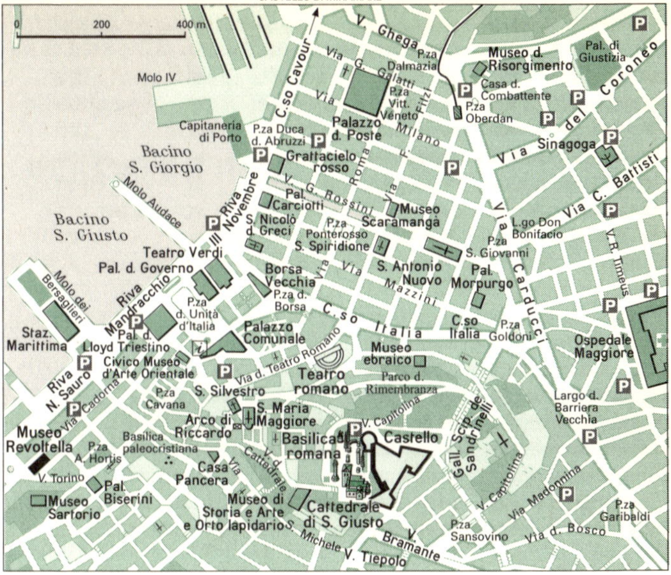

→IN AUTOBUS L'**autostazione** di Trieste (piazza della Libertà 9, tel. 040425020, www.autostazionetrieste.it), situata in corrispondenza della stazione ferroviaria, è il terminal di arrivo dei bus provenienti da diverse città italiane.

→IN NAVE Spesso ci si dimentica che Trieste è anche un importante terminal passeggeri. Alla **stazione marittima** (molo Bersaglieri, tel. 0406731) approdano le grandi navi da crociera. Per veloci escursioni all'estero, anche collegamenti estivi con la costa slovena (Portorose) e croata (Parenzo e Rovigno) tramite **Trieste Lines** (viale Miramare 9, tel. 0923873813, www.triestelines.it).

COME MUOVERSI

→IN AUTO La struttura urbana, il traffico e la scarsità di parcheggi fanno preferire senza dubbio escursioni a piedi oppure l'utilizzo dei mezzi pubblici. L'auto si può lasciare nei grandi **parcheggi coperti**, come quello attiguo alla stazione ferroviaria (**Silos**, via Gioia 9 tel. 04044924), nei pressi del tribunale (**Foro Ulpiano**, tel. 040362262) o del centro commerciale "**Il Giulia**" (via Giulia 75/3, tel. 040350931), oppure nei numerosi parcheggi a raso, disponibili prevalentemente in prossimità delle Rive, nel tratto che dalla stazione ferroviaria conduce alla piscina Acquamarina.

→IN AUTOBUS E IN TRENOVIA Il sistema dei trasporti di Trieste è gestito in modo capillare ed efficiente da **Trieste Trasporti-TT** (via dei Lavoratori 2, numero verde 800016675, www.triestetrasporti.it). La rete di bus comprende 52 tra linee urbane ed extraurbane; queste ultime collegano la città alle frazioni di Basovizza e Prosecco, raggiungendo anche Muggia e Sistiana, all'estremo limite della provincia. Il biglietto, con validità oraria di 60 minuti, costa € 1,10, il giornaliero € 3,60. Inoltre, tramite **trenovia** - unica linea a trazione elettrica ancora esistente - partendo dal capolinea di piazza Oberdan è possibile raggiungere villa Opicina, sull'altopiano carsico, con un tragitto che offre molti spunti panoramici.

→IN MOTONAVE Trieste Trasporti gestisce anche la linea annuale di collegamento marittimo **Trieste-Muggia**, con partenza da radice molo Bersaglieri e tempo di percorrenza (mare permettendo) di circa 30 minuti (€ 3,50 sola andata, € 6,50 a/r), e la linea estiva **Trieste-Barcola-Grignano-Sistiana**.

→IN TAXI Il servizio di radiotaxi, attivo 24 ore su 24, è gestito da **Radio Taxi Trieste**, via Navali 8, tel. 040307730, www.radiotaxitrieste.it.

SCONTI E RIDUZIONI

→T FOR YOU CARD
Tessera personale che dà diritto a una serie di agevolazioni e sconti presso numerosi esercizi convenzionati - tra cui ristoranti, negozi, caffè storici -, all'ingresso gratuito nei musei civici e al libero utilizzo delle motonavi sulle linee per Muggia e Grignano. Il costo, per la tessera con validità 48 ore, è di € 10 (Consorzio Promotrieste, Molo Bersaglieri 3, tel. 040308536, www.promotrieste.it).

SCOPRIRE TRIESTE A PIEDI

Trieste aiuta a smarrirsi. Non in senso fisico, ovviamente. L'assenza di barriere culturali, la tradizione di interscambio e, di contro, la presenza di un sistema di vasi comunicanti tra le varie anime della città - che non si è mai interrotto, neppure nei giorni più bui della Cortina di ferro - consentono la magia, e la mente può spaziare, libera. E allora la passeggiata tra i quartieri settecenteschi e ottocenteschi, indugiando lungo le **Rive** o in qualcuno degli storici caffè, piuttosto che la visita alla **Risiera di San Sabba** diventano davvero un viaggio alla ricerca di se stessi, che travalica gli ambiti geografici e che lascia solide, indelebili emozioni. Un itinerario alla scoperta di Trieste può partire dalla scenografica **piazza dell'Unità d'Italia**, cinta da edifici su tre lati e il quarto aperto sul mare: vista dallo storico **molo Audace** - che si stacca dalla riva di ben 246 metri e divide il bacino di S. Giorgio da quello di S. Giusto - si riconoscono il **Municipio**, al centro, il **palazzo della Regione**, a destra, e la **Prefettura**, a sinistra. Sempre in questa direzione si incontrano il **Teatro lirico Giuseppe Verdi**, la **chiesa di S. Nicolò dei Greci** e la **Capitaneria di Porto**.
Dopo una rapida escursione lungo le Rive, ci si può addentrare nel cuore della città vecchia. Si toccano vestigia romane (la **basilica paleocristiana** e il **teatro**) e barocche (**S. Maria Maggiore dei Gesuiti**), per poi salire fino al cuore della città, la sommità del **colle di San Giusto**, con il complesso della **Cattedrale** e del **ca-**

stello. Per chi ama una pausa rilassante, niente di meglio che indugiare in uno dei **caffè storici** del centro per un 'nero' o un 'capo' - un espresso o un macchiato - è d'obbligo. Chi invece preferisce i piaceri della tintarella, niente di meglio che un salto al **'Pedocin'**, storico stabilimento balneare e ultimo in Europa a tenere separati con un muro le donne dagli uomini, secondo una antica tradizione austroungarica.

I MUST DA NON PERDERE

Il colle e la Cattedrale di S. Giusto

Informazioni: Cattedrale di S. Giusto, piazzale della Cattedrale 2, tel. 040309666, lun-ven 8-12 e 14.30-19.30, dom 8-13 e 15.30-20 (esclusi i momenti di celebrazione liturgica); Castello, piazzale della Cattedrale 3, tel. 040313636, 9.30-17, ingresso (compresi Civico Museo del Castello e Lapidario) intero € 4, ridotto € 3, in occasione di mostre € 5; Civico Museo di Storia e Arte, piazzale della Cattedrale 1, tel. 040310500, mar-dom 9-13, chiuso lunedì, ingresso € 3,60, ridotto € 2,60

È il vero cuore di Trieste, questo articolato sistema di vicoli e stradine che, nella sua sommità, costituisce il nucleo originario dell'insediamento preistorico e quindi della *Tergeste* romana, come testimoniano i resti della **basilica** e i due **propilei** all'ingresso dell'area sacra. L'ascesa al **colle di San Giusto** è un'esperienza piacevolissima, che permette di abbracciare l'intera città e di godere della fuga di tetti verso il mare, un po' Dubrovnik, un po' Lisbona. Lungo la salita, accanto al **monumento ai Caduti della Grande Guerra** e alla **colonna dell'Aquila** (1844, in sostituzione dell'originale del 1560, innalza i simboli comunali dell'alabarda e del melone), la trecentesca **Cattedrale di S. Giusto**.
L'edificio sacro sorge sui resti di una basilica paleocristiana a tre navate, con il presbiterio absidato e il pavimento a mosaico, i cui scarsi resti sono stati poi incorporati nel pavimento dell'attuale costruzione. La struttura attuale nasce all'inizio del XIV secolo, in seguito alla fusione delle due chiese di S. Maria e di quella dedicata a S. Giusto che ne avevano preso il posto, ed è impreziosita da uno splendido **rosone gotico**, inserito nella pietra arenaria che adorna l'austera e asimmetrica facciata e il campanile.
Sulla piazza affaccia anche la mole del **castello**, realizzato in circa due secoli tra il 1470 e il 1630, oggi sede di manifestazioni culturali, spettacoli ed eventi espositivi temporanei. Ospita il **Civico Museo del Castello** (all'interno della quattrocentesca **casa del Capitano**), contenente una importante raccolta di armi e splendidi mosaici allestiti in un'apposita sala, e il **Lapidario tergestino**, con reperti lapidei romani. Accanto, il **Civico Museo di Storia e Arte** raccoglie i reperti preistorici della necropoli di santa Lucia (Most na Soči), in Slovenia.

Sinagoga

ⓘ Informazioni: Sinagoga, via S. Francesco 19, tel. 0406726736, www.triestebraica.it/sinagoga, visite guidate dom 10-11-12, lun-gio 10-11

L'edificio, inaugurato nel 1912, è uno dei più grandi e maestosi templi di culto ebraici d'Europa. Fu realizzato per soddisfare le esigenze di culto della comunità israelitica cittadina, numerosa e con ruolo di grande rilievo nella vita culturale ed economica della città, fino ad allora costretta a dividersi tra le quattro piccole sinagoghe del ghetto, a Riborgo. Simbolo ormai classico della multireligiosità triestina, la sinagoga è caratterizzata da **numerosi richiami orientaleggianti**, ben visibili nelle bifore e nei rosoni che disegnano la stella di Davide e che sono il tratto distintivo delle tre facciate esterne. All'interno, un **oratorio** (attualmente in uso durante la settimana, nei digiuni e nelle mezze feste) a pianta rettangolare, articolato in tre navate che culminano nella maestosa abside dalla **volta a mosaico dorato**, e la **grande Sinagoga** (utilizzata per le festività maggiori), che culmina nei quattro possenti pilastri di marmo che sorreggono un'importante cupola centrale.

Castello e Parco di Miramare

ⓘ Informazioni: Castello di Miramare, viale Miramare, tel. 040224143, www.castello-miramare.it, raggiungibile con i bus del servizio urbano, linee 36 (invernale) o 6 (estivo), ingresso 9-19, parco 8-17 nov-feb, fino alle 18 mar-ott e fino alle 19 apr-sett, intero € 6, ridotto € 4; gratuito sotto i 18 anni e oltre i 65; Science Centre Immaginario Scientifico (IS), Riva Massimiliano e Carlotta 15, tel. 040224424, www.immaginarioscientifico.it, dom 10-20 (ottobre-maggio), sab-dom 15-20 (giugno-settembre), intero € 6, ridotto € 4

Per visitare l'edificio, affacciato sui meravigliosi squarci che spaziano dalla costa istriana alla foce dell'Isonzo, bisogna prendere la costiera SS14 che porta a Barcola e Sistiana. Realizzata tra il 1856 e il 1860 sul panoramico promontorio di Grignano e progettata dall'architetto Carl Junker per l'arciduca Ferdinando Massimiliano d'Asburgo e la consorte Carlotta, la costruzione si presenta in uno **stile eclettico**, secondo la moda dell'epoca, utilizzando modelli tratti dai periodi gotico, medievale e rinascimentale. Il risultato è una sintesi perfetta, ulteriormente accentuata dall'elemento unificante dello splendido **giardino all'italiana** che circonda la struttura, ricco di piante ed essenze rare, con gazebi, laghetti, sculture e serre con vetrate. Al pianoterra, dove dominano le tonalità azzurre, gli appartamenti privati, al piano superiore, sullo sfondo di un più sontuoso rosso, le sale di rappresentanza.
Nelle vicinanze, il **Science Centre Immaginario Scientifico (IS)**, museo della scienza interattivo e multimediale con percorsi didattici, ideale per una visita con bambini.

SPUNTI E CHICCHE LOW COST

Trenovia Trieste-Opicina

ⓘ Informazioni: Trieste Trasporti S.p.A., via dei Lavoratori 2, tel. 0407795257, www.triestetrasporti.it, biglietto, validità 1 ora, € 1,10, giornaliero € 3,60

La trenovia Trieste-Opicina è l'unica trenovia funicolare ancora funzionante in Europa. Inaugurata nel 1902 come impianto a cremagliera e trasformata in funicolare nel 1928, collega, lungo un ripido e suggestivo percorso di oltre 5 km, il centro della città al paese di Opicina, a 348 m di altezza sull'altopiano carsico, offrendo forse la più bella vista panoramica di Trieste. Dalla centrale piazza Oberdan, il trenino abbandona il perimetro urbano e si inerpica lungo i fianchi della collina di Scorcola fino al belvedere dell'Obelisco e al borgo di Opicina. Lo sguardo spazia su scorci di rara bellezza: sul golfo, su Muggia, sulle lagune di Grado fino alle prime propaggini istriane. Si può scendere a qualche fermata intermedia e da qui inoltrarsi lungo uno dei piacevoli sentieri di costa. Le partenze sono ogni 20 minuti e c'è la possibilità di portare la bicicletta al seguito.

El Pedocin

ⓘ Informazioni: Stabilimento balneare "Bagno alla Lanterna", molo Fratelli Bandiera 3, tel. 040305922, www.retecivica.trieste.it; giugno-15 settembre, 7.30-19.30, 15 maggio-31 maggio e 16 settembre-30 settembre 8-18.30, ingresso € 1, abbonamento mensile € 19, stagionale € 63

Lo stabilimento balneare conosciuto come 'El Pedocin', così chiamato già nell'Ottocento dalla borghesia cittadina, probabilmente in disprezzo al popolo che lo frequentava e che veniva a 'spidocchiarsi'. Secondo altri, il nome deriverebbe dalla coltivazione di mitili ('pedoci' in dialetto triestino) che qui fioriva. Comunque sia, al suo interno persevera una anacronistica quanto rigorosa separazione tra uomini e donne, sancita dalla presenza incombente di un muro, secondo una inveterata tradizione austroungarica. Balneazione originale, a basso costo e a due passi dal centro.

Gratis

A Trieste si possono visitare gratuitamente l'**Antiquarium** (via Donota 2, tel. 04043632, gio 10-12), con resti di una residenza romana del I secolo d.C.; i **musei sveviano** e **joyciano** (via Madonna del Mare 13, tel. 0403593601, lun-sab 9-13 visita e consultazione, gio anche 15-19 sola visita); il **Civico Museo del Risorgimento e Sacrario Oberdan** (via XXIV Maggio 4, tel. 040361675, gio-ven 9-13), che illustra le vicende patriottiche e irredentistiche dal 1848 alla prima guerra mondiale; il **Civico Museo di Guerra per la Pace "Diego de Henriquez"** (via Revoltella 37, tel. 040948430, lun e mer 9-16, mar-ven 9-13), raccolta di materiale bellico; il **Civico Museo della Risiera di San Sabba** (via Palatucci 5, tel. 040826202, lun-dom 9-19).

In giro per osmizze

Informazioni: Provincia di Trieste, piazza Vittorio Veneto 4, tel. 0403798512, www.fvgnews.net

Per scoprire l'anima più vera di una terra non esiste modo migliore che conoscerne le tradizioni culinarie e il cibo. Trieste non fa eccezione. Allora andare per osmizze, luoghi tipici di ritrovo e di aggregazione, può essere la risposta ideale ai dubbi irrisolti dei viaggiatori. Aprono in tarda primavera e in estate queste trattorie a conduzione familiare, in cui si trovano alimenti e bevande prodotti esclusivamente con materie prime di proprietà del gestore, come salumi, uova, formaggi, radicchio e vino genuini e a prezzi davvero low. Retaggio del mondo asburgico, le osmizze rimaste sono circa una quarantina, sparse per tutto il Carso, principalmente lungo la così detta **Strada del Terrano.** In città, tre gli indirizzi: Coslovich, via Commerciale 180 (tel. 040415673); Ferfoglia, via dei Moreri 117 (tel. 04043992); Ferluga, via dei Molini 16 (tel. 040417649).

La Riserva naturale della Val Rosandra

Informazioni: Riserva naturale della Val Rosandra, via Dolina 270, San Dorlingo della Valle, tel. 0408329237, www.riservavalrosandra.it.

L'area protetta si trova nella parte sudorientale della provincia di Trieste e include una bella valle fortemente incisa dal torrente Rosandra - unico corso d'acqua superficiale presente nel Carso italiano - e il Monte Cocusso (670 m), la cima più alta del Carso triestino. È attraversata da una faglia che, unita alla variabilità dell'orografia e alla ventosità, determina una particolare ricchezza della flora, ricca di specie tipiche, alcune estremamente rare. All'interno, la pista ciclopedonale corre lungo il tracciato della vecchia ferrovia Trieste Campo Marzio-Erpelle, in Slovenia. A Bagnoli della Rosandra, paese d'ingresso nella valle, si trova il Centro visite - situato all'interno del Centro culturale polifunzionale - dove è possibile seguire un articolato percorso di approfondimento sugli aspetti naturalistici e storici della riserva.

Città cooperativa e sociale

L'apertura mentale della città si misura anche dal suo grado di sensibilità nei confronti delle tematiche sociali. Oltre 20 sono le cooperative attive sul territorio che si occupano di recupero, integrazione, scambio culturale e ambiente. Molte di queste realtà offrono anche la possibilità di uno spuntino o un pranzo biosostenibile a prezzi abbordabili. È il caso dello **Knulp** (via Madonna del Mare 7/A, tel. 040300021, www.knulp.it, chiuso il mercoledì), libreria e spazio espositivo alternativo, oppure del **Posto delle Fragole** (via de Pastrovich 1, tel. 040578777, www.coopfragole.it), storica realtà creata all'interno dell'ex ospedale psichiatrico S. Giovanni, con ristorante, bar e albergo.

MANGIARE A TRIESTE

AL BARATTOLO

Piazza S. Antonio Nuovo 2, tel. 040631480, www.albarattolo.it • coperti 120+130 • chiuso Natale e Capodanno • cucina classica • In una centrale piazza pedonale , con tavoli anche all'aperto, un locale con una carta di qualità, adatto soprattutto a pasti veloci, e ottime pizze. **• Prezzi:** 15/30

ANTIPASTOTECA DI MARE ALLA VOLIGA

Via della Fornace 1, tel. 040309606, www.antipastotecadimare.it • coperti 45 • chiuso lunedì e sera di domenica, ferie variabili • cucina triestina e istriana • A due passi dal castello di S. Giusto, un ambiente di tono marinaro in sala e in cucina. Il menu valorizza il pesce 'povero', come la premiata zuppa di pesce spinata con bruschette e polenta. Ottimo rapporto qualità-prezzo. **• Prezzi:** 18/22

BUFFET DA MARIO

Via Torre Bianca 41, tel. 040639324 • coperti 25+25 • chiuso sera di sabato e domenica • cucina triestina e classica • Tutti i piatti classici, dal bollito misto di maiale, con senape o cren, alla jota, alla minestra di bobici, poi il baccalà in bianco e altri piatti di pesce che variano a seconda delle stagioni. **• Prezzi:** 18/23

BUFFET DA PEPI

Via Cassa di Risparmio 3, tel. 040366858, www.buffetdapepi.com • coperti 40 • chiuso domenica, periodo in luglio • cucina triestina • Tipico buffet triestino attivo da oltre un secolo; l'ambiente è quello tradizionale, così come la cucina, di tono mitteleuropeo. Tra le specialità primeggiano le carni suine, da accompagnare con crauti, senape o cren. **• Prezzi:** 15/20

BUFFET RUDY

Via Valdidrivo 32, tel. 040639428, www.buffetrudyspaten.it • coperti 50 • chiuso domenica, periodo in agosto • cucina triestina e bavarese • Uno dei buffet tra i più conosciuti per i grandi classici locali: jota, pasta e fagioli, canederli agli spinaci, prosciutto cotto con patate in tecia o con crauti, carrè di maiale affumicato, goulash. **• Prezzi:** 15/25

Chicche golose

Originale e multiculturale, la storia di Trieste si ritrova anche a tavola. La cucina infatti risente degli influssi mitteleuropei, balcanici e veneti, presenti nelle numerose specialità della tradizione, tra le quali spiccano: la **jota**, a base di crauti, pancetta, fagioli e patate; la **minestra de' bobici**, con fagioli borlotti, mais, prosciutto affumicato e pepe; la **porzina con capuzi**, coppa di maiale lessata con crauti, senape e cren (rafano); il **prosciutto cotto con il cren**, uno dei punti fermi della tavola triestina; il **goulash**, tradizionale pietanza ungherese; i **sardoni in savòr**, alici fritte e marinate nell'aceto con cipolle e alloro. Tra i dolci, tipico della tradizione, e già noto in epoca asburgica, è la **favetta triestina**, dolcetto a forma di pallina a base di mandorle, uova, miele, farina di riso e maraschino; tipici anche la **pinza**, dolce pasquale, e lo **strucolo**, versione triestina dello strudel di origine austriaca.

DA GIOVANNI

Via S. Lazzaro 14, tel. 040639396, www.trattoriadagiovanni.com • coperti 35+40 • chiuso domenica, periodo in agosto • cucina triestina • Una piccola trattoria a conduzione familiare che propone solo piatti di tradizione fedeli ai vecchi ricettari. **• Prezzi:** 20/30

DIANA

Località Villa Opicina, via Nazionale 11, tel. 040211176, ristorantediana@yahoo.it • coperti 100+120 • chiuso venerdì • cucina del territorio • Tradizionale ristoro a gestione familiare dal 1953, situato sulla collina che sovrasta la città. Cucina di carne e di pesce ispirata dalla tradizione locale. Imponente la lista dei vini. • **Prezzi:** 20/35

GRGIC

Località Padriciano 193, tel. 040226445-3388804089, www.grgic.it • coperti 45+45 • aperto venerdì-domenica, chiuso gennaio e perido in luglio, in settembre e in ottobre • cucina del territorio • Un ristoro agrituristico che propone il meglio delle specialità carsiche, realizzate con materie prime locali o di propria produzione. • **Prezzi:** 20/25

GRIFONE

Località Barcola, viale Miramare 133, tel. 040414274, www.ristorantegrifone.net • coperti 40+40 • chiuso martedì • cucina marinara • Sul lungomare di Barcola, la famiglia Lanzilotti da oltre trent'anni gestisce questo locale con piacevole giardino per il servizio estivo; cucina solo di pesce. • **Prezzi:** 25/38

LA DOLCE VITA

Via delle Docce 16/2, tel. 0405708557, www.ristoranteladolcevita.com • coperti 26+20 • aperto solo a mezzogiorno, chiuso domenica, Ferragosto • cucina triestina e classica • In un ambiente elegante e romantico, un locale, aperto solo a mezzogiorno, che propone piatti tipici dei Balcani. La sera apre su prenotazione solo per gruppi. • **Prezzi:** 20/28

MONTECARLO

Via S. Marco 10, tel. 040662545, www.ristorantemontecarlotrieste.com • coperti 100+120 • chiuso lunedì e sera di domenica • cucina classica • Nel centro storico, quattro sale di tono rustico e un piacevole dehors dove vengono serviti i pasti nella stagione estiva. Proposte gastronomiche legate alla tradizione, sia di carne sia di pesce, il tutto accompagnato da una delle circa 1300 etichette di vino dell'enoteca annessa al ristorante. • **Prezzi:** 25/30

RE DI COPPE

Via della Geppa 11, tel. 040370330 • coperti 30 • chiuso domenica, agosto • cucina friulana • Di lunga tradizione familiare, ambiente rustico con pochi tavoli a pochi passi dalla stazione. Il menu alterna pesce e carne, preparati secondo le ricette della tradizione e accompagnate dai vini del Collio. Consigliato prenotare • **Prezzi:** 20/25

ZUCA BARUCA

Via Cisternone 21, tel. 040417618, www.zucabaruca.it • coperti 60+60 • chiuso martedì • cucina di ricerca • Locale dall'atmosfera giovane con proposte gastronomiche originali che variano a seconda delle stagioni e delle disponibilità del mercato. Cucina sia di mare sia di terra con qualche proposta vegetariana, il tutto accompagnato dagli ottimi vini del Collio. • **Prezzi:** 20/40

A MUGGIA

ITTITURISMO LA TERRAZZA

Località Muggia, Molo Cristoforo Colombo, tel. 040275331, www.ittiturismomuggia.com • coperti 110-70 • chiuso lunedì e da novembre a marzo • cucina triestina • Nato nel 2004 grazie all'inventiva e alla passione per il mare di Giancarlo ed Elisabetta, che portano in tavola specialità a base di pesce fresco da loro stessi pescato nel golfo di Trieste. Dolci fatti in casa e buona scelta di vini friulani. È consigliabile prenotare. • **Prezzi:** 25/35

DORMIRE A TRIESTE

AACHEN

B&B • Via C. Battisti 24, tel. 3382287085, www.triestebedandbreakfast.it • 3 camere • Al quarto piano di un palazzo di epoca asburgica, sulla centrale via Battisti, è servito da numerose linee di autobus. A richiesta, angolo cottura per gli ospiti. • **Prezzi:** camera doppia 50/70

AD HOC

B&B • Via Paduina 4, tel. 0404528661-3478310930, zocchi-ts@libero.it • 2 camere • Nel cuore della città, è ospitato all'interno di un antico palazzo. Camere accoglienti e funzionali, arredate con cura, ricca prima colazione e garage privato. In possesso del "Marchio di Qualità Turismo FVG". • **Prezzi:** camera doppia 60/90

ADVANTAGE ACCOMODATION

B&B • Via del Lazzaretto Vecchio 13, tel. 040308208, www.accomodationtrieste.it • 6 camere • Ambiente familiare, si trova in zona Rive, una delle più belle e centrali di Trieste, in uno stabile d'epoca, al quarto piano con ascensore. Nelle vicinanze la stazione marittima e i Musei Revoltella e di Scienze naturali. • **Prezzi:** camera doppia 60/75

AI CIUFFI

B&B • Via Beccaria 6, tel. 040361395-3294026543, giorgina.udovici@fastwebnet.it • Stagionale • 3 camere • Il silenziosissimo appartamento che ospita il B&B è situato al terzo piano di un palazzo storico, risalente agli anni Trenta, dotato di ascensore e affacciato su un cortile alberato condiviso con il palazzo della Regione. Base ideale per raggiungere in pochi minuti il centro storico, ospita in camere semplici e dotate dei comfort necessari. • **Prezzi:** camera doppia 60/70

BRAMASOLE

B&B • Via dei Caldana 3, tel. 3383014621, www.bramasoletrieste.it • 2 camere • Il B&B è ospitato all'interno di una casa indipendente con giardino, disposta su due piani e di recente ristrutturazione. Luogo ideale per chi preferisce soggiornare in un contesto familiare, sentendosi come a casa propria, propone camere curate e sobrie. • **Prezzi:** camera doppia 55/80

BATTISTI

B&B • Via Battisti 18, tel. 0403498350, info@bb-battisti.it • 4 camere • Bella struttura situata sopra l'antico Caffè San Marco, all'interno di un palazzo storico, che conserva le sue caratteristiche originali. A disposizione anche una cucina di uso comune. • **Prezzi:** camera doppia 50/60

CARMA

B&B • Via Tor S. Piero 6, tel. 040421296-3394725822, www.carmabb.org • 2 camere • Tra il Carso e il mare, un palazzo liberty dei primi Novecento ospita questa struttura a pochi minuti dalla stazione ferroviaria e dal terminal bus e ben collegato dalle principali linee urbane al centro. Rispetto della natura, attenzione per i prodotti, le attività e le tradizioni del posto, in un'atmosfera coinvolgente e familiare • **Prezzi:** camera doppia 60/70

CASSIO

B&B • Via dell'Eremo 241/3, tel. 040911341-3391778335, www.bebcassio.com • 2 camere • Con uno splendido panorama sul golfo di Trieste, la struttura è ideale per chi desidera sostare vicino al centro città. Offre camere moderne con comodi bagni ristrutturati. • **Prezzi:** camera doppia 50/75

DA SVEVO E JOYCE

B&B • Via Belpoggio 4, tel. 3406231891-3479387787, www.svevoejoyce.it • 6 camere • Rifinito con gusto, offre stanze in un appartamento al quarto piano (con ascensore) di una palazzina del 1800, in centro e a pochi passi dal mare. **• Prezzi:** camera doppia 50/95

DECÒ

B&B • Via Scala al Belvedere 2, tel. 040411593-3292080021, www.decobbtrieste.tk • Ambiente accogliente in questo appartamento d'epoca, arredato con gusto, che dispone di camere spaziose, confortevoli e inserite in un contesto di classe e stile. La struttura si trova nelle immediate vicinanze del centro storico. **• Prezzi:** camera doppia 65/80

FERDINANDEO

B&B • Via dell'Eremo 231, tel. 040912547-3406437734, www.alferdinandeo.it • 3 camere • Una rustica casa in pietra in una zona verde e tranquilla, a 15 minuti dal centro e servita da due linee urbane. Parcheggio nelle vicinanze. Ingresso totalmente indipendente, con terrazza esterna adatta a famiglie e gruppi. Stanze ampie e luminose. **• Prezzi:** camera doppia 50/80

IL MELOGRANO

B&B • Via del Ghirlandaio 13, tel. 3336268291, www.ilmelogranotrieste.it • 2 camere • Situato in posizione centrale e ben servito dai mezzi pubblici, offre ambienti curati, confortevoli e ideali per un soggiorno all'insegna della totale tranquillità. Ideale per chi vuole godersi la città giuliana durante un weekend di relax e cultura. **• Prezzi:** camera doppia 60/75

LA MARIPOSA

B&B • Via della Guardia 42, tel. 040639979-3285622973, www.dantesol.it • 3 camere • All'interno di un appartamento semplice e curato, una struttura dove l'accoglienza premurosa farà sentire l'ospite come fosse a casa propria. La colazione viene servita direttamente nelle camere, dotate di tutti i comfort. **• Prezzi:** camera doppia 55/60

LE CASITE

B&B • Località Trebiciano 100, tel. 3398464540, www.lecasite.com • 3 camere • Tradizionale residenza carsica ristrutturata, nella cornice di un antico borgo, offre un soggiorno tranquillo e rilassante. Le camere, con soffitti in legno e gli originali muri di pietra, sono calde, accoglienti e dotate di ingresso indipendente. Per la bella stagione è a disposizione degli ospiti un cortile attrezzato. **• Prezzi:** camera doppia 55/65

OSTELLO TERGESTE

Ostello • Viale Miramare 331, tel. 040224102, www.ostellotrieste.altervista.org • 68 posti letto • In splendida posizione sul mare e a pochi passi dal castello di Miramare, un ostello pulito e accogliente in grado di offrire una comoda sistemazione in diverse tipologie di stanze, con prima colazione compresa nel prezzo. **• Prezzi:** posto letto 17/23

RESIDENZA LE 6A

B&B • Via S. Caterina 7, tel. 0406726715, www.residenzale6a.it • 6 camere • Questa struttura è dedicata al poeta triestino Italo Svevo: tanto che anche le camere portano i nomi di sei personaggi femminili che fanno parte del suo mondo; tutte ampie e confortevoli, hanno pavimenti in legno e sono dotate dei comfort più moderni. Manca il servizio di prima colazione ma in ogni camera si ha la possibilità di preparare il caffè. **• Prezzi:** camera doppia 75/95

GENOVA
libera repubblica marinara

A vederla così, aggrappata a una sottile striscia di terra tra mare e montagna, si fatica a immaginare il passato glorioso della città. Eppure Genova, a partire dall'XI secolo e per quasi cinquecento anni, è scesa dal suo scranno di roccia e ha dominato il Mediterraneo. I suoi possedimenti, ora con carattere di empori o basi commerciali, ora vere e proprie colonie, si estendevano dalla penisola iberica al Medio Oriente. Lo splendore di Genova, culminato nel 'siglo de los genoveses', declinò rapidamente prima con la dominazione francese, nel XVII secolo, quindi con le successive incursioni austriache, la breve esperienza napoleonica della Repubblica Ligure e la definitiva annessione al Regno di Sardegna, nel 1815. Oggi non si rende ragione alla città se non la si affronta di petto, lasciandosi alle spalle la sopraelevata che la attraversa sul fronte del vecchio porto. Allora Genova palesa la sua anima più vera, che è quella dei vecchi carrugi, di un centro storico fra i più estesi d'Europa, dove ancora è viva l'eco della musica del mai troppo rimpianto Fabrizio De Andrè. Il porto mercantile, uno dei meglio attrezzati del continente, è in grado di indirizzare una nuova rinascita, così come la presenza di vere e proprie punte di eccellenza in campo scientifico, culturale e tecnologico. Per riportare finalmente la città nell'alveo di uno sviluppo sostenibile e riaccendere la luce su uno dei luoghi più ricchi di fascino del Mediterraneo.

QUANDO ANDARE E PERCHÉ

La condizioni meteorologiche sono un elemento da non considerare quando si va a Genova. Il tempo, specie in inverno, è mutevole, sebbene la corona di monti che la chiude a nord preservi dai venti più freddi e le benevoli correnti marine favoriscano temperature miti. Il quando allora è lasciato al gusto personale, o agli interessi, che possono coincidere con particolari eventi espositivi (molto frequenti), una visita all'Acquario o semplicemente una passeggiata fino al delizioso borgo di Boccadasse, con romantica cena annessa. La posizione geografica della città, compressa tra mare e montagna, conferisce al suo panorama una varietà che contribuisce ad accrescerne il fascino. E poi la cucina, i profumi, il mare. Città che sa coniugare il glorioso passato di repubblica marinara - del quale conserva ancora i segni nello sconfinato centro storico (dagli splendidi

Eventi e manifestazioni

Celebrazioni della Settimana Santa

(marzo o aprile)

Le celebrazioni prendono il via il Giovedì Santo, allorché nelle chiese cittadine vengono allestiti gli altari della Deposizione. Alla sera, la processione delle Confraternite, che fa tappa nelle sette chiese più antiche del centro storico.

Festival internazionale di Poesia

(giugno)

Il più grande evento italiano dedicato alla poesia, che culmina nella Grande Notte della Poesia (www.festivalpoesia.org).

Suq a Genova Festival delle Culture

(giugno)

Gran bazar dei popoli e della multiculturalità, con bancarelle, ristoranti, incontri, laboratori per bambini, spettacoli e rassegne di musica e danza. Ingresso libero, nell'area del Porto antico (www.suqgenova.it).

Luci sui Forti e Notti Mediterranee

(luglio-agosto)

"Luci sui Forti" dal 2011 si svolge (causa lavori di restauro della sede di Forte Sperone) nelle sale della Lanterna. Spettacoli teatrali a € 10, ridotto € 8, gratis i bambini. Stessa location per le "Notti", con spettacoli a ingresso libero (tel. 0185311603, www.lemusenovae.it).

Salone nautico internazionale

(ottobre)

È la maggiore rassegna del settore della nautica da diporto in campo internazionale. Strutture espositive all'ingresso del porto cittadino (tel. 0105391266, www.genoaboatshow.it, ingresso € 15, ridotto € 12).

Festival della Scienza

(ottobre-novembre)

Evento divulgativo di livello internazionale, raccoglie ricercatori, appassionati, scuole e famiglie. Spettacoli, conferenze, workshop e incontri per affrontare in modo semplice e coinvolgente il mondo della ricerca (corso Perrone 24, tel. 0102345690, www.festivalscienza.it).

Festival dell'Eccellenza al Femminile

(novembre)

Si propone di formare una maggior consapevolezza dell'identità femminile e del suo apporto al progresso civile (tel. 0106048277, www.eccellenzalfemminile.it).

palazzi dei Rolli agli strettissimi carrugi) - alla modernità del recuperato porto antico e delle sue attrazioni culturali. In tema di risparmio, poi, Genova sa essere generosa e, specie nell'immediato entroterra, cibo genuino, buon vino e un'ospitalità scevra da fronzoli incidono veramente poco sul portafoglio.

COME ARRIVARE

Genova, per la sua particolare posizione geografica, costituisce una delle note dolenti della viabilità dell'Italia nordoccidentale. Flussi di traffico in entrata e in uscita estremamente sostenuti, ingorghi frequenti e 'colli di bottiglia' lungo le vie d'accesso obbligate costringono sovente a lunghe code, che raggiungono il culmine durante i mesi estivi. È bene quindi, in caso di spostamenti in auto, valutare attentamente il periodo e l'ora del viaggio.

→IN AUTO Genova è il punto di confluenza di ben quattro autostrade: la **A7 dei Giovi** da Milano, la **A10 dei Fiori** da Ventimiglia, la **A12** da Rosignano Solvay e la **A26 dei Trafori**, da Gravellona Toce. Per quanto riguarda la viabilità ordinaria, le prin-

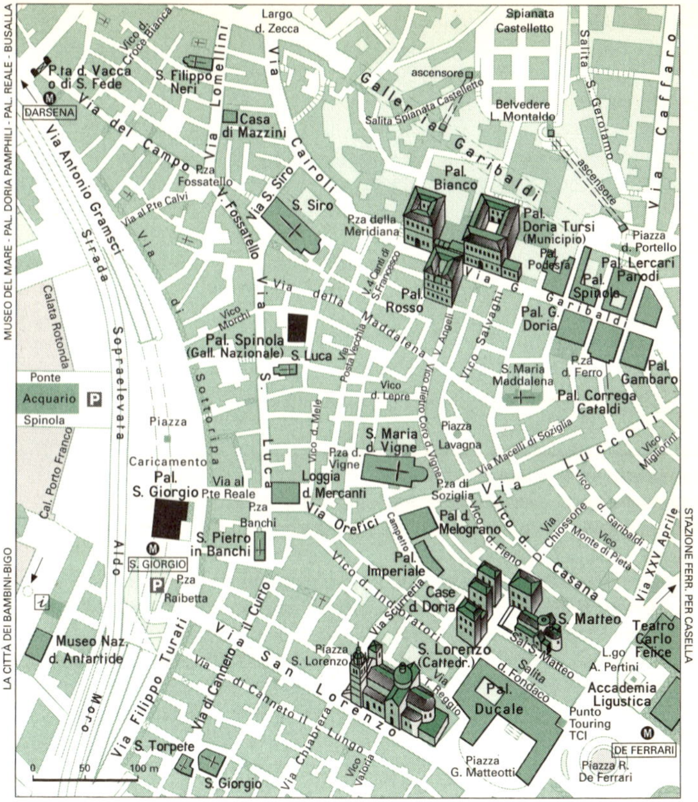

cipali arterie che toccano il capoluogo ligure sono la **SS1 Aurelia**, che corre lungo tutto la linea di costa, la **SS35 dei Giovi**, che conduce a Milano, e la **SS45 della Val Trebbia** che, valicato l'Appennino al passo della Scoffera, porta direttamente a Piacenza.

→IN TRENO Due le principali stazioni: **Piazza Principe** (piazza Acquaverde), di fatto la stazione centrale del capoluogo (attualmente in fase di ristrutturazione, termine dei lavori previsto per dicembre 2012), e **Brignole** (piazza Verdi), entrambe nel centro città. **Trenitalia** (tel. 892021, www.fsitaliane.it) collega Genova alle principali destinazioni italiane (direttamente con Milano, Torino e Roma), ai centri regionali e, attraverso la frontiera di Ventimiglia, alla Francia. Altri scali minori, disseminati nel territorio urbano, sono particolarmente rilevanti per il traffico locale.

→IN AEREO Lo scalo di riferimento è l'**Aeroporto Internazionale "Cristoforo Colombo"** (via Pionieri e Aviatori d'Italia, tel. 01060151, www.aeroportodigenova.it), situato su una penisola artificiale nella zona ovest della città, a circa 10 km dal centro. Lo scalo è collegato al centro città dal **Volabus**, bus navetta che, con cadenza oraria, connette l'aeroporto alle stazioni di Principe e Brignole (biglietto € 6, permette di utilizzare anche la rete di trasporto urbano per 60 minuti nel corso della giornata). L'aerostazione è direttamente collegata alla viabilità urbana e, attraverso un raccordo dedicato, al sistema autostradale (casello **Genova Aeroporto** della A10). In aereo anche da Malpensa grazie a Volpi (www.volpibus.com).

Voli low cost

Principali compagnie che fanno scalo su Genova: **Air Italy** (tel. 892024, www.airitaly.it), da Olbia e Palermo; **Blu-Express** (tel. 199419777, www.blue-express.it), da Roma Fiumicino; **Ryanair** (tel. 8955000020, www.ryanair.com), da Bari, Cagliari e Trapani.

→IN AUTOBUS Gli autobus extraurbani hanno il proprio capolinea in corte dei Lambruschini e in piazza della Vittoria, nei pressi della stazione di Brignole.

→IN NAVE Porto tra i maggiori del Mediterraneo, dove fanno scalo traghetti di linea (**Moby Lines**, da Sardegna e Corsica, tel. 199303040, www.moby.it; **Corsica Sardinia Ferries**, dalle coste della Sardegna, tel. 199400500, www.corsica-ferries.it; **Grandi Navi Veloci**, dalle coste di Sardegna e Sicilia, tel. 0102094591, www3.gnv.it) e numerose navi da crociera. Gli arrivi e le partenze si susseguono presso i cinque terminal passeggeri (Stazione marittima, tel. 010256682-0102412393), che sono rapidamente raggiungibili dall'uscita **Sampierdarena-Genova Ovest** dell'autostrada A7).

COME MUOVERSI

→IN AUTO Pur essendo agli ultimi posti in Italia per estensione dell'area pedonale, attraversare Genova in automobile può diventare veramente problematico. Inoltre, la **zona a traffico limitato** (ZTL) risulta molto vasta, scoraggiando così ulteriormente l'utilizzo dei veicoli da parte dei non residenti. **Genova Parcheggi** (tel. 010539871, www.genovaparcheggi.it e www.bluareagenova.it) è la società che gestisce per conto del Comune le aree di sosta in città, sia in struttura sia a raso. La sosta è inoltre possibile nelle **Blu Area** (a pagamento lun-sab nella fascia 8-20, € 0,25 ogni 6 minuti) oppure nelle **Isole Azzurre** (stessi orari e tariffe), che sono state realizzate nei pressi dei servizi pubblici o dei poli di maggiore interesse ed espressamente dedicate alle soste brevi.

→IN AUTOBUS E METROPOLITANA Il servizio di trasporto pubblico è gestito da **AMT** (via Montaldo 2, numero verde 800085311, www.amt.genova.it), che utilizza ben 139 linee di autobus per collegare il Levante e il Ponente genovese, le alture collinari alle spalle della città e le due valli genovesi, la val Bisagno e la val Polcevera. Con un supplemento di € 1 è possibile usufruire del **Drinbus**, il servizio di autobus a chiamata attivo nelle sole zone di Nervi/Quinto, Pegli/Multedo e Bolzaneto/Morego/San Biagio (tutti i giorni, tranne festivi, numero verde 800085302). AMT gestisce anche la **metropolitana**, operativa dal 1990 e attualmente limitata a sette stazioni nella tratta Brin-De Ferrari. Entro il 2012 è prevista l'apertura del prolungamento fino a Brignole (per rete di superficie e metro, il biglietto con validità 100 minuti, a € 1,50, permette un viaggio sulla rete urbana Trenitalia entro 90 minuti dalla timbratura; **Genovapass 24 ore**, € 4,50, è un biglietto valido per tutta la rete urbana AMT e Trenitalia nelle 24 ore dalla timbratura).

→IN ASCENSORE Per collegare con efficacia e a bassissime emissioni le zone più elevate della città al centro, è possibile utilizzare una diffusa rete di **ascensori** (dieci, in tutto). Il più famoso (e panoramico) è forse l'ascensore **Castello d'Albertis-Montegalletto**, gestito da AMT (www.amt.genova.it), che mette in comunicazione via Balbi (nei pressi della stazione Principe) con la stazione a monte di corso Dogali (biglietti a € 0,80, 4 corse € 2,80).

→IN NAVEBUS Già da qualche anno è possibile spostarsi dal Porto antico (ormeggio nei pressi di piazza delle Feste) a Pegli, nel Ponente genovese (molo Archetti), attraverso un comodo servizio di **traghetto-bus** (lun-ven quattro corse giornaliere a/r, ridotte a tre nel fine settimana, durata della traversata circa 30 minuti, biglietto sola andata € 1,50 valido anche per 60 minuti su tutti gli altri mezzi di trasporto urbani).

→IN BICICLETTA A Genova è attivo il servizio di bike sharing **MoBike**, sistema misto che integra bici a pedalata assistita e tradizionali. Tre sono le postazioni in città; iscrizione annuale € 40 (numero verde 800132995, www.bicincitta.com).

→IN TAXI Radiotaxi (tel. 0105966) attivo 24 ore su 24, e presso i parcheggi dedicati. Le società che operano sul territorio sono **Cooperativa Taxisti Genovesi** (mura Cappuccine 7R, tel. 01059469) e **Cooperative Auto Pubbliche** (viale Benedetto XV, tel. 0105220573).

SCONTI E RIDUZIONI

→GREEN CARD

È una tessera per agevolazioni e sconti su iniziative di carattere culturale, ricreativo, sportivo, turistico e commerciale promossa dal Centro Informagiovani del Comune di Genova. Gratuita, è riservata ai giovani tra i 15 e i 29 anni. La card è prenotabile anche online, sul sito Informagiovani. Con la tessera, viene fornito un elenco di esercizi ed enti convenzionati (Centro Informagiovani, piazza Matteotti 34R, numero verde 800085324, www.informagiovani.comune.genova.it).

→ZENAZONE CARD

Acquistabile online a € 5, oppure presso gli esercizi convenzionati (a oggi, circa 200) del circuito commerciale e turistico di Genova e Provincia, ha validità annuale. Sconti in alberghi, locali, ristoranti, a teatro e nei musei aderenti (Zenazone, via De Gaspari 47R, tel. 0103198091, www.card.zenazone.it).

→CARD MUSEI

Vero e proprio pass che consente il libero accesso ai 22 musei cittadini comunali, statali e privati. La versione **musei+bus** permette la circolazione gratuita sulla rete di trasporto urbano. Diverse le tipologie: **24 ore** (€ 12), **24 ore+bus** (€ 13,50), **48 ore** (€ 16), **48 ore+bus** (€ 20) e **annuale** (€ 35). Ingresso scontato in alcuni enti e istituzioni particolari, quali, tra gli altri, Palazzo Ducale, l'Acquario, la Città dei Bambini e dei Ragazzi e il Museo Luzzati. In vendita presso gli IAT, i Musei civici e Palazzo Ducale, oppure online (Musei di Genova, largo Pertini 4, tel. 0105574724, www.museidigenova.it, www.mentelocale.it oppure www.happyticket.it).

SCOPRIRE GENOVA A PIEDI

Un percorso di visita ideale potrebbe prendere le mosse dalla defilata **Villa del Principe Doria Pamphilj**, fastosa residenza fatta realizzare dall'ammiraglio Andrea Doria e antistante la stazione marittima, dalla quale, in breve, si giunge alla **Lanterna**. Imboccata via Andrea Doria e poi via S. Paolo - si arriva alla **chiesa di S. Giovanni di Prè**, edificata nel 1180 su iniziativa dei Cavalieri Gerosolimitani. Da qui, proseguendo per **via di Prè** e, a sinistra, per vico Durazzo, si svolta in **via Balbi**. Vi si affacciano alcuni tra gli edifici più prestigiosi del periodo aureo della Repubblica, molti dei quali iscritti nei Rolli di Genova dichiarati Patrimonio dell'Umanità: tra tutti, il **Palazzo Reale**, l'antica residenza genovese dei Savoia, con l'annessa **Galleria nazionale**. Poco oltre, percorsa via Cairoli, si giunge nella sontuosa **via Garibaldi** ('rue des rois', secondo la felice definizione di Madame de Staël), dove i palazzi delle famiglie più blasonate - alcuni divenuti importanti sedi espositive, come **Palazzo Rosso** e **Palazzo Bianco** - si susseguono ininterrottamente. Una rapida deviazione verso il mare conduce alle viste del **Porto antico**, nato a nuova vita dopo gli importanti progetti di riqualificazione e alla nascita del polo dell''edutainment' centrato sul modernissimo **Acquario**, uno dei parchi marini più grandi d'Europa. Lasciata l'area portuale, ci si dirige verso piazza S. Lorenzo, dove svetta la duecentesca, omonima **Cattedrale**, in stile gotico. Da qui, imboccata una salita, si giunge alle viste dello splendido **Palazzo Ducale**, oggi sede di mostre ed eventi culturali. L'attigua piazza De Ferrari, cuore della vita cittdina, ospita al centro una grande fontana e vi affacciano il **palazzo della Borsa** e il **Teatro Carlo Felice**.

Per gli amanti dello shopping, niente di meglio che una puntata nella vicina via XX Settembre, una delle maggiori arterie commerciali della città; qui è anche il **Mercato orientale**, nato nell'Ottocento e ricavato dal portico di un ex convento attiguo alla **chiesa della Consolazione**, ancora oggi uno dei punti preferiti dai genovesi per la spesa quotidiana.

Chi ha nostalgia delle parole e della musica di **Fabrizio De Andrè** faccia un salto a **via del Campo**, dove ancora si attende la riapertura dello storico negozio-museo Tassio a lui dedicato. Da qui, imboccata via Fossatello e, di seguito, via S. Luca, si può arrivare infine alla **Galleria di Palazzo Spinola**, uno dei musei più importanti della città, ospitato in una traversa laterale. Per una pausa, non c'è che l'imbarazzo della scelta, tra spuntini tradizionali (la mitica focaccia, o la farinata) e cibo etnico o vegetariano. Chi ama la vita notturna può scegliere tra una vasta serie di locali, dove si può ascoltare ottima musica dal vivo, o assistere a spettacoli vari e di cabaret. I luoghi della movida genovese sono piazza delle Erbe - dove un tempo si allestiva il mercato dei contadini che portavano i loro prodotti dalle campagne vicine - e via S. Bernardo.

I MUST DA NON PERDERE

Strade Nuove e palazzi dei Rolli

ⓘ Informazioni: Strade Nuove e palazzi dei Rolli, www.rolliestradenuove.it, visite guidate con partenza dal Porto antico sab ore 10 e 15.30, dom 10, biglietto € 12, IAT di Genova Turismo, tel. 0102462633, www.genova-turismo.it; Musei di Strada Nuova, via Garibaldi 9R, mar-ven 9-19, sab-dom 10-19, intero € 8, ridotto € 6, **gratuito fino a 18 anni e oltre i 65 e con Card Musei;** Galleria di Palazzo Spinola, piazza Pellicceria 1, tel. 0102705330, www.palazzospinola.it, mar-sab 8.30-19.30, dom e festivi 13.30-19.30, intero € 4, ridotto € 2, **gratuito fino a 18 e oltre 65 anni e con Card Musei**; Museo di Palazzo Reale, via Balbi, tel. 0102710236, www.palazzorealegenova.it, mar-mer 9-13.30, gio-dom 9-19, intero € 4, rid. € 2, **gratuito fino a 18 anni e oltre i 65**

Dichiarati Patrimonio dell'Umanità dall'Unesco nel 2006, i Rolli sono ricche e originalissime **residenze nobiliari** realizzate tra la metà del Cinquecento e la fine del Settecento. A partire dal 1576, tali costruzioni, caratterizzate da soluzioni architettoniche similari (sfarzosa corte interna con loggiati decorati, scalone e piano nobile) furono iscritte in apposite liste - o 'rolli' - e obbligate ad accogliere gli ospiti illustri in visita a Genova. Le Strade Nuove, corrispondenti all'asse viario che corre lungo le odierne via Garibaldi, via Cairoli e via Balbi, sono l'area dove sono concentrati gli edifici storici, rintracciabili anche lungo il percorso perpendicolare che segue via Lomellini fino a piazza Banchi, nel cuore della città medievale. Attualmente alcuni dei Rolli ospitano istituzioni pubbliche e musei: i **Musei di Strada Nuova** (Palazzo Rosso, dimora dei Brignole Sale, Palazzo Bianco, prestigiosa pinacoteca, e palazzo Tursi, sede del Comune), **palazzo Spinola**, che ospita la Galleria nazionale, e il **Museo di Palazzo Reale**.

Acquariovillage

ⓘ Informazioni: Acquario, ponte Spinola, tel. 01023451, www.acquariodigenova.it, novembre-febbraio lun-ven 9.30-19.30, sab-dom 9.30-20.30, marzo-giugno e settembre-ottobre lun-ven 9-19.30, sab-dom 8.45-20.30, luglio-agosto lun-dom 8.30-22, biglietto € 18, ridotto 4-12 anni € 12 e oltre i 65 € 18, cumulativo Acquariovillage rispettivamente € 39, € 34 e € 27; Galata-Museo del Mare, calata de Mari 1, tel. 0102345, www.galatamuseodelmare.it, marzo-ottobre lun-dom 10-19.30, novembre-febbraio mar-ven 10-18, sab-dom 10-19.30, adulti € 11 (con sommergibile € 16), 4-12 anni € 6 (con sommergibile € 11), oltre i 65 € 9 (con sommergibile € 14)

Uno degli elementi che hanno contribuito al rilancio di Genova come meta turistica, l'**Acquario** costituisce il cuore di quel 'sistema edutainment', ovvero del 'divertimento educativo', gestito dal gruppo Costa e che dal 1992 monopolizza l'area recuperata del cinquecentesco Porto antico. Gioia interattiva per grandi e piccini (che possono godere di percorsi gioco educativi e vasche tattili), la struttura realizzata da Renzo Piano è una delle più grandi d'Europa: 71 vasche, 800 specie marine diverse, oltre 10 000 esemplari di animali tra mammiferi acquatici, rettili e, ovviamente, pesci. Nella stessa area si trovano **Galata-Museo del Mare**, il più grande museo marittimo del Mediterraneo dedicato al secolare rapporto tra l'uomo e il mare (e che da poco si è arricchito del sommergibile 'S518 Nazario Sauro', la prima nave museo visitabile in acqua), **La Città dei Bambini e dei Ragazzi** (tel. 0102345635, www.cittadeibambini.net), primo centro in Italia dedicato alla scoperta della scienza e della tecnologia attraverso il gioco (per bambini dai 2 ai 14 anni), e il **Bigo**, reinterpretazione di Renzo Piano delle storiche gru del porto e oggi ascensore panoramico, con spettacolare vista della città da 40 metri di altezza.

Villa del Principe - palazzo di Andrea Doria

ⓘ **Informazioni: Villa del Principe - palazzo di Andrea Doria, piazza del Principe 4, tel. 010255509, www.dopart.it/genova, marzo-settembre lun-dom 10-17, ottobre-febbraio solo su prenotazione, ingresso € 12, ridotto € 9, gratuito con Card Musei**

Villa Andrea Doria è la **dimora rinascimentale**, sfarzosa, leggiadra ed elegante, dell'unico principe che Genova abbia mai avuto. Affacciata sul golfo di Genova, la residenza della famiglia Doria Pamphilj venne realizzata nel 1529 su iniziativa di Andrea Doria e ampliata, fino a raggiungere il suo massimo splendore con il successore, Giovanni Andrea I Doria. Splendidi gli interni, per la gran parte opera del fiorentino Pietro Buonaccorsi, e assolutamente da non perdere il **giardino** che cinge la struttura, dove si susseguono pergolati, colonne, statue e fontane, in un gioco di volumi che si sublima nell'apertura verso il mare.

SPUNTI E CHICCHE LOW COST

Cattedrale di S. Lorenzo

ⓘ **Informazioni: Cattedrale di S. Lorenzo, via Tommaso Reggio 17, tel. 0102468869; Museo del Tesoro, via Tommaso Reggio 17, e Museo diocesano, via Tommaso Reggio 20R, tel. 0102541250, www.diocesi.genova.it/museodiocesano, lun-sab 9-12 e 15-18, intero € 6, ridotto (solo Museo del Tesoro) € 4,50, gratuito con Card Musei**

La maestosa e solenne cattedrale cittadina è stata edificata tra il 1100 e la fine del 1300, mentre al XVI secolo risalgono la torre campanaria e la cupola; accoglie le ceneri di S. Giovanni Battista, patrono di Genova. Sorto su resti di epoca romana, l'edificio presenta una perfetta fusione tra gli stili architettonici utilizzati nel corso di oltre quattro secoli, dall'**originario impianto romanico** al gotico, fino al manierismo del campanile. La facciata, originariamente prevista con doppia torre campanaria (quella di sinistra non fu mai terminata e, nel 1477, le venne sovrapposto un loggiato, eretto da Giovanni da Gandria), presenta tre splendidi **portali gotici** (risalenti alla prima metà del XIII secolo) e un grande **rosone centrale** di ispirazione francese coeva, con decorazione a fasce sovrapposte bianche e nere. Ai lati della scalinata, davanti alla facciata, due leoni stilofori di epoca gotica. L'**interno è a tre navate**, con due ordini di colonne sovrapposte: in basso quelle gotiche, più recenti, in alto quelle romaniche, di impianto precedente. Al termine della navata di destra, l'accesso al **Museo del Tesoro**, capolavoro di Franco Albini, con reperti preziosissimi quali il **sacro catino**, manufatto vetrario risalente al IX-X secolo). Nei pressi della Cattedrale si trova anche il **Museo diocesano**, originaria residenza dei canonici della basilica, con annesso lo splendido chiostro.

Prospettive portoghesi

ⓘ Informazioni: AMT, via Montaldo 2, numero verde 800085311, www.amt.genova.it; biglietto € 0,80

Genova come Lisbona? Se ci si abbandona al cantilenare della lingua, all'intrico di vicoli, ai continui saliscendi, il dubbio viene e allora, per un attimo, le distanze si abbreviano e sembra di essere in riva al Tago. In più, Genova ha non solo le funicolari, ma addirittura una piccola ferrovia a cremagliera che è tra le più antiche d'Italia. La **funicolare Zecca-Righi** collega largo Zecca alle alture del Righi, con corse ogni 15 minuti nelle ore di punta. Dodici minuti per percorrere 1400 metri con cinque fermate intermedie, lungo un percorso che offre squarci panoramici unici. L'**impianto di S. Anna** è il più antico della città (1891) e, in due minuti, collega la circonvallazione a monte, in corso Magenta, con il centro cittadino di Portello. La **ferrovia a dentiera di Granarolo** metteva in comunicazione la stazione di Principe con la salita di Granarolo: oggi il servizio è limitato solo alla tratta Principe-Bari per problemi legati alle opere di contenimento (servizio bus sostitutivo). Per vedere la città da un'altra prospettiva.

Gratis

A Genova si entra gratuitamente all'**Archivio storico della Pubblicità** (piazza del Principe 4, tel. 0102758934, visite su richiesta), che raccoglie realizzazioni dei principali cartellonisti italiani, materiale pubblicitario e videoclip. Gratis anche il **Museo del Jazz** (Palazzo Ducale, via Reggio 34R, tel. 010585241, chiuso solo ad agosto, lun-sab 16-19), con attività di ricerca discografica, biblioteca e guida all'ascolto. Libero accesso al **Museo garibaldino** (località Quarto dei Mille, via Sartorio 1, tel. 010385493, mar-dom 9-18), nella ex Villa Spinola, dove Giuseppe Garibaldi tenne le riunioni organizzative della sua spedizione.

Belvedere "Luigi Montaldo"

ⓘ Informazioni: AMT, via Montaldo 2, numero verde 800085311, www.amt.genova.it; biglietti di corsa semplice € 0,80, valido anche per la rete urbana

Suggestiva balconata sospesa sul centro storico, con vista che spazia libera sulla città e sul porto, il belvedere offre uno dei panorami più belli di Genova ed è raggiungibile con l'**ascensore Castelletto**, da piazza Portello. Fino al 1849 l'area era occupata dalla fortezza di Castelletto, che venne in seguito abbattuta per evitare che, in caso di occupazione nemica, potesse rappresentare una minaccia per la città. Il belvedere è inoltre raggiungibile dalla panoramica circonvallazione a monte, tracciata a mezza costa nella seconda metà del XIX secolo (linee 374, 375 e 377).

Il giro delle 'madonnette'

Molte le chiese dedicate a Maria e moltissime le piccole, preziose testimonianze della devozione popolare presenti sui muri della città antica. Le **'madonnette'** possono essere in ardesia dipinta, in marmo o in semplice stucco, e si affacciano agli angoli degli antichi carrugi medievali. A ognuna di esse è legata una storia o una leggenda popolare: per esempio, si racconta che la statua della Vergine di vico Sotto le Murette abbia nascosto, fino a qualche anno fa, i resti di una catena che imprigionava un galeotto. Costui, condotto ingiustamente al patibolo, giunto nei pressi dell'edicola sentì la catena spezzarsi e si trovò libero dai ceppi che lo imprigionavano, facendo gridare tutti al miracolo.

In gita a Casella

ⓘ Informazioni: AMT, via Montaldo 2, numero verde 800085311, www.ferroviagenovacasella.it; partenze ogni ora e mezza circa, biglietti di corsa semplice € 2, possibilità di bicicletta al seguito, € 2,20 per la sola andata, € 3,60 a/r

C'è, a Genova, un trenino con carrozze d'epoca deliziosamente restaurate che... potrebbe sembrare l'inizio di una favola, e invece il trenino - in livrea rosso-crema - c'è davvero e la **Ferrovia Genova-Casella** (o Ferrovia delle Tre Valli) è una realtà. La linea, a scartamento ridotto, è nata nel 1929 e collega la città (capolinea in piazza Manin) al paese di Casella, nell'alta valle Scrivia. Il percorso, caratterizzato da forti pendenze e arditi passaggi fra i crinali appenninici, è panoramicamente stupendo: nei suoi 25 km, il treno passa dalla vista del mare a scenari prettamente montani, raggiungendo centri dell'entroterra non toccati dal turismo di massa e dai quali è possibile muoversi per splendide escursioni in mountain bike o a piedi, oppure solo per un picnic nei boschi.

MANGIARE A GENOVA

ANTICA OSTERIA DELLA FOCE

Via Ruspoli 72/r, tel. 0105533155, osteriadellafoce@libero.it • coperti 36 • chiuso sabato a mezzogiorno, domenica e festivi, periodo natalizio e agosto • cucina genovese • Locale accogliente e molto frequentato. L'offerta è quella classica da osteria-trattoria locale, sapori antichi con un buon rapporto qualità-prezzo, a partire dalla celebre farinata di ceci cotta nel forno a legna. • **Prezzi:** 25/35

ANTICA TRATTORIA PIRO

Località San Siro di Struppa, salita G. Bertora 5, tel. 010802304, www.trattoriapiro.com • coperti 68+90 • chiuso lunedì e martedì, periodo in gennaio e in settembre • cucina ligure rivisitata • Sulle colline della val Bisagno, si mangia sotto il pergolato, in vista dell'abbazia di S. Siro. La cucina propone una variazione di sapori tipici e genuini a cavallo tra Liguria e Toscana: panissa fritta, ravioli al tocco di carne, lattughe ripiene in brodo, stoccafisso accomodato, baccalà fritto. • **Prezzi:** 25/30

CA' DE PITTA

Piazzale Bligny 1/r, tel. 0108382043-3477799563, www.cadepitta.it • coperti 100 • chiuso mercoledì • cucina ligure e piemontese • In zona periferica, un locale semplice e accogliente, gestito con passione e specializzato in piatti di carne. Ottimo rapporto qualità-prezzo, che si manifesta in piatti come i tagliolini verdi al ragù di coniglio, il brasato d'asino o l'ottima fiorentina cotta sulla brace. Anche pizzeria con forno a legna. • **Prezzi:** 25/35

DA MARIA

Vico Testadoro 14/r, tel. 010581080, trattoria.damaria@alice.it • coperti 110 • aperto solo a mezzogiorno (tranne giovedì e venerdì), chiuso domenica, agosto • cucina genovese • Nel suggestivo e piacevole centro storico, una caratteristica trattoria gestita da tanti anni dalla stessa famiglia. È un luogo di richiamo, anche per la gustosa cucina che riassume, nelle ricette della tradizione genovese, tutti i sapori della Liguria. Ottimo rapporto qualità-prezzo. • **Prezzi:** 10/20

DA MUNSÙ

Località Sampierdarena, piazza N. Barabino 18/r, tel. 010413611 • coperti 40 • chiuso domenica, agosto • cucina ligure e piemontese • Trattoria caratteristica e accogliente che propone un gustoso mix di sapori tradizionali liguri e piemontesi. Dal menu: cipolle in agrodolce, zuppa di ceci, trippa in umido con fagioli, bollito misto, acciughe 'della nonna' e, per finire, dolci perlopiù al cucchiaio. • **Prezzi:** 20/30

Enogastronomia equa, santa e solidale

Una delle molteplici attività della Comunità San Benedetto al Porto di Don Gallo, che riesce ancora una volta a coniugare recupero del disagio sociale fornendo risposte concrete. Nel caso, anche di ottima qualità. La **Trattoria A' Lanterna** è situata nei pressi del simbolo storico di Genova e offre cibo di qualità (pesce su tutto, ovviamente) a chilometro zero e senza svenarsi. Tra una portata e l'altra, musica e canti. Data l'affluenza serale, meglio prenotare (via Milano 134R, tel. 010256425, www.sanbenedetto.org; chiuso domenica, lunedì sera e agosto).

MANNORI

Via Galata 70/r, tel. 010588461 • coperti 60+20 • chiuso domenica, agosto • cucina ligure e toscana • Accogliente trattoria, con pergolato per le giornate calde. La cucina, contaminata da sfumature toscane, propone salumi misti e specialità come ravioli della casa al sugo lungo, zuppa di cavolo e fagioli, baccalà alla livornese, accompagnati da Chianti della casa. • **Prezzi: 20/30**

OMBRE ROSSE

Vicolo Indoratori 20/r, tel. 0102757608-3474280698 • coperti 55+35 • chiuso mezzogiorno di sabato e domenica, ferie variabili • cucina ligure • Al pianterreno di una delle più antiche abitazioni medievali della città, un locale raccolto con dehors estivo. La cucina si ispira alla tradizione ligure e i piatti, preparati con materie prime di qualità, seguono le stagioni. • **Prezzi: 25/35**

OSTAIA DA U SANTU

Località Voltri, via Santuario delle Grazie 33, tel. 0106130477 • coperti 35+55 • chiuso lunedì, martedì e sera di domenica, Natale-gennaio e periodo in settembre • cucina genovese • Una vecchia e piacevole osteria nella campagna, appena fuori città. La cucina ripropone i sapori e i profumi della regione: i classici friscieu di bianchetti o di cipolline dell'orto, i deliziosi taglierini al sugo del Santo e, ancora, la cima genovese o la trippa in umido. Anche qualche piatto di pesce fresco, come il classico cappon magro. Famosa, per i golosi, è la crostata di pere e cioccolato. • **Prezzi: 30/35**

OSTERIA DELL'ACQUASANTA

A Voltri, via dell'Acquasanta 281, tel. 010638035, osteriacquasanta@alice.it • coperti 70+30 • chiuso lunedì, periodo in gennaio • cucina ligure • Trattoria in mezzo al verde, vicino al santuario, con interni accoglienti e piacevole dehors panoramico. La cucina propone specialità del territorio, tra cui focaccine con formaggio, pansoti al basilico, lasagne al pesto, asparagi con le uova al Castelmagno, brasato di asino con acciughe e sedano. • **Prezzi: 25/35**

OSTERIA VILLA PIETRO DA PIPPO

Località Fontanegli, salita Chiesa Fontanegli 13/r, tel. 010809351, osteriadapippo@libero.it • coperti 80+80 • chiuso lunedì e sera di martedì • cucina ligure • Di lunga tradizione, la gestione è nelle mani della stessa famiglia dal 1870; occupa due sale di tono rustico e un fresco giardino per il servizio estivo, con veranda e dehors. In cucina ricette dell'entroterra. • **Prezzi: 25/35**

TRATTORIA DEL LIBERALE

Via Monte Fasce 91, tel. 010395248, www.trattoriadelliberale.com • coperti 100+70 • chiuso lunedì-giovedì e mezzogiorno di venerdì (tranne in estate), ferie varabili • cucina ligure • Accogliente trattoria di ambiente rustico, con splendida vista sulla città. Le proposte, squisite e semplici, appartengono alla tradizione. Tra i dolci, fatti in casa, da provare la torta di mele. • **Prezzi: 20/30**

Chicche golose

Una delle specialità tipiche è la **cima alla genovese**, piatto a base di carne ripiena con una farcia di uova, piselli, formaggio, aglio, burro, e aromatizzata con maggiorana fresca. Famose **focaccia**, **panissa**, **farinata** e **ciappe**, così come i tradizionali **pansoti** (ravioli alle erbe), le **trofie al pesto** e i **ravioli** o i **taglierini** conditi con il **tocco**, ragù di manzo o funghi. Per chiudere, il classico **pandolce**, a pasta lievitata, con frutta secca e candita.

DORMIRE A GENOVA

ANEIDE'S

B&B • Via Famagosta 4, tel. 3385072956-010252223, www.aneide.it • 3 camere • Silenziosa casa privata situata in una caratteristica 'creuza' genovese, in un punto strategico della città. Vicina alla stazione ferroviaria Principe e all'Acquario, la dimora offre la possibilità di trascorrere un soggiorno confortevole in una calda accoglienza familiare. **• Prezzi: camera doppia 40/50**

BALBI

Albergo • Via Balbi 21/3, tel. 0102759288, www.hotelbalbigenova.it • 13 camere • In un antico palazzo dai soffitti alti e affrescati, l'albergo gode di una posizione centralissima, in una via recentemente dichiarata Patrimonio dell'Umanità dall'Unesco. Ideale per una visita turistica alla città, offre camere caratteristiche e confortevoli. Ad allietare il soggiorno, l'atmosfera cordiale e familiare; ricca prima colazione a buffet. **• Prezzi: camera doppia 70/85**

BED & BREAKFAST DEL CENTRO

B&B • Via di S. Lorenzo 4, tel. 0102472906-3290621106, www.bbdelcentro.genova.it • 1 camera • Al settimo piano di un piccolo condominio, vicinissimo all'Acquario, in una delle vie più caratteristiche del centro storico pedonale, è riservata all'ospitalità una camera molto accogliente, arredata con gusto e attenzione ai particolari. È la giusta sistemazione per chi vuole passeggiare inoltrandosi nei carruggi della città vecchia, lasciarsi tentare da botteghe e negozietti, a due passi dal prestigioso porto con la Bolla di Renzo Piano. **• Prezzi: camera doppia 75/80**

BLUE

B&B • Via B. Buozzi 18, tel. 0108696013-3402372946, www.bluebb.biz • 2 camere • In un palazzo d'epoca, nei pressi della stazione e, quindi, in posizione strategica per raggiungere i luoghi di maggiore interesse storico e turistico della città. Fulvia, la padrona di casa, offre camere luminose, arredate in modo sobrio e funzionale. **• Prezzi: camera doppia 60/65**

CARAVAN PARK LA VESIMA - P.V.

Campeggio • Località La Vesima, S.S. Aurelia al km 547, tel. 0106199672, www.caravanparklavesima.it • Situato in prossimità della spiaggia, un complesso ben organizzato anche dal punto di vista della vigilanza; pulizia soddisfacente, bar e spaccio ben riforniti. Disponibile anche una postazione internet e servizio wi-fi.

CASACAMINETTO

B&B • Passo dell'Acquedotto 4, tel. 010816836-3384759320, www.casacaminetto.com • 2 camere • Situata in una zona residenziale alberata e tranquilla, a pochi minuti a piedi dal centro, questo B&B offre un'ospitalità accurata e cordiale. Le sale comuni sono arredate in uno stile raffinato e classico; le camere, ospitali e funzionali, dispongono di dotazioni mirate a garantire ogni comfort. **• Prezzi: camera doppia 62/78**

ESSIALE

B&B • Via Gropallo 142, tel. 3478444935-3355686326, www.essiale.com • 4 camere • Comoda e accogliente dimora, situata nel pieno centro cittadino, che occupa il primo piano di un palazzo di fine Ottocento. Ideale punto di partenza per visitare la città, permette di raggiungere a piedi tutti i siti di interesse turistico. L'accoglienza calda e familiare e i buoni servizi assicurano una piacevole permanenza. • **Prezzi:** camera doppia 75/90

LA MADDALENA

B&B • Via della Maddalena, tel. 3478885316, www.lamaddalena.genova.it • 2 camere • Nel cuore del centro storico, in un palazzo secentesco con soffitti affrescati e tipici pavimenti alla genovese, Riccardo e Sabrina offrono camere confortevoli e una colazione abbondante che permette di assaporare i gusti tipici genovesi. Si aggiunge all'offerta un'ampia camera affacciata sui comignoli della città vecchia, con accesso indipendente e angolo cottura. • **Prezzi:** camera doppia 58/75

LA MERIDIANA

B&B • Via S. Francesco 7, tel. 3496666020-0102462756, www.bblameridiana.it • 3 camere • Vicinissimo a via Garibaldi, la struttura si trova in un ex convento francescano che conserva al suo interno parte del chiostro e la sala capitolare. Camere silenziose con bagno privato e giardino a terrazzo con splendida vista sulla città storica e sul mare. Abbondante prima colazione a base di prodotti tipici genovesi, freschi di giornata. • **Prezzi:** camera doppia 80

LA VILLA DELLE STUFE

B&B • Via Villa Carrara 87, tel. 0103730801, digilander.libero.it/villadellestufe • 5 camere • Questa bella villa, antica dimora situata in uno storico parco nel centro della città, affascina con la delicatezza dei decori, lo splendore del giardino, impreziosito dai tenui colori del roseto e dall'azzurro invitante della piscina attrezzata. Gli arredi classici degli interni molto curati e la scelta dei tessuti rivelano gusto e raffinatezza dal sapore antico. Su richiesta, pranzi e cene con specialità regionali. • **Prezzi:** camera doppia 80/120

LE STANZE

B&B • Passo dell'Acquedotto 4/2, tel. 010873658-3343102299, www.le-stanze.it • 3 camere • In zona centrale, verdeggiante e silenziosa, l'appartamento è arredato con cura. Le camere sono soleggiate, ampie e recentemente ristrutturate. Terrazza ricca di piante e fiori a disposizione degli ospiti. • **Prezzi:** camera doppia 75/90

PIETRE TURCHINE

Agriturismo • Località Campenave, via Superiore dell'Olba 41/L, tel. 0106139168-3389975291, www.pietreturchine.it • Stagionale • 2 camere, 2 appartamenti • La Liguria è fatta così: nel primo entroterra di Voltri, a un tiro di schioppo da Genova, siamo già tra i boschi del Parco naturale del Monte Beigua; un giorno a spasso tra i boschi, dunque, e l'altro in città. Ospitalità in confortevoli camere arredate in caldo stile rustico e cucina di impronta regionale che utilizza i prodotti coltivati nell'azienda. • **Prezzi:** camera doppia 56; appartamenti 420/780 a settimana

VILLA DORIA

Campeggio • A Pegli, via al Camp. Villa Doria 15/N, tel. 0106969600, www.camping.it/liguria/villadoria • Immerso nel verde di un parco e non lontano dal mare, un campeggio tranquillo e ben organizzato con impianti sanitari puliti e curati, lavatrice ed essiccatoio a gettone, quattro bungalow in legno dotati di bagno, angolo cucina e riscaldamento. Rappresenta una buona soluzione per coloro che sono interessati alla visita della città e delle zone circostanti. Anche servizio wi-fi.

RAVENNA

un mosaico di bellezza

L'andamento sinuoso, quasi labirintico, di strade e vicoli lascia intuire il suo passato di città lagunare, solcata da canali che fino al Quattrocento disegnavano ricche trame nel tessuto urbano e la mettevano in diretta comunicazione con il mare. Tre volte capitale, testimone della potenza declinante di Roma, dell'avvento delle popolazioni calate dal Nord e, infine, ponte di collegamento con l'Oriente, Ravenna ha rappresentato il *trait d'union* ideale tra vecchio e nuovo mondo. Di questo passato cosmopolita e ricco la città si è fatta forte: non solo ne ha conservato tracce sublimi, tanto che ben otto monumenti cittadini sono stati proclamati Patrimonio dell'Umanità Unesco – dai mosaici paleocristiani di Galla Placidia a quelli di epoca teodoriciana di S. Apollinare Nuovo, fino a quelli splendenti di S. Vitale e S. Apollinare in Classe, di bizantina memoria – ma ha saputo anche farne la base per un presente di forte dinamismo e un futuro ricco di sfide, quali la candidatura a 'Capitale europea della Cultura' per il 2019. Il tutto, è bene non dimenticarlo, con l'Adriatico e le sue sterminate spiagge a due passi, e un entroterra ricco di fascino e di grandi opportunità.

QUANDO ANDARE E PERCHÉ

Se si preferisce soddisfare lo spirito, probabilmente il periodo migliore per una visita rimane la primavera, quando le giornate si allungano e le temperature rendono estremamente godibile muoversi a piedi. Se invece è il corpo a pretendere, allora l'estate entra di diritto al top della classifica: i nove lidi cittadini, da Casal Borsetti a Lido di Savio, offrono quanto di meglio per una vacanza in riva al mare, mentre l'affascinante territorio collinare retrostante ospita centri termali di prim'ordine, come Brisighella e Riolo. I motivi di un soggiorno a Ravenna sono molteplici: l'immenso patrimonio storico-culturale del territorio, uno fra i maggiori festival musicali internazionali, la tradizionale ospitalità romagnola.

COME ARRIVARE

→**IN AUTO** Ravenna è connessa alla rete autostradale dal raccordo **A14 dir** che, in 24 km, la collega alla A14 Bologna-Ancona. La città è inoltre il terminale meridionale della **SS309 Romea**, da Venezia, e punto di arrivo dell'importante asse di comunicazione veloce **SS3 bis Tiberina Orte-Ravenna**, superstrada che

Eventi e manifestazioni

Ravenna Festival
(giugno-luglio)

Rassegna di musica, teatro, danza e arti sceniche, classiche e contemporanee. Spettacoli e incontri disseminati per teatri e luoghi storici della città, alcuni con accesso gratuito (via Dante Alighieri 1, tel. 0544249211, www.ravennafestival.org).

Mosaico di Notte
(luglio-settembre)

Capitale per antonomasia delle piccole tessere in vetro multicolore, Ravenna mette in mostra i suoi mosaici storici al massimo del loro splendore nel corso delle serate estive (prenotazione obbligatoria tel. 054432512, visite lun-dom 21-23, biglietto € 12).

Settembre Dantesco
(settembre)

Manifestazione ideata per tributare un deferente omaggio al Sommo poeta, che qui è sepolto. Durante il mese si susseguono una serie di eventi a lui dedicati: le mostre biennali, all'interno della suggestiva cornice dei Chiostri francescani, e i convegni specialistici, che si tengono presso gli splendidi spazi della Biblioteca Classense (via Baccarini 3, tel. 044482112, www.classense.ra.it).

La Notte d'Oro
(ottobre)

Tantissimi eventi che si intrecciano nel centro storico dalle ore 18 fino alle prime luci dell'alba: spettacoli, concerti, incontri, letture e visite guidate. Aperti al pubblico i capolavori monumentali cittadini (IAT, tel. 054435404, www.turismo.ravenna.it).

Ravenna Jazz
(ottobre)

Rassegna di musica jazz ormai diventata un appuntamento fisso, con interpreti di livello assoluto. Concerti al Teatro Dante Alighieri (tel. 0544405666, www.erjn.it).

si innesta nella tangenziale cittadina. Da Ravenna è poi possibile raggiungere direttamente Ferrara, a nord, e Rimini, in direzione opposta, sfruttando la trafficatissima **SS16 Adriatica.**

→IN TRENO La stazione di Ravenna (piazza Farini 13, tel. 0544212755) è raggiungibile con i treni regionali di **Trenitalia** (tel. 892021, www.fsitaliane.it) e **Ferrovie Emilia Romagna** (tel. 840151152, www.fer-online.it) da Ferrara, Rimini, Bologna e Faenza. Durante il periodo estivo vengono istituiti anche collegamenti a lunga percorrenza con Roma, Trieste, Milano, Lecce e Ancona.

→IN AUTOBUS Diverse linee collegano Ravenna a Roma (**Sulga**, tel. 0755009641, www.sulga.it) e Torino (**La Valle**, tel. 0532770529, www.lavalle-bus.it), mentre nei mesi estivi vengono effettuate corse da Milano, Bergamo, Modena, Parma, Brescia e Cremona, quasi tutte con destinazione finale i lidi ravennati. La fermata dei bus extraurbani è in piazzale Aldo Moro, nelle vicinanze della stazione ferroviaria.

→IN AEREO Gli scali più vicini sono l'**Aeroporto di Forlì "L. Ridolfi"** (via Seganti 103, Forlì, tel. 0543474921, www.forliairport.com),

Voli low cost

Compagnie che operano su Forlì: **Eagles Airlines** (tel. 199240500, www.eaglesairlines.com), da Catania e Lampedusa. A Bologna fanno scalo: **Meridiana fly** (tel. 892928, www.meriadiana.it), da Cagliari, Catania e Olbia; **Ryanair** (tel. 899018880, www.ryanair.com), da Bari, Brindisi, Lamezia e Palermo.

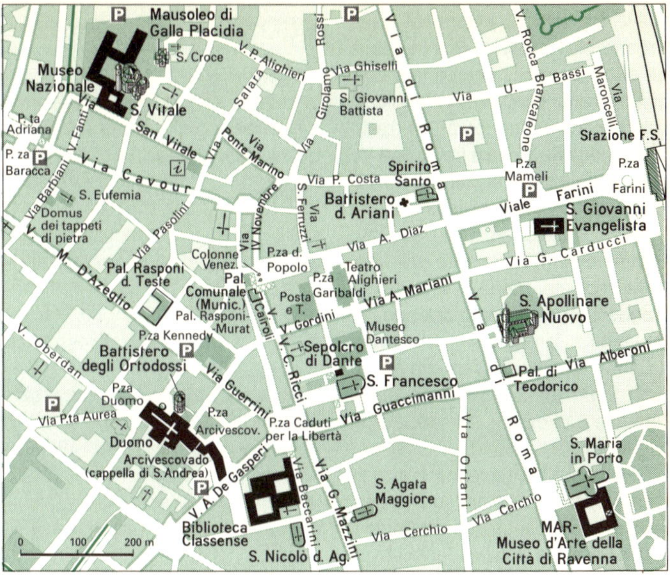

a circa 30 km, e l'**Aeroporto di Bologna "Guglielmo Marconi"** (via Triumvirato 84, tel. 0516479615, www.bologna-airport.it

→IN NAVE Al terminal traghetti (largo Trattaroli), gestito da **T.&C.-Traghetti e Crociere** e facilmente raggiungibile dalle principali vie di comunicazione, fanno capo i traghetti della linea **Ravenna-Catania** e il traffico crocieristico. La città è collegata all'Adriatico dal **Canale Candiano**, che si apre immediatamente alle spalle della stazione ferroviaria e raggiunge la costa all'altezza di Marina di Ravenna.

COME MUOVERSI

→IN AUTO La **zona pedonale** è relativamente ridotta, limitandosi all'area comprendente la piazza principale e le strade circonvicine. Vasta invece la **zona a traffico limitato (ZTL)**, compresa nel quadrilatero circonvallazione S. Gaetanino, via di Roma, circonvallazione al Molino e via D'Azeglio, con divieto 0/24 ore per la maggior parte dell'area. Molti sono i **parcheggi gratuiti**, prevalentemente situati nella cintura esterna (Cinema City, Centro Commerciale ESP, piazzale Vacchi, piazza Resistenza e Pala De Andrè), dai quali è possibile raggiungere velocemente il centro con un servizio bus ad alta frequenza. All'interno della cerchia urbana, buona parte delle aree di sosta sono a pagamento, con tariffe orarie che variano da € 0,35 a € 1,20. Gratuiti i parcheggi di **largo Firenze** e **piazza Kennedy**, nel centro storico.

→IN AUTOBUS La gestione del servizio di trasporto urbano, capillare ed efficiente, è a carico di **ATM-Azienda Trasporti e Mobilità** (via delle Industrie 118, tel. 199199558, biglietteria PuntoBus in piazza Farini, www.atm.ra.it). Sei sono le linee urbane, oltre al **Metro Bus** (autobus ad alta frequenza che connettono alcuni grandi parcheggi esterni gratuiti al centro storico), più la tratta che collega Ravenna a Porto San Vitale. Il biglietto, con validità 60 minuti, costa € 1, giornaliero € 2, ma ogni giovedì il servizio di trasporto urbano è completamente gratuito. ATM gestisce anche il **servizio di traghetto** tra le località di Marina di Ravenna e Porto Corsini attraverso il Canale Candiano (servizio attivo tutti i giorni, 5-0.30 in inverno, fino alle 2 in estate, partenze ogni 15 minuti).

→IN TAXI A Ravenna è attualmente operativo 24 ore su 24 il servizio di radiotaxi gestito da **Cooperativa Ravenna Uno** (via Farini 14, tel. 054433888). Aree di sosta in via Farini 21 (tel. 054436592), piazza del Popolo (tel. 0544212636) e viale Randi (tel. 0544404803).

SCONTI E RIDUZIONI

→RAVENNA VISIT CARD

In vendita presso gli uffici di informazione e accoglienza turistica IAT e UIT (www.ravennavisitcard.it). La prima carta turistica della provincia di Ravenna ha validità annuale e un costo di € 10 (fino all'8/1/2012). Permette di accedere gratuitamente, tra gli altri, a siti quali la basilica di S. Apollinare in Classe, la Domus dei Tappeti di Pietra e il Mausoleo di Teodorico.

→CARTA GIOVANI

Si ritira presso gli uffici **Informagiovani** (via D'Azeglio 2, tel. 054436494; via Carducci 23, tel. 0544482456; Lido Adriano, viale Tasso 1, tel. 0544526190). Se siete giovani fra i 14 e 30 anni e vi trovate a Ravenna per motivi di studio, potete usufruire delle agevolazioni offerte da questa card, rilasciata gratuitamente (previa presentazione della documentazione giustificativa) dal Comune.

SCOPRIRE RAVENNA A PIEDI

Sospesa tra Oriente e Occidente, Ravenna ha saputo attirare su di sé, nel corso dei secoli, lo sguardo ammirato di uomini di cultura, scrittori, pittori e filosofi. Le tessere risplendenti d'oro dei mosaici bizantini hanno avuto influenze profonde sulle più varie espressioni artistiche moderne e contemporanee. Un itinerario ideale può partire dalla centralissima **piazza del Duomo**, dove è anche il **Battistero Neoniano** (o degli Ortodossi) con i mosaici di influenza ellenico-romana. Alle sue spalle, via D'Azeglio conduce in breve al sito archeologico della **Domus dei Tappeti di Pietra**, presso la **chiesa di S. Eufemia**; da qui, via Barbiani e via Fanti, in rapida successione, portano al complesso musivo comprendente il **Museo nazionale**, presso il **convento benedettino di S. Vitale**, e il **Mausoleo di Galla Placidia.** Le vie del raccolto centro storico - via Cavour, via Matteotti, piazza del Popolo, via Diaz, via Cairoli e via Ricci - sono zona privilegiata di shopping: occasione per una piacevole passeggiata che può concludersi alla splendida **basilica di Sant'Apollinare Nuovo** per ammirare i mosaici bizantini; la zona del centro è anche l'ideale per una piacevole sosta enogastronomica - diverse le enoteche e le trattorie tipiche che permettono di mangiare bene a prezzi onesti - o per un aperitivo. Dal centro, un veloce passaggio in autobus permette di godere dei piaceri della tintarella lungo i circa 30 km di costa perfettamente attrezzati, oppure una breve puntata a nord consente di immergersi nella natura di **Punte Alberete**.

Ravenna in bicicletta

Ravenna, come buona parte dei centri emiliani e romagnoli, è dotata di una buona rete di ciclabili, con numerosi itinerari verso aree naturalisticamente interessanti quali la **pineta di S. Vitale**, l'oasi di **Punte Alberete** o la **foce del Bevano** e il suo paesaggio di dune sabbiose (informazioni: tel. 0544482665, www.turismo.ra.it). Il Comune, attraverso l'iniziativa **C'entro in bici** (tel. 054435755), offre un servizio di noleggio gratuito: 140 i mezzi a disposizione dei residenti (di colore rosso), 40 quelli riservati ai turisti (gialli). Noleggio a pagamento presso la stazione (piazza Farini, tel. 054437031).

I MUST DA NON PERDERE

Domus dei Tappeti di Pietra

ⓘ Informazioni: Domus dei Tappeti di Pietra, via Barbiani, tel. 054432512, www.domusdeitappetidipietra.it, orari novembre-febbraio mar-ven 10-17, sab-dom 10-18, marzo- ottobre lun-dom 10-18.30, biglietto € 7, ridotto € 5, gratuito fino a 10 anni

All'interno della settecentesca **chiesa di S. Eufemia** si trova uno dei siti archeologici di maggior interesse della città. Si tratta di una serie di 14 stanze, situate a circa 3 metri sotto il livello stradale, facenti parte di una ricca residenza privata risalente al V-VI secolo, con **pavimenti a mosaico policromo e marmo.** Elementi floreali, geometrici e figurativi fanno da sfondo e contorno a rappresentazioni quali la *Danza dei Geni delle quattro stagioni*, rarissima raffigurazione che mostra i Geni danzare in cerchio, o il *Buon pastore*, ritratto in una inusuale versione iconografica.

Mausoleo di Galla Placidia

ⓘ Informazioni: Mausoleo di Galla Placidia, via San Vitale, numero verde 800303999, biglietteria tel. 0544541688, www.turismo.ravenna.it, ingresso lun-dom 9-19, biglietto (comprensivo di visita a S. Apollinare Nuovo, Battistero Neoniano, Museo arcivescovile e S. Vitale) € 8,50, ridotto € 7,50

Il monumento risale al periodo compreso tra il 425 e il 450 d.C. Dedicato alla figlia minore dell'imperatore Teodosio, questo piccolo **edificio in laterizio a croce latina** è dominato dalla **cupola** (che sui lati è affiancata da quattro lunette), che sovrasta l'intersezione dei bracci, con volta a botte. L'interno è decorato da un **ciclo di mosaici** di straordinaria fattura e in ottimo stato di conservazione, che denotano i chiari influssi bizantini del manufatto. Al centro della cupola, sullo **sfondo blu tempestato di stelle dorate**, domina la croce. Particolarmente interessante è il nuovo **motivo iconografico del buon pastore**, posto sulla lunetta sopra l'ingresso, dove un Cristo ritratto imberbe assiso sulla roccia e in mezzo al gregge rimanda direttamente al mito classico di Orfeo.

Battistero Neoniano

ⓘ Informazioni: Battistero Neoniano, piazza Duomo, tel. 0544541688, www.turismo.ravenna.it, ingresso lun-dom 9-19, biglietto (comprensivo di visita a S. Apollinare Nuovo, Mausoleo di Galla Placidia, Museo arcivescovile e S. Vitale) € 8,50, ridotto € 7,50

Risale probabilmente alla fine del IV secolo ed è quindi il più antico dei monumenti cittadini. Al vescovo Neone, intorno alla metà del V secolo, si devono gli interventi strutturali decisivi (**cupola** e **decorazione a mosaico**). Per via dei fenomeni di subsidenza che caratterizzano la zona, il monumento risulta oggi interrato per circa due metri. La forma è quella di una semplice **costruzione in laterizio a pianta ottagonale**, con quattro nicchie semicircolari che si diramano all'esterno poggianti sui lati opposti. L'interno, oltre alla **decorazione a mosaico di influenza ellenico-romana**, ospita stucchi e parti in marmo. La decorazione della cupola, a tre cerchi concentrici e alleggerita da tubi fittili, è un capolavoro sublime, con la scena centrale, su fondo dorato, raffigurante il battesimo di un Cristo immerso nel Giordano fino alla vita.

SPUNTI E CHICCHE LOW COST

Museo d'Arte della Città di Ravenna (MAR)

ⓘ Informazioni: MAR, via di Roma 13, tel. 0544482477-0544482356, www.museocitta.ra.it, ingresso mar, gio, ven e sab 9-13.30 e 15-18, dom e festivi 10-17, € 3

Nei locali dell'abbazia di S. Maria in Porto, il Museo d'Arte della Città di Ravenna accoglie un'ampia rassegna di tavole tre e quattrocentesce destinate alle celle monastiche, alcune testimonianze artistiche romagnole a cavallo tra Quattrocento e Cinquecento e presenze significative, quali Vasari (*Compianto su Cristo deposto dalla Croce*), Guercino (*S. Romualdo*) e Klimt. Il chiostro rinascimentale ospita la ricca collezione di mosaici contemporanei, originale connubio tra soluzioni tipiche della tecnica espressiva e arte contemporanea. Tra i lavori, opere realizzate da mosaicisti locali su cartoni di artisti quali Chagall.

Fiera del Baratto e del Riuso

Informazioni: CittA@ttiva, via Carducci 14, tel. 0544482052, www.cittattivaravenna.it

Fiera nata per animare la zona dei Giardini Speyer (di fronte alla stazione ferroviaria) e sensibilizzare l'intera città sulla tematica del riuso, contro gli sprechi della vita moderna. Appuntamento molto atteso, è un modo intelligente per 'svuotare casa' senza produrre rifiuti, ma anche per fare acquisti senza spendere denaro, secondo una logica anticonsumistica che potrebbe fare la gioia di molti portafogli. Un momento di scambi di oggetti, ma anche di relazioni.

Una escursione in mezzo alla natura

Informazioni: Museo ravennate di Scienze naturali "Alfredo Brandolini" - NatuRa, via Rivaletto 25, Sant'Alberto, tel. 0544529260, www.natura.ra.it, settembre-giugno mar-mer 9.30-13, gio anche 14.30-17.30, ven fino alle 19, sab-dom 10-13 e 14.30-19, luglio-agosto gio-ven 9.30-13, sab-dom 9.30-13 e 14.30-19, biglietto € 3, ridotto € 2

A pochi chilometri da Ravenna si trova **NatuRa**, la sede del Museo ravennate di Scienze naturali "Alfredo Brandolini". Ospita **una delle più ricche collezioni ornitologiche d'Italia**, oltre a presentare un panorama completo delle specie autoctone. Itinerari guidati e laboratori per grandi e piccini.

L'oasi di Punte Alberete

Informazioni: WWF Sezione di Ravenna, via Leon Battista Alberti 34, tel. 054433081, apertura stand informativo presso l'area di parcheggio Fossatone tra marzo e maggio

Può essere molto piacevole una deviazione fino all'oasi di Punte Alberete, all'interno del Parco del Delta del Po, a soli 10 km dalla città. L'area protetta è ricavata nella zona paludosa del fiume Lamone. La peculiarità è rappresentata dai **boschi igrofili**, che danno vita a una delle più importanti foreste allagate d'Italia: pioppo bianco, ontano, salice, quercia e frassino dominano il bosco e gli specchi d'acqua, dove galleggiano ninfee e grandi tappeti di lenticchia d'acqua. **Itinerari segnalati**, con passaggi su ponti in legno e passerelle a pelo d'acqua.

Gratis

A Ravenna è possibile accedere gratuitamente a diversi musei. Tra questi, il **Museo del Risorgimento** (Sacrario di S. Romualdo, via Baccarini 3, tel. 054482112, www.classense.ra.it, ingresso mar-ver 15-18, sab 9.30-12.30), inaugurato nel 2004, è allestito nell'ex chiesa di S. Romualdo, annessa al complesso conventuale della **Biblioteca classense** e attualmente sacrario per i caduti in guerra. Raccoglie le testimonianze e gli oggetti, dall'epoca preunitaria alla prima guerra mondiale.

MANGIARE A RAVENNA

ANTICA TRATTORIA AL GALLO 1909

Via Maggiore 87, tel. 0544213775, www.algallo1909.com • coperti 50+25 • chiuso lunedì, martedì e sera di domenica, Pasqua e periodo natalizio • cucina romagnola • In onore del centenario il locale è ora bottega storica, gestita dalla stessa famiglia dal 1909. Propone una cucina tradizionale, tendenzialmente vegetariana, in cui emergono i primi piatti. Selezione di oli e formaggi, ampia lista di vini. **• Prezzi: 28/40**

Chicche golose

Tra i dessert, quello tradizionale della provincia è il **dolce di S. Michele**, in dialetto 'dolz ad San Michele': una torta di pasta frolla che viene preparata in occasione delle festività del patrono cittadino, il 29 settembre, con panna cotta e guarnita con noci, mandorle e pinoli. Tra le altre specialità, i **sugoli**, dolce contadino realizzato dopo la vendemmia e preparato con mosto d'uva, farina gialla e bianca, scorza di limone e semi d'anice.

CÀ DE' VEN

Via Corrado Ricci 24, tel. 054430163, www.cadeven.it • coperti 140 • chiuso lunedì• cucina romagnola • In un palazzo quattrocentesco, ristorante dove gustare specialità della tradizione romagnola, tra cui la piadina e il tagliere di salumi non mancano mai. Ricca di vini del territorio l'annessa enoteca, ideale per gli aperitivi. **• Prezzi: 25/35**

CAPPELLO

Via IV Novembre 41, tel. 0544219876, www.albergocappello.it • coperti 80+30 • chiuso domenica sera e lunedì, periodo in febbraio e in agosto • cucina romagnola e di ricerca • Nel cuore della città, in un palazzo rinascimentale, un locale ricercato ed elegante; la cucina è creativa e prevalentemente a base di pesce. Specialità della tradizione romagnola vengono, invece, proposte nel locale ricavato dalla cantina. Lista dei vini ampia e articolata. **• Prezzi: 25/45**

FLORA

Località Ragone, via Ragone 104, tel. 0544534044 • coperti 70+15 • chiuso mercoledì sera, metà luglio-metà agosto • cucina romagnola • Locale dall'ambiente rustico e dalla cucina tipica regionale che offre, in stagione, funghi, tartufi, selvaggina e rane. Tra le specialità: crudité di verdure, tagliatelle ai porcini, coniglio all'Esmeralda, pecorino caldo con marmellata. Dolci fatti in casa. **• Prezzi: 20/30**

FRATELLI LA BUFALA

Via Maggiore 62, tel. 054436206, www.fratellilabufala.eu • coperti 200+60 • chiuso periodo in agosto • cucina classica • Ristorante pizzeria della catena, arredato in stile semplice, rustico e new age. Tra i piatti: mozzarella di bufala e prosciutto, gnocchi e paste, bistecche, tagliate e insalatone; oltre alle numerose pizze. **• Prezzi: 10/25**

LA GARDÈLA

Via Ponte Marino 3, tel. 0544217147, www.ristorantelagardela.com • coperti 90+30 • chiuso giovedì, periodo in gennaio e in giugno • cucina romagnola • Nel centro storico, 'gardèla' in dialetto è la graticola dove vengono cotti i cibi sulla brace. Ambiente familiare e servizio cortese, che nella bella stagione si estende al piacevole spazio esterno; cucina della tradizione romagnola e regionale. **• Prezzi: 20/35**

LOCANDA DEL MELARANCIO

Via Mentana 33, tel. 0544215258-3277230276, www.ilmelarancio.it • coperti 120 • cucina romagnola rivisitata • In una casa del XVI secolo nel centro storico, simpatica osteria al piano terra e buon ristorante al piano superiore; cucina varia, con combinazioni originali e piatti più tradizionali: cappelletti al ragù, strozzapreti prosciutto di Parma e asparagi, tagliata di angus alle confetture di cipolla. **• Prezzi: 30/40**

MAGO DEL PESCE

Località Sant'Alberto, via S. Alberto 404, tel. 0544529048, www.ilmagodelpesce.it • coperti 40 • chiuso sera di domenica e lunedì, ferie variabili • cucina marinara • Cucina semplice ma sempre di ottimo livello, grazie agli ingredienti di qualità utilizzati, dal pesce azzurro all'anguilla. In stagione propone anche piatti a base di selvaggina. **• Prezzi: 27/40**

TRATTORIA CUBANA

Località Marina di Ravenna, via Molo Dalmazia 37, tel. 0544530231, www.trattoriacubana.it • coperti 220 • chiuso lunedì • cucina marinara • Trattoria vicino alla Borsa del pesce, dove si possono gustare prelibatezze a base del pescato dell'Adriatico e ordinare al cartoccio ricchissimi spaghetti allo scoglio e un gustosissimo fritto misto. **• Prezzi: 25/35**

USTARÌ DI DU CANTON

Località Mezzano, via Piangipane 6, tel. 0544523207, www.ustarididucanton.com • coperti 70+20 • chiuso lunedì, periodo tra luglio e agosto • cucina romagnola • Già osteria dalla metà dell'Ottocento, mantiene l'ambiente rustico e informale originario, completato da un fresco giardino con pochi tavoli. Cucina a base di carne, ma bandiera dell'osteria restano le paste fatte in casa, ripiene di verdure, funghi e tartufi quando è stagione. **• Prezzi: 23/30**

VECCHIA FALEGNAMERIA

Via Faentina 56, tel. 0544501870, www.vecchiafalegnameria.it • coperti 150+70 • chiuso martedì, ferie variabili • cucina romagnola e umbra • La falegnameria di famiglia degli anni Venti è ora una originale trattoria che conserva banchi da lavoro e attrezzi a testimonianza della passata attività. Si fa cucina tradizionale, servita nel fresco giardino in estate, con escursioni in terra umbra per quanto concerne il tartufo nero e i funghi porcini. **• Prezzi: 25/35**

DORMIRE A RAVENNA

AUTOHOTEL RAVENNA

Albergo • Via Secondo Bini 13, tel. 0544460005, www.autohotel.it • 114 camere • A dieci minuti dal centro storico, una comoda struttura con camere spaziose, dagli arredi semplici e dotate di tutti i comfort necessari. Tra i servizi offerti, le convenzioni con il vicino centro ricreativo e commerciale. **• Prezzi:** camera doppia 60

CÀ RIDOLFI

Agriturismo • Località Gambellara, via del Dottore 33, tel. 0544551051-3389779804, www.caridolfi.it • 4 camere • In una casa colonica ottocentesca, all'interno di un frutteto, camere ampie, dotate di tutti i comfort, arredate con gusto. Ricche colazioni a base di prodotti locali. Aderiscono al circuito 'Fattorie didattiche'. **• Prezzi:** camera doppia 60/70

CASA MASOLI

B&B • Via G. Rossi 22, tel. 3356099471-3395448405, www.casamasoli.it • 6 camere • Nel cuore della cittadina, una casa dell'Ottocento ben ristrutturata. Tutte le camere sono dotate di moderni comfort e nel rispetto della dimora. Abbondante colazione a buffet servita in un'elegante sala affrescata, ampio giardino interno per un piacevole relax. • **Prezzi:** camera doppia 70/90

COOP 3

Campeggio • Località Punta Marina Terme, via dei Campeggi 8, tel. 0544437353, www.campingcoop3.it • Stagionale • L'attenzione e la cura particolare con cui è condotto lo rende il luogo ideale per un soggiorno piacevole a contatto con la natura. Attività di mare, escursioni naturalistiche nel Parco regionale del Delta del Po, visite a Ravenna o al parco divertimenti di Mirabilandia.

GALLA PLACIDIA

B&B • Via Mura di S. Vitale 12, tel. 054433287-3394446396, www.gallaplacidia.it • 3 camere • Situato nel centro storico, a due passi dal mausoleo di Galla Placidia e dalla basilica di S. Vitale. Si sviluppa su una palazzina a due piani e dispone di camere complete di tutti i comfort. Ricca prima colazione a buffet. • **Prezzi:** camera doppia 60/80

IL BACCANALE

B&B • Via 24 Gennaio 1979 4, tel. 3479811048-0544560171, www.ilbaccanale.com • 3 camere • Casa indipendente ideale anche per famiglie con bambini, in posizione ottimale per passeggiate nelle pinete che si estendono nelle vicinanze. Confortevoli e sobrie camere; abbondante e varia prima colazione. • **Prezzi:** camera doppia 50/70

LA CICALA

B&B • Località Gambellara, vicolo Pasolini 4, tel. 0544553038-3398447071, www.lacicala.com • 3 camere • Circondate da un ampio giardino, camere luminose e complete di comfort. Vicine le principali mete turistiche della riviera romagnola. • **Prezzi:** camera doppia 50/60

LE QUERCE

B&B • Località Mandriole, via G. B. Manetti, tel. 0544449251, www.biovivere.com/querce.html • 3 camere • Nel Parco del Delta del Po, una struttura che offre camere accoglienti e senza pretese; il giardino è l'ideale per rilassarsi a contatto con la natura. • **Prezzi:** camera doppia 50

TRA LE BRACCIA DI MORFEO

B&B • Via Vallona 38, tel. 0544460362-3402365934, www.tralebracciadimorfeo.ra.it • 5 camere • Ambiente accogliente e tipicamente romagnolo, con camere arredate con gusto e prima colazione servita nella caratteristica tavernetta. • **Prezzi:** camera doppia 80/70

VILLAGGIO DEI PINI

Campeggio • Località Punta Marina Terme, via della Fontana, tel. 0544437115, www.gestionecampeggi.it • Stagionale • Campeggio tranquillo dall'accoglienza cortese; l'accesso diretto al mare lo rende adatto a famiglie con bambini, per i quali è presente animazione specifica. Ampie piazzole, impianti sanitari rinnovati e confortevoli casemobili.

VILLE UNITE

B&B • Località San Pietro in Vincoli, via Formella Inferiore 1, tel. 0544550281-3397185013, www.villeunite.it • 3 camere • Casa colonica immersa nella campagna romagnola, tranquilla e silenziosa. Gli ambienti sono arredati in stile; le camere sono complete di tutti i comfort. • **Prezzi:** camera doppia 70/80

FERRARA
di aggraziate forme

Città pilota nel campo della pianificazione urbana fin dal rinascimento, riconosciuta due volte bella dall'Unesco, Ferrara conserva la grazia leggera e la fama di prima vera città moderna d'Europa, con un centro storico intatto, circondato da mura. Forse la sua caratteristica principale è il silenzio, che ne avvolge le forme classiche e la forte mole del castello come in una nuvola di vapore, mentre per le strade acciottolate, d'inverno e d'estate, ancora si riesce a cogliere il gocciolio delle fontane. Città tranquilla, un po' Emilia e già Romagna, nei vicoli percorsi da biciclette, nel profumo di mare che si incanala lungo il Po di Volano e coglie al passeggio, oppure al rientro da una seduta di jogging lungo la cerchia delle mura. Forse proprio dai terrapieni alberati delle mura, oggi gradevolissima cintura verde, è possibile cogliere i perfetti equilibri che regolano la vita della città: tra acqua e terra, tra rinascimento e medioevo, tra spazi aperti e luoghi raccolti, tra passato e futuro, che fanno di Ferrara un universo a sé.

QUANDO ANDARE E PERCHÉ

Al di là della piacevolezza tout court di una breve vacanza bighellonando per le stradine della città, può essere interessante abbinare il viaggio a uno dei moltissimi eventi espositivi che vengono allestiti presso il palazzo dei Diamanti, oppure in occasione del Palio di S. Giorgio, la più antica manifestazione del genere in Italia. I motivi di una visita? Ferrara è stata un importante centro medievale e ha ospitato una tra le corti più ricche e raffinate del rinascimento; è uno dei poli culturali e artistici più importanti d'Italia; è una città veramente a misura d'uomo, percorribile comodamente a piedi e in bicicletta; l'offerta enogastronomica - specie quella tradizionale - è di livello assoluto. E, se siete sportivi, quale migliore opportunità di una maratona (a marzo) nella capitale italiana del running?

COME ARRIVARE

→IN AUTO L'accesso alla rete autostradale (**A13 Bologna-Padova**) è assicurato dai caselli di **Ferrara Nord** e **Ferrara Sud**. È possibile raggiungere il litorale grazie al **raccordo autostradale con Porto Garibaldi**, che immette sulla costiera **SS309 Romea Venezia-Ravenna**. Altri importanti assi viari sono la **SS16 Adriatica**, che collega Ferrara a Ravenna e ai centri rivieraschi romagnoli, e la **SS64 Porretana**, che porta a Pistoia.

→IN TRENO Dalla **Stazione centrale** (piazzale della Stazione) transitano treni Eurostar, Intercity e regionali di **Trenitalia** (tel. 892021, www.fsitaliane.it), che la collegano con le principali città italiane. La stazione è inoltre capolinea delle linee per Codigoro e Suzzara, gestite da **Ferrovie Emilia Romagna** (tel. 840151152, www.fer-online.it).

→IN AEREO Lo scalo più vicino è l'**Aeroporto di Bologna "Guglielmo Marconi"** (via Triumvirato 84, tel. 0516479615, www.bologna-airport.it), a circa 45 km.

Voli low cost

Principali compagnie che fanno scalo a Bologna: **Meridiana fly** (tel. 892928, www.meriadiana.it), che vola da Cagliari, Catania e Olbia; **Prima Aero Trasporti Italiani** (tel. 899552555, www.primair.it), che opera da Catania e Reggio di Calabria; **Ryanair** (tel. 899018880, www.ryanair.com), con voli da Bari, Brindisi, Lamezia Terme, Palermo e Trapani.

→IN AUTOBUS Gli autobus extraurbani, provenienti dai centri della provincia, da Modena e Bologna, terminano la corsa presso l'**autostazione** (via Rampari di San Paolo, tel. 0532599411, apertura 6.30-18.45), a circa 10 minuti dal centro storico.

COME MUOVERSI

→IN AUTO Se l'**area pedonale** è relativamente ridotta (la parte compresa tra corso della Giovecca e le vie Borgoricco e Boccacanale di S. Stefano, alle spalle della Cattedrale), la **zona a traffico limitato** (ZTL) è molto estesa e copre quasi la metà della città murata, con regole e limiti di accesso che variano a seconda del colore con cui vengono identificate (per info, Mediatel, tel. 0532795350). Meglio lasciare l'auto nell'area di sosta gratuita di via Modena (**via del Lavoro**), o nei parcheggi a pagamento - aperti 24 ore su 24 - in via Darsena (**centro storico**), via Rampari di San Paolo (**Ex Brunelli**), via Arianuova (**Diamanti**), via Palestro (**San Guglielmo**) e piazza Sacrati. La gestione è a cura di **Ferrara TUA** (via Kennedy 8, tel. 0532760034, www.ferraratua.com).

→IN AUTOBUS Il servizio di trasporto pubblico è gestito da **ATC-Trasporti Pubblici Bologna e Ferrara** (via Trenti, tel. 0532599411, www.atc.bo.it). A oggi le linee urbane sono 12, più di 20 quelle extraurbane. Esiste anche un servizio di **Taxibus** a chiamata (prenotazioni il giorno prima al numero verde 800521616), con due linee che collegano le frazioni vicine solo nei giorni feriali. Il biglietto - valido 60 minuti - costa € 1,20, giornaliero a € 2,50.

→IN TAXI L'area di sosta più grande è quella in piazzale della Stazione. Il servizio di radio taxi, gestito dal **Consorzio Taxisti Ferraresi**, è attivo 24 ore su 24 (tel. 0532900900).

SCONTI E FACILITAZIONI

→CARD MUSEI In vendita presso i Musei civici, la tessera - personale, con validità annuale - permette di visitare una sola volta tutti i musei comunali e il Museo della Cattedrale. Inoltre, accesso a prezzo ridotto a palazzo Bonacossi e agli eventi espositivi di palazzo dei Diamanti (biglietto intero € 17, ridotto per over 65 e studenti universitari € 10, call center Ferrara Mostre e Musei, tel. 0532244949, www.artecultura.fe.it).

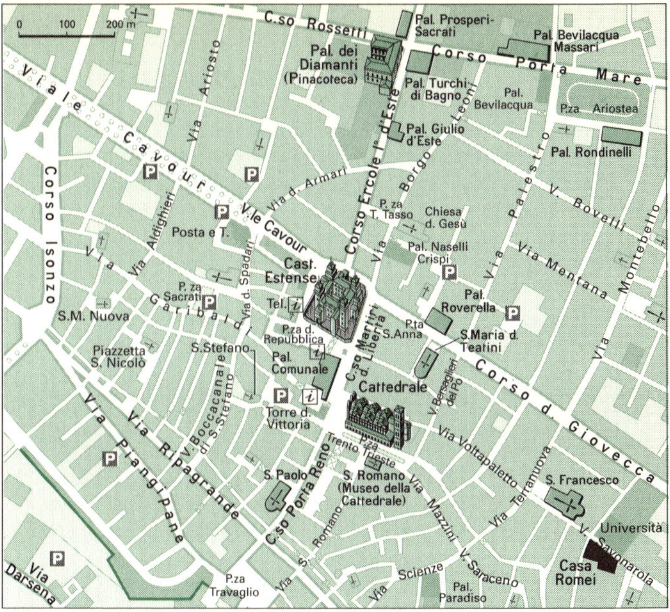

Eventi e manifestazioni

Ferrara Marathon

(marzo)

Nella patria italiana del running la maratona è un evento da non perdere. Atleti veri, appassionati e amatori si danno appuntamento per i tradizionali 42,195 km. Iscrizioni anche online € 25 (mezza maratona € 18). Partenza dal castello (Atletica CorriFerrara, via Stornara 124, tel. 0532449133, www.corri ferrara.it).

Palio di S. Giorgio

(maggio)

Il palio più antico del mondo, nato ufficialmente nel 1259, si svolge ogni anno nella piazza Ariostea. Otto le storiche contrade in gara per disputarsi il prezioso drappo intitolato al santo (Ente Palio Città di Ferrara, via Mortara 98, tel. 0532751263, www.paliodiferrara.it).

Ferrara Buskers Festival

(agosto)

Nata nel 1988, è la più grande manifestazione del mondo dedicata ai musicisti e agli artisti di strada. Naturalmente, i buskers non percepiscono compensi: la generosità degli spettatori viene perciò particolarmente apprezzata (Ferrara Buskers Festival, via de' Romei 3, tel. 0532249337, www.ferrara buskers.com).

Ferrara Ballons Festival

(settembre)

Uno fra gli eventi più importanti al mondo fra quelli dedicati al settore del volo aerostatico (Parco urbano "G. Bassani", tel. 0532900713, www.ferrarafestival.it).

Internazionale a Ferrara

(ottobre)

Giornalisti, scrittori, analisti e uomini della comunicazione discutono di politica, informazione, relazioni internazionali e altro. Incontri, convegni, discussioni e laboratori per bambini. Per comunicare fin da pic coli secondo le regole (www.in ternazionale.it/festival).

SCOPRIRE FERRARA A PIEDI

Simbolo della città nuova rinascimentale (l'**Addizione Erculea**, voluta nel 1484 da Ercole I d'Este, rappresenta il primo esempio di pianificazione degli spazi urbani in Europa) e della salvaguardia ambientale per i tesori del Delta del Po, Ferrara è stata investita per due volte del titolo di Patrimonio dell'Umanità assegnato dall'Unesco. L'itinerario qui proposto prende le mosse proprio dalla lunga **cinta muraria** (circa 9 km), che abbraccia completamente il centro storico. Il cuore della città è centrato sull'imponente **castello**, edificato alla fine del XIV secolo in funzione difensiva e divenuto successivamente sede della corte estense. Di fronte al castello si scorge l'antico **Palazzo Ducale** (a esso collegato dalla via Coperta, realizzata su arcate), con un portico cinquecentesco di marmo, la **loggia dei Camerini.** La piazza ospita anche il **monumento a Girolamo Savonarola**, che a Ferrara nacque nel 1452. Da qui, imboccato corso Martiri della Libertà in direzione sud e costeggiando sulla destra il **palazzo del Municipio** (al suo interno, la squadrata piazza municipale, ex cortile d'onore del Palazzo Ducale, dominata dal grandioso **Scalone d'Onore**) e a sinistra il settecentesco **Palazzo Vescovile**, si arriva in breve alla riuscita commistione di stili - romanico nella parte inferiore della facciata, gotico in quella superiore - della grande **Cattedrale** dedicata ai Ss. Giorgio e Maurelio.
Superata piazza Trento e Trieste, che si apre a meridione dell'edificio sacro e sulla quale affacciano anche il **campanile**, in marmo bianco e rosa (disegno di Leon Battista Alberti), un palazzo del Novecento, opera di Marcello Piacentini, e l'**ex oratorio di S. Crispino**, antica sede della corporazione dei calzolai, si imbocca la **por-**

La città delle biciclette

Stante l'estensione e la capillarità della rete ciclabile (a oggi, circa 90 km), l'unica, vera città italiana delle biciclette è Ferrara. Lo recita la targa, all'ingresso, lo sanciscono i numeri: il popolo dei ciclisti arriva alla straordinaria percentuale dell'89,5% sul totale degli abitanti. L'ideazione della **Bicicard** (si lascia l'auto al parcheggio e si prende gratuitamente una bicicletta per girare la città), l'istituzione di un apposito **Ufficio Biciclette** (per anni l'unico in Italia) e, infine, la stesura di un vero e proprio piano di sviluppo – il **Biciplan** – e Il servizio di bike sharing gratuito **C'entro in bici** (circa 150 mezzi in otto postazioni, per dotarsi dell'apposita chiave personale: Ferrara TUA, viale Manini 15, € 8, come cauzione, € 2 per le spese) sono state tappe fondamentali per l'affermarsi di una vera e radicata coscienza ciclistica urbana. Oggi tutte le competenze in materia di ciclabilità sono dell'**Agenzia della Mobilità** (via S. Trenti 35, tel. 0532599424). Lodevoli le iniziative come **RiCicletta**, gestita dalla cooperativa **Nuova-Mente** e finalizzata al recupero del disagio psichico attraverso la creazione di nuove figure professionali legate alla manutenzione, alla riparazione e al noleggio (**Officina RiCicletta**, largo Barriere 180-184, tel. 3894236997, e **Laboratorio RiCicletta**, via Darsena 132, tel. 3290477971).

ticata via S. Romano, principale arteria commerciale che in epoca medievale conduceva dal mercato al porto fluviale sul Po e al cui inizio è l'omonima ex chiesa in cotto che ospita il **Museo della Cattedrale** (tra le opere di maggior pregio, la *Madonna della Melagrana* di Jacopo della Quercia, le tavole dell'*Annunciazione* e di *San Giorgio e il drago* di Cosmè Tura). Più avanti, sulla destra, via Vaspergolo conduce alla **chiesa di S. Paolo** (rifatta nel 1570 su disegno di Alberto Schiatti), da dove si prende via delle Volte, sede dei fondachi mercantili medievali. Via Carbone e via delle Scienze (dove affaccia **palazzo Paradiso**, sede dell'ateneo ferrarese) conducono in breve a via Mazzini, principale arteria del **Ghetto ebraico**. Proseguendo verso nord, si raggiunge corso della Giovecca: da qui andando in direzione sud, superata l'Università, una deviazione a destra porta a **Palazzo Schifanoia** (con gli splendidi affreschi quattrocenteschi della sala dei Mesi); tornati sul corso, lo si percorre fino alla piazza del Castello, da dove è possibile, imboccato corso Ercole I d'Este, giungere fino allo splendore rinascimentale di **palazzo dei Diamanti**.

I MUST DA NON PERDERE

Palazzo dei Diamanti

ⓘ **Informazioni: Palazzo dei Diamanti, corso Ercole I d'Este 21, tel. 0532244949 www.palazzodiamanti.it, orari mar-mer e ven-sab 9-14, gio 9-19, dom 9-13, lun chiuso, biglietto € 4, ridotto (18-25 anni) € 2, gratuito oltre i 65 anni e con Card Musei**

Residenza di Sigismondo d'Este, fratello del duca Ercole I, è situato al centro di quell'Addizione Erculea ideata da Biagio Rossetti nel 1484 e destinata a rivoluzionare il modo di pensare il tessuto urbano. Il palazzo, costruito a partire dal 1493, deve il nome alla **facciata a bugnato** realizzata con oltre 8500 blocchetti in marmo bicolore bianco e rosa; la parte sorprendentemente più rilevante è quella d'angolo, impreziosita da **colonne vegetali** e da un piccolo **poggiolo**, elementi decorativi che sviano la prospettiva in direzione del vicino slargo di piazza Ariostea. L'edificio ospita al primo piano la **Pinacoteca nazionale** (opere dei maestri ferraresi dal Trecento al Settecento, da Cosmè Tura al Guercino), mentre il piano terra è sede di importanti eventi espositivi.

Castello estense

ⓘ **Informazioni: Castello estense, largo Castello, tel. 0532299233, www.castelloestense.it, orari mar-dom 9.30-17.30, marzo-maggio anche lun, biglietto € 8, ridotto (under 18 e over 65) € 6,50, gratuito fino a 11 anni e con Card Musei**

Sorto in chiave puramente difensiva nel 1385 per iniziativa di Niccolò II d'Este, il **castello di S. Michele** divenne successivamente sfarzosa residenza della corte estense che, nel tempo, contribuì ad arricchirne gli interni con **fastosi appartamenti** e la **corte affrescata**, e la parte esterna con **balconi in marmo** e altane al di sopra delle torri. Struttura imponente, con fossato (ancora oggi colmo d'acqua), ponte levatoio e i quattro **torrioni** che dominano la città.

Cattedrale di S. Giorgio Martire

ⓘ **Informazioni: Cattedrale di S. Giorgio Martire, piazza della Cattedrale, tel. 0532207449, ingresso feriali 7.30-12 e 15-18.30, festivi 7.30-12.30 e 15.30-19.30**

La Cattedrale di Ferrara, costruita a partire dal XII secolo, sorge al centro della città, prospiciente il palazzo comunale e a fianco dell'antica piazza delle Erbe (oggi Trento e Trieste).
La grandiosa **facciata a tre cuspidi** fu iniziata in stile romanico, ancora prevalente nella parte inferiore, mentre quella superiore, di qualche decennio più tarda, evidenzia chiari influssi gotici. Sul **portale centrale**, la statua di S. Giorgio, patrono di Ferrara, e le scene del Nuovo Testamento, opera dello scultore Nicholaus. Sulla piazza si erge anche l'imponente **campanile** rinascimentale in marmo bianco e rosa, opera incompiuta attribuita a Leon Battista Alberti. L'**abside** in laterizio, il cui disegno è appena movimentato dagli archi in cotto e dai capitelli marmorei, è opera di Biagio Rossetti. Sul fianco sinistro della Cattedrale, affacciata sulla piazza, si trova la colorata **Loggia dei Mercanti**, occupata da negozi e botteghe fin dall'epoca medievale. L'interno, a tre navate, è stato completamente rifatto in occasione di un incendio ed è in puro stile barocco.

SPUNTI E CHICCHE LOW COST

Il giro delle mura

ⓘ **Informazioni: IAT, Castello estense, tel. 0532209370**

Ferrara è circondata da una **cinta muraria** che costituiva uno dei sistemi difensivi più imponenti del periodo rinascimentale, rimasto integro nei secoli e oggi interamente percorribile a piedi o in bi-

Una guida a costo zero

L'**audioguida** è uno strumento innovativo, comodo e facile da usare e, soprattutto, utilizzabile tutte le volte che si vuole. Se poi è gratis, ecco che diventa davvero uno strumento insostituibile per andare alla scoperta della città. È quanto si è proposta l'amministrazione cittadina, mettendo a disposizione di tutti i file sonori che possono essere trasferiti su pc o lettore mp3 e che, attraverso una voce narrante, guideranno alla scoperta dei luoghi, delle storie e delle curiosità di Ferrara. Le audioguide si scaricano all'indirizzo www.ferrarаterraeacqua.it/html/audioguide.

cicletta. Il percorso, lungo 9 km, permette di ammirarne tutta la suggestiva forza, uno straordinario connubio di bellezza monumentale e funzionalità bellica, con **torrioni**, **garitte**, **cannoniere** e **passaggi protetti**. Comodi **itinerari attrezzati**, con percorsi vita e aree per la sosta, oltre a **piste ciclabili** sulla sommità, o lungo i valli alla base, consentono di passeggiare in tutta tranquillità tra il rosso delle pietre e il verde delle essenze locali.

Ferrara ebraica

ⓘ Informazioni: IAT, Castello estense, tel. 0532209370

Il **Ghetto**, istituito tra il 1624 e il 1627 in ossequio alla politica antiebraica dello Stato pontificio, è un'area compresa tra le **vie Vignatagliata**, **Mazzini** (già dei Sabbioni), **della Vittoria** e **piazza Lampronti**, in origine chiusa da cinque cancelli (vennero abbattuti solo nel 1848) e destinata a ospitare gli ebrei che vivevano in città. Le abitazioni (una di queste ospita anche le **tre sinagoghe** e il **Museo ebraico**, al numero 95 di via Mazzini) sono irregolari, addossate le une alle altre, presentano decorazioni in cotto di portali, finestre e cornicioni e sono impreziosite da graziosi balconcini in ferro battuto. Al numero 75 di via Vignatagliata la scuola che, dopo le leggi razziali del 1938, ospitò i ragazzi ebrei espulsi dalle scuole statali e dove insegnò anche Giorgio Bassani.

Mercati contadini

In città sono diffusi i **mercati del contadino**, in cui i prodotti agroalimentari tipici del territorio sono proposti secondo il principio della 'filiera corta', ovvero direttamente dal produttore al consumatore. Si tengono tra piazzale Donatori del Sangue (tutti i venerdì, 8-13) e piazza Municipio (prima domenica di ogni mese da maggio a dicembre, 10-18) sotto l'egida dell'Associazione Strada dei Vini e dei Sapori della Provincia di Ferrara (tel. 0532205869, www.stradaviniesaporiferrara.it).

Museo d'Arte contemporanea "Remo Brindisi"

ⓘ Informazioni: Museo d'Arte contemporanea "Remo Brindisi", via Nicolò Pisano 45, Lido di Spina, tel. 0533318748, www.centri-contemporaneo-er.it, apertura giugno-settembre, ingresso € 2

Se si prende il raccordo per Porto Garibaldi e si raggiunge **Lido di Spina**, si avrà la sorpresa di trovare, immerso nel verde della pineta, la residenza estiva del maestro Remo Brindisi (1918-96), oggi trasformata in prestigioso **Museo di arte contemporanea**. All'interno, centinaia di opere di pregio dei maggiori artisti del XX secolo: Modigliani, Picasso, Fontana, Dalì, De Chirico, De Pisis, Morandi, Chagall, Boccioni e Guttuso.

Escursioni in vaporetto

ⓘ Informazioni: Cooperativa "Le Pagine", via Padova 12/C, tel. 3477139988, www.lanena.it

Con partenza dalla **darsena di San Paolo** (via Darsena) è possibile, avendo una giornata a disposizione, effettuare una bellissima escursione sul Po a bordo della motonave Nena, storico vaporetto veneziano restaurato e arrivato a godersi la meritata pensione nella città estense. Nel corso dell'anno mete e percorsi variano: lungo il **Po Grande**, verso la **laguna veneziana** o, in direzione opposta, Mantova e Cremona; lungo il **Po di Volano**, verso Comacchio; e lungo il **Po di Primaro**, fino a Marrara. Tutte, con possibilità di trasporto di bici al seguito e guida.

Parco regionale del Delta del Po

ⓘ Informazioni: Parco regionale del Delta del Po, via Mazzini 200, Comacchio, tel. 0533314003, www.parcodeltapo.it; Castello della Mesola, piazza Umberto I, tel. 3391935943, orari novembre-marzo sab-dom 9.30-12.30 e 14.30-17.30, aprile-ottobre mar-dom 9.30-12.30 e 15-18, chiuso lunedì, ingresso € 3, ridotto € 2; Abbazia di Pomposa, SS309 Romea, Pomposa, tel. 0533719152, orari lun-dom 8.30-19, ingresso feriali € 5, ridotto (18-25 anni) € 2,50, gratuito fino a 17 anni e oltre i 65, giorni festivi ingresso gratuito alla chiesa, per le altre aree € 3, ridotto € 1,50

Altro biglietto da visita da mostrare con orgoglio (il delta è stato dichiarato Patrimonio dell'Umanità nel 1999), il Parco del Delta del Po costituisce **uno degli ecosistemi umidi più importanti d'Europa** e il più vasto d'Italia, con un paesaggio inedito e sorprendente. Boschi secolari si alternano a pinete, oasi, riviere paludose e acquitrini, con testimonianze architettoniche retaggio della dorata signoria estense (**castello della Mesola**) piuttosto che del forte afflato mistico che regnava nell'area (**abbazia di Pomposa**). Istituito nel 1988 a cavallo delle province di Ferrara e Ravenna, il parco copre oggi una superficie di oltre 52 000 ettari ed è articolato in 6 stazioni territoriali (4 nella provincia ferrarese) contraddistinte da biotipi e architetture naturali specifiche.

Sulle tracce di Ariosto

Reggiano di nascita, ferrarese di famiglia, Ludovico Ariosto ha permeato la città di luoghi e di memorie legate alla sua vita e alle sue opere: qui fu attivo, al servizio del duca Alfonso I d'Este, qui rielaborò la versione definitiva dell'*Orlando furioso*, data alle stampe nel 1532. Il percorso conduce dalle case di famiglia, al civico 29/31 di via del Pallone e al 67 di via Ariosto, alla chiesa di S. Benedetto, dove venne custodita fino al 1801 la tomba del poeta, prima di essere traslata con grandi onori in palazzo Paradiso, sede dell'università, e anche della biblioteca a lui dedicata, che ospita molti suoi manoscritti e ben 650 edizioni delle sue opere.

MANGIARE A FERRARA

AL BRINDISI

Via G. degli Adelardi 11, tel. 0532471225, www.albrindisi.net • coperti 50+28 • cucina ferrarese • All'ingresso, una targa dichiara che questa è l'osteria più antica d'Europa (attività documentata già dal 1435). Oltre alla piacevolezza di un ambiente ricco di fascino, giusta accoglienza e un'offerta enogastronomica invitante. Ampia selezione di vini e cucina tradizionale che attinge da antiche ricette; nella bella stagione si pranza all'esterno. Anche menu degustazione. • **Prezzi:** 20/37

ANTICA TRATTORIA IL CUCCO

Via Voltacasotto 3, tel. 0532760026, www.trattoriailcucco.it • coperti 60+60 • chiuso mercoledì • cucina del territorio • Nel quartiere ebraico, un locale di tono familiare con gradevole servizio estivo sotto il pergolato di un cortile interno. In menu: cappellacci di zucca al ragù, salama da sugo con purea di patate (su prenotazione) e, per finire, il tipico spumone ferrarese. • **Prezzi:** 20/30

DA NOEMI

Via Ragno 31/A, tel. 0532769070 • coperti 40+6 • chiuso martedì, luglio • cucina ferrarese • Un locale inserito in un contesto che risale al medioevo, totalmente rinnovato nel rispetto delle forme architettoniche originarie. Cucina tipica ferrarese, con piatti che variano secondo stagione. • **Prezzi:** 18/30

I TRI SCALIN

Via Darsena 50, tel. 0532760331 • coperti 80+20 • chiuso lunedì e sera di domenica, periodo in agosto • cucina del territorio • Tipica trattoria a pochi passi dal centro storico e in comoda posizione accanto a un ampio parcheggio. I piatti, sono quelli tipici della tradizione: in evidenza i cappellacci di zucca e il carrello dei bolliti e, in stagione, cotechino, funghi e tartufi; per finire, la torta tenerina. • **Prezzi:** 25/35

IL TESTAMENTO DEL PORCO

Via Mulinetto 109/111, tel. 0532760460, testporco@tin.it • coperti 40+20 • chiuso domenica • cucina emiliana e classica • Ambiente accogliente e di tono informale, con ampia scelta di specialità che vanno dalle lumache alla carne di struzzo, di agnello e di maiale. La pasta è fatta in casa e i dolci sono sempre ottimi. Una curiosità: si può scegliere di assaggiare una delle numerosissime grappe della collezione. All'interno, una piccola bottega che vende prodotti enogastronomici. • **Prezzi:** 30/35

MEZZA LUNA

Via Terranuova 60/62, tel. 0532209151 • coperti 40 • chiuso domenica, periodo in agosto • cucina ferrarese e di ricerca • In una casa di fine Ottocento, due salette gradevoli e calde. Tra le specialità: ravioli verdi ripieni di baccalà mante-

Chicche golose

La **coppia ferrarese** – in dialetto 'ciupeta' – è un pane croccante a forma di X, prodotto secondo severe norme fin dal Cinquecento. Oggi si fregia del marchio Igp. Tra le altre specialità, lo **gnocco fritto**, i **cappelletti** (tortelli di pasta sfoglia, con ripieno di carni miste), l'**erbazzone** (torta salata ripiena di verdure), lo **squacquerone** (un formaggio fresco tipico da abbinare alla piadina) e la **torta di riso** (riso bollito nel latte, uova, zucchero e mandorle).

cato, burro fuso, tartufo nero e pane aromatico croccante, costoletta di rombo con riso venere profumato alla liquirizia, petto d'anatra in salsa di mandarino. • **Prezzi:** 25/40

OSTERIA IL FRANTOIO

Via dei Baluardi 51, tel. 0532761698 • coperti 40+20 • chiuso domenica e mezzogiorno di lunedì, periodo in gennaio, in giugno e in ottobre • cucina emiliana, classica e di ricerca • In un palazzo rinascimentale, un ambiente caratteristico ricavato nei locali un tempo usati come stivaggio per il sale; buona selezione di vini e distillati. A tavola: tortino di zucca con amaretti ed erbe, cappellacci di zucca al ragù, crema di mascarpone al cioccolato bianco. Il coperto è inteso a tavolo, compresa l'acqua. • **Prezzi:** 25/35

TRATTORIA LA BOTTE

Località Pontelagoscuro, via Padova 169, tel. 0532462311 • coperti 65 • chiuso pranzo di sabato, periodo in agosto • cucina classica • Piacevole trattoria, dall'ambiente intimo e accogliente, vicina al Po. Atmosfera familiare e sapori tipici locali, accompagnati dal celebre pane ferrarese. Da provare, l'antipasto della casa e la paella. • **Prezzi:** 15/25

DORMIRE A FERRARA

ALLA CASELLA

Agriturismo • Località Porotto, via A. Talassi 38/40, tel. 3394958278-3467451066, www.allacasella.it • 5 camere, 2 appartamenti • In posizione tranquilla e isolata, a soli 5 km dal centro città, raggiungibile in bicicletta o con l'autobus. La struttura, ricavata da un vecchio fienile, è all'interno di una vasta tenuta coltivata. Oggi, dopo un attento restauro, propone ambienti curati, arredati con mobili di famiglia; anche le camere, su 2 livelli e contraddistinte da 5 colori diversi, sono particolarmente intime e accoglienti, come pure gli spazi all'aperto. • **Prezzi:** camera doppia 70/90

CA' SPINAZZINO

Agriturismo • Località Spinazzino, via Taglione 5, tel. 0532725035-336735442, www.agriturismocaspinazzino.eu • 3 camere, 3 appartamenti • Il paesaggio è quello della Bassa: strade bianche, pioppi e fruttet. L'ambiente è quello di una grande e rustica casa colonica dei primi del Novecento, la cucina propone sapori genuini di antica memoria. • **Prezzi:** camera doppia 40/60

CASA PISTANI

B&B • Località Quartesana, via Comacchio 894, tel. 0532449452-335258046, www.casapistani.com • 6 camere • Una casa padronale immersa nel verde, con ambienti curati e arredati con mobili d'epoca. Nella sala colazione un bel camino allieta le giornate invernali. D'estate, in giardino, all'ombra dei tigli, ci si può rilassare e godersi il fresco. Nelle immediate vicinanze del Parco del Delta del Po. Si organizzano escursioni. • **Prezzi:** camera doppia 45/60

CONFORTINO

B&B • Località Pontegradella, via Pioppa 17, tel. 0532752750, www.confortino.com • 3 camere • Immersa nel verde, una struttura elegante che offre camere semplici ma complete di tutte le dotazioni. A soli 3 km da Ferrara, costituisce un ottimo punto di partenza per la visita della città. • **Prezzi:** camera doppia 55/65

CORTE DEI GIOGHI

B&B • Via Pellegrina 8, tel. 0532745049-3478668828, www.cortedeigioghi.com • 7 camere • Cascina dell'Ottocento ristrutturata, con camere curate in arredi e comodità. La colazione, a base di prodotti dell'azienda, è servita nella sala o nel giardino d'inverno. Anche piscina. • **Prezzi:** camera doppia 56/90

I CASOLARI

B&B • Località Aguscello, via Ricciarelli 195, tel. 0532258526-3486052545, www.icasolari.com • 3 camere • Appena fuori la cerchia delle mura, un casolare in un grande parco, con camere confortevoli, arredate con gusto e sobrietà. La prima colazione, abbondante e all'insegna della genuinità, è a base di prodotti tipici e durante la bella stagione viene servita nel giardino. • **Prezzi:** camera doppia 60/72

IL GIARDINO FIORITO

B&B • Via XX Settembre 79, tel. 0532742667, www.ilgiardinofiorito.net • 5 camere • In un antico palazzo restaurato, grande cura negli arredi, nell'organizzazione e nell'accoglienza degli ospiti. Possibilità di relax nell'ampio giardino. • **Prezzi:** camera doppia 75/95

IL PAGLIERICCIO

B&B • Viale Belvedere 2, tel. 0532248287-3357847914, www.ilpagliericcio.it • 6 camere • Dentro la città, a soli 10 minuti dal Castello estense, camere graziose e accoglienti dotate di comfort e di set di cortesia composto da un bollitore, acqua minerale, tè e caffe solubile. • **Prezzi:** camera doppia 55/95

LA ROCCHETTA

Agriturismo • Località Sant'Egidio, via Rocca 69, tel. 0532725824, www.larocchetta.com • 13 camere • A pochi chilometri dalla città, natura, silenzio e animali circondano questa gradevole azienda agrituristica, che dispone di camere arredate con cura, con pavimenti in cotto e soffitti con travi in legno. Organizzano anche attività di fattoria didattica. • **Prezzi:** camera doppia 60/86

LE STANZE DI TORCICODA

B&B • Vicolo Mozzo Torcicoda 9, tel. 05321993033-3809068718, www.lestanze.it • 4 camere • Affittacamere nel centro storico, nell'antico ghetto della città, in un palazzo del Quattrocento ristrutturato con sapienza e nel rispetto delle originaie forme architettoniche. Offre poche ma ambite camere, con arredi in stile Ottocento e prima colazione a buffet dolce e salata; servizio gradevole e attento. • **Prezzi:** camera doppia 75/100

LOCANDA CORTE ARCANGELI

Locanda • Via Pontegradella 503, tel. 0532705052-3473590823, www.cortearcangeli.it • 6 camere • In un antico monastero rinascimentale, bella dimora di campagna restaurata secondo i canoni della bioarchitettura. Eleganti camere dotate di comfort, ampi saloni comuni e piccolo ristorante dove gustare raffinate specialità che si rifanno alla tradizione gastronomica emiliana e umbra. • **Prezzi:** camera doppia 70/90

STUDENT'S HOSTEL ESTENSE

Ostello • Corso B. Rossetti 24, tel. 0532201158, www.ostelloferrara.it • 96 posti letto • Ostello a tre stelle ospitato in un immobile di valore storico monumentale nel pieno centro storico. È aperto a tutte le tipologie di visitatori e ben si presta al turismo scolastico e giovanile. All'interno sono allestite una sala ristorante, che propone specialità della cucina ferrarese, e una caffetteria. • **Prezzi:** posto letto 16/20

PISA
suggestioni toscane

L'Arno, uscito da Firenze, non si aspetta ancora tanta bellezza; il fiume sembra quasi frenare il suo corso in ampie curve all'ombra della torre, preso alla sprovvista. Pisa si presenta così, affascinante e ambigua, con il rigore geometrico e le linee pulite della sua piazza più famosa e il labirintico intrico dei vicoli, che richiamano alla mente le atmosfere delle città marinare. Quel mare che ci si aspetterebbe di veder spuntare girato l'angolo, e che invece lascia appena intuire la sua presenza, anche se è solo dieci chilometri più in là. Una delle cartoline più (ab)usate per introdurre ai tesori del Bel Paese, Pisa non è però solo piazza dei Miracoli. La città vanta una storia gloriosa, che raggiunse il suo apice durante il periodo delle repubbliche marinare – pisane erano la Corsica, la Sardegna, le Baleari – e che si riverbera nello splendore dei palazzi che affacciano sui lungarni e che fanno il paio con il dedalo medievale delle stradine del centro. La piazza e la torre, cui sempre si ritorna, sono solo il cuore di un organismo complesso ed egualmente pulsante e ricco di fascino.

QUANDO ANDARE E PERCHÉ

Le occasioni di visita possono essere molteplici, come l'offerta di spunti. Certo, la primavera e l'estate offrono maggiori possibilità di godere di spazi all'aperto e di apprezzare (oltre alla famosissima piazza) uno tra i maggiori piaceri della vita pisana nel tempo libero: oziare tra i vicoli della città vecchia o sul lungofiume. Se invece preferite le occasioni culturali, settembre e ottobre sono l'ideale per gli amanti della musica sacra e delle rassegne letterarie. Sebbene possa apparire banale, uno dei motivi principali di una breve vacanza a Pisa è che proprio non si può non approfittare di quel concentrato di bellezza che è piazza dei Miracoli. Pisa non è solo quello spazio, ma quello spazio esprime a meraviglia l'anima della città. Però... c'è molto altro. Offerta enogastronomica di qualità e, tutto sommato, anche a prezzi accettabili (nei dintorni si trovano ancora vecchie osterie dove si mangiare davvero con poco) e, a un tiro di schioppo, uno dei litorali più famosi della letteratura italiana.

COME ARRIVARE

→IN AUTO Pisa si trova lungo la direttrice autostradale tirrenica ed è raggiungibile dalle uscite **Pisa Nord** e **Pisa Centro** della **A12 Genova-**

Rosignano. La città è anche il terminale dell'autostrada **A11 Firenze Mare**, che la raggiunge all'altezza del casello di Pisa Nord, e della **strada di grande comunicazione Firenze-Pisa-Livorno**, superstrada con due corsie per senso di marcia, che si immette direttamente sulla A12 dopo l'uscita di **Pisa Ovest**. È inoltre raggiungibile da Lucca con la **SS12 dell'Abetone**, e da Genova, da nord, e da Grosseto e Livorno, da sud, con la **SS1 Aurelia**. La **SS67 Tosco-romagnola** permette di raggiungere la città da Ravenna, passando per Firenze.

→IN TRENO Pisa rappresenta un nodo importante nell'ambito del trasporto ferroviario nordoccidentale. Posta sulla linea passante **Ventimiglia-Genova-La Spezia-Roma**, Pisa è il terminal delle linee provenienti da Firenze, da Lucca e da Vada. Il principale scalo cittadino è la **stazione centrale** (piazza della Stazione), dove transitano treni a lunga percorrenza espresso, IC ed Eurostar di **Trenitalia** (tel. 892021, www.fsitaliane.it). Nelle immediate vicinanze dello scalo transitano tutte le linee di autobus urbane e interurbane.

→IN AUTOBUS Pisa è servita da autolinee a lunga percorrenza che la collegano a numerose regioni italiane, per lo più del Centro-Sud (autolinee **Simet** e **Sena**, che arrivano direttamente al parcheggio di via Pietrasantina, e autolinee **Moretti** e **Marozzi**). Il capolinea degli autobus provenienti da Collesalvetti, Cecina, Firenze e dagli altri centri extraurbani regionali è nei pressi della stazione ferroviaria, in piazza S. Antonio.

→IN AEREO Lo scalo cittadino è l'**Aeroporto di Pisa "Galileo Galilei"** (via dell'Aeroporto, tel. 849300, www.pisa-airport.com), distante solo un chilometro dal centro e perfettamente integrato con la rete di trasporti autostradale (uscite **Pisa Centro-Aeroporto**, della superstrada Firenze-Pisa, e **Pisa Centro**, della A12 Genova-Rosignano), con la viabilità normale (accesso diretto alla SS1 Aurelia) e la rete ferroviaria (terminal ferroviario a meno di 40 metri, collegato da passaggio pedonale coperto). Dall'aerostazione collegamenti via bus per il centro (linea **LAM** rossa, biglietto € 1,10), Firenze (**Terravision**, tel. 0697610632, www.terravision.eu, durata 70 minuti, € 10 sola andata, € 16 a/r), Siena (**Siena Mobilità**, www.sienamobilita.it) e Livorno (**ATL**, www.atl.livorno.it).

Voli low cost

Compagnie che operano su Pisa: **AirOne** (tel. 199207080, www.flyairone.com), da Catania, Olbia e Lamezia; **Ryanair** (tel. 899898241, www.ryanair.com), da Alghero, Bari, Brindisi, Cagliari, Lamezia, Palermo e Trapani; **Wind Jet** (tel. 892020, www.volawindjet.it), da Catania e Palermo.

COME MUOVERSI

→IN AUTO Il centro storico di Pisa è una sorta di quadrilatero completamente pianeggiante di circa 1,5 km di lato, racchiuso in gran parte dalla cinta muraria del XII secolo. È quasi integralmente protetto da una **zona a traffico limitato** (ZTL), il cui accesso è possibile attraverso varchi elettronici ed è consentito solo ai residenti oppure ai turisti che alloggiano nel suo perimetro, facendo richiesta di un permesso temporaneo alla struttura in cui si risiede. Meglio ancora lasciare l'auto in uno dei tre parcheggi scambiatori gratuiti (in **via Pietrasantina**, a poche centinaia di metri da piazza

Eventi e manifestazioni

Capodanno Pisano
(marzo)

Sì, perché a Pisa il capodanno lo si festeggia anche il 25 marzo, data che si rifà alla tradizione dell'antica Repubblica Marinara e che vedeva l'inizio del nuovo anno coincidere con il giorno dell'Annunciazione. Corteo storico e cerimonia solenne in Duomo, con raggio di sole che entra dalla navata centrale e va a colpire un uovo di marmo posizionato su una mensola accanto al pergamo di Giovanni Pisano.

Giugno Pisano
(giugno)

Un mese di festeggiamenti, eventi, spettacoli, mostre e convegni sparsi per tutta la città che raggruppa gran parte delle principali festività cittadine, quali la **Luminara**, il **gioco del ponte**, la **festa di S. Ranieri**, patrono di Pisa, e, ogni quattro anni, la **regata storica delle Repubbliche marinare** (www.giugnopisano.com).

Metarock
(settembre)

Kermesse di musica rock diventata ormai un appuntamento fisso per appassionati da tutto il Nord della penisola, con artisti di fama nazionale e internazionale (via Mazzini 46, tel. 05040821, www.metamusic.eu).

Pisa Book Festival
(ottobre)

Rassegna culturale relativamente giovane (è nata nel 2003) dedicata all'editoria indipendente, ormai tra le manifestazioni più importanti in Italia nel suo genere. Ogni edizione ospita un Paese straniero (presso Palazzo dei Congressi e Stazione Leopolda, organizzazione LibriDoc, Lungarno Pacinotti 12, tel. 0508056400, www.pisabookfestival.it).

Anima Mundi
(settembre-ottobre)

È una fra le più importanti rassegne mondiali di musica sacra, con grandi interpreti internazionali ed eventi musicali unici sullo sfondo incantato della piazza del Duomo. I concerti si tengono nella Cattedrale e nel camposanto monumentale. La rassegna è organizzata dall'Opera Primaziale Pisana. Biglietti gratuiti, disponibili due giorni prima di ogni concerto. (OPP, piazza del Duomo, tel. 050835029, www.opapisa.it).

dei Miracoli, in **via del Brennero**, non disponibile mercoledì e sabato per mercato, e in **via del Pratale**) e raggiungere il centro a piedi, oppure usufruendo dei bus navetta C (a/r € 1) ed E (biglietto giornaliero € 1,45). I parcheggi a raso sono invece quasi tutti a pagamento, specie quelli a ridosso della ZTL, con tariffe orarie che variano dai € 0,60 a € 1,75. Le aree di sosta sono gestite da **PisaMO** (Sportello del Cittadino, via Battisti 55, tel. 050506113, www.pisamo.it).

→IN AUTOBUS La gestione del servizio di trasporto urbano è affidata a **CPT-Compagnia Pisana Trasporti** (via Bellatalla 1, numero verde 800012773, www.cpt.pisa.it), che copre anche buona parte del territorio provinciale. Undici sono le linee urbane, più le navette e tre linee **LAM-Linee ad Alta Mobilità** (rossa, verde e blu) a elevata frequenza. Biglietti con validità 70 minuti € 1,10, 120 minuti € 1,45, 240 minuti € 1,75, giornaliero € 3,40. Sul territorio operano anche **Autolinee Lazzi** (www.lazzi.it, collegamenti con Lucca e Viareggio) e **CLAP/Vaibus** (www.clapspa.it, per Lucca e Pietrasanta).

→IN TAXI A Pisa il servizio di radiotaxi è gestito da **CoTaPi** (via di Capiteta 6, tel. 050541600, www.cotapi.it). Anche prenotazioni online e preventivi via web. Grande area sosta taxi in piazza della Stazione.

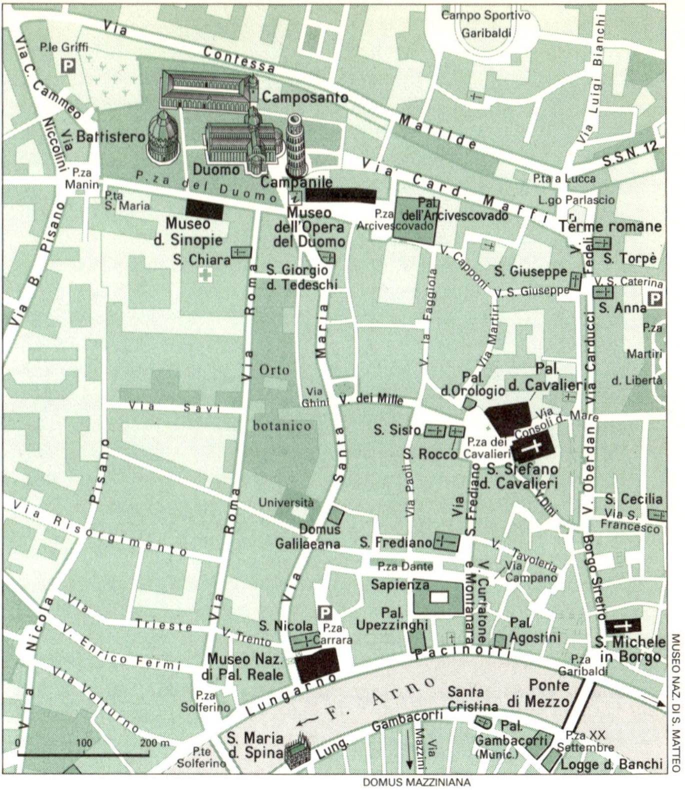

SCOPRIRE PISA A PIEDI

Pisa, lo si è già accennato, è per molti versi una città sottovalutata. C'è **piazza del Duomo**, o dei Miracoli, con la **Cattedrale** e la **torre pendente**. Poi il nulla. Almeno questo nell'immaginario comune. Invece la città è riserva, troppo spesso inesplorata, di tesori nascosti, a volte sconosciuti. Il fascino di un viaggio sta anche nella (ri)scoperta di questi gioielli: dalla città medicea ai lungarni poco alla volta recuperati, alle piazzette asserragliate nel dedalo di vicoli del centro medievale. Si spera che il 'mago Piuss', come i pisani hanno ironicamente chiamato il piano per il recupero e la valorizzazione del centro storico finanziato dall'Europa, sfati davvero il sortilegio restituendo al godimento di tutti un patrimonio di eccezionale valore. Un itinerario particolare potrebbe prendere le mosse dal **murale di Keith Haring** che copre il muro laterale del convento di S. Antonio, nell'omonima piazza, poco distante dalla stazio-

ne ferroviaria. In direzione nord, via Crispi permette di raggiungere la duecentesca **S. Maria della Spina**, sul Lungarno Gambacorti e, piegando a sud-est, l'omonimo palazzo che ospita il **municipio** e **Palazzo Blu**, importante sede espositiva.
Superato l'Arno, una deviazione sul Lungarno mediceo conduce al **Museo nazionale di S. Matteo**; oppure si può proseguire per Borgo Stretto, via Dini e piazza dei Cavalieri, addentrandosi nei meandri nella **città medievale**, fino all'apoteosi di piazza dei Miracoli. Gli amanti dello shopping low cost potranno rimanere in zona, con una veloce puntata alla **Loggia dei Banchi**, mentre gli appassionati degli aperitivi e del dopo cena troveranno svariate occasioni sui lungarni. Per una piacevole sosta cultural-gastronomica, puntata al centro multiculturale della **Stazione Leopolda**, nella vicina piazza Guerrazzi.

Pisa in bici?

A dispetto del largo uso fattone dai suoi abitanti, non si può certo dire che Pisa sia stata finora una delle città più ciclabili d'Italia. Tuttavia, negli ultimi tempi vi sono stati molti segnali che annunciano una mutata sensibilità nei confronti di quanti amano muoversi con questo mezzo. In tal senso, va sottolineata con favore l'iniziativa di creare finalmente anche qui un apposito **Ufficio Biciclette** (via Battisti 71, tel. 050502742, lun-gio 9-12 e 15-17, ven 9-12), che si occupa principalmente del miglioramento e dell'ampliamento della rete ciclabile, della realizzazione di punti di interscambio auto-bici e della redazione di un piano della mobilità ciclabile.

I MUST DA NON PERDERE

Piazza del Duomo

Informazioni: piazza del Duomo, tel. 050835011, www.opapisa.it, dalle 23 alle 7 l'accesso all'area è interdetto; Duomo, aprile-settembre, lun-dom 10-19, ingresso € 2; Torre pendente, aprile-settembre, lun-dom 8-20 (giugno-luglio-agosto fino alle 23), orari variabili negli altri mesi, ingresso € 15 (€ 17 con prenotazione), visita vietata ai bambini fino a 8 anni e concessa ai minori di 18 solo se accompagnati; Battistero, aprile-settembre, lun-dom 8-20, ingresso € 5; Camposanto, aprile-settembre, lun-dom 8-20 (giugno-luglio-agosto fino alle 23), ingresso € 5; Museo delle Sinopie e Museo dell'Opera, aprile-settembre, lun-dom 8-19.30, orari variabili negli altri mesi dell'anno, ingresso € 5

Piazza del Duomo, nota anche come **piazza dei Miracoli**, fu area di culto fin da epoca etrusca e costituisce una delle più straordinarie concentrazioni di arte romanica al mondo. Pavimentata solo in parte, l'area ospita quattro monumenti di eccezionale valore artistico: il **Duomo**, o **Cattedrale di S. Maria Maggiore**, e la sua torre campanaria, o **torre pendente**, il **battistero** e il **camposanto monumentale**. Pur essendo frutto di progetti e tempi differenti, l'architettura della piazza offre un unicum armonico che rasen-

ta la perfezione. I lavori della cattedrale, iniziati nel 1064, su progetto del Buscheto, si protrassero sino al secolo successivo, mentre il suo aspetto attuale è il risultato di interventi sostanziali ripetuti almeno fino alla metà del XVI secolo. L'edificio, originariamente a croce greca, presenta oggi una **pianta a croce latina** a cinque navate, con abside e transetto a tre navate. Colonnati, lesene e loggette che caratterizzano l'esterno donano alla costruzione una leggerezza architettonica che contrasta efficacemente l'imponenza dell'opera. L'interno, dove sono ospitati autentici capolavori di **Cimabue**, **Bonanno** e **Giovanni Pisano**, richiama effetti spaziali simili, anche visivamente, a quelli utilizzati negli spazi di culto orientali, con utilizzo di **archi a sesto rialzato** o acuto, **rivestimenti dicromici** e **cupola elissoidale**.
Separato dal corpo principale è il campanile della cattedrale, meglio noto come **torre pendente**, miracolo di statica ed elegante costruzione **a logge sovrapposte**. Iniziata nel 1173, la costruzione venne sospesa all'altezza del terzo livello a causa di un fenomeno di subsidenza del terreno e ripresa nuovamente nel 1275.
Il **battistero**, a pianta circolare e cupola piramidale, venne realizzato tra la metà del 200 e il XIV secolo e vi lavorarono, tra gli altri, Giovanni e Nicola Pisano, al quale si deve il prezioso pergamo.
Il **camposanto** (1277), lungo il lato nord della piazza, era riservato agli esponenti delle famiglie più illustri e conservava ricchissimi affreschi (tra questi, *Il trionfo della morte* del Buffalmacco), in parte andati distrutti nel corso degli ultimi eventi bellici. Parte di quelli recuperati sono oggi esposti in ambienti limitrofi, mentre i disegni preparatori, riemersi durante i lavori di messa in sicurezza delle opere, sono conservati nel **Museo delle Sinopie**, presso lo **Spedale nuovo di S. Spirito** (1275). Il **Museo dell'Opera del Duomo** custodisce le opere originali provenienti dai monumenti della piazza durante i restauri tra cui, di sommo rilievo, diverse sculture di Nicola e Giovanni Pisano.

Museo nazionale di S. Matteo

ⓘ Informazioni: Museo nazionale di S. Matteo, piazza San Matteo 1, tel. 050541865, www.pisaunicaterra.it/item/museiPisa/museo-san-matteo.html, mar-sab 8.30-19.30, festivi 9.30-14, ingresso € 5, ridotto € 2,50

Varcato il ponte di Mezzo e imboccato il Lungarno mediceo che segue a sud-est, si giunge al Museo nazionale di S. Matteo, in stile romanico e affaccio classicheggiante, che ospita una delle raccolte più importanti d'Europa in tema di arte medievale. Straordinarie, in particolare, sono le collezioni di **scultura pisana** e di **opere pittoriche del territorio pisano e di scuola toscana del XII e XIII secolo** e la raccolta di **bacini ceramici medievali** (XI secolo) provenienti da Paesi islamici, utilizzati come elementi decorativi sui prospetti delle chiese.

SPUNTI E CHICCHE LOW COST

Il murale di Keith Haring

Informazioni: Murale Tuttomondo, piazza S. Antonio

Non tutti lo sanno (anche perché è fuori dagli abituali percorsi turistici), ma a Pisa si trova uno degli ultimi lavori dell'artista statunitense Keith Haring, realizzato nel giugno 1989 su una facciata esterna della chiesa di S. Antonio Abate, pochi mesi prima della morte. L'enorme murale **Tuttomondo** - il tema è quello dell'armonia e della pace nel mondo, visibile attraverso i collegamenti e gli incastri tra le 30 figure che lo popolano - è uno dei maggiori lavori dell'artista americano, anche in termini dimensionali (180 metri quadrati la superficie dipinta) e rappresenta un vero e proprio 'instant painting': in esso Haring ritrasse infatti passanti, oggetti e qualsiasi altra cosa rientrasse nel suo campo visivo in corso d'opera. È l'unica opera di Haring che viene concepita sin dall'inizio come permanente e non destinata a scomparire nell'uso. Il murale si trova in piazza S. Antonio e la visione, non c'è bisogno di dirlo, è assolutamente gratuita.

Gratis

A Pisa è possibile accedere gratuitamente alla **Domus galilaeana** (via Santa Maria 26, tel. 05023726, www.domusgalilaeana.it), istituita nel 1942 in onore del grande scienziato pisano e che ospita una ricca biblioteca e numerosi manoscritti originali. Gratuita anche la visita della **Domus mazziniana** (via Mazzini 71, tel. 05024174, www.domusmazziniana.it, lun-ven 9-13, e a richiesta), allestita nella casa che fu della famiglia Nathan Rosselli, dove Mazzini trascorse i suoi ultimi giorni; ospita una biblioteca ricca di volumi sulla storia del Risorgimento e un interessante archivio storico.

Un palazzo tutto blu

Informazioni: Palazzo Blu, lungarno Gambacorti 9, tel. 050916950, www.palazzoblu.org, mar-ven 10-18, sab-dom 10-19; gratuito l'ingresso alle collezioni permanenti

Sul Lungarno meridionale, nel cuore del centro della città e a pochi passi dal Ponte di Mezzo e dalla sede del Comune, si nota la facciata azzurra di un'antica dimora nobiliare, splendidamente restaurata da una fondazione bancaria locale. Si tratta di **Palazzo Blu**, area espositiva dedicata all'organizzazione e la realizzazione di importanti mostre temporanee, che si inserisce nel più ampio progetto di valorizzazione turistica del circuito di musei che si affacciano sul Lungarno. Al primo piano, la collezione permanente della Fondazione raccoglie, tra le altre, opere di Artemisia e Orazio Gentileschi, Desmarais e Jacopo Ligozzi ed è visitabile gratuitamente.

La Pisa ebraica

ⓘ **Informazioni: Cimitero ebraico, via Palestro 24, tel. 050542580, apertura dom (mattina) e mer (pomeriggio)**

Così come la vicina Livorno, Pisa divenne simbolo di libertà e costituì, nel corso del '600, un sicuro rifugio per i mercanti ebrei che vi si stabilivano. Testimonianza importante della presenza ebraica in città è il **cimitero**, uno dei più antichi luoghi di sepoltura ebraici del mondo, a destra della Porta Nuova, fuori della antica **Porta del Leone**, in corrispondenza e quasi in prosecuzione del monumentale camposanto cristiano. Utilizzato dal 1674, l'attuale cimitero è stato preceduto da almeno altri tre cimiteri ebraici, tutti ubicati all'esterno delle mura occidentali. Del più antico, duecentesco, restano tracce epigrafiche sulle mura alla destra della Porta Nuova.

Luminara di S. Ranieri

La vigilia della festa dedicata a S. Ranieri, patrono della città, è un'esperienza da non dimenticare: ben settantamila lumini, disseminati nei lungarni, illuminano la notte pisana. Tradizione nata nel XIV secolo, la luminara prevede che i circa settantamila **lampanini**, inseriti in appositi telai in legno, o 'biancheria', vadano a disegnare le forme architettoniche di chiese, palazzi e torri dei lungarni. Unica eccezione è la torre pendente, illuminata con padelle a olio collocate anche sulle merlature delle mura urbane, nel tratto che racchiude la piazza del Duomo (Assessorato alle Manifestazioni storiche, via degli Uffizi 1, tel. 050910277, www.comune.pisa.it/manifestazionistoriche/doc/luminara.htm).

Parco regionale Migliarino, San Rossore, Massaciuccoli

ⓘ **Informazioni: Tenuta di San Rossore, località Cascine Vecchie, tel. 050539111, www.parcosanrossore.it, visite gratuite dom e festivi**

Disponendo di una giornata in più, può essere molto piacevole una visita all'area protetta di San Rossore, cuore del **Parco regionale Migliarino, San Rossore, Massaciuccoli** che si estende per circa 32 km a cavallo delle province di Pisa e Lucca. La zona, anticamente paludosa, è stata colmata nel tempo dai detriti del Serchio e dell'Arno, ma il territorio è frutto anche dell'importante intervento dell'uomo. La **tenuta di San Rossore** è parzialmente aperta al pubblico, ma è possibile visitare zone più interne, utilizzando il servizio di visite guidate organizzate dall'Ente Parco. La **Sterpaia**, edificio di grande pregio architettonico, funge da centro visite e ospita al suo interno laboratori, materiale divulgativo e prodotti del territorio. Presso il **Centro di Educazione ambientale Villa medicea** di Coltano (tel. 050989084) si organizzano percorsi didattici.

MANGIARE A PISA

EMILIO

Via Cammeo 44, tel. 050562141, panicoblack@libero.it • coperti 350+60 • chiuso ferie variabili • cucina toscana e classica • Nuova gestione per questo locale spazioso a vocazione turistica situato vicino al Duomo. In menu, piatti di carne e di pesce, funghi in stagione e dolci di fatti in casa. Solo su prenotazione e per gruppi anche cucina indiana. **• Prezzi: 20/30**

LA BUCA

Via M. D'Azeglio 6, tel. 05024130, www.labucapisa.it • coperti 80 • chiuso domenica, ferie variabili • cucina toscana • L'indirizzo giusto per chi è alla ricerca dei sapori tipici della Toscana, preparati con prodotti stagionali e del territorio, in un ambiente molto semplice e accogliente; l'ampia scelta di carni (dalla chianina al mucco pisano) e le diverse specialità di pesce fresco garantiscono un'ottima qualità a prezzi convenienti. **• Prezzi: 25/40**

LA ROTA

Località Madonna dell'Acqua, via Aurelia 276, tel. 050804443, andrea.virgili@tiscali.it • coperti 170+120 • chiuso martedì • cucina del territorio e toscana • Ambiente spazioso e accogliente; cucina in prevalenza di mare (spaghetti allo scoglio, cacciucchino di moscardini), ma con spazio anche per la carne (bistecca alla fiorentina). In estate è possibile pranzare nel delizioso gazebo situato nel parco. **• Prezzi: 20/35**

NURAGHE

Via Mazzini 58, tel. 05044368 • coperti 65 • chiuso lunedì, agosto • cucina sarda e classica • In una casa-torre situata in posizione centrale, un angolo di Sardegna in terra toscana: polpo alla catalana, ravioli neri di pesce, sampietro all'isolana e le immancabili seadas; è gradita la prenotazione; buona selezione di vini. **• Prezzi: 15/35**

OSTERIA DEI CAVALIERI

Via S. Frediano 16, tel. 050580858, www.osteriacavalieri.pisa.it • coperti 60 • chiuso mezzogiorno di sabato e domenica, agosto e periodo natalizio • cucina toscana • In una casa-torre medievale, locale accogliente che, oltre alla carta, propone menu di terra, di mare e di verdure. Tra le proposte: sformatino di formaggio con crema di fagioli, tagliatelle di pasta fresca all'anatra con carote e bacche di ginepro, totanini alla piastra con rucola e, per finire, crostata di pere e cannella o semifreddo al croccante. **• Prezzi: 27/37**

OSTERIA DEI MILLE

Via dei Mille 30/32, tel. 050556263, icicapri@tin.it • coperti 48 • chiuso venerdì • cucina classica • Tra piazza dei Miracoli e piazza dei Cavalieri, c'è questo ristorante romantico e accogliente. La

Chicche golose

Il territorio pisano è famoso per la sua norcineria, che si contraddistingue per i sapori forti e sapidi. Accanto ai classici – salsicce, capocolli, finocchiona – si trovano salumi da cottura preparati utilizzando sangue e tagli suini meno nobili; tra gli altri, il **mallegato**, il **burischio**, la **soppressata di sangue** e il **salame al vino**. Altre specialità tipiche sono le **cèe alla pisana** (piccole anguille fritte spolverate di grana) e il **pane di pomarance**, preparato esclusivamente con farina – indifferentemente di grano tenero, integrale, farro o girasole – e lievito autoprodotto.

famiglia Capriolo si dedica con passione alla cura dell'ospite e propone una cucina genuina e di qualità. In menu: ravioli di ricotta e spinaci, zuppa toscana al cavolo nero, la classica fiorentina, funghi e tartufi in stagione. • **Prezzi:** 25/35

OSTERIA DEL PORTON ROSSO

Vicolo del Porton Rosso 11, tel. 050580566, www.osteriadelportonrosso.com • coperti 50+10 • chiuso domenica, periodo in agosto • cucina toscana e marinara • A due passi dal Lungarno Pacinotti, in una tipica casa-torre del 1100, un ambiente sobrio e cucina di pesce (ottime le grigliate); tra le specialità: gigli con frutti di mare e verdure, riso nero, piatto misto di pesce, tagliolini scampi e zucchine; dolci tutti fatti in casa, come il budino di pere e parmigiano. • **Prezzi:** 30/40

OSTERIA DI CULEGNA

Via Mercanti 25, tel. 050576426 • coperti 35+15 • chiuso domenica, periodo in luglio • cucina toscana • In pieno centro, un piccolo locale con due sale raccolte e uno spazio esterno estivo. Piatti semplici, di carne e pesce, che variano spesso, a seconda della stagionalità dei prodotti. • **Prezzi:** 20/35

OSTERIA LA GROTTA

Via S. Francesco 103, tel. 050578105, www.osterialagrotta.com • coperti 34+20 • chiuso domenica, ferie variabili • cucina toscana rivisitata • L'ambiente è insolito e originale: le volte delle due sale hanno la conformazione di una vera e propria grotta. In cucina, tradizione gastronomica toscana rivisitata, con largo uso delle materie prime locali, sempre diverse in base alle stagioni. Curata carta dei vini. • **Prezzi:** 30/38

DORMIRE A PISA

B&B HOTEL PISA

Albergo • Via G. Gronchi, tel. 050988181, www.hotelbb.it/it/pisa-accademia/hotel• 102 camere • Non lontano dal centro, ideale per la clientela turistica e quella d'affari; gli ambienti, in stile sobrio, sono funzionali e confortevoli; ricca colazione a buffet. • **Prezzi:** camera doppia 59/83

CAPITOL

Albergo • Via E. Fermi 13, tel. 05049597, www.hotelcapitol.pisa.it • 15 camere • In posizione tranquilla e a pochi passi dal centro storico, una struttura semplice e moderna, con servizio impeccabile e comfort all'avanguardia. Camere ampie, dagli arredi moderni; gli spazi comuni sono attrezzati per il relax o per gustare un aperitivo. • **Prezzi:** camera doppia 65/90

GLICINE E LUNA

B&B • Località San Lorenzo alle Corti, via di Mezzo Nord 370, tel. 050777821-3335735308, www.bbglicineeluna.it • 4 camere • Un antico casale del Settecento sottoposto a restauro conservativo e arredato con mobili d'epoca e la funzionalità di un design moderno. A disposizione, una struttura indipendente all'interno della villa, con camere luminose e confortevoli. La prima colazione viene servita nell'ampio salone e, durante i mesi più caldi, nei gradevoli, panoramici loggiati. • **Prezzi:** camera doppia 50/65

LA MIMOSA

B&B • Via Livornese 216, tel. 3392776703, www.lamimosa.pisa.it • 3 camere • Una villa situata sul lungo viale alberato che da Pisa porta verso il mare. Camere dall'arredo semplice, ciascuna ispirata a un fiore. All'esterno, terrazza solarium e giardino, dove in estate vengono servite gustose colazioni. Possibilità di escursioni in carrozza al Parco regionale di Migliarino, San Rossore, Massaciuccoli. • **Prezzi:** camera doppia 50/59

LEONARDO

Albergo • Via Tavoleria 17, tel. 050579946-050579819, www.hotelleonardopisa.it • 27 camere • In centro, la residenza quattrocentesca del duca Salviati, rinnovata mantenendo alcune strutture architettoniche originarie, offre camere confortevoli e arredate con semplicità. • **Prezzi:** camera doppia 75/115

MARY'S BED AND BREAKFAST

B&B • Località San Rossore, corte Case Medicee 29, tel. 050533427-3395639233, www.cosystay.com • 2 camere • Piccola e accogliente struttura gestita da una famiglia anglo-italiana. In posizione ideale per la praticità degli spostamenti in città e per raggiungere i luoghi di maggiore interesse storico-artistico. • **Prezzi:** camera doppia 55/70

NOVECENTO

Albergo • Via Roma 37, tel. 050500323, www.hotelnovecento.pisa.it • 12 camere • Nel centro storico, una graziosa residenza che offre ospitalità in un contesto raffinato. Arredata con gusto, si segnala per le camere eleganti e accoglienti, dal design contemporaneo e il comfort delle dotazioni. • **Prezzi:** camera doppia 70/120

ROMA

Albergo • Via Bonanno Pisano 111, tel. 050554488, www.hotelroma.pisa.it • 27 camere • Esercizio con attrezzature funzionali che garantiscono un soddisfacente livello di comodità; camere curate e accoglienti, con vista su piazza dei Miracoli; parcheggio interno a pagamento. • **Prezzi:** camera doppia 68/120

TERMINUS & PLAZA

Albergo • Via C. Colombo 45, tel. 050500303, www.hotelterminusplaza.it • 53 camere • In zona tranquilla nei pressi della stazione, dispone di camere curate e confortevoli. Prima colazione a buffet dolce. • **Prezzi:** camera doppia 65/88

TORRE PENDENTE

Campeggio • Viale delle Cascine 86, tel. 050561704, www.campingtorrependente.it • Stagionale • Il campeggio si sviluppa su un terreno erboso e pianeggiante, a circa 800 metri da piazza dei Miracoli. Mette a disposizione una piscina, spaccio e bazar, ristorante-pizzeria, maxi caravan con veranda e angolo cucina.

VERDI

Albergo • Piazza Repubblica 5, tel. 050598947, www.verdihotel.it • 32 camere • Edificio d'epoca nel centro storico, di fronte al palazzo di Giustizia. Hall accogliente, con pavimenti in cotto e pareti in pietra a vista; camere dagi arredi moderni e funzionali. Abbondante prima colazione a buffet, dolce e salata. • **Prezzi:** camera doppia 55/135

WELCOME

B&B • Via Matteucci 30/B, tel. 3477730237, www.welcomebedandbreakfast.it • 3 camere • Tipica casa colonica dell'Ottocento, ristrutturata nel rispetto dell'antica architettura, a soli dieci minuti dal centro storico della città. Mette a disposizione ampie e luminose camere arredate in stile country e dotate di moderne attrezzature. • **Prezzi:** camera doppia 50/80

SIENA

una piazza in forma di città

Città di origine etrusca e colonia militare romana in epoca augustea, Siena divenne un importante centro mercantile già a partire dal X secolo. Dopo oltre tre secoli, la peste del 1348 segnò l'inizio del declino, fino alla sua cessione all'odiata Firenze, di cui seguì le sorti fino all'Unità d'Italia. «Nella piazza c'è come un'enfasi, ma non nell'ordine del grandioso. È difficile definirla. (...) È una sorta di avvertimento. È uno degli aspetti che si potrebbe dire religiosi di Siena». Il poeta e saggista Franco Fortini coglie l'afflato mistico dello slargo del Campo: la piazza, a Siena, è tutto. È il cuore che da secoli mette in circolo commerci, affari, passioni civili. È il Palio. Che per i senesi è come dire, appunto, tutto. E neppure quando la città se ne spoglia, quando le urla e gli incitamenti lasciano spazio alla delusione degli sconfitti o alla gioia rumorosa del vincitore, neppure allora svanisce quel senso di mistica religiosità che si avverte stando seduti di fronte alla piazza ormai vuota. E allora è più facile cogliere l'aura incantata che la avvolge, con il tempo che sembra come sospeso, fermo a quel medioevo di cui si coglie l'atmosfera e che ha portato il suo centro storico a essere dichiarato Patrimonio dell'Umanità.

QUANDO ANDARE E PERCHÉ

Se si riduce la città alla sua manifestazione per eccellenza - il Palio - allora il 'quando' è ovvio. Due le date, luglio e agosto, però l'affluenza non è solo alta, di più: occorre quindi prenotare per tempo. Ma se amate la tranquillità, qualsiasi altro periodo va bene. Perché Siena racchiude in sé cultura e svago, benessere spirituale e fisico: in pochi chilometri è possibile passare dalla visita di alcune tra le più alte espressioni del medioevo alla tradizionale accoglienza toscana, magari in uno dei tanti agriturismi o B&B della campagna senese.

COME ARRIVARE

→IN AUTO Decentrata rispetto ai principali assi viari del Centro Italia, Siena si raggiunge da nord utilizzando l'uscita **Firenze Certosa** dell'autostrada A1, da dove è possibile imboccare la **superstrada Firenze-Siena** (40 minuti circa). Per chi proviene da sud, uscita **Valdichiana** dell'Autosole, quindi **raccordo SS326 Bettolle-Siena**, o, da Grosseto e dalla costiera maremmana, la **SS223 Siena-Grosseto**. Altre vie di comunicazione sono la **SS408 Chiantigiana**, da Montevarchi, e la **SR2 Cassia**, da Roma, passando da San Quirico d'Orcia.

➔IN TRENO Siena dispone di buoni collegamenti ferroviari con Roma, attraverso la diramazione per **Chiusi-Chianciano Terme**, e con Campiglia (linea **Campiglia-Follonica-Montepescali-Siena**). Frequenti le corse con Empoli, Firenze, Pisa, Grosseto e Arezzo, mentre da Perugia si segue la linea per Terontola e Chiusi. Tutti i servizi di trasporto sono gestiti da **Trenitalia** (tel. 892021, www.fsitaliane.it). La **stazione** (piazza Carlo Rosselli 7, tel. 0577207111) è al di fuori della cerchia delle mura e dista circa 2 km dal centro storico, a cinque minuti di bus.

➔IN AUTOBUS Molte sono le linee di autobus che permettono di raggiungere Siena. I collegamenti per Milano, Bologna, Roma e altre città italiane sono gestiti da **Sena** (piazza Gramsci, tel. 0577283203, www.sena.it), per Firenze da **Sita** (numero verde 800373760, www.sitabus.it) e **Tra-In** (tel. 0577204111, www. trainspa.it), e per Grosseto da **Rama** (tel. 056425215, www.griforama.it).

➔IN AEREO Siena possiede solo un piccolo scalo, l'**Aeroporto di Siena-Antignano** (tel. 0577392226, www.aeroportosiena.it), nel comune di Sociville, a 12 km dalla città, che però si limita a un traffico di jet privati e a voli a corto raggio. Il vero scalo di riferimento è l'**Aeroporto "Amerigo Vespucci"** di Firenze (via del Termine 11, tel. 0553061300, www.aeroporto.firenze.it), a poco meno di 80 km, raggiungibile con i bus del vettore **Tra-In** fino a all'autostazione di Firenze (via Alamanni 3), quindi con il servizio urbano **Vola in Bus** (partenze ogni 30 minuti, dalle 5.30 alle 23, nelle vicinanze della stazione di Santa Maria Novella, numero verde 800424500, www.ataf.net).

Voli low cost

Compagnie che operano su Firenze: **ElbaFly** (stagionale, tel. 0565977900, www.heliair-elbafly.it), che vola da e per l'isola d'Elba; **Meridianafly** (tel. 892928, www.meridiana.it), con voli da Cagliari, Catania e Olbia (stagionale).

COME MUOVERSI

➔IN AUTO Stante la conformazione urbana e l'estensione a quasi tutto il centro della **zona a traffico limitato** (ZTL; una delle più ampie d'Italia in rapporto al numero di abitanti), Siena è città da girare rigorosamente a piedi. Si può lasciare l'auto in una delle numerose aree di sosta gestite da **Siena Parcheggi** (numero verde 800562565, www.sienaparcheggi.com): otto multipiano, attorno alla cerchia delle mura (**Campo, Duomo, S. Francesco, Eliporto, Fastpark, Stazione, S. Caterina, Stadio-Fortezza**) e quattro parcheggi a raso (**piazza Amendola, viale Fruschelli, via Bastianini, via Roma**), con tariffe orarie che variano da € 0,50 a € 1,60. Siena Parcheggi gestisce anche tre impianti di scale e tappeti mobili: **S. Francesco** (via Baldassarre Peruzzi, nei pressi dell'omonimo parcheggio); **Costone-Fontebranda** (piazza Carlo Rosselli, adiacente al parcheggio S. Caterina), che porta direttamente al Duomo, al complesso museale di Santa Maria della Scala, alla basilica di San Domenico e in centro; e **Stazione-Antiporto Camollio**, che collega direttamente il parcheggio Stazione al centro cittadino.

➔IN AUTOBUS Il servizio di trasporto urbano ed extraurbano è gestito dalla società consortile **Tiemme-Toscana Mobilità** (biglietterie: sotto-

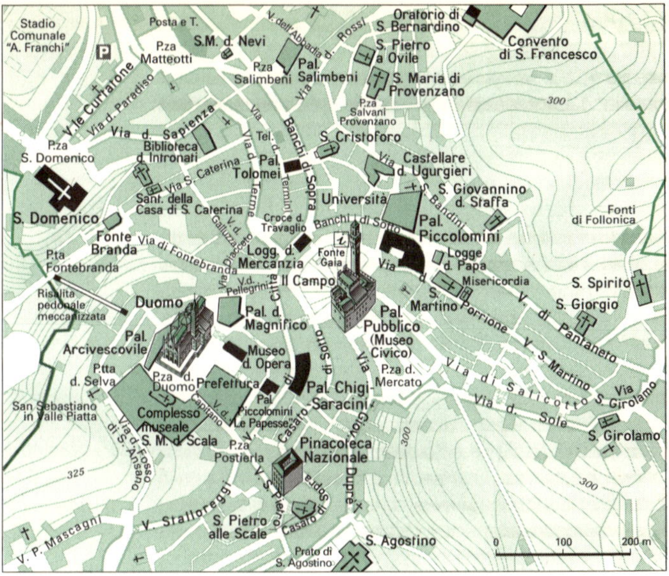

Eventi e manifestazioni

Settimana dei Vini

(maggio-giugno)

Quasi un mese di appuntamenti all'insegna del buon vino. Organizzazione di Enoteca Italiana (piazza Libertà 1, tel. 0577228811, www.enoteca-italiana.it)

Estate Musicale Chigiana

(luglio-agosto)

È una delle rassegne di musica classica e da camera più prestigiose del mondo. Oltre che presso la storica sede della Chigiana, concerti in affascinanti località delle colline senesi. Gratuiti i saggi degli allievi (Accademia Musicale Chigiana, via di Città 89, tel. 057722091, www.chigiana.it).

Palio di Siena

(luglio-agosto)

Gli appuntamenti del 2 luglio (il 'Palio di Provenzano', in onore della Madonna di Provenzano) e del 16 agosto ('Palio dell'Assunta') rappresentano per i senesi i momenti topici della vita cittadina. Diciassette le contrade cittadine, ma solo dieci prendono parte alla gara in piazza del Campo. I cavalli sono i veri protagonisti, tanto che anche 'scossi', ovvero privi di fantino, possono essere proclamati vincitori. Solo il primo, tra quelli schierati tra i canapi, godrà di onori e gloria, portato in trionfo insieme al mitico drappo. Gratuito lo spettacolo dall'interno della piazza; a pagamento palchi, logge e balconi che vi si affacciano (prezzi da concordare con 'palcaioli' e proprietari). Per approfondimenti, palio.comune.siena.it

Siena Jazz

(luglio-agosto)

Organizzato dalla Fondazione Siena Jazz, propone artisti da tutto il mondo. Concerti nei luoghi più affascinanti della città (www.sienajazz.it).

Terra di Siena Film Festival

(settembre-ottobre)

Dedicato al cinema indipendente, giuria di studenti del locale ateneo. Film d'autore ed esordienti (www.terradisienafilmfestival.it).

passaggio pedonale della Lizza, tel. 0577204225, stazione ferroviaria, tel. 0577204328, www.trainspa.it). Con una telefonata al numero verde 800905183 (tutti i giorni, 7-20) è invece possibile fruire del servizio a chiamata **Buxi**, che non prevede percorsi fissi, ma determinati sulla base della richiesta dei cittadini.

→IN TAXI Anche a Siena esiste un servizio di radiotaxi attivo 24 ore su 24 gestito da **COTAS** (viale Europa 21, tel. 057749222, www.cotas.it).

SCONTI E RIDUZIONI

→TERRE DI SIENA CARD
Dotata di banda magnetica/chip e legata ai diversi circuiti convenzionati, è una tessera innovativa e tecnologicamente avanzata. Non una semplice carta sconti, ma un vero e proprio strumento finalizzato a integrare la filiera del turismo a Siena e nella provincia. Pensata per i cittadini e per i turisti, la card è gratuita ed è ottenibile presso le strutture dei circuiti convenzionati, oppure on line, aderendo a una sorta di patto legato al rispetto dei principi di sostenibilità ambientale e sociale. Di fatto, un documento d'identità del 'cittadino/ospite di valore' (www.card.terresiena.it).

→OPA SI PASS
Biglietto cumulativo (€ 10) per la visitare della Cattedrale, il battistero, la cripta e l'oratorio di S. Bernardino, il Museo dell'Opera metropolitana. Prenotazioni tel. 0577283048, www.operaduomo.siena.it

SCOPRIRE SIENA A PIEDI

Chiusa da antiche mura, pervasa dallo spirito orgoglioso degli abitanti, Siena è davvero una città speciale. Tutto ruota attorno al grande spazio di **piazza del Campo** e agli edifici che le fanno da contorno: dallo splendido **Palazzo Pubblico** - sede del **Museo civico** - caratterizzato da una successione di tre ordini di archi alla contigua, altissima **torre del Mangia** e, sul lato opposto, la bella **fonte Gaia**, copia di Tito Sarrocchi dell'opera di Jacopo della Quercia. La cornice è molto scenografica, grazie anche al pavimento in pendenza in mattoni rossi disposti a spina di pesce, che si alternano a strisce di pietra grigia. La zona è anche un'ottima base per ritemprarsi: trattorie, ristoranti ed enoteche abbondano, così come locali alternativi e discopub frequentati soprattutto da studenti universitari, offrendo ottima qualità a prezzi decisamente abbordabili; per chi volesse poi consumare un lauto pranzo low cost, l'indirizzo è quello della mensa universitaria di via Bandini.
Dall'area circostante piazza del Campo partono due delle principali arterie di Siena, **via Banchi di Sopra** e **via di Città**, lungo le quali ci si può inoltrare alla scoperta degli angoli più suggestivi del nucleo storico. Imboccata via Banchi di Sopra, si avrà la possibilità di incontrare alcune tra le più prestigiose testimonianze dell'architettura civile cittadina, dal duecentesco **palazzo Tolomei** a **palazzo Salimbeni** (sede del più antico istituto bancario del mondo); proseguendo in via della Sapienza prima, quindi per costa

S. Antonio, si manifesta **Fontebranda,** la più antica e imponente tra le fonti senesi. Su via di Città affacciano, in rapida successione, la quattrocentesca **Loggia della Mercanzia, palazzo dei Patrizi**, di origini trecentesche e sede della **Biblioteca degli Intronati, palazzo Chigi Saracini**, che ospita l'**Accademia musicale Chigiana**, e **palazzo Piccolomini o delle Papesse**. Poco più avanti, raggiunta piazza Postierla, una piccola deviazione in via S. Pietro porta alla ricca **Pinacoteca nazionale**. Tappa successiva è la **chiesa di S. Agostino**, con i bellissimi affreschi del Lorenzetti, e l'antistante **palazzo Pollini**, capolavoro di Baldassarre Peruzzi.
Tornando sui propri passi, via del Capitano prelude - con il **palazzo del Governatore**, a destra, e il **Museo archeologico**, a sinistra - al grande spettacolo di **piazza del Duomo**. Qui affacciano il complesso trecentesco dello **Spedale di S. Maria della Scala** (polo museale) e, di fronte, la stupefacente **Cattedrale**. Sulla piazza è anche il **palazzo dell'Arcivescovado** (all'interno, la *Madonna del Latte* del Buontalenti). A fianco della cattedrale, un edificio che avrebbe dovuto diventare il nuovo duomo; ospita il **Museo dell'Opera metropolitana**, che conserva la *Maestà*, capolavoro di Duccio di Buoninsegna.

Terre di Siena in bicicletta

Siena e il suo territorio attraggono da sempre gli amanti delle due ruote, vuoi per il fascino indiscusso dei paesaggi, vuoi per l'ininterrotto saliscendi che garantisce una sfida e un impegno notevoli anche per gli amatori più preparati. Spazio e tempo si dilatano e viaggiare su queste strade significa scoprire le origini del movimento e riappropriarsi dei ritmi perduti: curve, discese, salite, creste e valli hanno il senso di un'intensa e lenta degustazione. Le strutture dedicate presenti nel comprensorio rendono ideale una vacanza a pedali. Due i percorsi classici: l'**Eroica** (che è anche una gara e un tuffo nel ciclismo d'antan) e il **Sentiero della Bonifica**. Se il primo – circa 200 km attraverso il Chianti, le Crete e la val d'Orcia su strade dal profilo altimetrico altalenante – è fascino e fatica, il sentiero della Bonifica è un tour di 60 km in sede protetta e privo di dislivelli, che segue l'antica strada utilizzata per la manutenzione del canale maestro della Chiana e delle chiuse e permette di scoprire luoghi e personaggi non toccati dal turismo tradizionale (www.inbici.terresiena.it).

I MUST DA NON PERDERE

Piazza del Campo e Palazzo Pubblico

Informazioni: Palazzo Pubblico, piazza del Campo 1, tel. 0577292226, www.comune.siena.it; Torre del Mangia, lun-dom 10-19 (inverno fino alle 16), ingresso € 8; Museo civico, prenotazioni tel. 0577292614, lun-dom 10-19 (inverno fino alle 18), ingresso € 8 (€ 7,50 prenotando in anticipo), gratuito fino a 11 anni, € 4,50 studenti e oltre i 65 anni, cumulativo con la Torre, € 13

Scrigno, gioiello, tesoro. Tutte le parole sono state usate, tutti gli aggettivi, per cercare di descrivere l'essenza di questo spazio im-

I bottini di Siena

I senesi riuscirono a risolvere l'annoso problema dell'approvvigionamento idrico attraverso i **bottini**, acquedotti sotterranei con volta a botte (da cui il nome) scavati nell'arenaria; questi, dopo aver raccolto le infiltrazioni delle acque piovane e delle vene nelle colline circostanti, alimentavano (e lo fanno ancora oggi) le fontane pubbliche e moltissimi pozzi privati della città. Al momento della sua massima estensione, la rete raggiungeva una lunghezza di circa 25 km. Visite guidate a cura dell'associazione **"La Diana"**, in primavera e autunno, d'obbligo la prenotazione (tel. 3663588181, www.ladianasiena.it).

menso che concentra, nel suo perimetro, un patrimonio di bellezza e armonia uniche al mondo. La particolare forma concava, a conchiglia (probabilmente dovuta all'uso originario dell'area, che serviva da cassa di deflusso per le acque piovane), ne accentua ancora di più la dimensione spaziale di grande contenitore, molto evidente se ci si posiziona al suo centro.
Lastricata in mattoni tra il 1327 e il 1349, la pavimentazione centrale è suddivisa in nove spicchi, a celebrare quel governo dei Nove (1287-1355) al quale si deve la prima, reale sistemazione strutturale della piazza. Vi troneggia il trecentesco **Palazzo Pubblico** (1297 circa; base in pietra, quindi laterizio con trifore sui cui timpani è raffigurato lo stemma comunale bicolore della 'balzana'), con l'annessa **Torre civica del Mangia**, alta oltre 100 m e dalla cui sommità si gode di un panorama straordinario sulla città e la campagna circostante. L'interno del palazzo è sede del **Museo civico**, che da solo vale la visita per gli splendidi dipinti di Simone Martini e gli altrettanto splendidi, e famosi, affreschi di Ambrogio Lorenzetti (*Allegoria del buono e del cattivo governo*).
La piazza è anche sede della **fonte Gaia**: inaugurata nel 1346 nel tripudio generale (da qui il nome), fu la la prima fonte pubblica cittadina e venne decorata tra il 1409 e il 1419 da Jacopo della Quercia. Quella che oggi domina la piazza è una copia di Tito Sarrocchi, qui posizionata nel 1869; l'originale, dopo un lungo restauro conservativo, dal 2011 è visibile nell'ex fienile del complesso museale di S. Maria della Scala.

Cattedrale di S. Maria Assunta (Duomo)

ⓘ Informazioni: Cattedrale di S. Maria Assunta (Duomo), piazza del Duomo, tel. 0577283048, www.operaduomo.siena.it, lun-dom 10.30-19.30 (inverno fino alle 18.30), ingresso € 3 (€ 6 durante il periodo di scopertura dei pavimenti); Battistero, piazza del Duomo, www.operaduomo.siena.it, lun-dom 9.30-19 (inverno fino alle 17), ingresso € 3

Una delle maggiori creazioni del gotico italiano, fu innalzata sulle fondamenta di un preesistente edificio sacro intorno alla metà del XII secolo; le parti essenziali erano terminate già nel 1215, men-

tre la cupola fu eretta tra il 1259 e il 1264. Costruita **a croce latina e a tre navate**, il Duomo fu rivestita da fasce bianche e nere di marmo, in riferimento allo stemma araldico della città. Tra il 1284 e il 1296 venne realizzata la parte inferiore della facciata (romano-gotica, con **tre portali**, la cui esecuzione spetta, con ogni probabilità, a Giovanni Pisano) e nel 1317 si iniziò il prolungamento verso la retrostante 'Valle Piatta'. Messa da parte l'ambizione di innalzare un tempio ancora più grande (di cui resta ampia traccia nel così detto 'facciatone'), fu deciso di portare a termine la vecchia costruzione: negli anni posteriori al 1376 fu Giovanni di Cecco a completare la parte superiore della facciata, chiaramente ispirata a quella del Duomo di Orvieto, in stile gotico-fiorito.
All'interno (che riprende la policromia marmorea della facciata), capolavori assoluti quali il **pergamo** marmoreo, di Nicola Pisano, il **pavimento**, finemente istoriato (non sempre visibile) con scene sacre e profane, e la **libreria Piccolomini**, il cui prospetto rinascimentale e gli splendidi affreschi del Pinturicchio affacciano sulla navata sinistra. Accanto al Duomo, il gotico **battistero**, che custodisce lo splendido **fonte battesimale** opera di Jacopo della Quercia, ornato di sculture e bassorilievi bronzei dello stesso Jacopo e di Donatello.

Pinacoteca nazionale

ⓘInformazioni: Pinacoteca nazionale, via S. Pietro 29, tel. 0577281161, www.pinacotecanazionale.siena.it, lun 9-13, mar-sab 8.15-19.15, dom e festivi 9-13, ingresso € 4 (ridotto - 18-25 anni e studenti - € 2); gratuito fino a 18 anni e oltre i 65

Tappa imperdibile per i cultori dell' arte senese, la pinacoteca è ospitata all' interno di **palazzo Buonsignori** e del trecentesco **palazzo Brigidi**. Inaugurato nel 1932, è uno dei piu grandi musei italiani, soprattutto per la sua raccolta di dipinti 'fondi oro' del Tre e Quattrocento senese. La grande arte cittadina da Duccio di Buoninsegna ai Lorenzetti, da Simone Martini al Sassetta, da Francesco di Giorgio a Matteo di Giovanni fino a Sodoma e Beccafumi, trova nelle sale di questo museo il suo sviluppo cronologico quasi completo, dal Duecento al Seicento.

SPUNTI E CHICCHE LOW COST

La sinagoga di Siena

ⓘInformazioni: Sinagoga, via delle Scotte 14, tel. 0552346654, apertura ottobre-maggio: lun, gio, dom, giugno-settembre: dom-gio; lun-gio 11.30-14.30, dom 10-17; contributo adulti € 4, studenti € 2,50

Progettata nel 1786 da Giuseppe del Rosso, la sinagoga di Siena è uno dei pochi esempi di architettura rococò e neoclassica del-

la regione. Alla facciata semplice e rigorosa, si contrappone l'eleganza dell'interno, riccamente decorato con stucchi.
Tra gli oggetti conservati, la **sedia di Elia**, sul cui schienale in legno sono finemente intarsiati i versetti che rimandano al tema della circoncisione. La visita è integrata da una piccola mostra didattica in italiano e in inglese: un percorso di testi, immagini e documenti, che attraversa eventi e aspetti significativi della plurisecolare presenza ebraica in città.

L'orto botanico

ⓘ Informazioni: Orto botanico, piazza S. Agostino, tel. 0577235407/09, www.museobotanico.unisi.it, lun-ven 8-17.30, sab 8-12.30

Di un **Orto dei Semplici**, annesso all'Ospedale di S. Maria della Scala, utilizzato per la coltivazione di piante curative, si hanno notizie fin dall'inizio del XVII secolo. Trasformato in orto botanico universitario nel 1784, venne prima trasferito in un terreno contiguo all'Accademia dei Fisiocratici, quindi, nel 1860, ulteriormente ampliato con la creazione della **serra calda**. Nel 1964 fu raddoppiata l'estensione e furono costruiti nuovi edifici per gli istituti universitari, che inglobarono una **serra fredda** ottocentesca. L'orto ha un'estensione di circa 2 ettari e mezzo e si trova in prossimità di Porta Tufi. È suddiviso in tre sezioni: la prima contiene varietà locali di **piante tipicamente toscane**; la seconda essenzialmente **piante acquatiche** e alcuni alberi esotici e arbusti che non rientrano nella flora locale; la terza sezione si occupa degli **alberi da frutto**, dei cactus e delle piante della famiglia delle agavi.

Una gita in treno immersi nella natura

ⓘ Informazioni: Cooperativa Sociale "Il Nucleo" (anche biglietteria), tel. 0577207413, trenonatura.terresiena.it; APT Siena, piazza del Campo 56, tel. 0577280551, www.terresiena.it

Dopo una visita alla città, non c'è nulla di meglio di un'escursione alla scoperta della splendida campagna senese. **Trenonatura**, iniziativa che, attraverso l'utilizzo di treni d'epoca - littorine diesel o locomotiva a vapore -, permette di effettuare viaggi che conducono a località quali **Asciano**, **Monte Antico**, **Buonconvento** e **Amiata** lungo l'anello ferroviario senese e ai quali è possibile abbinare escursioni a piedi e in bicicletta.
Per il viaggio in littorina, tre le partenze dalla stazione di Siena: 8.30, 11.12 e 15.35. Biglietto € 18, con possibilità di discesa e salita illimitate nell'arco della giornata, gratuito bambini fino a 10 anni. L'escursione con treno a vapore è sempre abbinata a un evento particolare e prevede un'unica partenza da Siena, nella prima mattinata. Il biglietto, di € 29, è gratuito per i bambini fino a 10 anni. La prenotazione è obbligatoria.

MANGIARE A SIENA

ANTICA TRATTORIA DAL PAPEI

Piazza del Mercato 6, tel. 0577280894 • coperti 80+80 • chiuso lunedì (solo in estate), periodo fra luglio e agosto • cucina del territorio • Storica trattoria del centro, gestita fin dagli anni Trenta dalla famiglia Papei. L'ambiente è tradizionale e rustico; nella bella stagione si pranza anche sotto il dehors. La cucina propone gustose specialità casalinghe, realizzate secondo la stagione e la disponibilità degli ingredienti sul mercato. **• Prezzi: 25/30**

GROTTA GALLO NERO

Via del Porrione 65, tel. 0577284356, www.gallonero.it • cucina toscana • Nel centro storico, un locale in cui si respira un'atmosfera d'altri tempi. La cucina propone piatti ispirati al medioevo e alla tradizione contadina senese. Anche menu speciali per bambini. **• Prezzi: 20/25**

GROTTA SANTA CATERINA-DA BAGOGA

Via della Galluzza 26, tel. 0577282208, www.bagoga.it • coperti 60+35 • chiuso lunedì e sera di domenica, periodo in gennaio • cucina del territorio e toscana • Tradizionale trattoria nel centro storico, gestita con passione da Bagoga, ex fantino del Palio. L'ambiente è caldo, la cucina tipica: collo ripieno, ribollita, peposo, gnocchi al tartufo, bistecca alla fiorentina. Buona la cantina. **• Prezzi: 20/40**

GUIDORICCIO

Via G. Duprè 2, tel. 057744350, www.guidoriccio.com • coperti 50 • chiuso domenica, periodo in novembre • cucina toscana • A due passi da piazza del Campo, un locale sobrio e accogliente. La cucina propone sia i piatti della tradizione locale sia i classici della gastronomia nazionale. In menu: crostini, involtino di cavolo in guazzetto di funghi porcini, ravioli maremmani ai funghi porcini e noci, medaglione di maiale con aceto balsamico e pomodoro. **• Prezzi: 25/35**

IL LOCALE DI GUIDO

Località Taverne d'Arbia, via Principale 46/50, tel. 0577366199, www.illocalediguido.it • coperti 55+15 • chiuso lunedì • cucina del territorio • A breve distanza dal centro città, nel cuore della campagna senese, un locale che nella sua curata semplicità risulta particolarmente piacevole e accogliente. I piatti sono quelli del territorio, sempre accompagnati da una buona carta di vini; ottime anche le pizze. **• Prezzi: 15/30**

LA SOSTA DI VIOLANTE

Via di Pantaneto 115, tel. 057743774, www.lasostadiviolante.it • coperti 30+30 • chiuso domenica, periodo in gennaio • cucina toscana rivisitata • Vicino a piazza del Campo, due accoglienti salette con archi a volta e travi in legno in cui viene proposta una cucina che trae spunto dai prodotti locali. In menu: affettati di

Chicche golose

I **pici** sono un tipo di pasta di grano duro, dall'aspetto di grossolani spaghetti. Tradizione vuole che si servano con ragù di carne, 'all'aglione' (aglio, olio e peperoncino), con sugo d'anatra. Altre specialità della zona: **carne di cinta senese**, **tartufo nero**, **gnudi** (ravioli nudi, gnocchetti formati da un ripieno di spinaci, ricotta, uova, pecorino grattugiato e noce moscata), **ricciarelli**, **panforte** e **panini di granturco**.

cinta con mozzarelline fritte e marmellata di cipolle, pici al ragù di capocollo, tagliata su letto di radicchio di campo, pollo al mattone con salsa piccante. • **Prezzi:** 25/30

LA TAVERNA DEL CAPITANO

Via del Capitano 6/8, tel. 0577288094, www.latavernadelcapitano.net • coperti 40+20 • cucina senese • Vicino al Duomo, un locale dall'atmosfera rustica e informale con pavimenti in cotto, soffitti a botte e vecchie foto appese alle pareti. Dalla cucina arrivano ottimi piatti a base di carni locali e verdure di stagione: pecorino al forno con radicchio, ribollita, pappardelle al ragù, pici al coniglio, tagliata di manzo, fiorentina. Vini toscani. • **Prezzi:** 25/40

OSTERIA IL CARROCCIO

Località Casato di Sotto 32, tel. 057741165 • coperti 35+20 • chiuso mercoledì, periodo in gennaio e in febbraio e novembre • cucina toscana • In una palazzina del centro storico, un locale dall'atmosfera informale e con mobili rustici, per una cucina della tradizione. La signora Renata suggerisce: antipasto della casa, pici, tortino di zucca gialla con colatina di formaggi, ribollita o tagliatelle al cinghiale, fiorentina o spezzatino alla senese e fra i dolci, tutti fatti in casa, la torta di pere e cioccolato o le crostate di frutta. Buona la selezione di vini. • **Prezzi:** 15/35

TRATTORIA DELL'OSTE MEZZO AL GIUGGIOLO

Via Massetana 30, tel. 0577226821, www.trattoriadellostemezzoalgiuggiolo.it • coperti 70+25 • chiuso mercoledì, periodo in febbraio • cucina del territorio • L'esercizio è suddiviso in due sale, una arredata in stile rustico, con volte e mattoni a vista, l'altra più moderna con caminetto. Qui, si possono gustare piatti tipici della tradizione locale come le pappardelle al ragù di cinta senese e l'ossobuco. • **Prezzi:** 25/30

DORMIRE A SIENA

ANNA SIENA NORD

Meublé • Località Fontebecci, S.S. per il Chianti, tel. 057751371, www.annahotel.it • 32 camere • All'uscita Siena Nord del raccordo autostradale da/per Firenze, un meublé degli anni Ottanta di accogliente sobrietà e dal clima informale e moderno. Ricca colazione a buffet dolce e salata con servizio al tavolo per tè, caffè e cappuccino • **Prezzi:** camera doppia 75/119

BAGNO A SORRA

Agriturismo • Strada degli Agostoli 65, tel. 0577393252-3357227766, www.bagnassorra.com • 13 camere, 7 appartamenti • "Olivicoltori dal XV secolo" è lo slogan di un'azienda che racconta se stessa attraverso lo straordinario impegno profuso giorno dopo giorno: il risultato è un olio eccellente, capace di restituire la ricchezza della sua terra. Siamo alle porte di Siena, in uno splendido scenario, che offre la possibilità di un soggiorno di totale relax. • **Prezzi:** camera doppia 60

GLI ANGELI

B&B • Via Cassia Sud 106, tel. 0577378553-3497545483, www.gliangelibb.it • 3 camere • Una villetta alle porte delle vecchie mura, situata in una zona tranquilla, silenziosa e facilmente raggiungibile dalla superstrada di Grosseto, Arezzo e Firenze. Offre ospitalità in camere luminose e raffinate, arredate con cura e dotate di moderne attrezzature; l'accoglienza è calorosa. • **Prezzi:** camera doppia 50/75

GLI ARCHI

B&B • Via P. Belriguardo 98, tel. 057751733-3478920549, www.affittacameregliarchi.com • 10 camere • Una struttura di fine Ottocento sapientemente ristrutturata che conserva, dentro e fuori, tutto il sapore antico dei casali toscani, compresi i caratteristici archi in mattoni. Dispone di camere luminose e curate nei dettagli, di cui alcune standard e altre superior, dislocate su tre piani differenti. La colazione, a buffet, viene servita nell'apposita sala. • **Prezzi:** camera doppia 59/120

IL GIRASOLE

B&B • Località Ponte a Bozzone, via F. De Andrè 26, tel. 3487627535-3498792858, www.ilgirasoledisiena.com • 5 camere • Villetta immersa nel verde del Chianti, ma a soli 4 km dalle mura cittadine. Struttura semplice dove si viene accolti da Arianna e Roberta, che garantiscono un'atmosfera tranquilla e fanno sentire gli ospiti come fossero a casa propria. • **Prezzi:** camera doppia 50/60

IL POGGIARELLO

Agriturismo • Strada di Fogliano 35, tel. 0577347264, www.agriturismoilpoggiarello.com • 4 camere, 3 appartamenti • Adagiato su una collina di fronte a Siena, il complesso rurale si compone della casa colonica in cui si trovano le camere e, intorno, gli appartamenti ricavati dalle vecchie stalle e dai fienili. Gli alloggi sono stati finemente arredati e dotati dei migliori comfort. Tutt'intorno prati, olivi e piante da frutto. • **Prezzi:** camera doppia 80

PALAZZO MASI

B&B • Località Casato di Sotto 29, tel. 0577378150-3496009155, www.palazzomasi.it • 6 camere • Palazzo Masi è un antico palazzo medievale nel cuore del centro storico, a pochi metri da piazza del Campo e vicinissimo al Duomo. Due differenti tipologie di camere, superior e standard, tutte ampie, luminose e confortevoli, con finestre sull'antica via nobiliare del Casato. A seguito di una recente ristrutturazione del palazzo, tutte le camere sono state nuovamente arredate con gli antichi mobili di famiglia. • **Prezzi:** camera doppia 70/130

SOGGIORNO LO STELLINO

Albergo • Via Fiorentina 95, tel. 057751987, www.sienaholidays.com • 18 camere • Curata struttura con dotazioni moderne, camere ampie e funzionali, ben arredate e completate di tutte le moderne comodità. Escursioni guidate su richiesta. • **Prezzi:** camera doppia 65/95

VILLA FIORITA

003939188000

B&B • Viale Cavour 75, tel. 057744877, www.villafiorita-siena.com • 9 camere • In una villa liberty con bel giardino, il primo e il secondo piano sono stati destinati agli ospiti, mentre al pianterreno vivono i proprietari. Le camere, curate e arredate in stile, sono dotate di tutti i moderni comfort. La colazione viene servita in camera, a richiesta, e d'estate all'aperto. • **Prezzi:** camera doppia 50/80

3939188306

COLLEVERDE

Campeggio • Via Scacciapensieri 47, tel. 0577334080, www.sienacamping.com • Un campeggio tranquillo a pochi passi dal centro città. Rinnovato nel 2008, offre buone attrezzature comuni, piazzole spaziose e strutture fisse dotate di servizi e cucina.

URBINO
rinascimento italiano

Ciò che affascina, di Urbino, è la scoperta ininterrotta. Scale, piole, vicoli, passaggi angusti che svelano a ogni angolo squarci e incanti di quella perfezione rinascimentale che l'Unesco ha dichiarato Patrimonio dell'Umanità. E lo splendido Palazzo Ducale, la cui mole laterizia e il profilo inconfondibili si avvistano a chilometri di distanza, si fonde e si confonde con il resto della città, divenendo città esso stesso, tanto che non si capisce più, percorrendone le strade, dove finisca l'uno e dove cominci l'altra. Culla di Raffaello e Bramante, capitale del ducato di Montefeltro, Urbino conserva nelle chiese, nei conventi e all'interno dei suoi palazzi nobili – molti dei quali trasformati in sedi staccate del locale, cinquecentesco ateneo – un patrimonio ricco in opere d'arte e storia. Conoscerlo vuol dire immergersi completamente nel passato, in un'epoca di raffinatezze e di intrighi di corte, riappropriandosi di una parte importante del retaggio culturale del Bel Paese.

QUANDO ANDARE E PERCHÉ

Gran parte del flusso turistico è concentrato nei mesi estivi, quando si sfruttano le giornate meno soleggiate o la vicinanza dalla costa vacanziera per 'farci un salto'. In realtà, per cogliere al meglio l'anima cittadina è preferibile andarci in periodi meno affollati, magari al volgere dell'estate, quando la capitale del Montefeltro da il meglio di sé. Per immergersi totalmente nelle atmosfere rarefatte, per gli orizzonti che si accavallano in lontananza e che rimandano immediatamente a certi paesaggi raffaelliti, per la buona tavola che qui è un bene diffuso e, se proprio volete, anche per quel miracolo architettonico del rinascimento italiano che è il palazzo Ducale. Se si ha a disposizione un po' più di tempo, può essere molto interessante (oltre che piacevole) dare uno sguardo alla città dalla sommità di Pian del Monte, dove è ubicata la trecentesca fortezza di Albornoz, con pianta rettangolare, due torri e bastioni. Oppure, ben equipaggiati, partire alla scoperta dei dintorni, ricchi anche di numerose suggestioni paesaggistiche: su tutte, le vicinissime ed evocative gole del Furlo.

COME ARRIVARE

→IN AUTO Urbino e il Montefeltro rimangono in posizione abbastanza decentrata rispetto alle principali vie di comunicazione. Se da un lato ciò ha aiutato a preservare intatto il piccolo centro, dall'altro è stato causa di qualche problema nei collegamenti con le città e i centri vicini. Urbino è comunque raggiungibile dalla costa adriatica (provenendo da Rimini) attraverso l'uscita di **Pesaro-Urbino** dell'autostrada **A14**, quindi immettendosi sulla **SP423 Urbinate** (28 km); arrivando da Ancona, si esce al casello di **Fano** e si imbocca la **SS73 bis**, che in 36 km lungo la valle del Metauro porta direttamente a Urbino. Per chi arriva dalla direttrice Roma-Perugia sulla **SP3 Flaminia Nord**, proseguire sulla SS73 bis uscendo subito dopo lo svincolo di Calmazzo e seguendo le indicazioni per Urbino.

→IN AUTOBUS Si può arrivare a Urbino con le linee extraurbane della società consortile **Adriabus** (piazza E. Gonzaga 15, numero verde 800664332, www.amibus.it, terminal a Borgo Mercatale). Linee dirette da e per Pesaro, Fano, Ancona, Assisi, Perugia, Arezzo, Roma e Salerno.

→IN TRENO Sospeso al 1987 il collegamento diretto con Fano tramite la rimpianta ferrovia della valle del Metauro, le stazioni oggi più vicine sono quelle di **Pesaro** (36 km) e **Fano** (circa 50 km).

Voli low cost

Compagnie che operano su Ancona: **Ryanair** (tel. 899678910, www.ryanair.com), da Alghero e Trapani. A Rimini fanno scalo: **Airvallee** (tel. 0165303303, www.airvallee.it), da Cagliari e Olbia; **Darwin Airline** (tel. 800789568, www.flybaboo.com), che opera da Cagliari e Roma Fiumicino; **Wind Jet** (tel. 892020, w3.volawindjet.com), da Catania e Palermo.

→IN AEREO Gli scali di riferimento sono quelli di Ancona Falconara - **Aeroporto "Raffaello Sanzio"** (piazzale Sordoni, Falconara Marittima, tel. 07128271, www.ancona-airport.com), a circa 80 km - e di Rimini - **Aeroporto "Federico Fellini"** (via Flaminia 409, Miramare di Rimini, tel. 0541715711, www.riminiaiport.com), a 90 km.

COME MUOVERSI

→IN AUTO A Urbino vige una **zona a traffico limitato** (ZTL) estesa a buona parte del centro storico. Eccezioni temporanee, tramite appositi permessi rilasciati dalle strutture alberghiere, vengono fatte per i turisti che alloggiano nel suo perimetro. Tuttavia, date la struttura urbanistica della città e le sue dimensioni ridotte, è preferibile lasciare l'auto in una delle aree di sosta attrezzate al di fuori della cerchia delle mura, tutte gestite da **Urbino Servizi** (via S. Andrea, tel. 0722320403, tariffa oraria € 1,20). Il **parcheggio** più grande, in struttura, dal quale è possibile accedere direttamente al centro storico attraverso la rampa elicoidale (o con ascensore), si trova a **Borgo Mercatale.** Oltre a questo, vi sono sei aree di sosta a raso (a pagamento dalle 8 alle 20) all'esterno delle mura.

→IN AUTOBUS Il servizio di trasporto pubblico è affidato ad **Adriabus** (piazza E. Gonzaga 15, numero verde 800664332, www.amibus.it), che gestisce 10 linee urbane, oltre a due navette. Il costo del biglietto con validità 60 minuti è di € 1,05, 120 minuti € 1,35, giornaliero € 2,40.

→IN TAXI Aree di sosta in piazza della Repubblica (tel. 07222550), oppure a Borgo Mercatale (tel. 0722327949).

Eventi e manifestazioni

Frequenze Disturbate Festival

(luglio)

Festival di musica indipendente che si tiene nello scenario di piazza Rinascimento, con la presenza di gruppi italiani e stranieri. Biglietti intorno ai € 20-25 (informazioni: tel. 0647823484, www.frequenzedisturbate.it).

Festival Internazionale di Musica Antica

(luglio)

Il festival rappresenta una ghiotta occasione per appassionati e musicisti di tutto il mondo. Da Gaspar Sanz a Francesco da Milano, da Michelangelo Galilei a Bach, musiche e suoni dal medioevo al barocco, sullo sfondo della chiesa di S. Francesco.

Festa del Duca

(agosto)

Rievocazione storica nata in occasione del cinquecentenario della morte di Federico da Montefeltro, rimanda agli antichi splendori di Urbino e ai fasti della sua corte. Musicisti, acrobati, giocolieri e danzatori, prove di destrezza da parte di sbandieratori, tamburini e balestrieri. Ogni anno è inoltre proposto un corteo storico con figuranti in costume e la rievocazione di una vicenda particolare della storia del ducato. Momento centrale della festa è il torneo cavalleresco della Cortegianìa, una disputa entrata in uso nel rinascimento alla corte urbinate e nel corso della quale, nel 1450, lo stesso Federico rimase gravemente ferito a un occhio.

Festa dell'Aquilone

(settembre)

Manifestazione tradizionale che si svolge sulle colline delle Cesane. Dieci le contrade cittadine in gara che, in due giorni di sfilate, competizioni e premiazione, danno vita a un'allegra e rumorosa kermesse che popola di colori il cielo di Urbino (IAT, via Puccinotti 35, tel. 07222613, www.festaquilone.it).

Voglie d'Autunno

(settembre-ottobre)

Mostra mercato di prodotti tipici locali che si svolge ogni anno nel centro storico: conferenze, dibattiti, manifestazioni all'insegna della cultura enogastronomica locale, con una particolare attenzione all'alimentazione biologica e ai temi del commercio equo e solidale. Tra le altre, possibilità di degustazioni guidate gratuite (www.comune.urbino.ps.it)

Biosalus

(ottobre)

Inaugurato nel 2006, il festival, evento culturale, artistico e gastronomico dedicato al biologico e al benessere olistico che coniuga cultura e commercio, divulgazione e approfondimento specialistico, si tiene per le strade di Urbino. Stand gastronomici, bioarchitetture, intrattenimeni e spettacoli per grandi e piccini (Istituto di Medicina naturale, via dei Gelsi 2, tel. 0722351420, www. biosalusfestival.it).

SCONTI E RIDUZIONI

➔VISIT CARD

In collaborazione con l'ente provinciale, la società di trasporti Adriabus rilascia questa card – di fatto un biglietto nominativo – che permette di viaggiare per tre giornate intere, da scegliere nell'arco di dieci giorni dalla prima vidimazione, su tutta la rete di trasporti della provincia di Pesaro-Urbino. La filosofia alla base dell'iniziativa è viaggiare 'slow', evitando lo stress della guida, godendosi pienamente il panorama e riducendo l'inquinamento e le perdite di tempo. Il costo della card è di € 10, 6-12 anni € 5, gratuita per i bambini fino al quinto anno di età, ed è acquistabile presso la biglietteria Adriabus, a Borgo Mercatale, oppure presso gli uffici dello IAT di

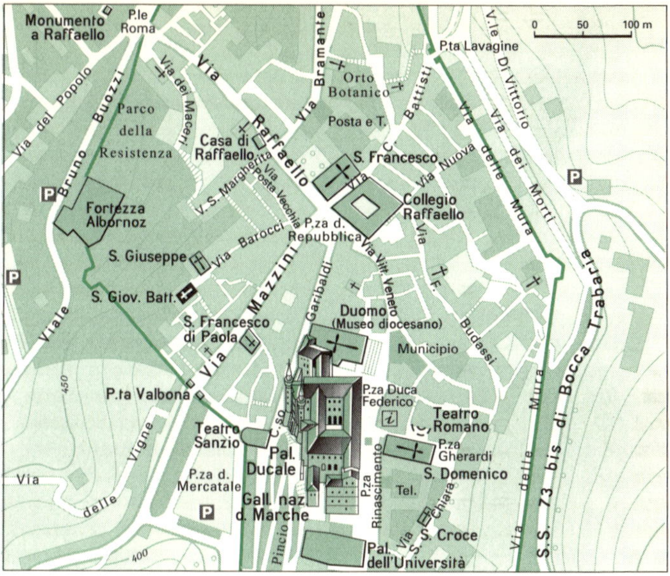

Urbino, in piazza Rinascimento 1, tel. 07222613. Per informazioni, Adriabus, numero verde 800664332.

→CARTA MUSEI MARCHE Emessa con il patrocinio della Regione Marche e nata come strumento atto a creare una maggiore sinergia tra musei, centri storici, territorio culturale e paesaggio, permette di visitare oltre cento musei e siti archeologici in ambito regionale, garantendo l'accesso libero a ognuno di essi senza limitazioni negli orari di apertura. Con la carta musei si ha diritto inoltre a sconti e offerte per eventi e mostre, oltre ad altre agevolazioni in campo turistico e culturale. Due le tipologie in vendita: annuale (€ 30, famiglie € 50) e quindicinale (€ 15, famiglie € 25). Per informazioni, tel. 800563800, www.cartamusei.marche.it.

SCOPRIRE URBINO A PIEDI

Urbino si offre allo sguardo del visitatore come una città che conserva intatta la sua struttura rinascimentale, ma che nel contempo si configura come moderno centro di irradiazione culturale a dimensione internazionale.

Furono le illuminate iniziative politiche e culturali di Federico da Montefeltro a trasformare una terra anonima e ostile in un territorio storicamente e culturalmente strutturato: un approdo obbligato per chi voglia esplorare una dimensione essenziale della nostra civiltà. Il cuore della città è l'immaginifico **Palazzo Du-**

cale. Affacciato a ovest sullo slargo del Mercatale e a est su piazza Rinascimento (a destra, il **palazzo dell'Università**), è il punto di partenza di un breve itinerario pedonale che tocca il neoclassico **Duomo**, il **collegio Raffaello**, la **chiesa di S. Francesco** di impianto trecentesco e, imboccata via Raffaello, la casa dell'omonimo maestro del rinascimento italiano che qui ebbe i natali. Da qui, con una piacevole passeggiata, si può raggiungere la **fortezza Albornoz** e ammirare la città da Pian del Monte. Tornando sui propri passi e superata porta Lavagine, ci si affaccia lungo il lato est delle **mura** che circondano interamente la città. Da qui comincia la risalita verso ovest, muovendosi lungo piola S. Bartolo: si possono ammirare, in successione, il trecentesco **palazzo Bonaventura Odasi** (oggi sede del **Museo della Città**) e l'**ex monastero di S. Chiara**, che attualmente ospita l'Istituto superiore per le Industrie artistiche-Isia.

Il centro offre numerose opportunità per una sosta ristoratrice: osterie, ristoranti ed enoteche non mancano, così come i deliziosi B&B che sorgono negli immediati dintorni.

Montefeltro e bicicletta

La conformazione del territorio, specie quella urbana, non ha mai favorito una diffusione eccezionale dell'uso della bicicletta, sostanzialmente limitato a brevi o brevissimi spostamenti locali. Ultimamente sta prendendo sempre più sostanza il movimento di quanti si battono a favore di una mobilità sostenibile (anche in chiave turistica) che vada a soppiantare l'utilizzo selvaggio dell'auto, complice la congestione crescente della rete viaria locale. Idee e progetti in tal senso vanno soprattutto in direzione di un recupero del sedime della vecchia ferrovia del Metauro, con sistemazione a greenway, percorsi ciclopedonali e aree attrezzate. Per il resto, l'area offre itinerari paesaggisticamente stupendi (seppure in sede non protetta), dall'altimetria fortemente ondulata e quindi fruibili soprattutto da cicloturisti e amatori allenati.

I MUST DA NON PERDERE

Palazzo Ducale e Galleria nazionale delle Marche

ⓘInformazioni: Palazzo Ducale, piazzale Duca Federico 107, tel. 0722322625, www.palazzoducaleurbino.it, lun 8.30-14 (chiusura biglietteria ore 12.30), ridotto € 2 (18-25 anni), gratuito fino a 18 anni e oltre i 65; prenotazioni visite guidate (lun-ven 10-17) tel. 0721855987

La storia di **Palazzo Ducale**, che sarebbe diventato il modello della dimora nobiliare umanistica - vera e propria allegoria del rinascimento italiano - ha inizio a metà del XV secolo, con l'assorbimento di precedenti edifici che affacciavano sulla prospiciente piazza Rinascimento, luogo anticamente deputato al gioco della pallacorda. Ma è solo nel 1468 che i lavori di edificazione presero av-

vio per volontà di Federico di Montefeltro, nei cui intenti il nuovo palazzo non avrebbe più dovuto essere un semplice bastione difensivo ma un luogo aperto alla circolazione di uomini e di idee, insieme fucina di buon governo e centro di diffusione culturale.
Nato sotto la guida di Maso di Bartolomeo (che ne completò una prima ala), il progetto venne sviluppato da Luciano Laurana, al quale si devono infatti le opere di maggior pregio, dai due '**torricini**' che incastonano la **facciata principale** rivolta a ovest al **cortile** e lo **scalone d'onore**, allo splendido **studiolo**, o biblioteca, del duca. Il nucleo centrale del palazzo è un susseguirsi ininterrotto di appartamenti e stanze, all'interno delle quali è ospitata la **Galleria nazionale delle Marche**, che con il suo patrimonio artistico, soprattutto opere di epoca rinascimentale, è il museo più importante della regione. Vi si trovano infatti autentici capolavori, quali la *Flagellazione* e la *Madonna di Senigallia* di Piero della Francesca (sala delle Udienze), *La muta* e *Santa Caterina d'Alessandria*, di Raffaello, l'*Ultima cena* e la *Resurrezione* di Tiziano Vecellio (appartamento della Duchessa), la *Città ideale* attribuito a Leon Battista Alberti e la *Profanazione dell'ostia* di Paolo Uccello (sala degli Angeli).

Urbino, città di cultura

Urbino è uno dei centri culturali più vivi dell'Italia centrale, retaggio anch'esso dei semi gettati durante l'epoca d'oro del periodo umanista. Dalla **Libera Università degli Studi "Carlo Bo"** – uno degli atenei più antichi (1506) e importanti d'Europa – alla **Scuola del Libro**, nata nel 1861 per volontà regia e presto affermatasi nel campo dell'incisione e dell'illustrazione del libro, per finire con l'**Istituto superiore per le Industrie artistiche-Isia**, dove si tiene un corso di specializzazione triennale frequentabile solo dopo l'ottenimento del diploma di 'maestro d'arte' e ospitato presso l'ex monastero di S. Chiara, opera di Francesco di Giorgio Martini.

Casa natale di Raffaello

ⓘ Informazioni: Casa di Raffaello, via Raffaello 57, tel. 0722320105, www.accademiaraffaello.it, novembre-febbraio, lun-sab 9-14, dom e festivi 10-13, marzo-ottobre, lun-sab 9-13 e 15-19, dom e festivi 10-13, biglietto € 3, ridotto € 2 (fino a 15 anni)

In caso di visita a Urbino, questo pellegrinaggio laico nella dimora di uno degli innovatori della pittura moderna è dovuto.
Parte del patrimonio di famiglia, la casa vide nascere il grande urbinate che, a bottega dal padre (umanista e lui stesso artista), vi apprese i primi rudimenti della pittura. Dopo numerosi passaggi di proprietà, nel 1873 l'abitazione venne rilevata dall'Accademia Raffello, che vi stabilì la propria sede. Cimeli e ricordi di Raffaello, oltre alla pregevole *Madonna col bambino*, probabile opera giovanile del maestro, sebbene di incerta attribuzione.

SPUNTI E CHICCHE LOW COST

Oratorio di S. Giovanni

Informazioni: Oratorio di S. Giovanni, via F. Barocci 31, tel. 3476711181, lun-sab 10-12.30 e 15-17.30, dom 10-12.30, su richiesta anche il pomeriggio; intero € 2, ridotto (gruppi di almeno 15 persone) € 1,50

Secondo solo al Palazzo Ducale per valenza artistica, l'oratorio di S. Giovanni rappresenta una delle più riuscite espressioni del gotico internazionale delle Marche. L'interno, di impianto trecentesco e con soffitto ligneo a carena, ospita uno splendido **ciclo di affreschi** dedicato alla vita del Battista, di Lorenzo e Jacopo Salimbeni da San Severino, che qui operarono nel Quattrocento.

Ex monastero di S. Chiara

Informazioni: Isia, via S. Chiara 36, tel. 0722320195, www.isiaurbino.net, lun-sab 9-19, ingresso gratuito

Fondato per volere di Federico da Montefeltro nel 1445 e realizzato su progetto dell'architetto senese Francesco di Giorgio Martini, l'edificio fu sede delle Clarisse fino al 1864, anno in cui divenne proprietà del comune. La chiesa, a pianta circolare, è stata trasformata in **mausoleo ducale** nella prima metà del Cinquecento. Del **chiostro** restano le due ali laterali, mentre il **refettorio** è un ampio ambiente con volta a botte. La monumentalità della costruzione viene accentuata dal prospetto a valle, con i loggiati sovrapposti e i due corpi ad ala che affacciano sul giardino pensile.

Urbino sotterranea

Le cisterne romane e le successive opere idrauliche – create per l'approvvigionamento dell'acqua – sono oggi visitabili grazie all'opera del **Gruppo speleologico urbinate** (tel. 3397824066, www.gsurbinospeleo.it, visite guidate per gruppi e su prenotazione).

Urbania, affacciata sul fiume

Informazioni: Palazzo Ducale, corso Vittorio Emanuele 23, Urbania, tel. 0722313151, www.marcheweb.com/museourbania, mar-dom 10-12 e 15-18, ingresso € 4, ridotto € 2

A Urbania sorge il duecentesco **Palazzo Ducale**, imponente costruzione in mattoni che ospita oggi la **pinacoteca**, il **Museo civico**, la **biblioteca** e il **Museo della Cultura contadina**. Di particolare interesse la visita al **Barco ducale**, residenza estiva dei duchi di Urbino, a circa 1 km dalla città. A pianta quadrata con cortile interno, fu rimaneggiato da Girolamo Genga nel XVI secolo e modificato internamente nel secolo successivo, con l'inserzione della **chiesa di S. Giovanni Battista**, su progetto di derivazione vanvitelliana.

MANGIARE A URBINO

ANGOLO DIVINO

Via S. Andrea 14, tel. 0722327559, www.angolodivino.com • coperti 40 • chiuso domenica sera e lunedì, periodo natalizio e in ottobre • cucina del Montefeltro • L'ambiente ha conservato intatto il fascino di un tempo. Il menu riporta in dialetto urbinate i nomi dei piatti, la cucina si cimenta in preparazioni annoverate solo negli antichi ricettari cittadini: pappa al pomodoro, tagliatelle al tartufo, fagioli con cotiche e semifreddo con purea di frutta. Accurata selezione di etichette di produttori locali. • **Prezzi: 25/45**

CA' ANDREANA

Località Gadana, via Ca' Andreana 4, tel. 0722327845, www.caandreana.it • coperti 55+25 • aperto solo la sera (tranne domenica), a mezzogiorno solo su prenotazione, chiuso lunedì, gennaio • cucina marchigiana • Sembra di essere fuori dal tempo, passeggiando nella campagna dell'antico ducato del Montefeltro per giungere fino a questo agriturismo, che dispone di camere e offre la possibilità di assaporare il meglio delle tradizioni culinarie; in tavola si troveranno tagliatelle ai porcini e zafferano, maialino da latte con salsa di mele rosa, semifreddo di mascarpone. • **Prezzi: 28/40**

FORNARINA

Via Mazzini 14, tel. 0722320007, www.marcheweb.com/Fornarina • coperti 70 • chiuso periodo in gennaio • cucina marchigiana • In centro, in un edificio del Quattrocento, un locale di tono rustico con cucina che privilegia, in stagione, specialità a base di funghi e tartufi; da non perdere gli strozzapreti al cartoccio, il coniglio in porchetta e, tra i dolci, la zuppa inglese. • **Prezzi: 25/40**

IL CORTEGIANO

Via Puccinotti 13, tel. 0722320307, ilcortegiano@live.it • coperti 120+55 • aperto solo a mezzogiorno (la sera solo su prenotazione), chiuso domenica • cucina marchigiana • Di fronte al Duomo e al Palazzo Ducale, tre sale dagli alti soffitti con travi e mattoni a vista e bel camino nella caratteristica sala da tè. In cucina, il tartufo arricchisce le specialità delle proposte regionali; pane e paste fresche fatti rigorosamente in casa, discreta varietà di formaggi e buona carta dei vini, prevalentemente locali e con qualche etichetta francese. • **Prezzi: 30/45**

Chicche golose

I **crostoli del Montefeltro** ricordano la piadina romagnola, ma se ne differenziano perché sfogliati, unti (per la presenza di strutto) e molto saporiti. Tra le altre golosità tipiche, si ricordano i **tacconi**, pasta di farina di fave, la **crescia sotto cenere** – schiacciata di pasta non lievitata, in parte cotta in un panaro, in parte sotto la cenere – e i **biscotti di mosto**.

LA BALESTRA ANTICA OSTERIA

Via Valerio 16, tel. 07222942, www.ristorantelabalestra.it • coperti 80+70 • chiuso mercoledì • cucina del Montefeltro • In centro storico, all'interno di un palazzo del 1500, un locale ricco di storia, con pareti in pietra decorate con armi e attrezzi di epoca medievale. Un grande lavoro di ricerca porta in tavola piatti dal sapore antico, riadattati ai gusti attuali, facendo uso esclusivamente di carni selezionate e di verdure provenienti dall'orto biodinamico di proprietà. Paste fresche fatte in casa, cacciagione, piatti a base di funghi e tartufi. La cantina, in linea con la filosofia della cucina, propone un'imponente selezione di etichette, soprattutto locali. • **Prezzi:** 25/35

NENÈ

Località Crocicchia, strada Rossa, tel. 07222996, www.neneurbino.com • coperti 60+90 • chiuso lunedì (tranne in estate) • cucina del Montefeltro • Locale ampio e immerso nel verde, a pochi chilometri dalla città, frutto del sapiente recupero di un antico fabbricato rurale. L'ambiente, caldo e familiare, è l'ideale per trascorrere una piacevole serata, in inverno scadati dal grande camino, in estate all'aperto, sulla bella terrazza. Tra le specialità: passatelli all'urbinate, ravioli all'ortica burro e salvia, tacconi con farina di fave, asinella al coccio e cinghiale alla brace. Dolci artigianali e meditata selezione di vini esclusivamente locali e provinciali. • **Prezzi:** 20/40

DORMIRE A URBINO

AQUILONE

B&B • Viale A. Gramsci 22, tel. 0722328154-3487220222, www.bbaquilone.com • 4 camere • Una sorridente villetta Belle Epoque con giardino, adatta per un soggiorno rilassante e stimolante. La struttura si sviluppa su tre livelli, con diverse soluzioni di ospitalità, tutte luminose, arieggiate e con vista panoramica. L'aquilone, che dà il nome all'attività, è un gioco che trova in questo incantato territorio la sua culla naturale. I padroni di casa accompagnano volentieri gli ospiti alla scoperta della storia di questa antica cultura. • **Prezzi:** camera doppia 65/75

CA' ANDREANA

Agriturismo • Via Ca' Andreana 2, tel. 0722327845-3356767430, www.caandreana.it • 6 camere • A soli 6 chilometri dal centro storico, con tutte le sue bellezze artistiche e architettoniche, è possibile concedersi un soggiorno in questo agriturismo, dove si è accolti con simpatia e calore da Terry e Mauro. Gli ambienti sono caratteristici, tutti preparati con cura e attenzione alla proposta. Le camere tra il rustico e l'elegante, sono arredate con mobili d'epoca mantenendo il contatto con lo stile tradizionale della regione. Tra le attività previste, anche passeggiate naturalistiche e in mountain bike. • **Prezzi:** camera doppia 44/98

CA' SOFIA

B&B • Località Pallino, via Monte Corbo 3, tel. 0722327195-3497100293, jlocatelli@libero.it • 1 camera, 1 appartamento • In un'antica casa colonica restaurata, immersa nel verde di un'oasi protetta, un'ampia camera e un appartamento di due stanze con angolo cottura e bagno privato, i cui arredi rustici ben si armonizzano con l'atmosfera intrisa di tradizioni. Si organizzano corsi di danza popolare e un laboratorio di tessitura. • **Prezzi:** camera doppia 40/50

CA' VERNACCIA

Country House • Località Pallino, via Panoramica 10, tel. 0722329824, www.locandaurbino.com • 7 camere, 5 appartamenti • Un bellissimo casale del Settecento, in aperta campagna, fra spazi incontaminati, offre ampie possibilità di ospitalità. I fabbricati che compongono la struttura, armoniosamente cresciuti nel corso degli anni attorno al primo nucleo, si snodano verso valle, adagiati lungo un crinale. Costruiti in mattone e pietra, sono stati restaurati secondo antiche tecniche con materiali ecologici, come legno, pietra e cotto. • **Prezzi:** camera doppia 56/76

DEI DUCHI

Agriturismo • Via Colonna 51, tel. 07222706-3280309554, www.agriturismodeiduchi.it • 8 camere • Rappresenta la cornice ideale per un soggiorno tranquillo, nel verde delle colline. Il casolare nasce dalla felice ristrutturazione di una casa colonica. Le ampie stanze e la fresca veranda si affacciano sul vigneto dove si festeggia, con gli ospiti, la raccolta delle uve bianche e nere, gustando il vino prodotto, ma anche le carni e gli ortaggi genuini. • **Prezzi:** camera doppia 50/60

IL BOSCHETTO

Agriturismo • Località Gadana, via Ca' Andreana 7, tel. 07222154, www.agriturismoboschetto.it • 5 camere • L'azienda è posta fra le dolci colline di Urbino, immersa nel verde. Propone alloggi confortevoli a gestione familiare e cucina classica nell'ampio ristorante; numerose le opportunità per lo svago e il relax all'aria aperta, anche per i più piccoli. • **Prezzi:** camera doppia 30/100

IL CORTEGIANO

B&B • Via Veterani 1, tel. 3408441181-0722320307, www.ilcortegiano.it • 2 camere • Nella piazza principale, in un palazzo storico di fine '500, camere con vista diretta sul Duomo e Palazzo Ducale. Interni finemente arredati, equilibrato compromesso tra arte povera e oggetti di design contemporaneo. All'interno del palazzo si trova una piccola galleria di arte contemporanea, una sala pianoforte, un ristorante e un bar con pasticceria. • **Prezzi:** camera doppia 60/80

LA MERIDIANA

Albergo • Località Trasanni, via Urbinate 43, tel. 0722320169, www.hotelmeridianaurbino.com • 52 camere • Nella suggestiva cornice delle colline del Montefeltro, edificio degli anni Settanta dotato di ogni comfort. Ampio ristorante dove gustare specialtà della cucina marchigiana; piccola sala per incontri di lavoro. • **Prezzi:** camera doppia 60/90

LOCANDA LA BROMBOLONA

Agriturismo • Località Canavaccio, via Torre della Brombolona 16, tel. 072253501-3290544238, www.brombolona.it • 8 camere • Piccolo ambiente ricavato dalla ristrutturazione di una chiesa del '500, in posizione tranquilla, a 12 km dalla città; camere con vista panoramica e ristorante alla carta aperto a tutti. • **Prezzi:** camera doppia 55/60

PIETRA ROSA

Agriturismo • Via Monte Polo 11, tel. 072253537-3890587138, www.pietrarosa.it • 5 camere • Azienda agrituristica volta principalmente alla produzione di ortofrutta, che accoglie gli ospiti in un ambiente genuino e solare, in particolare a tavola dove si serve una cucina basata sulle materie prime prodotte internamente o acquistate dalle aziende biologiche limitrofe. • **Prezzi:** camera doppia 70/90

PINETA

Campeggio • Località Bassa Cesana, via Cà Mignone, tel. 07224710-800582431, www.camping-pineta-urbino.it • Una struttura semplice e funzionale, dove i nuovi bungalow permettono il soggiorno tutto l'anno, in una posizione da cui si gode la vista del centro storico.

PERUGIA
la Oxford italiana

Sviluppatasi dall'originario nucleo etrusco ed entrata in orbita romana a partire dal III secolo a.C., la città fu soggetta alla dominazione bizantina fino alla nascita dei primi istituti comunali, nel corso dell'XI secolo. Dopo il periodo di massimo splendore, tra il 1100 e la prima metà del 1500, le fortune della città declinarono di fronte alle mire dello Stato pontificio. Polo di irradiazione culturale, illustre centro del medioevo italico, Perugia ha saputo affrancarsi dagli stereotipi della città provinciale, individuando nell'accoglienza e nella promozione di un sistema di relazioni e scambi il suo carattere identificativo. Sede della principale Università per stranieri d'Italia, la 'Oxford italiana', come la definì Montanelli, ha saputo attuare un vero processo di europeizzazione, offrendosi al mondo con il suo bagaglio di arte e cultura, reinterpretandolo in una prospettiva dinamica. Solo così è possibile spiegare le iniziative che hanno visto Perugia all'avanguardia negli ultimi decenni, da quelle nel campo della mobilità alternativa alla promozione intelligente delle risorse del territorio: guardare al passato per vedere il futuro.

QUANDO ANDARE E PERCHÉ

Sul 'quando', la scelta è libera. Di fatto, non esiste una stagione durante la quale la città si faccia preferire. Allora meglio pensare di far coincidere la visita con qualche manifestazione o evento particolare: la musica, durante il periodo estivo, oppure le golosità, che rendono prezioso l'autunno perugino. E poi si visita Perugia perché è una delle città di impianto medievale più belle d'Italia, perché è al centro di una regione affascinante e ricca di storia e di cultura, perché vi si vive una dimensione unica, che guarda all'innovazione senza rinunciare alla tradizione.

COME ARRIVARE

→**IN AUTO** Per chi arriva da nord utilizzando l'autostrada A1 Milano-Napoli, l'uscita è quella di **Valdichiana**, dalla quale si imbocca direttamente il **raccordo Bettolle-Perugia** in direzione del capoluogo umbro; per chi giunge da sud, l'uscita di riferimento dell'Autosole è **Orte**, con deviazione sulla superstrada **SS675 Umbro-laziale** che prosegue fino a Terni, dove ci si può immettere nella **SS3 Flaminia** (che permette di raggiungere Perugia toccando i centri di Spoleto, Foligno e Assisi) oppure nella superstrada **SS3 bis-E45** fino allo svincolo per Perugia. Sempre la SS3 bis, proseguendo in direzione nord, mette in collegamento il capoluogo con Ravenna e la costa adriatica romagnola, mentre la **SS318** - una volta completato l'adeguamento a superstrada - dovrebbe garantire un accesso rapido da Ancona e la riviera marchigiana.

→IN AUTOBUS Numerosissime le linee extraregionali, gestite per lo più da operatori privati (per informazioni e prenotazioni, tel. 0514210530, oppure consultare il sito www.ibus.it). **Sulga**, società del consorzio ACAP (viale Perari 5, numero verde 800099661, www.sulga.it), svolge servizi di concessione con autolinee che collegano l'Umbria all'aeroporto di Fiumicino, Roma, Cesena, Ravenna, Milano, Firenze, Napoli e la regione Puglia. Dal dicembre 2010, **Umbria Mobilità** (che aggrega attività e servizi delle quattro principali società di trasporto locale umbre) si occupa dei collegamenti con tutti i centri della regione. Arrivi e partenze presso il bus terminal di piazza Partigiani, che è anche il punto di interscambio delle linee urbane (tel. 0755731707, orari biglietteria lun-sab 6.15-20, dom e festivi 7.30-19.30).

→IN TRENO **Trenitalia** (tel. 892021, www.fsitaliane.it) gestisce il traffico - a carattere prevalentemente regionale - del principale scalo cittadino, **Fontivegge** (in piazza Vittorio Veneto 1, tel. 0755006865), situato lungo la linea secondaria **Terontola/Cortona-Foligno**. La stazione dista circa 3 km dal centro storico, al quale è collegata da minimetrò e da diverse linee automobilistiche. La stazione di **Perugia S. Anna** è invece gestita dal servizio pubblico di trasporto regionale **Umbria Mobilità** (p.le Bellucci 16/A, tel. 075575401, o numero verde 800512141, www.umbriamobilita.it) e si trova in pieno centro, nei pressi del bus terminal.

→IN AEREO Lo scalo cittadino è l'**Aeroporto internazionale dell'Umbria "Perugia - S. Francesco d'Assisi"** (via Aeroporto, tel. 075592141, www.airport.umbria.it), raggiungibile con bus navetta (Sulga, numero verde 800099661, tre corse giornaliere) in partenza da piazza Italia e dalla stazione ferroviaria del capoluogo, oppure con mezzi propri fino all'uscita Ospedalicchio Sud della SS75 Centrale Umbra.

Voli low cost

Compagnie che operano su Perugia: **Ryanair** (tel. 899678910, www.ryanair.com), da Cagliari e Trapani; **Skybridge AirOps** (tel. 199100889, www.skybridgeairops.com), che prevede un collegamento giornaliero con l'aeroporto di Milano Malpensa e due con Olbia.

COME MUOVERSI

→IN AUTO L'arteria cittadina principale, corso Vannucci (così come le aree limitrofe), è interamente pedonalizzata. Inoltre, dal 2001 è attiva nel centro storico la **zona a traffico limitato** (ZTL), i cui accessi sono regolamentati da orari precisi (libero accesso lun-sab 13-22, dom e festivi 7-22) e i varchi sorvegliati da telecamere. Deroghe per visitatori ospiti di strutture posizionate nel perimetro della ZTL (per informazioni su permessi e accessibilità: **SITU-Sistema Integrato Traffico Urbano**, tel. 075075075, infositu@comune.perugia.it). **SIPA** (via Manfredo Fanti 2/B, tel. 0755721938, www.sipaonline.it) è la società che si occupa della gestione dei parcheggi a pagamento,

Eventi e manifestazioni

Breakfest

(marzo)

Unico appuntamento in Italia dedicato al rito del risveglio, per ritrovare il gusto di una buona colazione. Accesso gratuito a percorsi didattici, degustazioni, incontri per grandi e piccoli (www.breakfest.it).

Festival internazionale del Giornalismo

(aprile)

Occasione per discutere di giornalismo, libertà di stampa, informazione e democrazia ai tempi di internet. Ingresso libero a incontri e confronti tra operatori del settore e fruitori dei media (segreteria, via Cortonese 82, tel. 0755055807, www.festivaldelgiornalismo.com).

Fantacity Festival

(aprile)

Manifestazione all'insegna della creatività e della fantasia, ideata e realizzata per i bambini. Per tre giorni ragazzi di tutte le età domineranno la scena, diventando i protagonisti assoluti di laboratori, spettacoli, proiezioni, letture e danze. Partecipazione gratuita e aperta anche agli adulti (segreteria, via Diaz 5/7, tel. 0755056985, www.fantacityfestival.it).

Sagra Musicale Umbra

(settembre)

Festival tra i più antichi d'Europa (la prima edizione risale al 1937), con celebri direttori e interpreti che si sono impegnati nel promuovere e diffondere la musica d'ispirazione sacra. Convegni, incontri e, naturalmente, concerti a Perugia e in altre città umbre (Fondazione Perugia Musica Classica, via Danzetta 7, tel. 0755722271, www.perugiamusicaclassica.com).

Eurochocolate

(ottobre)

L'appuntamento annuale vede strade e piazze trasformarsi in pasticcerie all'aperto che celebrano il protagonista assoluto dell'arte dolciaria: sua maestà il cioccolato. Degustazioni, laboratori, stage amatoriali, mostre a tema attirano quasi un milione fra buongustai e golosi (viale Centova 6, tel. 0755025880, www.eurochocolate.com).

con tariffe orarie che variano da € 1 a € 3. Tre le aree di sosta gratuite: **Bove** (piazzale del Bove-via Campo di Marte, anche per autobus e camper), **Cupa** (piazzale della Cupa-via Checchi) e **Porta Nova**, adiacente alla stazione minimetrò di Pian di Massiano.

→IN AUTOBUS Il servizio di trasporto pubblico urbano di Perugia è gestito dall'**Azienda Perugina della Mobilità – APM SpA** (che da dicembre 2010 fa parte di Umbria Mobilità, strada Santa Lucia 4, numero verde 800512141), ed è costituito da 20 linee primarie (a frequenza costante da 20 a 30 minuti), 19 linee secondarie (a frequenza variabile da 30 a 60 minuti), che garantiscono il collegamento con le aree più esterne, e 23 linee speciali. Nuovo biglietto **Unico Perugia**, per tutta la rete, con validità 70 minuti € 1,50, oltre i 65 anni € 1,20, turistico 24 ore € 5,40.

→IN MINIMETRÒ Inaugurato nel 2008 e realizzato dall'omonima società (strada S. Lucia 4, numero verde 800910348, www.minimetrospa.it), il **Minimetrò** è l'innovativo sistema di trasporto che, su un percorso complessivo di 6 km con cinque fermate intermedie, collega i principali quartieri periferici con il centro storico. Capolinea al **Pincetto** e **Pian di Massiano**.

→IN SCALA MOBILE E ASCENSORE Perugia è stata una delle prime città in Italia a dotarsi di percorsi pedonali meccanizzati volti a favorire una mobilità sostenibile.

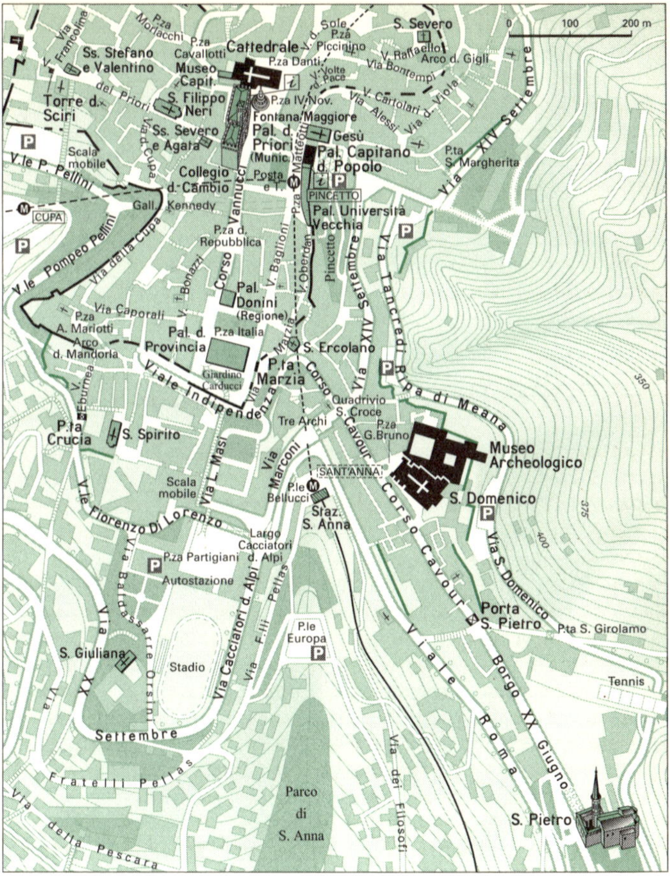

APM gestisce tutto il sistema di scale mobili che collega il centro storico alla base dell'acropoli – le tratte **piazza Partigiani-piazza Italia** (6.30-1.45), **via Pellini–via dei Priori** (6.45-1.15) e **piazzale Europa-piazzale Bellucci-Corso Cavour** (7-22) – nonché gli ascensori **galleria Kennedy-Centro storico** (7-20.30, prefestivi 7-00.30) e **Mercato coperto-Centro storico** (6-2), tutti ad accesso gratuito. A questi impianti si aggiunge, con l'avvio del minimetrò, il sistema di risalita con scale mobili e ascensore inclinato, importante via di accesso al centro storico dal terminal Pincetto.

→IN TAXI A Perugia è attivo il servizio di radiotaxi (24 ore su 24), che risponde al numero 0755004888 (www.radiotaxiperugia.it). Area di sosta taxi presso la stazione Fontivegge (tel. 0755010800), corso Vannucci (tel. 0755721979), piazza Italia (tel. 0755736092) e largo Cacciatori delle Alpi (tel. 0755736096).

SCONTI E RIDUZIONI

➔PERUGIA CITTÀ MUSEO

È reperibile in tutti i musei convenzionati e presso gli IAT cittadini (tel. 800961993, www.perugiacittamuseo.it). La Perugia Città Museo card, attraverso uno straordinario percorso tra storia e arte, consente la visita ai principali siti museali, monumentali e archeologici cittadini. Dà inoltre diritto a riduzioni per altri servizi cittadini, per mostre temporanee ed eventi, nonché a sconti presso negozi e ristoranti. Due le tipologie: **Card A/F**, valida per un adulto (più un eventuale minore), con durata di 48 ore, offre l'accesso a cinque musei convenzionati (€ 10); **Card U**, per studenti universitari, validità un mese, accesso a cinque musei (€ 6); **Card C1** e **C2**, rispettivamente personale e familiare, hanno validità un anno e consentono l'accesso a tutti i musei convenzionati (€ 20 e € 35).

SCOPRIRE PERUGIA A PIEDI

Il cuore di Perugia batte sull'acropoli, in quella **piazza IV Novembre** - la *platea magna* di epoca romana - che è un concentrato di arte, storia e cultura. Da lì può prendere le mosse un itinerario ideale che, dopo aver toccato opere quali il **Duomo**, la **fontana maggiore** - capolavoro di Giovanni e Nicola Pisano - e il gotico **palazzo dei Priori** (sede del Comune e della **Galleria nazionale dell'Umbria**), scende lungo corso Vannucci e la sua teoria di residenze nobiliari, tra cui il quattrocentesco Collegio del Cambio (con affreschi del Perugino); oppure, discesa la scalinata di S. Ercolano e superato l'imponente **complesso di S. Domenico**, arriva alla splendida **abbazia di S. Pietro**. Atmosfere medievali per chi scende da piazza IV Novembre lungo via dei Priori; in fondo, l'oratorio di S. Bernardino, gioiello rinascimentale con facciata policroma.

Soddisfatto lo sguardo, probabilmente anche la gola reclamerà la sua parte: Perugia offre una vastissima scelta di ristorantini e trattorie a buon prezzo che offrono una cucina di ottima qualità. Per uno spuntino più informale, avvolti dalle note di ottima musica jazz, niente di meglio dello storico 'Caffè Morlacchi' (nell'omonima piazza). I nottambuli troveranno un'ampia offerta di locali nella zona di **Borgo Bello**, dove potranno anche rifocillarsi fino a ora tarda. Le colline circostanti ospitano numerosi agriturismi con annesso ristorante, dove poter trascorrere più di qualche ora in pieno relax.

Perugia in bici?

La mobilità ciclabile è qui abbastanza penalizzata dall'orografia alquanto accidentata: pochissime, infatti, le piste in città e pressoché assenti i collegamenti alla rete di itinerari che attraversano il territorio regionale. È degli ultimi tempi la richiesta al Ministero dell'Ambiente di un finanziamento per l'attivazione di un progetto di bike-sharing nella zona pianeggiante di Pian di Massiano, con la speranza che possa poi estendersi a tutta l'area urbana.

I MUST DA NON PERDERE

Palazzo dei Priori e Galleria Nazionale dell'Umbria

ⓘ Informazioni: Galleria nazionale dell'Umbria, corso Vannucci 19, tel. 07558668410, www.gallerianazionaleumbria.it, mar-dom 8.30-19.30, chiuso lun, biglietto € 6,50, ridotto (18-25 anni) € 3,25; **gratuito con Perugia Città Museo card**

La massiccia e compatta mole di **palazzo dei Priori**, appena alleggerita dai due ordini di eleganti trifore gotiche, domina la sommità dell'acropoli ed è forse il simbolo più superbo dello spirito comunale di Perugia. Eretto in fasi successive alla fine del XIII secolo - dapprima sotto la direzione di Jacopo di Servadio e Giovannello di Benvenuto, quindi dei senesi Lorenzo e Ambrogio Maitani - il palazzo venne ampliato e, dall'originaria forma cubica con ingresso sulla platea magna, di fronte alla fontana maggiore, assunse quella attuale di parallelepipedo allungato, arricchendosi del maestoso **portale** su corso Vannucci. Nei secoli seguenti vennero via via apportate ulteriori modifiche e aggiunte, quali la squadrata **torre campanaria** (1331), la **cappella dei Priori** (1443) e il **loggiato** antero-posteriore (1580 ca.).
All'interno, la splendida **sala dei Notari** (o sala del Popolo), con volte decorate da affreschi risalenti alla fine del Duecento, e la sovrastante **sala Podiani**. L'edificio, oltre a ospitare gli uffici del Comune, è sede dell'importante **Galleria nazionale dell'Umbria**, alla quale si accede dall'ingresso di corso Vannucci. La galleria conserva la maggiore raccolta di capolavori dell'arte umbra e del Centro Italia e accoglie centinaia di opere comprese tra il XIII e il XIX secolo. Al terzo piano sono custoditi i reperti risalenti ai secoli XIII-XV, al secondo quelli dal XVI al XIX secolo. Tra i capolavori, opere di Arnolfo di Cambio, dei fratelli Pisano, di Duccio di Buoninsegna, del Beato Angelico, di Piero della Francesca, del Perugino e del Pinturicchio.

Ventiquattro chilometri di pace

Ventiquattro chilometri. È la distanza che separa Perugia da Assisi e che da cinquant'anni esponenti laici e religiosi di ogni parte del mondo, enti e organizzazioni impegnati nella ricerca della giustizia sociale e nella lotta alla povertà e comuni cittadini percorrono a piedi, in circa sei ore, partendo dai Giardini del Frontone, nel centro storico del capoluogo, con l'obiettivo dichiarato di diffondere il significato e l'importanza della pace nel mondo. L'arrivo è come sempre presso la Rocca Maggiore di Assisi. Alla conclusione dell'evento, che si tiene ogni due anni, solitamente tra fine settembre e i primi di ottobre, l'organizzazione mette a disposizione bus navetta gratuiti per il ritorno a Perugia (Tavola della Pace, via della Viola 1, tel. 0755736890, www.perlapace.it).

Basilica e abbazia di S. Pietro

ⓘ **Informazioni: Basilica e abbazia di S. Pietro, via Borgo XX Giugno 74, tel. 07535152-07534770, 8-12 e 15.30-18.30**

La chiesa e l'annesso monastero benedettino vennero realizzati da Pietro Vincioli nella seconda metà del X secolo sul monte Calvario, già sede della prima cattedrale cittadina risalente al VI secolo e, all'epoca, fuori della cerchia delle mura. Dopo un lungo periodo di decadenza, il complesso monastico conobbe un periodo di grande fioritura sotto il papato di Eugenio IV, come testimoniato dal ricco arredo interno e dalle sostanziali modifiche strutturali.
Dominata da un elegante e slanciato **campanile a cuspide** (la parte inferiore è databile al XIII secolo, mentre quella superiore - ricostruita dopo un crollo - risale alla seconda metà del XV secolo), la basilica è uno degli edifici sacri più interessanti dell'intera Umbria. La chiesa è preceduta da un'armoniosa corte secentesca - o **chiostro maggiore** - da cui si accede all'edificio, annunciato da una **facciata monumentale a tre arcate**. Il **chiostro minore,** o 'delle stelle', è antecedente ed è opera di Galeazzo Alessi.
L'interno della basilica (del tipo *hallenkirche*) - con **navata centrale**, corsetti laterali sorretti da **colonne ioniche** e **soffitto ligneo a cassettoni** riccamente decorato - conserva importanti opere d'arte, tra cui tele di Antonio Vassilacchi, detto l'Aliense, allievo del Tintoretto. Le navate e le cappelle sono impreziosite da opere del Perugino, del Vasari, di Guido Reni, di Francesco Gessi e del Guercino. Tra le sculture, l'**altare Baglioni**, opera di Mino da Fiesole. Straordinario il **coro ligneo**, di Stefano e Damiano daBergamo, capolavoro rinascimentale considerato il più bello d'Italia. Nella sacrestia, quattro piccole opere del Perugino, un tempo parte del polittico che decorava l'altare principale della chiesa.

SPUNTI E CHICCHE LOW COST

L'anello della Cattedrale

ⓘ **Informazioni: Duomo di S. Lorenzo, piazza IV Novembre, tel. 0755723832**

Realizzata tra il 1345 ed il 1490, la **Cattedrale di S. Lorenzo** presenta la fiancata laterale (dove è la Loggia di Braccio) rivolta alla piazza principale e l'interno composto da un'unica sala. L'edificio custodisce, in un'apposita cappella, il **santo anello**, venerato come l'anello nuziale della Madonna, che pare abbia una lunga storia. Nel 985 fu venduto da un ebreo romano a un orafo di Chiusi, poi giunse alla chiesa di S. Mustiola. Nel 1473, frate Winter di Magonza lo sottrasse alla pieve di Chiusi per condurlo nella sua città. Lungo la strada il frate fu però bloccato da una nebbia assolutamente inusuale, che lo convinse ad abbandonare il santo anello in quel luogo. La reliquia viene esposta ai fedeli il 30 luglio di ogni anno.

Umbria Jazz

ⓘ Informazioni: Fondazione Umbria Jazz, piazza Danti 28, tel. 0755734432, www.umbriajazz.com; **gratuiti i concerti ai giardini Carducci e in piazza IV Novembre**

Nata nel 1973 come kermesse itinerante, ha trovato a Perugia la sua sede d'elezione diventando presto la rassegna di riferimento per gli appassionati di musica jazz. Musica a ogni ora del giorno e della notte, dunque, con eventi che si susseguono e si sovrappongono. In un chilometro quadrato di straordinaria bellezza e suggestione si creano interazioni inedite fra la storia medievale che permea i palazzi e le piazze cittadine e i suoni della contemporaneità. Occasione ideale per godersi gratuitamente dell'ottima musica: i concerti all'aperto nei giardini Carducci e in piazza IV Novembre sono infatti a costo zero.

Per borghi lungo la statale Pievaiola

La strada che dal rione di San Sisto scende a sud-ovest, in direzione di Città della Pieve (**SS 220 Pievaiola**), riserva molte sorprese. Appena lasciata Perugia, infatti, si incontrano borghi, pievi e paesi dove il tempo pare essersi fermato: **Mugnano**, con i suoi murales multicolori e l'abbazia benedettina; **San Martino dei Colli**, borgo splendidamente conservato tra il verde degli ulivi, che circondano anche il piccolo castello del vicino villaggio di **Poggio delle Corti**; oppure la cerchia di mura che cinge **Montepetriolo**, paesino dove il medioevo permea ogni cosa e il profumo della torta al testo (sorta di focaccia schiacciata cotta su una lastra - o *testo* - di pietra, coccio o metallo e farcita con salumi o formaggio) invita a una sosta. Per finire, una breve deviazione per **Fontignano**, per visitare la chiesa dell'Annunziata dove fu chiamato a lavorare il Perugino e dove è conservato l'affresco della *Vergine col Bambino*. Per la visita, tel. 3403720086.

Escursione al Bosco didattico

A Ponte Felcino, in prossimità del Tevere, è possibile fare una full immersion nella natura a due passi dalla città. Il **Bosco didattico**, area naturalistica di circa otto ettari, offre la possibilità di entrare a contatto con oltre 2300 specie botaniche e 4000 tra arbusti e piante arboree ed erbacee; inoltre, all'interno di cinque serre è presentato un esauriente panorama di piante grasse, di agrumacee e di vegetali tipici degli areali tropicali e subtropicali. Il Bosco è accessibile sempre, mentre la visita alle serre è possibile solo se accompagnati dagli operatori (piazza Villa Giardino, Ponte Felcino, per visite tel. 0755721021, orari visite estate: lun 16-19, mar-sab 8.30-12 e 16-19, dom 8.30-12; inverno: lun 15-17, mar-sab 8.30-12 e 15-17, dom 8.30-12).

MANGIARE A PERUGIA

ANTICA TRATTORIA DELLE VOLTE

Via Volte della Pace 6, tel. 0755733779, trattoria_delle_volte@yahoo.it • coperti 45+24 • chiuso lunedì • cucina umbra e classica • Locale di tono rustico attivo dal 1947, in pieno centro storico. La cucina, tipicamente casalinga, attinge alla tradizione, ma propone anche pizze e spuntini. • **Prezzi: 20/30**

CIVICO 25

Via della Viola 25, tel. 0755716376, civico25@hotmail.com • coperti 40+15 • aperto solo la sera, chiuso domenica, periodo in agosto • cucina umbra • In posizione centrale, piccolo locale con cucina regionale, atmosfera calda e informale e serate con musica dal vivo. In evidenza i taglieri di salumi locali, le paste fresche fatte in casa e gli ottimi secondi di carne; piatti a base di funghi e tartufi in stagione. Corposa lista dei vini, con più di 600 etichette italiane ed estere. • **Prezzi: 25/35**

DAL MI COCCO

Corso Garibaldi 12, tel. 0755732511 • coperti 90 • chiuso lunedì, periodo tra luglio e agosto • cucina umbra • Locale di tono rustico con buon rapporto qualità-prezzo e gestione attenta. Menu in dialetto e variato in base alle stagioni, con predilezione per gli arrosti; le paste e il pane sono fatti in casa. • **Prezzi: 13**

ENOTECA GIÒ ARTE E VINI

Via R. d'Andreotto 19, tel. 0755731100, www.hotelgio.it • coperti 250 • chiuso sera di domenica • cucina umbra • Ambiente semplice e pulito, da raccomandare per l'ottimo rapporto prezzo-qualità e per la sua cucina genuina e fedele alle radici gastronomiche del luogo. Enoteca con notevole offerta di vini, anche umbri; grande varietà di formaggi e ottima selezione di olio extravergine d'oliva. • **Prezzi: 26/33**

ETRUSCHETTO

Corso Garibaldi 17, tel. 0755729230 • coperti 35+40 • chiuso martedì, Natale e periodo in agosto • cucina classica • Stile rustico, con tavoli in legno e lughe panche, per questa pizzeria dall'atmosfera conviviale. • **Prezzi: 10/15**

FORTEBRACCIO

Via Palermo 88, tel. 07534643, www.umbriahotels.com • coperti 100 • cucina umbra • Ambiente gradevole e proposte di piatti a base di prodotti tipici regionali: funghi, tartufi, selvaggina e paste fresche. • **Prezzi: 24/40**

GRIFONE

Via S. Pellico 1, tel. 0755837616, www.grifonehotel.com • coperti 90 • chiuso domenica • cucina umbra • Arredato in stile medievale umbro, propone i sapori tradizionali interpretati con rigore. Piatto del buon ricordo: agnello ai profumi di Colfiorito. • **Prezzi: 19/30**

Chicche golose

La **ciaramicola** è il dolce pasquale di Perugia, regalato, secondo la tradizione, dalle ragazze in età da marito ai propri innamorati il giorno di Pasqua. Tra gli altri dolci: il **brustengolo** – fatto con farina di mais, mele, uvetta, pinoli – e il **torcolo di San Costanzo**, tipico di Perugia. Tipici sono anche le **tagliatelle al sugo d'anatra,** gli **strangozzi al tartufo nero**, il **colombaccio selvatico** allo spiedo e la **torta al testo**, focaccia schiacciata farcita con salsiccia, stracchino e verdure o usata semplicemente come pane.

LA BOTTE

Via Volte della Pace 31, tel. 0755722679 • coperti 100 • chiuso domenica • cucina classica • Atmosfere medievali e deliziose pizze in questo locale del centro storico, vicinissimo alla fontana maggiore. **• Prezzi:** 10/25

LOCANDA DEGLI ARTISTI

Via Campo Battaglia 10, tel. 0755735851-3939184962, www.perugiaonline.com/locandadegliartisti • coperti 80+100 • chiuso martedì in inverno, periodo in gennaio • cucina umbra e lucana • In un palazzo medievale, un ambiente curato e rustico, con proposte quali pasta fatta a mano, agnello al Sagrantino passito e carni alla brace. Vi si organizzano degustazioni abbinate formaggi-vini e serate con cucina medievale. Buone le pizze e il pane, cotti nel tipico forno a legna. **• Prezzi:** 10/38

LOCANDA DO' PAZZI

Corso Cavour 128, tel. 0755720565, sauvage53@libero.it • coperti 40+20 • chiuso domenica, periodo in agosto • cucina veneta e umbra • Piccolo e accogliente locale a due passi dalla chiesa di S. Domenico e dal Museo archeologico. Cucina d'ispirazione umbra ma soprattutto veneta sia di terra sia di mare, accompagnata da una buona selezione di vini; in menu, che varia ogni mese: cicchetti veneziani, ravioli della casa con patate e porro al formaggio fuso, baccalà alla veneziana e tortino al cioccolato. **• Prezzi:** 20/35

OSTERIA DEL GAMBERO

Via Baldeschi 8/A, tel. 0755735461, www.osteriadelgambero.it • coperti 55+8 • aperto novembre-febbraio solo la sera (tranne domenica), chiuso lunedì, periodo in gennaio e in giugno • cucina umbra rivisitata • In un palazzo del 1400 nel cuore di Perugia, propone una cucina di terra e di mare realizzata con vena creativa. Pane, pasta e dolci fatti in casa; carrello di oli umbri, ampia scelta di formaggi, ricca carta dei vini e distillati. La cucina è in funzione anche dopo le 22. **• Prezzi:** 23/40

> ### Mercato bio
>
> **Umbria Terra Viva** è una mostra mercato mensile di prodotti biologici e naturali, artigianato artistico ed ecocompatibile. Si svolge la prima domenica di ogni mese in piazza Piccinino. Orari: 7-20. Ogni primo weekend di ottobre (sabato-domenica) si trasforma in **Vai Con Bio** (Associazione "BioUmbria Art", tel. 3274727756, www.bioumbria-art.it).

TRATTORIA DEL BORGO

Via della Sposa 23/A, tel. 0755720390 • coperti 60+60 • aperto solo la sera (mezzogiorno su prenotazione), chiuso domenica, periodo tra agosto e settembre • cucina umbra • Una piccola trattoria nel centro, con ambiente semplice e arioso. I clienti possono gustare alcuni piatti tipici della cucina umbra: salumi di propria produzione, pappardelle al cinghiale, maialino alla perugina e crostata con marmellata di more e pinoli. In estate si mangia all'aperto in un grazioso giardino. **• Prezzi:** 20/30

VECCHIA PERUSIA

Via U. Rocchi 9, tel. 0755725900 • coperti 35 • chiuso sera di domenica e martedì • cucina • Trattoria dagli arredi antichi, su una delle vie storiche del centro gestita con passione dall'ex pugile Frankie Banana. La cucina, casereccia, propone ottimi primi a base di carciofi, tartufo, asparagi e vari risotti; da non perdere le specialità della casa: penne alla Perusia e dessert come la torta alla ricotta. **• Prezzi:** 25/35

DORMIRE A PERUGIA

IDEAL

Albergo • Via Tuderte 1/G, tel. 07530869, www.hotelidealperugia.it • 20 camere • Nel verde, una palazzina degli anni Settanta, ristrutturata nei servizi e negli arredi, a conduzione familiare; propone monolocali per soggiorni settimanali e alcune camere con piccolo angolo cottura nell'annessa dependance. Prima colazione a buffet dolce. **• Prezzi: camera doppia 55/88**

IL GIARDINO DI MATILDE

B&B • Via A. Apponi 20, tel. 07534050-3402900791, www.ilgiardinodimatilde.it • 2 camere, 1 appartamento • A due passi dal centro storico, una struttura elegante e confortevole all'interno di una piccola villa. Assoluto silenzio, relax, ambienti curati ma dall'atmosfera informale contraddistinguono questo esercizio e lo rendono speciale. Strategica la vicinanza della superstrada. **• Prezzi: camera doppia 55/100**

IL GIGLIO

B&B • Località San Sisto, strada del Giglio 1/12, tel. 0755270240-3490986271, www.bedandbreakfastperugia.it • 4 camere • Antico casale immerso nel verde della campagna umbra, in un contesto di grande tranquillità, alle porte del centro storico della città. Elegantemente arredato e dotato di ogni comfort, è circondato da un bel giardino. Ottime e abbondanti prime colazioni servite nel salone o, in estate, in giardino. Anche centro benessere e corsi di yoga. **• Prezzi: camera doppia 50/70**

I LOGGI

Albergo • Località Montebello, via Lambruschini 69/71, tel. 0755837607, www.iloggi.altervista.org • 15 camere • Villaggio albergo circondato dal verde, d'impronta rurale ma attrezzato per le esigenze dell'ospitalità moderna; dispone anche di piccole unità abitative e di un rinomato ristorante che propone specialità regionali, aperto anche ai clienti esterni. **• Prezzi: camera doppia 45/90**

LA PERNICE

Albergo • Località Monte Petriolo, strada dei Muri 5, tel. 0757825134-3278514385, www.lapernice.com • 3 camere, 3 appartamenti • Caratteristico e tipico casale umbro alle pendici del colle di Montepirolo, borgo medievale, completamente ristrutturato e posto ai margini del parco padronale. Offre ospitalità in camere o appartamenti semplici ma ben accessoriati; piscina esterna per i momenti di relax, area fitness per i più sportivi. **• Prezzi: camera doppia 50/80**

LE BETULLE

B&B • Località San Martino in Colle, strada Pila 191, tel. 3311017682, www.bb-lebetulle.it • 2 camere • Immerso nella verde della campagna umbra, è il luogo ideale per conciliare cultura, folclore ed eventi mondani con una vacanza rilassante. Casale in stile colonico di recente costruzione, rivestito in pietra ocra e mattoni. Intorno, una florida e variegata vegetazione. **• Prezzi: camera doppia 48/54**

LE TERRAZZE

B&B • Via A. Feliziani 26, tel. 0755899088-3475859421, www.leterrazzepg.it • 1 camera, 1 appartamento • In posizione panoramica sulle prime colline della città, offre camere spaziose e un bel porticato dove riposarsi e gustare una buona prima colazione. In un piacevole contesto di genuinità e serenità, si imparano le pratiche di coltivazione, si realizzano sacchetti di lavanda, si confezionano marmellate con la frutta della casa o del bosco. • **Prezzi:** camera doppia 50/70

MORLACCHI

Albergo • Via Tiberi 2, tel. 0755720319, www.hotelmorlacchi.it • 14 camere • In pieno centro, un grazioso hotel ricavato all'interno di un palazzo del '600. Camere semplici e curate, arredate con mobili d'epoca e quadri alle pareti. Colazione servita nel salotto dai tratti casalinghi, dove si può anche bere un tè durante il pomeriggio. Per gli ospiti, pass per il transito e la sosta del veicolo in tutto il centro storico. • **Prezzi:** camera doppia 72/82

PARADIS D'ÉTÉ

Campeggio • Località Colle della Trinità, strada Fontana 29/H, tel. 0755173121, www.wel.it/cparadis • Stagionale • In cima al colle della Trinità, in zona tranquilla e immersa nel verde. Comoda base per la visita di Perugia (minibus nelle immediate vicinanze), dispone anche di alcuni bungalow in muratura a quattro posti; ristorante nelle vicinanze.

ROSALBA

Meublè • Piazza del Circo 7, tel. 0755728285, www.hotelrosalba.com • 20 camere • Nel centro storico, in un villino del Settecento, un meublè caldo e accogliente. Grande cura negli arredi in arte povera delle confortevoli camere, cui si aggiungono alcune dependance. Prima colazione inclusa nel prezzo. • **Prezzi:** camera doppia 70

SAN FELICISSIMO

Agriturismo • Località Ponte Felcino, strada Poggio Pelliccione, tel. 0756919400-3469669725, www.sanfelicissimo.net • 10 camere • A 4 km dal centro, su un poggio panoramico, offre un piacevole soggiorno all'insegna del benessere: piscina, camere dagli arredi rustici e pranzi realizzati con i prodotti dell'azienda. • **Prezzi:** camera doppia 70/84

SIGNA

Albergo • Via del Grillo 9 ang. corso Cavour, tel. 0755724180, www.hotelsigna.it • 23 camere • Nei pressi della chiesa di S. Domenico, in posizione tranquilla e pittoresca, con giardino per la prima colazione in estate. Alcuni appartamentini disponibili a pochi passi dall'esercizio. • **Prezzi:** camera doppia 65/80

SILVER

Albergo • Località L'Olmo, via Don Dario Pasquini 10/12, tel. 0755170514, www.silverhotel.com • 21 camere • Curata conduzione familiare di una recente struttura dislocata in due edifici adiacenti, a pochi chilometri da Perugia. Le camere sono funzionali e ben accessoriate. • **Prezzi:** camera doppia 48/60

SIRIUS

Albergo • Via Padre Guardiano 9, tel. 075690921, www.sirius.it • 23 camere • In un parco tranquillo e panoramico, hotel moderno con camere ben accessoriate e ampliato recentemente. Colazione continentale con dolci fatti in casa e ristorante, a richiesta, che propone piatti della tradizione regionale e italiana. • **Prezzi:** camera doppia 52/85

UMBRIA VERDE

B&B • Via Colli Euganei 77, tel. 3485102066, www.perugiabb.com • 2 camere, 1 appartamento • Nel verde e nella tranquillità di un bel giardino, la struttura è parte di una villa privata. Camere luminose, confortevoli e dagli arredi semplici. Il centro città è raggiungibile in breve tempo. Ideale anche per chi vuole visitare i graziosi borghi nei dintorni. • **Prezzi:** camera doppia 50/70

SPOLETO

medioevo sostenibile

Situata all'estremità meridionale della valle Umbra, quando le asperità appenniniche si sono ormai addolcite, Spoleto si erge orgogliosa sul promontorio del colle di Sant'Elia, specchiandosi nei suoi due monumenti simbolo: la rocca albornoziana e l'imponente ponte delle Torri. Capitale dell'omonimo ducato in epoca longobarda, quindi centro strategico decisivo per gli equilibri politico-militari nell'area (tanto da essere a lungo contesa tra Impero e Papato), la città si impose durante il periodo rinascimentale come uno dei poli culturali più importanti dell'Italia centrale. Ancora oggi, pur avendo perso peso dal punto di vista politico e amministrativo a favore di Perugia e Terni, Spoleto si propone come portatrice di valori e idee innovativi: recupero ambientale, turismo sostenibile, mobilità alternativa. Tutto in direzione di un benessere comune che non si misura in automobili possedute o in possibilità di spesa, ma in qualità della vita.

QUANDO ANDARE E PERCHÉ

Le stagioni 'di mezzo' - primavera e autunno - sono quelle da preferire: minore l'affollamento e clima ideale per andarsene in giro a piedi fra le stradine acciottolate e affrontare le salite del centro. Se poi si desidera soddisfare lo spirito, l'appuntamento con il ricchissimo programma del Festival dei 2Mondi sarà sicuramente in grado di appagare ogni aspettativa. Spoleto vanta un'antichissima storia, ancora visibile grazie al patrimonio architettonico che ospita. Molto pittoresca, è uno dei principali centri turistici dell'Umbria. Oltre alla molteplicità degli eventi proposti, non va trascurata la straordinaria offerta enogastronomica, che fa di questa città e dell'Umbria in genere uno dei paradisi della buona cucina italiana. Oppure va visitata semplicemente per godere di qualche giorno fuori dal caos, recuperando una dimensione più intima e vera.

COME ARRIVARE

→IN AUTO Per chi arriva da nord utilizzando l'autostrada A1 Milano-Napoli, l'uscita è quella di **Valdichiana**, dalla quale si imbocca direttamente il **raccordo Bettolle-Perugia** in direzione del capoluogo umbro; quindi, dopo la confluenza sulla **SS3 bis**, si devia per Collestrada, sulla **SS75 Centrale Umbra** in direzione di Foligno, da dove, infine, ci si immette sulla **SS3 Flaminia.** Per chi giunge da sud, l'uscita di riferimento dell'Autosole è **Orte**, con immissione sulla superstrada **SS675 Umbro-laziale** che prosegue fino a Terni, dove si innesta nella **SS3 Flaminia** che permette di raggiungere Spoleto viaggiando in direzione nord. Spoleto è inoltre collegata ad Acquasparta e alla superstrada **SS3 bis Tiberina Terni-Ravenna** dalla **SR418 Spoletina**, e alla piccola frazione di Bastardo (all'incrocio con la SR316), dalla **SP451 di La Bruna**.

→IN AUTOBUS Spoleto è raggiungibile da Roma grazie a due corse giornaliere (partenza dalla stazione Tiburtina alle 7.30 e alle 15.30), da Perugia (partenza da piazza Partigiani) e da tutte le principali località umbre. Tutte le linee fanno capo al piazzale antistante la stazione ferroviaria.

→IN TRENO Spoleto si trova lungo la linea passante **Roma-Ancona** gestita da **Trenitalia** (tel. 892021, www.fsitaliane.it), ed è nodo di notevole importanza per l'interscambio con il traffico passeggeri su gomma. Quasi tutti i treni in transito fermano alla locale stazione (piazzale Giovanni Polvani).

→IN AEREO Lo scalo più prossimo alla città è l'**Aeroporto internazionale dell'Umbria "Perugia San Francesco d'Assisi"** (via Aeroporto, tel. 075592141, www.airport.umbria.it), distante 58 km dalla città e raggiungibile o con il servizio extraurbano di Umbria Mobilità fino a Perugia, quindi con bus navetta (Consorzio ACAP, numero verde 800099661) in partenza dalla stazione ferroviaria del capoluogo, oppure con mezzi propri fino all'uscita Ospedalicchio Sud della SS75 Centrale Umbra.

Voli low cost

Compagnie che operano su Perugia: **Ryanair** (tel. 899678910, www.ryanair.com), da Cagliari e Trapani; **Skybridge AirOps** (tel. 199100889, www.skybridgeairops.com), che opera un solo collegamento giornaliero con l'aeroporto di Milano Malpensa e due con Olbia.

COME MUOVERSI

→IN AUTO "Spoleto città senz'auto e a misura d'uomo" è lo slogan che accompagna il progetto, ideato quindici anni fa per svuotare completamente il centro storico dal traffico automobilistico. Scelta non sospetta, quindi, che ha contribuito da un lato a liberare la città dalle auto, dall'altro a rafforzarne ulteriormente il potenziale turistico. Il progetto prevede tre grandi **parcheggi** - per oltre mille posti auto - situati in prossimità del centro storico, dai quali partono tapis roulant, scale mobili e ascensori che permettono di raggiungere i punti di maggior interesse a piedi. Per ora sono in funzione solo due delle tre aree previste: **Spoletosfera** (viale Cappuccini, in struttura interrata, sosta oraria € 1, tapis roulant in funzione lun-sab 7-20.30 e festivi 9-20.30, con uscite alla Casina dell'Ippocastano, piazza Carducci e piazza della Libertà); **Ponzianina** (via del Tiro a Segno, in superficie, scale mobili - 7.30-20 - e ascensori - 8.30-20 - per la rocca albornoziana oppure per il centro). Altre aree di sosta a raso si trovano all'interno della rigida **ZTL** che coinvolge il centro, con tariffe orarie che vanno da € 0,80 a € 1,50. La gestione dei parcheggi è affidata a **Umbria Mobilità** (SS3 Flaminia, km 127,700, tel. 0743212201, www.umbriamobilita.it).

→IN AUTOBUS Umbria Mobilità (che dal 2010 ha rilevato compiti e funzioni della SSIT Gestione) si occupa anche del trasporto pubblico urbano (con quattro linee) ed extraurbano: (biglietto con validità 70 minuti a € 1, con CartaCittà € 0,80 (6.30-8.30 e 12.30-14.30) e € 0,60 (8.30-12.30 e 14.30-6.30)

→IN TAXI Tre le aree di parcheggio taxi in città: in piazzale Polvani 1 (tel. 0743220489), in piazza della Libertà 1 (tel. 074344548) e in piazza Garibaldi (tel. 074349990).

SCONTI E RIDUZIONI

→SPOLETO CARD
È stata ideata per facilitare la visita della città e favorirne l'accesso al ricco patrimonio museale. **Spoleto Card** è una carta valida sette giorni e permette – con un unico biglietto – l'ingresso a tutti gli spazi espositivi con un risparmio di circa il 40%. La card garantisce, inoltre, per tutta la durata di validità, anche l'utilizzo gratuito del servizio di trasporto pubblico urbano e di accedere alle promozioni promosse dal titolo. Due le tipologie: **Spoleto Red Card**, € 9,50, riservata agli adulti, e **Spoleto Green Card**, € 8, dedicata ai giovani tra i 7 e i 25 anni, agli adulti di oltre 65 anni e ai gruppi a partire da 15 persone. È acquistabile nei singoli musei cittadini (www.spoletocard.it, informazioni anche presso gli uffici IAT, piazza della Libertà 7, tel. 0743218620/1).

→CARTACITTÀ
Emessa da Umbria Mobilità, è una carta dotata di microchip elettronico che permette il pagamento sia della tariffa di trasporto pubblico (consentendo un risparmio dal 20 al 40%) sia il ticket di sosta nelle aree gestite dalla società. In vendita al costo di € 6,20, ricaricabile anche presso i parcometri fino a € 30.

Eventi e manifestazioni

Carnevale di Spoleto
(febbraio-marzo)

Una delle feste goliardiche più antiche, con carri allegorici, gruppi mascherati e bande musicali. L'evento si svolge nel corso di due domeniche: la prima, con corteo nel centro storico, la seconda nella parte nuova della città. Paste e dolci di carnevale gratuiti (tel. 0743238920).

Settimana internazionale della Danza
(aprile)

Presso il chiostro del complesso monumentale di S. Nicolò si tengono annualmente il Concorso internazionale di Danza Città di Spoleto e una serie di eventi collaterali quali proiezioni, lezioni, seminari, stage, incontri e confronti (tel. 3283078377, www.settimanainternazionaledelladanza.it).

Vini nel Mondo
(giugno)

Pur relativamente giovane, la rassegna dedicata al (buon) vino e alla cultura del bere è diventata un appuntamento fisso per gli appassionati e gli operatori del settore. Città in festa, con cantine aperte e degustazioni per strade e piazze (segreteria organizzativa via Briganti 93, Perugia, tel. 0755011995, www.vininelmondo.org).

Rossobastardo Live
(giugno-luglio)

Il libero palcoscenico per le arti, finalizzato alla promozione di giovani artisti da tutto il mondo, diventa una manifestazione ufficiale dell'estate spoletina (Osteria del Rossobastardo, via del Mercato 2, www.rossobastardolive.net).

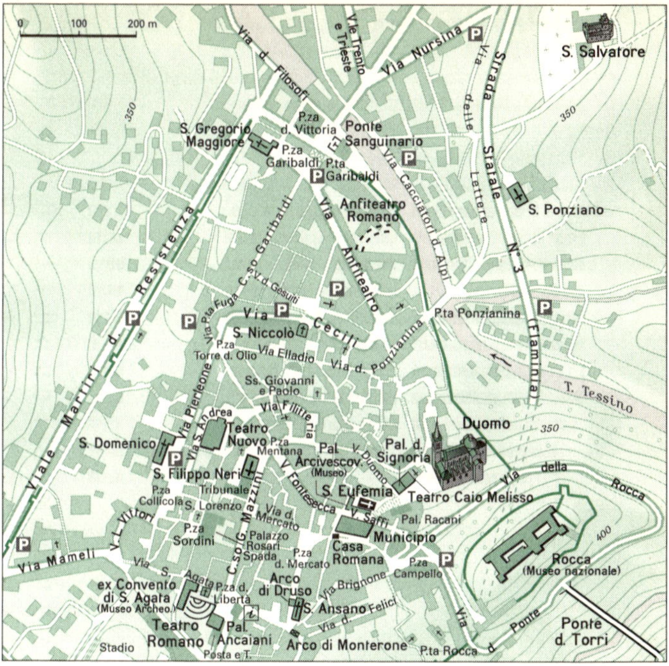

Festival dei 2Mondi

(giugno-luglio)

A dispetto delle contese, delle diatribe familiari e dei confronti – spesso duri – a proposito della gestione, il festival rimane uno degli appuntamenti culturali più importanti in ambito internazionale, consolidato punto di riferimento per arte e spettacolo (tel. 0743776444, www.festivaldispoleto.com).

Sogno d'Estate a Spoleto

(luglio-settembre)

La rassegna di spettacoli, promossa dall'Assessorato alla Cultura, domina strade, piazze e luoghi storici della cittadina. Musica, incontri, reading, poesia e teatro per un'estate all'insegna dell'intrattenimento intelligente.

Frantoi Aperti

(novembre)

Terra d'ulivi per elezione, Spoleto non poteva far mancare il proprio tributo all'ingrediente principe della tavola mediterranea. Due giorni dedicati all'olio extravergine d'oliva Dop Umbria, declinato in tutte le sue mille sfumature dorate. Ricette, degustazioni guidate (gratuite) e, naturalmente, giri per frantoi (IAT Spoleto, tel. 0743218620/1, www.frantoiaperti.net).

La Domenica dei Sogni

(dicembre-marzo)

Grande iniziativa finalizzata alla promozione del teatro tra i giovani. Per tutto il periodo invernale, 13 spettacoli da godere in compagnia di bambini e ragazzi ogni domenica pomeriggio presso il Teatro San Nicolò (piazza della Libertà 7, informazioni e prenotazioni tel. 0743218639, www.comunespoleto.gov.it).

SCOPRIRE SPOLETO A PIEDI

Spoleto è città da girare a piedi. Solo così ci si rende conto del tessuto urbano straordinario che, perimetrato da **due cerchie di mura** (di epoca romana e medievale), raggiungeva nel periodo della grande espansione medievale un'estensione non comune. Uno degli itinerari più interessanti è quello che dal **portico di Loreto** - lungo la via che sovrasta il parcheggio - tocca **borgo San Matteo** (il 'borgaccio' medievale), piazza del Municipio (nei pressi, **casa romana** risalente al I secolo d.C.), piazza Collicola con la **Galleria d'Arte moderna e contemporanea** e l'animata piazza del Mercato. Per chi volesse fare una pausa, la zona offre un'ampia scelta di taverne e accoglienti trattorie in grado di offrire un'ottima cucina del territorio a prezzi ragionevoli.
Soddisfatta la gola, si può proseguire fino a giungere a piazza Campello, da dove è poi possibile dare inizio al panoramico giro della **rocca albornoziana.** Da qui, prima di tornare nuovamente verso il centro, è possibile raggiungere il **ponte delle Torri**, opera di imponente struttura, alta circa 90 metri e lunga 230.
Tornando sui propri passi, da piazza Campello è possibile imboccare in discesa via Saffi fino a raggiungere, sulla destra, la scalinata che porta alla piazza più suggestiva della città, dove affacciano il **Duomo** (edificio medievale con inserti rinascimentali successivi, come l'antistante portico), la piccola **chiesa della Manna d'Oro** e il **Teatro Caio Melisso**. Si può godere della vista della scenografica piazza, magari da una delle due terrazze-caffè che la dominano. Tornando in via Saffi, il **Palazzo Vescovile** fa da prologo di nuovo a piazza del Mercato. Da qui, oltrepassato l'**arco di Druso**, si giunge infine a piazza della Libertà, sulla quale prospettano pregevoli palazzi nobiliari. Per il dopocena, due passi in centro, oppure una sosta al 'Bacco Felice' (in via Saffi), winebar con sottofondo di musica blues e jazz.

Ciclabilità totale: il comprensorio spoletino

Nell'ottica di un'incentivazione della mobilità sostenibile e di un turismo responsabile, forte è stata l'attenzione di amministratori e cittadini nei confronti della bicicletta. Il territorio ben si presta alla frequentazione ciclistica ed è ricco di percorsi, escursioni e itinerari per principianti, cicloturisti e amatori, con servizi e infrastrutture ad hoc: aree attrezzate, luoghi panoramici e strutture ricettive 'ciclo friendly'. Gli itinerari spaziano dalla passeggiata rilassante su percorso quasi pianeggiante fino al borgo fortificato di Beroide a escursioni ben più impegnative, come quella che conduce alle dure salite di Pettino e del passo Spina. Per tutti i gusti, insomma, con un unico denominatore comune: bicicletta come metafora del viaggio e della scoperta (per approfondimenti e informazioni: www.visitspoleto.it).

I MUST DA NON PERDERE

Basilica di S. Salvatore

ⓘ Informazioni: Basilica di S. Salvatore, piazza Mario Salmi 1, tel. 074349606, novembre-febbraio, lun-sab 7-17, marzo-aprile e settembre-ottobre, lun-sab 7-18, maggio-agosto, lun-sab 7-19, dom e festivi apertura sempre posticipata alle 8

Rifacimento di una preesistente basilica paleocristiana risalente all'VIII secolo, è una delle principali testimonianze architettoniche longobarde dell'Italia centro-meridionale. L'impianto dell'edificio è a **tre navate**, con presbiterio tripartito e volta a base ottagonale. Perdute le decorazioni pittoriche murarie, è invece ben conservato il patrimonio di colonne (corinzie nel presbiterio, doriche nella navata) con fregio dorico. La facciata, anch'essa ormai priva delle originali decorazioni, presenta un **portale centrale** e due laterali, anch'essi scolpiti con motivi classici, e tre finestre a essi sovrapposte. L'eccezionalità della costruzione risiede nel recupero di stilemi propri dell'architettura classicheggiante. Per questo motivo, alla chiesa è stato riconosciuto dall'Unesco il titolo di Patrimonio dell'Umanità.

Rocca albornoziana

ⓘ Informazioni: Rocca albornoziana, piazza Campello 1, tel. 0743224952, mar-dom 9-17.30, biglietto € 6, ridotto (15-25 anni) € 5; gratuito con Spoleto Card; Museo nazionale del Ducato di Spoleto, piazza Campello 1, tel. 074346434, mar-dom 9-13.30, biglietto € 6, ridotto (18-25 anni) € 3, gratuito fino a 18 anni, oltre i 65 anni e con Spoleto Card

La poderosa struttura che domina Spoleto dall'alto del colle Sant'Elia fu iniziata alla fine del 1359 da Matteo Gattaponi per volere di papa Innocenzo VI, allo scopo di rafforzare il sistema difensivo e di controllo sui vasti e ancora non pacificati domini della Chiesa. Fortezza imponente ma anche residenza confortevole, la rocca fu sede di rettori ducali, legati papali e pontefici, i cui stemmi sono riportati al di sopra della porta d'accesso principale.
L'edificio è circondato da un'**alta muraglia**, che ricalca in parte il tracciato dell'antica cinta urbica, e si incardina attorno ai due **cortili d'Onore e delle Armi**, in un complesso sistema di torri angolari, unite fra loro da alte mura difensive. Tra queste, imponente la **torre maestra**, nel mezzo del lato lungo rivolto verso la città. I recenti lavori di restauro hanno recuperato larga parte delle decorazioni, tra le quali di particolare pregio sono quelle della cosiddetta '**camera pinta**'. La rocca è sede della **Scuola europea di Conservazione e Restauro del Libro antico**, del **Laboratorio di Diagnostica applicata al Restauro dei Beni culturali** e del **Museo nazionale del Ducato di Spoleto**, che ospita opere risalenti al periodo compreso tra IV e XV secolo.

SPUNTI E CHICCHE LOW COST

Casa romana

Informazioni: Casa romana, via di Visiale 1, tel. 0743234250, 15 ottobre-15 marzo 10-18, 16 marzo-14 ottobre 10-20

Importante testimonianza archeologica dell'età romana, risalente al **I secolo d.C.** Venne riportata alla luce nel 1885 dall'archeologo spoletino Giuseppe Sordini ed è posta su un terrazzamento immediatamente superiore a quello del foro. Costituisce un esempio di **abitazione signorile** attribuita, in base a un'iscrizione rinvenuta al suo interno, a Flavia Vespasiana Polla, madre dell'imperatore Vespasiano. Lo schema architettonico riflette quello classico delle abitazioni patrizie romane; tutti gli ambienti hanno **pavimenti a mosaico** e in qualche punto sono visibili tracce di affreschi.

Ponte sanguinario

Da piazza della Vittoria, superata una gradinata, si giunge al **ponte romano**, o **sanguinario**, imponente struttura in travertino a tre arcate di epoca augustea, costruito sopra il torrente Tessino. A seguito dello spostamento del letto del torrente, il ponte venne abbandonato, fino alla sua riscoperta, nel 1817, e al rinnovato utilizzo per l'accesso a Porta Leonina.

A piedi lungo la ex ferrovia Spoleto-Norcia

Informazioni: Ex ferrovia Spoleto-Norcia, c/o Umbria Mobilità, SS3 Flaminia, km 127,700, tel. 0743212201, www.umbriamobilita.it

La Spoleto-Norcia era una ferrovia a scartamento ridotto, dismessa nel 1968. La linea, di 52 km, era un piccolo gioiello di ingegneria ferroviaria: ben 19 gallerie e 24 tra ponti e viadotti, con vari tratti di linea elicoidali e pendenze elevatissime tra Spoleto e la valle del fiume Nera. Privato di armamento e linea elettrica, il vecchio tracciato **è oggi percorribile a piedi**, permettendo così di godere di un paesaggio unico. È possibile immettersi sull'itinerario da diversi punti. Particolarmente suggestivi i tratti dalla galleria di Caprareccia a Sant'Anatolia di Narco (circa 9 km) e da Piedipaterno fino a Borgo Cerreto, costeggiando la Nera (7,5 km).

All'avventura nella Valnerina

Se dopo aver rifocillato lo spirito si ha voglia di ritemprare anche il corpo, niente di meglio di una visita all'**Activo Park**, il più grande parco avventura in Italia interamente dedicato alle attività all'aperto. Nello splendido scenario della Valnerina, a soli 12 km da Spoleto, arrampicata, nordic walking, orienteering, trekking con i muli e molto altro ancora (località Valcasana, Scheggino, tel. 0743618005, www.activopark.com).

MANGIARE A SPOLETO

APOLLINARE

Via S. Agata 14, tel. 0743223256, www.ristoranteapollinare.it • coperti 55+45 • chiuso martedì in inverno • cucina umbra di ricerca • Ambiente elegante e raffinato, ricavato da un convento medievale; propone una cucina valida sia sulla linea più tradizionale sia su quella innovativa. Ampia carta dei vini, bella scelta di oli, salumi e formaggi. Proposte di pesce e vegetariane in menu degustazione. **• Prezzi: 25/37**

CASALINE

Località Poreta, tel. 0743521113, www.lecasaline.it • coperti 100+100 • chiuso lunedì • cucina umbra • Sale accoglienti, ricavate da un mulino settecentesco, con soffitti in legno. Tra le proposte, prosciutto d'oca o d'agnello, gnocchi ripieni ai porcini, filetto di bufalo al tartufo, selvaggina; buona selezione di vini e distillati. **• Prezzi: 30/40**

FERRETTI

Località Monteluco 20, tel. 074349849, www.albergoferretti.com • coperti 150+60 • chiuso martedì in inverno, ferie variabili • cucina del territorio • All'interno di una casa colonica immersa nel verde, un ristorante di antica tradizione. Cucina locale, dove spiccano i piatti a base di tartufo e funghi, le carni alla brace e i dolci fatti in casa. La sera anche pizza, cotta nel forno a legna. **• Prezzi: 20/33**

IL TEMPIO DEL GUSTO

Via Arco di Druso 11, tel. 074347121, www.iltempiodelgusto.com • coperti 30+30 • chiuso giovedì, periodo tra gennaio e febbraio • Eros Patrizi, ex allievo di Vissani, propone una cucina basata su ingredienti locali, lavorati nel rispetto della tradizione con qualche spunto di modernità. Tra gli altri: cannolo croccante al sesamo di formaggi acidi, tortelloni di ricotta e caprino con salsa di reggiano e scaglie di tartufo, carre d'agnello in crosta di pistacchi e, per finire, croccante di meringhe e mandorle con crema di nocciole e salsa al cioccolato. **• Prezzi: 23/38**

Chicche golose

L'**attorta**, una pasta sfoglia ripiena di frutta, avvolta a spirale, è uno dei dolci tipici della zona. Rinomati sono gli **strangozzi** – pasta lunga a sezione quadrata o rettangolare – gli **spaghetti con il tartufo**, il **pan caciato** (piccolo pane tondo con noci, parmigiano e pecorino grattugiati) e la **crescionda**, dolce tipico del Carnevale.

PALAZZACCIO "DA PIERO"

Località San Giacomo, S.S. 3 al km 134, tel. 0743520168-0743520845, www.alpalazzaccio.it • coperti 80+80 • chiuso lunedì, Natale • cucina umbra e classica • In un antico casolare cinquecentesco, un locale curato, rustico e a gestione familiare. Alta qualità dei prodotti, alcuni dei quali di produzione propria, come olio, ortaggi e odori, per realizzare piatti gustosi e originali. In estate, tavoli all'aperto. **• Prezzi: 25/45**

PENTAGRAMMA

Via T. Martani 4/6/8, tel. 0743223141, www.ristorantepentagramma.com • coperti 80+30 • chiuso sera di domenica e lunedì, periodo in gennaio e tra luglio e agosto • cucina umbra • In quelle che furono prima cantine e poi scuderie in epoca papalina, un ambiente accogliente sorto per iniziativa di Wally Toscanini, figlia del Maestro, e ora punto di ritrovo di molte personalità e artisti. Si gusta una cucina tradizionale fatta di zuppe, paste fresche e grigliate di carne su camino a vista; buona selezione di formaggi locali e italiani. • **Prezzi:** 25/40

SABATINI IL GIARDINO DEL CORSO

Corso Mazzini 52/54, tel. 0743221831, www.ristorantesabatinispoleto.it • coperti 80+80 • chiuso lunedì • cucina umbra e di ricerca • In un palazzo antico nel centro storico, due eleganti sale e un ampio e silenzioso giardino per il servizio estivo. Tra i piatti, carpaccio di chianina al sedano nero e scaglie di tartufo, gnocchi ai formaggi con fonduta di parmigiano e gorgonzola, filetto di maiale nero al Sagrantino e cipolle rosse, zuppa inglese alla vecchia maniera. In estate, cucina in funzione anche dopo le 22. • **Prezzi:** 25/45

TARTUFO

Piazza Garibaldi 24, tel. 074340236, www.ristoranteiltartufo.it • coperti 70+40 • chiuso lunedì e sera di domenica, tranne in estate • cucina umbra rivisitata • Offre una cucina classica, attenta alla valorizzazione della cultura gastronomica locale. Molti piatti a base di tartufo, proposti quasi tutto l'anno; tra i dolci, gli ottimi bignè caldi ripieni di crema. Vino e olio biologico di produzione propria. • **Prezzi:** 20/40

TAVERNA DEI DUCHI

Via A. Saffi 1, tel. 074340323, www.tavernadeiduchi.it • coperti 80+20 • chiuso sera di mercoledì (tranne in estate) • cucina umbra • In un ambiente accogliente e rustico, si gustano i piatti della cucina umbra tradizionale. Buona selezione di etichette pregiate. • **Prezzi:** 20/35

TRATTORIA DEL FESTIVAL

Via Brignone 8, tel. 0743220993, www.trattoriadelfestival.com • coperti 120 • chiuso giovedì, febbraio • cucina umbra • Locale tipico, con caminetto e servizio accurato, in pieno centro storico. Cucina genuina, con specialità locali; buona selezione di caciotte, pecorini e salumi tipici. • **Prezzi:** 18/32

DORMIRE A SPOLETO

AURORA

Albergo • Via dell'Apollinare 3, tel. 0743220315, www.hotelauroraspoleto.it • 23 camere • In posizione privilegiata, un convento d'epoca medievale, con camere ristrutturate e rinnovate negli arredi e negli accessori. Attenta gestione familiare. • **Prezzi:** camera doppia 40/110

CAVALIERE PALACE

Albergo • Corso Garibaldi 49, tel. 0743220350, www.hotelcavaliere.eu • 31 camere • Nel cuore della cittadina, in una casa patrizia del Seicento, una struttura elegante con camere di grande comfort e alcune suites, american bar e piacevole terrazza panoramica. Ristorante con cucina tradizionale e ampia lista di vini, solo per gruppi e banchetti. • **Prezzi:** camera doppia 70/115

CHARLESTON

Albergo • Piazza Collicola 10, tel. 0743220052, www.hotelcharleston.it • 18 camere • In un edificio del Seicento, in pieno centro storico, atmosfera tranquilla e camere luminose e calde. La prima colazione, a buffet, è servita in un dehors affacciato sulla piazzetta. • **Prezzi:** camera doppia 65/135

CLARICI

Albergo • Piazza della Vittoria 32, tel. 0743223311, www.hotelclarici.com • 24 camere • Base ideale per visite alla città e ai dintorni, con ambienti confortevoli. Terrazza pensile con vista panoramica su Spoleto, prima colazione a buffet dolce e parcheggio a pagamento. • **Prezzi:** camera doppia 60/120

EUROPA SPOLETO

Meublè • Viale Trento e Trieste 201, tel. 074346949, www.hotelspoleto.it • 23 camere • Un meublè moderno e ben attrezzato, vicino alla stazione ferroviaria; propone camere di buon comfort, dotate di isolamento acustico e termico, e un grande terrazzo fiorito, dove, nella bella stagione, viene servita la prima colazione a buffet dolce. • **Prezzi:** camera doppia 65/85

IL POGGIOLO

Agriturismo • Località Poggiolo 64, tel. 0743252112-3388820007, www.ilpoggioloagriturismo.com • 2 camere, 4 appartamenti • Ricavato dalla ristrutturazione di un casale del '500 situato sulla cima di una collina, a pochi minuti dal centro di Spoleto. Grazie alla favorevole posizione è un ottimo punto di partenza anche per la visita di città d'arte come Assisi, Perugia e Orvieto. • **Prezzi:** camera doppia 70/80

LA MACCHIA

Albergo • Località Licina 11, tel. 074349059, www.albergolamacchia.it • 11 camere • Arredate in tipico stile umbro, con mobili provenienti dalle botteghe degli artigiani locali, le camere sono graziose e confortevoli. Al ristorante, seduti su sedili in legno recuperati dalle vecchie carrozze ferroviarie dismesse, si gustano i piatti dell'antica gastronomia umbra e ottime pizze. • **Prezzi:** camera doppia 60/100

L'ULIVO

Agriturismo • Località Bazzano Inferiore, tel. 074349031-3336503086, www.agrulivo.com • 2 camere, 4 appartamenti • A 5 km da Spoleto, un'azienda agrituristica situata in una zona di notevole interesse sia storico sia ambientale. La proprietà mette a disposizione degli ospiti camere e appartamenti ricavati dal curato restauro di due ex case coloniche situate all'interno di un grande giardino. • **Prezzi:** camera doppia 50/100

MONTELUCO

Campeggio • Località San Pietro, tel. 0743220358, www.campeggiomonteluco.com • Stagionale • Non è di grandi dimensioni questo campeggio, completamente rinnovato e immerso nel verde della campagna umbra, a soli 3 km dalla città. Adatto anche a un turismo di passaggio interessato alle città d'arte o ai numerosi itinerari escursionistici, dispone anche di casemobili.

SAN CARLO BORROMEO

Albergo • Via S. Carlo 13, tel. 0743225320, www.hotelsancarloborromeo.it • 32 camere • Fuori le mura, in un antico convento completamente restaurato, camere semplici, arredate con gusto e con mobili di linea moderna. Colazione a buffet dolce e ristorante solo per gruppi. Si tengono anche corsi di cucina. Ottimo rapporto qualità-prezzo. • **Prezzi:** camera doppia 55/70

VILLA CRISTINA

Albergo • Via Collerisana 15, tel. 074348036, www.albergovillacristina.com • 10 camere • A un chilometro dal centro storico, un'antica residenza di campagna del XVIII secolo con ambienti familiari e accoglienti. Alcune camere hanno ingresso indipendente e si può usufruire di mini-appartamenti. Garage privato. • **Prezzi:** camera doppia 60/110

VITERBO
raffinatezze papali

Ai piedi dei monti Cimini, allungata a ovest in direzione della Maremma, si distende una piccola città cinta da mura, all'interno delle quali domina incontrastato l'elegante campanile del Duomo di S. Lorenzo. Viterbo si presenta così al visitatore, in tutto il suo splendore medievale declinato in mille tonalità di grigio e con la sacralità dovuta a un luogo che è stato – sia pure per poco – sede pontificia. *Castrum* romano prima, possedimento longobardo e libero comune poi, la città trova intorno alla metà del XIII secolo la sua consacrazione, affermandosi come importante avamposto del movimento guelfo e divenendo, per oltre un ventennio, sede della corte pontificia. Furono proprio i rappresentanti del soglio di Pietro – che qui trassero beneficio non solo spirituale, approfittando della ricchezza di sorgenti termali della zona – a impreziosire strade e piazze con chiese, conventi, edifici pubblici e residenze nobiliari dal forte accento gotico, lasciando un'impronta indelebile sulla struttura urbana.

QUANDO ANDARE E PERCHÉ

Momenti imperdibili sono quelli legati all'infiorata del centro storico e – soprattutto – alla processione in onore di S. Rosa, che si tiene a inizio settembre. L'atmosfera che si respira nella Città dei Papi è unica: ogni pietra, ogni muro dell'intatto centro storico rimanda all'età dell'oro della città. E l'alternarsi di visuali e di prospettive che improvvisamente si allargano in piazze dove dominano solo il peperino – la grigia pietra locale – e lo scrosciare dell'acqua lasciano dentro un grande senso di pace e di quieta solitudine. Senza dimenticare, infine, che il Viterbese è una delle aree d'Italia più generose sotto il profilo dell'estensione e della portata di sorgenti termali, molte delle quali fruibili gratuitamente.

COME ARRIVARE

➔IN AUTO Per chi arriva da nord e da sud con l'autostrada **A1 Milano-Napoli** l'uscita di riferimento è quella di Orte, da dove si imbocca la **SS675 Umbro-Laziale** in direzione di Vetralla-Civitavecchia. Viterbo è attraversata inoltre dalla **SS2 Cassia** che, da un lato, la collega a Roma, dall'altro a Montefiascone e le rive del lago di Bolsena.

➔IN TRENO **Trenitalia** (tel. 892021, www.fsitaliane.it) gestisce i collegamenti tra **Porta Fiorentina,** principale stazione della città (viale

Trento 116), **Porta Romana** (viale M. Romiti 8) e Roma (capolinea stazione Ostiense, treni ogni ora nei feriali, ogni 2 ore domenica) attraverso la linea **FR3**, inserita nel sistema delle **Ferrovie regionali del Lazio.** Viterbo Porta Fiorentina è anche il terminale della linea locale **Viterbo-Attigliano**, con prosecuzione fino allo scalo di Orte, che permette la connessione con la direttrice Roma-Milano. La città è raggiunta anche dalla **Ferrovia Roma Nord** (scalo in via Trieste), linea extraurbana gestita da **ATAC** (tel. 0657003, www.atac.roma.it).

→IN AEREO Gli scali di riferimento sono l'**Aeroporto internazionale "G.B. Pastine" di Roma Ciampino** (via Appia Nuova 1651, Ciampino, tel. 0665951, www.adr.it/ciampino), raggiungibile dall'uscita 23 del Grande Raccordo Anulare (GRA), e l'**Aeroporto internazionale "Leonardo da Vinci"** (via dell'Aeroporto di Fiumicino 320, Fiumicino, tel. 0665951, www.adr.it), all'uscita 30 del GRA e immissione sull'autostrada A91 Roma-Fiumicino.

Voli low cost

Principali compagnie che fanno scalo su Roma Ciampino: **Ryanair** (tel. 899678910, www.ryanair.com), che vola da Alghero, Bari, Brindisi, Cagliari, Genova, Milano Orio al Serio e Trapani.

→IN AUTOBUS È stato da poco istituita una linea di collegamento veloce tra Viterbo e la stazione ferroviaria di Orte con bus gran turismo gestita da **Alitransport** (15 corse giornaliere, capolinea in via S. Camillo de Lellis 32, biglietto sola andata € 4, a/r € 7). La città è raggiungibile da Roma con i bus della **Cotral** (via Alimena 105, Roma, numero verde 800174471, www.cotralspa.it). Viterbo è inoltre raggiungibile da tutte le principali città del Centro Italia. Il bus terminal è in località Riello (tel. 0761226592).

COME MUOVERSI

→IN AUTO L'area compresa all'interno delle mura è **zona a traffico limitato** (ZTL), sottoposta a rigida regolamentazione (per informazioni, Polizia locale, tel. 0761228383). All'interno del centro storico sono poi individuate tre **aree pedonali** che corrispondono alla zona di corso Italia con tutte le traverse, al quartiere di San Pellegrino e alla via Marconi. Nelle prime due zone la circolazione è vietata nelle fasce orarie 10.30-13 e 15 -20,30 di ogni giorno e, nel periodo estivo, anche 21-2; in via Marconi 10.30-13 e 18-20 e, nel periodo estivo, anche 21-2, compresi i festivi. Meglio lasciare il veicolo nel **parcheggio coperto del "Sacrario"** (piazza Martiri d'Ungheria, tel. 0761309129, tariffa oraria € 1, chiuso sabato mattina), oppure in una delle numerose aree di sosta a raso presenti in città (tariffe orarie che variano da € 0,50 a € 1).

→IN AUTOBUS La società che gestisce il trasporto urbano è **Francigena** (via Ascenzi 1, tel. 0761309129, www.francigena.vt.it), che dispone di 14 linee di autobus all'interno dei confini urbani; biglietto valido 90 minuti € 1 (€ 1,50 se acquistato in vettura), biglietto integrato giornaliero (BIG) € 2,30. Per quanto riguarda la mobilità extraurbana, i collegamenti con i centri vicini e il resto della provincia sono assicurati da **Cotral.**

→IN TAXI L'area di sosta per le auto pubbliche è in piazzale Gramsci (tel. 0761340777).

SCOPRIRE VITERBO A PIEDI

Il centro storico di Viterbo, cinto da possenti mura medievali difese da torri (delle originarie 200 ne restano oggi solo 30), è un tesoro da scoprire a piedi. Chiusa su tre lati dalle facciate dei palazzi che appartennero nei secoli alle massime autorità civili e sovrastata dalla **torre dell'Orologio**, la duecentesca **piazza del Plebiscito** è il cuore pulsante della città: qui sorgono il **palazzo del Podestà** e il **palazzo della Prefettura** - realizzati in età medievale, ma che si presentano nelle forme del rifacimento settecentesco - e il quattrocentesco **palazzo dei Priori**, con arioso porticato a colonne e finestre crociate e oggi sede del Comune. Su tutti, domina la slanciata torre dell'Orologio, eretta nel 1487 e alta 44 m.
Dalla piazza, imboccata via Cavour (che taglia in due il **palazzo delle Carceri**) e, subito dopo, via S. Lorenzo, ci si addentra nel nucleo più antico della città: **piazza del Gesù** prima - originario centro della vita cittadina - e l'alberata **piazza della Morte** poi, sono un vero e proprio viaggio a ritroso nel tempo. Nei pressi, vale una deviazione la piccola ma scenografica **piazza della Fontana Grande**, dedicata all'omonima opera di approvvigionamento idrico realizzata nel 1206. Da piazza del Gesù prende avvio il **ponte del Duomo**, fiancheggiato sui due lati dai quattrocenteschi **palazzo del Drago** e **palazzo Farnese**, che conduce al colle del Duomo, dove si apre infine la scenografica piazza S. Lorenzo, con la **Cattedrale**, il campanile a fasce bicrome e il celebre **palazzo dei Papi**.
Tornati verso il centro, particolarmente interessante può essere una visita alla **rocca Albornoz**, attuale sede del **Museo nazionale etrusco**. Per rilassarsi, si può poi fare una puntata alla vicinissima **fonte termale del Bullicame** (2,5 km dal centro cittadino), citata da Dante nel canto XIV dell'Inferno, che alimenta diverse pozze liberamente accessibili. E se dopo tanto girovagare, una volta tornati in città avete voglia di una sosta, niente di meglio che degustare un buon bicchiere di Cannaiola o di Aleatico di Gradoli seduti in una delle enoteche del centro storico.

I MUST DA NON PERDERE

Palazzo dei Papi

ⓘ Informazioni: Palazzo dei Papi, piazza San Lorenzo, tel. 0761341716, visite guidate (45 minuti) tel. 347701087-3381336529, estate, mar-dom 10-13 e 15-20, fino alle 18 in inverno, biglietto € 5 (comprende anche la visita al coro della Cattedrale di S. Lorenzo e l'ingresso al Museo del Colle del Duomo), gratuito fino a 12 anni

Uno dei simboli della città, venne edificato tra il 1255 e il 1266 e fu la sede fissa dei cinque pontefici che da Viterbo governarono la Chiesa tra il 1266 e il 1281. Le sue stanze furono testimoni dell'evento

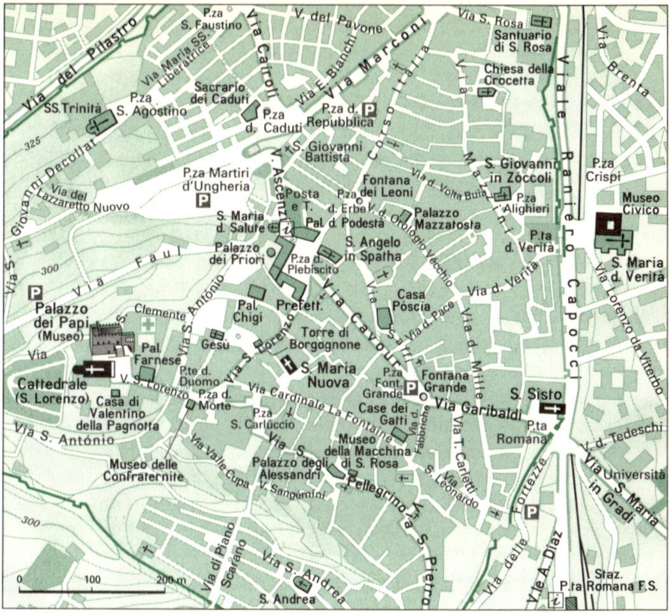

Eventi e manifestazioni

San Pellegrino in Fiore

(maggio)

Itinerario floreale nelle vie e nelle piazze del quartiere medievale di San Pellegrino, dove l'abilità e l'inventiva di numerosi florovivaisti danno vita a suggestivi scorci fioriti. Contestualmente, in piazza del Gesù manifestazione dedicata ai grandi vini del terroir (Ufficio turistico comunale, via Ascenzi 4, tel. 0761325992).

Tuscia Film Fest

(giugno-luglio)

Rassegna dedicata al cinema italiano, tra la rocca Albornoz e le suggestive località nei pressi del capoluogo (tel. 0761326294, www.viterbocinema.com).

Festival Barocco

(agosto-settembre)

Manifestazione storica, unisce il fascino e la spettacolarità di grandi concerti di musica classica ad altrettanto importanti spazi scenici (www.provincia.vt.it/barocco).

Macchina di Santa Rosa

(settembre)

Ogni anno, da oltre 750 anni, la sera del 3 settembre Viterbo vive la sua festa grande: il trasporto a spalla, per le vie cittadine, della macchina di Santa Rosa, una 'torre' illuminata alta 28 metri e pesante 5 tonnellate. La tradizione nasce il 4 settembre del 1258, quando papa Alessandro IV decise la traslazione del corpo intatto della santa dalla fossa comune di S. Maria del Poggio al monastero delle Clarisse. Le celebrazioni avvengono in due fasi: il pomeriggio del 2 settembre, la sfilata del corteo storico con la reliquia del cuore di S. Rosa portato in processione; la sera successiva, il trasporto della macchina (www.macchinadisantarosa.viterbo.it).

storico che portò alla coniazione del termine 'conclave', allorché i viterbesi, stanchi della continua indecisione dei cardinali riguardo l'elezione del nuovo pontefice, li chiusero a chiave (dal latino, *cum clave*) nella Sala grande fino a quando avessero sciolto i loro dubbi. L'edificio è caratterizzato da **massicci contrafforti** che lo identificano più come una fortezza che non come una residenza.
Un'ampia **scala sormontata da due colonne** permette di apprezzare la facciata che, sobria e coronata da merlatura guelfa, rimanda la stessa impressione. La splendida **Loggia delle Benedizioni**, in stile gotico, ha conservato solo uno dei due lati originari (quello rivolto verso la valle di Faul cedette insieme alla copertura nel 1325). La struttura, a sette arcate con un doppio ordine di otto colonnine sostenenti archi a tutto sesto, è sormontata da una trabeazione la cui fascia inferiore è arricchita da simboli cittadini, imperiali e papali. Il palazzo è sede del **Vescovado** e ospita la **Biblioteca e Archivio diocesano.** Dal balcone della loggia si osserva l'antichissimo **campanile di S. Maria della Cella** (VIII secolo).

Cattedrale di S. Lorenzo

ⓘ **Informazioni: Cattedrale di S. Lorenzo, piazza S. Lorenzo, 0761341716, inverno, lun-dom 8-13 e 15-18, estate fino alle 19, per visitare il coro barocco rivolgersi al Museo del Colle del Duomo (biglietto € 5 comprendente la visita guidata alla Sala del Conclave e alla Loggia); Museo del Colle del Duomo, piazza S. Lorenzo 8/A, tel. 347701087-3381336529.**

La Cattedrale, o Duomo, fu innalzata nel XII secolo in stile romanico sulle fondamenta di un preesistente edificio sacro risalente all'VIII secolo dedicato a S. Lorenzo. La **facciata, in forme rinascimentali**, risale invece alla seconda metà del XVI secolo, realizzata per volontà di Giovanni Francesco Gambara, vescovo della diocesi. Parzialmente danneggiato nel corso degli eventi del secondo conflitto mondiale, l'edificio è stato restaurato riportando alla luce parte della struttura romanica preesistente. Lo spazio interno - articolato in **tre navate separate da due file di colonne** culminanti in eleganti capitelli e **pavimentazione di stile cosmatesco**, ha conservato le sue linee originarie, seppur ingentilite da alcune aggiunte successive, come le cappelle laterali. Vi si conservano quadri del Romanelli, le reliquie dei Ss. Valentino e Ilario (IV secolo), compatroni della città, e il sepolcro di papa Giovanni XXI.
Nell'abside della navata di sinistra, tavola di scuola bizantina del 1195 circa raffigurante la *Madonna della Carbonara*, tratta dalla omonima Chiesa Madre dell'Ordine Gerosolimitano. Sotto il bel **campanile trecentesco** - caratterizzato nella parte superiore da strati segnati da doppie bifore e da fasce policrome orizzontali di influenza toscana - si accede al **Museo del Colle del Duomo**, aperto nel corso del Giubileo del 2000 per tutelare le memorie del nucleo più antico della città.

SPUNTI E CHICCHE LOW COST

Quartiere San Pellegrino

Informazioni: Museo della Macchina di Santa Rosa, via S. Pellegrino 60, tel. 0761345157, ingresso gratuito tutti i giorni tranne lun e mar

Il quartiere, inserito al centro della città, ne costituisce l'originale **nucleo urbanistico medievale**, perfettamente conservato grazie alla continuità abitativa. Stradine, palazzetti, profferli (scale esterne), fontane, balconi, archi, case 'a ponte' realizzate direttamente sul tufo e piazzette costituiscono un *unicum* di grande valore artistico e culturale. L'area è spesso animata da mercatini dell'antiquariato, mentre gli ambienti situati al piano stradale sono in gran parte occupati da botteghe, circoli culturali e ristoranti tipici. Nelle strade del quartiere, si trova il **Museo della Macchina di Santa Rosa**, con una collezione di documenti e cimeli sulla festa della santa patrona.

Complesso di S. Maria in Gradi

Informazioni: Complesso storico di S. Maria in Gradi, via S. Maria in Gradi 4, tel. 07613571 (Università degli Studi della Tuscia, visita gratuita a uno dei chiostri durante gli orari di apertura dell'Ateneo; per informazioni sui lavori di rifunzionalizzazione, www.beniculturali.it)

Odierna sede dell'Università della Tuscia, il duecentesco complesso di S. Maria in Gradi (1215 ca) è un **convento domenicano** di eccezionale valenza storica e architettonica. Al suo interno, due raffinatissimi **chiostri**, il primo in stile gotico, con eleganti **capitelli a crochet** decorate con motivi diversi, il secondo di impronta rinascimentale. Nella prima metà del XVIII secolo fu sottoposto a una lunga serie di lavori di ristrutturazione che riguardarono anche la chiesa e che impressero note di chiaro impianto neoclassico.
Le funzioni di complesso penitenziario cui venne destinato nel 1877 ne provocarono il progressivo degrado. Solo la donazione, nel 1996, all'Ateneo cittadino e il successivo, parziale restauro hanno consentito di restituire alla città una parte importante del suo patrimonio storico. Di fronte all'ingresso è la **Domus Dei**, antico ricovero per pellegrini, anch'esso risalente al XIII secolo.

Le terme di Viterbo

Informazioni: www.termediviterbo.it, accesso gratuito

La zona intorno alla città è ricchissima di acque termali. Oltre alla famosissima fonte del **Bullicame** (strada Bullicame, nel parco omonimo), ci si può rilassare gratuitamente nelle **piscine Carletti** (strada Terme, circa 2,5 km dal centro), oppure nelle **sorgenti del Bagnaccio** (strada Castiglione, 8 km da Viterbo), dove fuoriescono sia acque ipotermali (23-29 °C) sia ipertermali (65-66 °C).

MANGIARE A VITERBO

AL VECCHIO OROLOGIO

Via Orologio Vecchio 25, tel. 335337754, www.alvecchioorologio.it • coperti 45 • aperto solo la sera (tranne sabato e domenica), chiuso lunedì, luglio • cucina laziale • Un bel locale in peperino, tipica pietra del Viterbese, dove predomina una cucina che utilizza verdure del proprio orto e propone antiche ricette rivisitate. Buona selezione di vini nazionali ed esteri e ottime pizze. **• Prezzi: 25/40**

BISCETTI

Località Bagnaia, via Gen. A. Gandin 11/A, tel. 0761288252, www.hotelbiscetti.it • coperti 180+50 • chiuso giovedì e sera di domenica, ferie variabili • cucina del territorio • Ambiente informale a conduzione familiare. Cucina tradizionale, con antipasti della casa; olio del Viterbese, e bella varietà di formaggi e salumi. Disponibili anche menu senza glutine e vegetariani. **• Prezzi: 21/40**

IL GROTTINO

Via della Cava 7, tel. 0761290088, ilgrottino1969@libero.it • coperti 40 • chiuso lunedì, periodo in luglio • cucina laziale e toscana • Piccolo e grazioso locale disposto su due livelli, dove la proposta risente anche dell'influenza della vicina Toscana: zuppa di ceci con maltagliati e cicoria, coscio d'agnello farcito e servito con funghi porcini, pasticceria della casa. Articolata carta dei vini e dei distillati. **• Prezzi: 25/45**

L'ALTRO GUSTO

Via delle Maestre 2/A, tel. 0761220973, www.laltrogustoristorante.it • coperti 40 • chiuso domenica, ferie variabili • cucina del territorio rivisitata • Elegante e confortevole, pochi coperti e una cucina basata su materie prime fresche e di qualità. Tra le proposte, tortino di zucchine al papavero con carpaccio di vitellone marinato e maltagliati di segale con zucchine, tartufo e pistacchi. Interessante carta dei vini con etichette da tutta l'Italia. **• Prezzi: 25/35**

> ### Chicche golose
>
> Uno dei piatti classici della Tuscia è l'**acquacotta**, che si prepara con pane casareccio raffermo, verdure selvatiche, mentuccia e olio extravergine di oliva a crudo. Vi si può aggiungere del baccalà, a creare un piatto unico ideale. Da assaggiare le **tisichelle viterbesi** (ciambelline salate), il **raviolo di S. Pancrazio** (fagottino dolce, ripieno di ricotta aromatizzata) e il sapido **pecorino** locale.

PORTA ROMANA

Via della Bontà 12, tel. 0761307118, www.trattoriaportaromanaviterbo.com • coperti 45 • chiuso domenica, periodo in agosto, Pasqua e Natale • cucina del territorio • Locale a conduzione familiare dove si gusta la vera cucina viterbese: bruschette e salumi di cinghiale o di cervo, fagottini con formaggio e pere, cavatelli con verdure, coratella d'agnello con cipolla. **• Prezzi: 20/30**

RICHIASTRO

Via della Marrocca 16/18, tel. 0761228009, lele.fioretti@libero.it • coperti 60 • aperto ottobre-giugno, chiuso lunedì-giovedì e sera di domenica • cucina del territorio • In un fabbricato duecentesco, il locale propone cucina tradizionale: salsine con pane caldo, zuppa di erbe, ceci e castagne, arrosto di maiale al vino, alle mele o ai fichi; olio di produzione propria e vini provenienti dalle cantine della zona. **• Prezzi: 25/35**

DORMIRE A VITERBO

AL CARDINALE

B&B • Via Ottusa 8, tel. 0761309053-3209470438, www.alcardinale.it • 3 camere • Nel quartiere medievale della città, un ambiente elegante e confortevole nel rispetto dell'architettura originale. Camere dai toni sobri, dotate di tutti i comfort, ampio salone finemente arredato e tranquilla terrazza per consumare la colazione. **• Prezzi: camera doppia 55/85**

AL CARRETTO

B&B • Strada Gesù Nazareno 28, tel. 3402526109-0761325592, www.alcarretto.it • Stagionale • 3 camere • Residenza immersa nel verde, a pochi minuti dal centro storico. Le camere sono dotate di tutti i comfort e arredate con cura. La colazione viene servita direttamente in camera; per i momenti di relax, ampio portico aperto sulla campagna. **• Prezzi: camera doppia 50/85**

AXIA

B&B • Strada Procoio 2/C, tel. 0761251534-3476962787, www.axia.vt.it • 7 camere • Prende il nome dalla vicina necropoli etrusca di Castel d'Asso, da cui dista pochi chilometri, e offre camere dal tono informale e giovane, dotate di tutti i comfort. Accoglienza familiare e ampio giardino per i momenti di relax. **• Prezzi: camera doppia 60/80**

CITERNO

B&B • Via S. Maria in Gradi 70, tel. 0761220500 • 6 camere • Villa padronale, risalente al XIV secolo, anticamente ritiro dei monaci cistercensi dello storico convento di S. Maria in Gradi. La struttura è accogliente e gradevole, e offre un parco con querce secolari e camere arredate con eleganza e suggestione. **• Prezzi: camera doppia 60/90**

COLLE VERDE

B&B • Via Leone Sabatini 2, tel. 3480345864-0761324637, www.bebcolleverde.it, bebcolleverde@virgilio.it • 2 camere • Struttura situata in una villa moderna, con giardino panoramico sulla città. Cucina a disposizione degli ospiti, che possono consumare i pasti nella veranda attrezzata. Camere dal tono semplice, con arredi moderni e ben curati. **• Prezzi: camera doppia 50/60**

IL BOSCHETTO

B&B • Via Manni 19, tel. 0761343040-3335725283, www.ilboschettobb.it • 3 camere • Tipico casale contadino dell'Ottocento, ristrutturato, immerso nel verde, vicino al centro. A disposizione, un ampio giardino e una elegante sala di lettura. Le camere sono progettate con un bell'equilibrio tra elementi antichi e design moderno. **• Prezzi: camera doppia 60/80**

LE QUATTRO STAGIONI

Agriturismo • Strada Due Casali 1/G, tel. 3460243139-3491940466, www.agriturismolequattrostagioni.it • 4 camere • Si trova in posizione tranquilla, panoramica e ben collegata grazie alla vicinissima superstrada. Ampie camere finemente arredate e dotate di ogni comfort; parcheggio riservato interno. **• Prezzi: camera doppia 66/76**

TUSCIA

Albergo • Via Cairoli 41, tel. 0761344400, www.tusciahotel.com • 39 camere • Nelle vicinanze del quartiere medievale, un esercizio di comoda e piacevole ospitalità. Dispone anche di alcune suites (a prezzi da concordare), di una piccola sala per riunioni o incontri di lavoro e di un roof garden con solarium. **• Prezzi: camera doppia 68/82**

BARI
balcone sul mare

La romana *Barium*, nata come semplice centro commerciale, vide aumentare la propria importanza nel corso della dominazione saracena (847-871), diventando successivamente capoluogo territoriale e sede del governatorato bizantino del Sud Italia. A partire dal 1071, con l'avvento della dinastia normanna, Bari assurse al ruolo di importante snodo marittimo, tanto da rivaleggiare con Venezia per il dominio sull'Adriatico meridionale. La vecchia città medievale, arroccata su un promontorio, cinta da mura e difesa da un possente castello, ripropone oggi la stessa impressione che fece a un viaggiatore inglese sul finire del Settecento nel vederla da lontano: «... una bellissima città». Ma la bellezza di Bari non si coglie solo nei toni sfumati dalla lontananza: anzi, è osservandola dall'interno che è possibile coglierne l'essenza più intima, che abita tanto l'intricato dedalo di viuzze del centro storico, quanto la città murattiana, caratterizzata da lunghi rettilinei e spazi più ampi. Luogo cosmopolita, aperto ai traffici e all'Oriente, Bari ha saputo far propri caratteri e stili architettonici di quanti l'hanno invasa e dominata. E con orgoglio ha dimostrato di saper reagire alle mille traversie che l'hanno toccata nel corso dei secoli, grazie a una sempre più forte presa di coscienza della società civile. Perché Bari è bella anche e soprattutto vista da vicino.

QUANDO ANDARE E PERCHÉ

Bari è un luogo da (ri)scoprire, in tutti i sensi. Il recupero di alcune zone della città, come quella di Punta Perotti e la sua riconsegna a cittadini e turisti, l'abbassamento della soglia di degrado della città vecchia e la possibilità di godere di ospitalità a prezzi decisamente contenuti sono tutti elementi – unitamente al grande patrimonio storico-artistico – che contribuiscono a renderla una meta ideale. Per sfruttare il soggiorno trascorrendo anche qualche ora distesi al sole di uno dei tratti di spiaggia libera e attrezzata che costeggiano il litorale a sud dell'abitato, meglio scegliere le lunghe e (molto) calde giornate estive. In caso contrario, privilegiare il clima più temperato delle stagioni di mezzo, che permettono di visitare con minore fatica vicoli e stradine della città vecchia e i più estesi quartieri murattiani.

COME ARRIVARE

→IN AUTO Bari è ottimamente collegata alle principali reti di comunicazione dalle autostrade **A14**

Adriatica Bologna-Taranto (uscite **Bari Nord** e **Bari Sud**) e **A16 dei due Mari**, che si immette sulla A14 all'altezza dello svincolo di Canosa. Bari è inoltre raggiungibile dalla **SS16 Adriatica** (che nel tratto cittadino assume la funzione di **tangenziale** a tre corsie, collegamenti con Molfetta, a nord, e Brindisi, a sud), dalla **SS100 di Gioia del Colle** (provenendo da Taranto e Palagiano), dalla **SS96 Barese** (dalla provincia di Potenza) e dalle provinciali **SP236** (per chi arriva da Matera) e **SP231** (da Andria).

→IN AUTOBUS Il bus terminal è in largo Sorrentino, alle spalle della stazione. Qui fermano tutti gli autobus extraurbani e quelli provenienti da fuori regione. Collegamenti da tutte le principali città italiane (tra le autolinee che effettuano i servizi, **ATS**, www.atsviaggi.com, e **Marino**, www.marinobus.it).

→IN TRENO Bari è ben collegata a tutte le principali città italiane. Nella Stazione centrale di piazza Aldo Moro - passante per i treni provenienti dalla dorsale Adriatica, di testa per le linee da Taranto, Putignano e dall'estremo Sud del Salento - transitano i convogli di **Trenitalia** (tel. 892021, www.fsitaliane.it) e delle **FSE-Ferrovie del Sud Est** (numero verde 800079090, www.fseonline.it). Due edifici attigui allo scalo principale, sulla stessa piazza, ospitano il capolinea delle **FNB-Ferrovie del Nord Barese** (tel. 0805299342, www.ferrovienordbarese.it; trasporto bici al seguito gratuito) e delle **Ferrovie Appulo Lucane** (tel. 0805725229, www.fal-srl.it).

→IN NAVE Considerato tradizionalmente il ponte tra Europa, Oriente e penisola Balcanica, il porto di Bari è anche il terminale di diverse linee croceristiche (Autorità Portuale del Levante, numero verde 800573738, www.aplevante.org). La stazione marittima è collegata al centro cittadino dalla **linea urbana 20**, gestita da **AMTAB**.

→IN AEREO Lo scalo cittadino è l'**Aeroporto internazionale "Karol Wojtyla"** di Bari Palese (viale Enzo Ferrari 1, tel. 0805800358-080 5800346, www.aeroportidipuglia.it), dal quale è possibile raggiungere la stazione centrale con il servizio shuttle **Tempesta** (per orari, www. autoservizitempesta.it, biglietto sola andata € 4,15, in circa 30 minuti) oppure con la **linea urbana 16** (5-21.30, passaggi ogni 40-60 minuti, tempo di percorrenza circa 40 minuti, biglietto € 0,90). Nel 2012 è prevista l'entrata in servizio del passante ferroviario, che collegherà l'aeroporto alla stazione centrale e alla rete ferroviaria nazionale.

COME MUOVERSI

→IN AUTO Bari è stata fino a oggi una città congestionata dal traffico. Alcune importanti misure, adottate negli ultimi anni, hanno favorito il miglioramento della mobilità nel rispetto della sostenibilità ambientale:

Voli low cost

Compagnie che operano su Bari: **Air Italy** (tel. 892024, www.airitaly.it), da Olbia e Verona; **Air One** (tel. 199207080, www.flyairone.it), da Alghero, Milano Malpensa e Palermo; **Blue-Express.com** (tel. 199419777, www.blue-express.com), da Catania; **easyJet** (tel. 899678990, www.easyjet.com), da Milano Malpensa; **Ryanair** (www.ryanair.com), da Bologna, Cagliari, Genova, Milano (Bergamo), Pisa, Roma Ciampino, Torino e Trapani.

l'introduzione del **Park & Ride**, la messa in opera di un sistema di trasporto a trazione elettrica, l'istituzione della **zona a traffico limitato** (**ZTL**) nella città vecchia (lun-sab 20-7, dom e festivi 0-24, sei i varchi accesso), l'attivazione dello **Street Control** per prevenire la sosta selvaggia, l'avvio del bike sharing. Inoltre, circa un terzo di Bari Vecchia è stato completamente pedonalizzato. Con queste premesse – e per contribuire ulteriormente al risanamento della qualità dell'aria e dell'ambiente urbano – meglio lasciare riposare l'auto in una delle molte **aree di sosta** e affrontare a piedi la visita della città. Le soste sono regolamentate sulla base di una precisa suddivisione del recinto urbano in quattro aree, con tariffe che variano da € 1 nel perimetro lato mare di Bari Vecchia e nei quartieri Libertà e Madonnella, a € 2 per il quartiere Murat. Molto interessante il servizio **Park & Ride**, che permette – lasciando l'auto in una delle aree di sosta del lungomare Vittorio Veneto (FBN Quasimodo), di Pane e Pomodoro, di Largo 2 Giugno e di via Mitolo, al costo di € 1 per l'intera giornata – di usufruire del trasporto gratuito fino in centro. Stessa tariffa per la sosta nel **parcheggio di interscambio di Mungivacca** (attiguo al magazzino Ikea), da dove è possibile raggiungere la città a costo zero con un treno delle FSE.

→IN AUTOBUS La società **AMTAB** (viale Jacobini, numero verde 800450444, tel. 0805393111, www.amtabservizio.it) gestisce il servizio di trasporto pubblico operando su 38 linee urbane di superficie. Due navette gratuite, a trazione elettrica, facilitano gli spostamenti nel centro cittadino lungo due percorsi circolari nell'area compresa tra via Manzoni, corso Italia, via Melo e corso Vittorio Emanuele (10-13.40 e 17-20.40, frequenza ogni 20 minuti). Biglietto con validità 75 minuti € 0,90 (€ 1,50 in vettura), 100 minuti € 1, giornaliero € 2. Per spostarsi nella provincia, è possibile utilizzare il nuovo biglietto unico **Ferbus Puglia**, con validità giornaliera e tariffa chilometrica, che permette di viaggiare sui treni delle compagnie di trasporto e sugli autobus urbani di Bari con un risparmio effettivo che va dal 15% al 32% sui costi di trasporto ordinari.

→IN METROPOLITANA In città esiste un servizio ferroviario urbano con funzioni di metropolitana gesti-

Due corpi, un'anima

Il carattere duale di Bari colpisce anche il visitatore occasionale. Il contrasto tra la struttura urbanistica della **città vecchia**, addossata al mare e oggi affollata di locali alla moda e ristorantini tipici, e i **quartieri ottocenteschi** a sud-ovest, a chiara vocazione residenziale e commerciale, è netto. Il nucleo storico, concentrato sul promontorio tra il porto vecchio e il porto nuovo, presenta il tipico impianto medievale, con vie strette e tortuose, e porta in sé tutta la storia della città: centro mercantile, municipio romano, capitale bizantina e normanna, porto d'imbarco per le spedizioni crociate. Basilica e Cattedrale sorsero in questo periodo, mentre il castello, costruito nel 1131, venne riedificato durante la dominazione sveva e in seguito adeguato alle nuove esigenze difensive della città. L'epoca murattiana, agli albori del XIX secolo, segna l'inizio dell'espansione moderna, realizzata seguendo le istanze di un preciso piano regolatore che prevedeva la realizzazione di assi viari lunghi e perpendicolari.

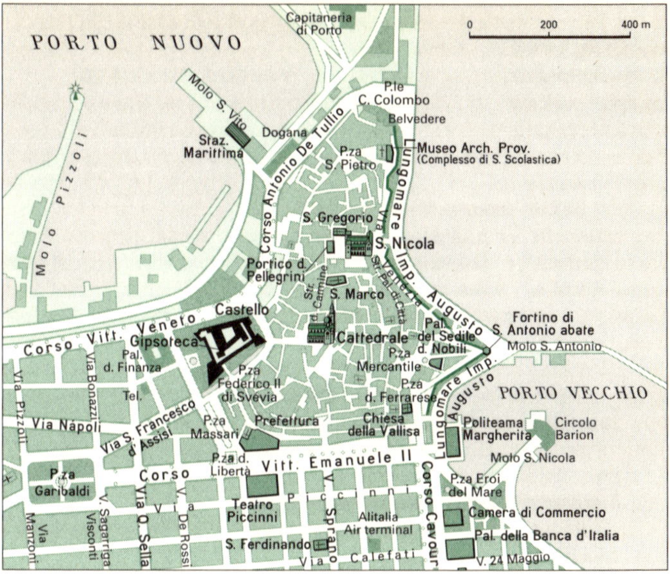

Eventi e manifestazioni

Bif&st!

(gennaio)

Il Bari International Film & TV Festival guarda con attenzione al cinema indipendente nostrano e mondiale e a produzioni di qualità. Molti gli eventi a ingresso gratuito (tel. 0802148706, www.bifest.it).

Festa patronale di S. Nicola

(maggio)

Si svolge nelle giornate dal 7 al 9 maggio. La sera della vigilia è dedicata al corteo storico, mentre nella giornata successiva la solenne processione conduce la statua di S. Nicola fino al molo omonimo, quindi in mare. A sera, il ritorno in basilica, con spettacolo pirotecnico. La conclusione il terzo giorno, quando si procede al prelievo della 'manna'.

Apulia Tango Festival

(giugno)

Per rivivere l'atmosfera di Buenos Aires, una full immersion nel tango con i migliori maestri e ballerini (www.apuliatangofestival.com; **lezioni gratuite** per principianti).

Bari in Jazz

(giugno)

Manifestazione dedicata ai cultori della musica jazz, con eccelsi musicisti da tutto il mondo (Centro "Abusuan", tel. 0805283361 www.bariijazz.it).

L'Acqua in Testa FreeMusic Festival

(luglio)

Si svolge sulla sabbia della spiaggia libera di Pane e Pomodoro. **Gratuito l'accesso ai concerti** (tel. 0805219770, www.acquaintesta.it).

Fiera del Levante

(settembre)

Tra le principali rassegne europee, e l'evento fieristico barese per eccellenza, punto di incontro tra le diverse realtà economiche che si affacciano sul Mediterraneo, dalle regioni del Mezzogiorno ai Paesi balcanici, all'Oriente (lungomare Starita, tel. 0805366111, www.fieradellevante.it).

to da **Ferrotramviaria** (piazza A. Moro 50/B, tel. 08052299342, www.ferrovienordbarese.it). La linea **FM1** - poco più di 9 km con 7 stazioni intermedie - collega la Stazione centrale all'Ospedale S. Paolo in 15 minuti circa (biglietto € 1).

→IN TAXI Il servizio di radio e web taxi in città, attivo tutto l'anno 24 ore su 24, è gestito dalla cooperativa **Nuova CO.TA.BA.** (viale Imperatore Traiano 34/B, tel. 0805543333, www.taxibari.it).

SCONTI E RIDUZIONI

→PUGLIA CITY CARD

Si tratta di una tessera a pagamento con validità annuale (solo per i maggiori di 14 anni) che dà diritto a una serie di scontistica presso strutture, esercizi commerciali ed enti museali convenzionati, riconoscibili da apposita vetrofania. Acquistabile presso i singoli esercizi oppure online (per aggiornamenti e notizie, tel. 0805241361, www.infopointbari.com).

SCOPRIRE BARI A PIEDI

Bari Vecchia. È molto più che il cuore nevralgico della città: il borgo medievale è l'asse centrale attorno al quale ruota in ogni istante tutta la vita del capoluogo. I residenti ne sono orgogliosamente consapevoli, e se ne fanno forti. Tanto più ora, che molte iniziative sono state messe in atto per il recupero e la riqualificazione dell'estesa area storica. Un'avvertenza: lasciatevi guidare dall'istinto, seguendo magari il profumo di mare che qui più che altrove domina su tutto.

Allora il punto di vista privilegiato per osservare la città può essere la cosiddetta **'muraglia'**, lambita dalle acque fino agli anni Trenta del secolo scorso, quando è stato costruito il lungomare attuale. Imboccando via Venezia, che ne segue il percorso, si compie il giro completo dello sperone proteso nel mare e ci si può affacciare sui suoi scorci più belli: il **Fortino**, quindi il retro della **basilica di S. Nicola** fino al **monastero di S. Scolastica**, da dove lo sguardo può spaziare raggiungendo il **porto**. Ancora oltre, si passa davanti al **convento di S. Francesco alla Scarpa** sbucando infine nella piazza a lato del **castello normanno-svevo**.

Nelle vicinanze, la **Cattedrale dedicata a S. Sabino** (XI secolo),

Bari in Bici

Bariinbici è un servizio automatico di noleggio tramite tessera elettronica presente in 15 ciclostazioni. La riconsegna può avvenire anche in un punto diverso rispetto a quello del ritiro, proprio per facilitare l'intermodalità. Il costo dell'abbonamento (annuale, ma ovviamente se ne può usufruire per il tempo necessario) è decisamente low: solo € 10 (e altrettanti come cauzione). Per informazioni: Amtab Servizio, via Fornari 12/14, tel. 0805289587. Per chi desidera cimentarsi con percorsi più impegnativi di quelli urbani, Bari è la base di partenza della **Ciclovia dei Borboni**, oltre 330 chilometri di percorsi lungo viottoli, sentieri e strade secondarie che collegano Puglia, Basilicata e Campania.

da dove è possibile tornare facilmente alla basilica di S. Nicola. Per chi si ritiene soddisfatto e vuole concedersi una pausa in zona, non c'è che l'imbarazzo della scelta: gli amanti dei locali glamour saranno soddisfatti dall'offerta, mentre chi volesse sperimentare la cucina locale troverebbe pane per i propri denti, tra vecchie osterie casalinghe e ristoranti più ricercati. Il livello medio è solitamente buono e i prezzi abbordabili. Per chi invece preferisce un tè o una birra discutendo di poesia o leggendo un buon libro, niente di meglio di qualche bar-caffè letterario alternativo.
Una visita ai **quartieri murattiani** può invece iniziare dal 'confine' segnato da corso Vittorio Emanuele, dove affaccia il **palazzo del Governo** e, di fronte, il neoclassico **Teatro Piccinni**. Corso Cavour, perpendicolare al precedente, è una delle vie principali dello shopping: qui si trova il **Teatro Petruzzelli**, il più grande teatro privato d'Europa distrutto da un incendio nel 1991 e restituito alla città nel 2009. Alle sue spalle, il monumentale **palazzo dell'Acquedotto pugliese**, che richiama motivi stilistici e costruttivi del romanico e dei castelli di Puglia.

I MUST DA NON PERDERE

Basilica di S. Nicola

ⓘ Informazioni: Basilica di S. Nicola, largo Abate Elia 13, tel. 0805737111, www.basilicasannicola.it, lun-sab 7-20.30, dom 7-22; Museo Nicolaiano, lun-dom 9.30-18, biglietto € 3, ridotto € 2

Edificata tra il 1087 e il 1197 sull'area della residenza del governatore bizantino, la basilica conserva le reliquie di S. Nicola (secondo la tradizione, trafugate a Myra, nell'odierna Turchia, da una spedizione di 62 marinai baresi) ed è una delle prime grandi cattedrali normanne pugliesi. La **facciata a salienti**, maestosa e dalle linee estremamente semplici, è caratterizzata da alti frontoni affiancati da **due torri campanarie mozze**. Tre sono i **portali**, quello centrale con baldacchino su colonne in romanico pugliese, con elementi e archi arabi, bizantini e classici. L'interno, **a croce latina e tre navate** (quella mediana con copertura riccamente decorata), presenta **tre arconi trasversali** - inseriti per rinforzare la struttura dopo il terremoto del 1456 - che ne scandiscono lo spazio. Notevoli il secentesco **pulpito ligneo** e il bel **pavimento a mosaico** del presbiterio, mentre capolavoro assoluto è la splendida **cattedra dell'abate Elia**, databile agli anni a cavallo tra XI e XII secolo. Nella **cripta** si trova il **sepolcro** che custodisce le preziose reliquie del Santo, molto venerate nel mondo cristiano orientale e occidentale. Qui hanno luogo le celebrazioni cristiano-ortodosse: la basilica, infatti, rappresenta uno dei pochi luoghi d'incontro tra fedeli appartenenti a confessioni cristiane diverse. Inaugurato nel 2010, il **Museo Nicolaiano** custodisce tesori storico-artistici legati alla vita del Santo.

Castello normanno-svevo

ⓘ Informazioni: Castello normanno-svevo, piazza Federico II di Svevia, tel. 0805286260-0805286210, www.sbap-ba.beniculturali.it, lun-mar e gio-dom 8.30-19.30, mer chiuso, ultimo ingresso 30 minuti prima della chiusura, biglietto € 2, 18-25 anni € 1

Realizzato intorno al 1130, distrutto a seguito di una rivolta popolare e riedificato per volontà di Federico II già nel 1233, il castello è una **fortezza imponente**, che si erge a guardia della città vecchia. Proprietà aragonese, quindi in dote a Bona Sforza che vi soggiornò fino alla morte (1557), l'edificio venne in seguito adibito a prigione e caserma dalla dinastia borbonica.
La costruzione presenta un largo e profondo **fossato** che corre lungo tre lati, fatta eccezione per la murata esposta a nord e che all'epoca era bagnata dal mare; l'ingresso, posto sul lato meridionale, si raggiunge attraversando il ponte sul fossato.

SPUNTI E CHICCHE LOW COST

Le edicole votive di Bari Vecchia

Un tour molto particolare (e decisamente low cost) è quello delle edicole votive all'interno della città vecchia. Forse una delle più caratteristiche è quella che si trova a destra dell'**Arco della Neve**, uno splendido bassorilievo in pietra raffigurante S. Nicola. Ve ne sono di particolari, ambientate in scorci suggestivi, e addirittura di molto originali, come quella illuminata da un lampadario ricavato dalla tipica *strascedda* in cui sono innestati i portalampade. Degne di ammirazione le edicole votive olio su rame di Vito Dentamaro: bellissima quella del '700, già restaurata, raffigurante S. Sabino, l'Odegitria e S. Nicola, posta sotto un tabernacolo in legno, che conferisce all'insieme un aspetto particolarmente contemplativo.

Visite a teatro: il Petruzzelli

ⓘ Informazioni: Teatro Petruzzelli, corso Cavour, tel. 5228010/12, www.fondazionepetruzzelli.it, visite guidate € 2

Inaugurato nel 1903 con *Gli ugonotti*, di Meyerbeer, e situato nei quartieri murattiani, il Teatro Petruzzelli è il quarto teatro italiano per dimensioni e **il più grande teatro privato d'Europa**.
Fin dalle prime stagioni ospitò i più grandi artisti italiani e internazionali, sia nel campo della lirica sia in quello del balletto, del musical e della musica leggera: da Beniamino Gigli a Macario, da Renata Tebaldi a Josephine Baker, da Mascagni - che vi diresse una sua opera - a Milva. Dichiarato nel 1954 monumento di interesse storico e artistico e sottoposto a tutela, nel 1967 gli venne riconosciuto lo status di 'teatro di tradizione'. Dopo i

fasti degli anni Ottanta del secolo scorso, quando ospitò la prima dell'*Ifigenia in Tauride*, di Niccolò Piccinni (mai più rappresentata dopo il debutto a Parigi nel 1779), e quella della versione napoletana de *I puritani* di Bellini, il teatro venne devastato da un violentissimo incendio doloso, nel 1991. Ricostruito e inaugurato nuovamente nel 2009 con la *Turandot* di Puccini, il Petruzzelli è oggi visitabile in tutta la sua riacquistata magnificenza.

Museo della Stampa

Fondato nel 2006 su iniziativa di Giuseppe Laterza, titolare dell'omonima casa editrice, ripercorre la storia della tipografia, della legatoria, dei caratteri di stampa e della lavorazione della carta. Ospita la Collezione Nicola Laterza, decano delle attività di arti grafiche in Bari. Di particolare rilievo la raccolta di antiche pietre litografiche, magistralmente incise (per informazioni e visite: Cittadella mediterranea della Scienza di Bari, via Corigliano 1, zona industriale, tel. 0805237936, www.giuseppelaterza.it, visite lun, mer, ven e sab 9-13, mar-gio 9-13 e 15-17, biglietto € 6, ridotto € 5).

La Bari sotterranea

ⓘ Informazioni: Eventi d'Autore, tel. 3335171542, www.eventidautore.it, € 5

Come tutte le città, anche Bari possiede degli aspetti misteriosi e e nascosti, luoghi invisibili ai più ma non per questo meno ricchi di fascino o di attrattiva. È il caso delle **aree ipogee**, poste al di sotto di alcuni degli edifici più rappresentativi della città e che negli ultimi anni hanno goduto di un crescente interesse da parte di cittadini e turisti: testimonianza è il grande successo delle visite guidate alla scoperta delle complesse aree archeologiche racchiuse nei **sotterranei di alcuni edifici monumentali della città vecchia**, dal castello normanno-svevo al succorpo della cattedrale di S. Sabino, fino all'area di palazzo Simi. Le visite, affidate alla guida di operatori esperti, ha la durata di circa un'ora e mezza e, solitamente, si svolgono nella mattinata della domenica.

Un gioiello di architettura: il San Nicola

ⓘ Informazioni: Stadio S. Nicola, via Torrebella, tel. 0805055099

Lo **Stadio San Nicola** sorge isolato a sud-ovest della città, in direzione del casello Bari Sud della A16. Realizzato per i campionati mondiali del 1990 su progetto di **Renzo Piano**, l'opera è una delle architetture contemporanee più espressive dell'intera regione. La ricerca di leggerezza si sostanzia nelle forme di una **navicella spaziale**, leggermente rialzata da terra e caratterizzata da una serie di 26 petali che, dal basso, si sollevano, ricomponendosi nella leggera copertura.

Castel del Monte

ⓘ Informazioni: Castel del Monte, località Castel del Monte, tel. 0883569997, www.casteldelmonte.beniculturali.it, marzo-settembre, lun-dom 10.15-19.45, ottobre-febbraio, lun-dom 9.15-18.45, ingresso € 3, ridotto € 1,50 (18-25 anni), gratuito fino a 18 anni e oltre i 65

Isolato su una collina delle Murge, a poco più di 60 chilometri dal capoluogo, sorge **Castel del Monte**, austero quanto misterioso nella sua simmetrica perfezione. Uno dei monumenti più forti a livello simbolico tra quelli voluti da Federico II, l'opera venne iniziata sicuramente entro la prima metà del XIII secolo e non ancora terminata alla morte del sovrano, avvenuta nel 1250. L'edificio ha **pianta ottagonale** ed è impreziosito da una torretta della stessa forma in corrispondenza di ogni spigolo. Due i piani - entrambi suddivisi in otto stanze comunicanti in senso antiorario - collegati tra loro dalle scale a chiocciola presenti in quasi tutte le torrette. L'**ingresso principale**, decorato da due colonne sormontate da un finto architrave, è orientato esattamente a est e vi si accede tramite due rampe di **scale simmetriche**. Nel **cortile interno** - su cui danno tre ingressi e, nella parte superiore, tre porte finestre inserite in **grandi archi ciechi** - si trova una grande **cisterna** per la raccolta delle acque. L'intera costruzione è carica di forti simbolismi, accomunati dalla presenza costante del numero otto, tanto da far ritenere che le sue funzioni non fossero militari quanto piuttosto di tempio o di luogo deputato allo studio e all'osservazione degli astri.

MANGIARE A BARI

AI DUE SAPORI

Località Santo Spirito, lungomare C. Colombo 31, tel. 0805301973, luigi.de.rosa.KT19@alice.it • coperti 30+60 • chiuso lunedì, dicembre • cucina pugliese e classica • Piccolo locale situato vicino al porticciolo, in stile rustico. I sapori proposti sono quelli tipici del territorio, in particolare a base di prodotti stagionali e pescato del giorno. **• Prezzi: 25/40**

AL SORSO PREFERITO

Via De Nicolò 40, tel. 0805235747, www.sorso-preferito.com • coperti 100 • chiuso mercoledì e sera di domenica, periodo in agosto • cucina pugliese • Ambiente confortevole e rustico, propone una cucina legata alla tradizione regionale, specie per i piatti di pesce, con buon rapporto qualità-prezzo. Nel bicchiere, solo vini locali. **• Prezzi: 25/45**

ANTICA OSTERIA VINI E CUCINA

via Vallisa 23, tel. 330433018-3382120391 • chiuso domenica sera, non chiude per ferie • cucina pugliese tradizionale • Uno dei locali più antichi di Bari alle porte del centro storico, dove l'ambientazione è rimasta quella delle vecchie osterie. Da assaggiare la classica tiella patate, riso e cozze, i cavatelli con rucola, pomodorini e ricotta forte e la braciola di cavallo. **• Prezzi: 15/25**

DUE ARCHI

via Corridoni 29, tel. 0805238341 • cucina pugliese tradizionale • All'ingresso della città vecchia, trattoria a conduzione familiare dove assaggiare la tipica cucina barese: orecchiette con cime di rapa, cavatelli con salsa di zucchine, secondi di carne e pesce e, a chiudere, dolci di giornata. **• Prezzi:** 10/20

ICE CAFFÈ-LA CASA DEL FRULLATO

Via De Giosa 94, tel. 0805247487 • chiuso domenica • caffetteria e american bar • Uno degli indirizzi di riferimento per la young generation barese. Dai frullati ai frappè, dai panini ai taglieri di verdure, formaggi e salumi l'ideale per uno spuntino rapido, a basso costo. Vino e birra (ottima la Labbatt alla spina) ad accompagnare il tutto, dalle 10 del mattino alla una. **• Prezzi:** 5/15

Cibo di strada: i fornelli

I **fornelli**, macellerie con forno a legna dove si cucinano le carni alla brace, sono una tradizione tutta pugliese. Diffusi un po' ovunque, hanno la loro origine nelle Murge. La tradizionale macelleria, con il suo ampio menu di carni cotte alla brace, frattaglie, spiedi, salsicce da consumare sul posto o da portar via, diventa una piccola osteria. In genere, le macellerie hanno una saletta o un retrobottega che serve allo scopo, oppure si mangia direttamente in strada, su tavoli di fortuna. Le specialità dei fornelli elevano al rango di prelibatezza gastronomica varie parti poco nobili degli animali: è così per gli **gnummarieddi**, involtini di interiora di agnello, per gli spiedini di cuore, fegato e polmoni legati con il budello dell'animale, o per le **bombette di Martinafranca**, involtini di capocollo di maiale ripieni di carne macinata.

Chicche golose

Le **cartellate** sono frittelle che si preparano durante il periodo natalizio a base di vino bianco dolce, cannella, miele e vincotto. Altre specialità sono la **burrata** – formaggio fresco vaccino a pasta filata – la **focaccia a libro** e la **scamorza di pecora**. Gustoso l'**amaro del Gargano**, a base di foglie d'ulivo e scorze di agrumi.

IL TRANSATLANTICO

Località Torre a Mare, via R. Resta 3, tel. 0805432486 • coperti 80+80 • chiuso lunedì e sera di domenica, periodo in febbraio e in agosto • cucina pugliese e classica • Gestione simpatica e cordiale e buona cucina che mette in risalto i sapori della tradizione con piatti che variano in base alle stagioni. Buona selezione di vini regionali. **• Prezzi:** 30/35

LA BATTIGIA

Lungomare A. di Crollalanza 1, tel. 0805240022, www.la-battigia.it • coperti 100 • chiuso ferie variabili • cucina pugliese • Locale situato sul lungomare della città con cucina d'ispirazione regionale prevalentemente a base di pesce. La sera si possono gustare ottime pizze cotte nel forno a legna. **• Prezzi:** 32/40

LA LOCANDA DI FEDERICO

Piazza Mercantile 63, tel. 0805227705, www.lalocandadifederico.com • cucina pugliese • Atmosfera familiare per questa trattoria situata nel cuore di Bari Vecchia e dotata di dehors estivo. I piatti sono quelli della più genuina tradizione. Dolci fatti in casa. **• Prezzi:** 25/35

TERRANIMA

Via Putignani 213/215, tel. 0805219725-3346608698, www.terranima.com • coperti 70+20 • chiuso domenica sera, periodo in luglio e in agosto • cucina pugliese • Ambiente di rara bellezza che conserva il pavimento in chianche di pietra originali e arredi ricercati d'epoca. Il menu varia ogni 15 giorni e le ricette, eseguite con prodotti di eccellenza e a chilometro zero, rivelano ricerca e passione: strozzapreti di farro con frutti di mare o con pesto ai fiori di zucca e tartufo nero estivo di Andria, cavatelli con crema di melanzane, pinoli e pancetta affumicata, incapriata di fave e cicoria, spezzatino di vitello cotto nelle verdure e crostate della casa. • **Prezzi:** 24/35.

DORMIRE A BARI

7 MARI

Albergo • Via Verdi 60, tel. 0805341500, www.hotel7mari.it • 56 camere • Vicino alla Fiera del Levante e di fronte al mare, una costruzione elegante che ben si presta a una clientela trasversale, dal turismo d'affari a quello culturale. • **Prezzi:** camera doppia 57/118

BARI MURAT

B&B • Corso Cavour 166, tel. 3393162025, www.bed-breakfast-bari.it • 1 camera • In pieno centro, è l'ideale per trascorrervi una vacanza anche breve. A pochi minuti si trova il borgo antico di Bari con la splendida Cattedrale romanica, la basilica di S. Nicola, il castello. I più giovani troveranno qui un buon punto d'appoggio per vivere la nightlife della città. • **Prezzi:** camera doppia 55/65

LA LIMONAIA

B&B • Località Santo Spirito, via Napoli 219/A, tel. 0805331916-3476816388, www.lalimonaiaresidence.com • 5 camere • Villa degli anni Sessanta, sul mare e immersa nel verde, ristrutturata per l'accoglienza. L'arredamento è caldo e confortevole, il giardino a disposizione degli ospiti. • **Prezzi:** camera doppia 65/85

ORCHIDEA

Meublè • Via G. Petroni 11/2, tel. 0805421937, www.hotelorchideabari.it • 27 camere • Vicino alla stazione, un classico meublè dalla esperta gestione familiare, con arredi sobri e curati. Adatto sia per una visita culturale sia per una clientela d'affari. • **Prezzi:** camera doppia 70/88

TOP CLASS

B&B • Corso A. De Gasperi 513/B, tel. 3392603832, www.topclassbari.com • 6 camere • Elegante villa nel verde del quartiere residenziale di Bari. Le stanze arredate con cura si prestano a svariate soluzioni e una delle quadruple ha angolo cottura attrezzato. La piscina e, a breve distanza, i principali impianti sportivi della città offrono occasioni di relax e di svago. La struttura è convenzionata con alcuni degli ottimi ristoranti della zona. • **Prezzi:** camera doppia 60/80

VILLA VALERIA

B&B • Strada Zuccararo 12, tel. 3333197630-0805491663, www.villa-valeria.it • 9 camere • Prestigiosa e accogliente, villa immersa in un'oasi di verde con vista sul mare; ristrutturata di recente e situata in una moderna zona residenziale, è ottimamente collegata al centro cittadino dai servizi pubblici. La villa è dotata di piscina con idromassaggio e ampi spazi relax. La padrona di casa è molto disponibile con i suoi ospiti. In giornata è possibile effettuare escursioni nei luoghi più suggestivi dei dintorni. • **Prezzi:** camera doppia 70/80

LECCE
sguardo a Oriente

Il Salento è una terra magica. Terra di tradizioni radicate che si perdono nelle religioni misteriche dell'antica Grecia, di panorami avvolti dalle brume del mattino che salgono dal mare d'Oriente insieme alle luci dell'alba, che qui sorge prima che altrove. Terra di confine, terra di mescolamenti, di sovrapposizioni, bruciata dal sole e dalla salsedine. Lecce sta a tutto questo gioco di intrecci e di assenze come un miraggio strano, con i suoi vezzi barocchi così lontani dalla pompositià o dal lusso di certe architetture romane o napoletane e che assumono la loro pienezza al tramonto, quando il sole si abbassa e lascia gli occhi pieni di gialli e di ocra corposi. Insediamento messapico, colonia romana, caposaldo normanno, svevo e angioino, Lecce deve il suo splendore alla dominazione spagnola che, in quasi tre secoli, la arricchì di edifici e monumenti unici, donandole quel carattere che ha conservato fino a oggi. La città – capitale della Grecìa Salentina, area caratterizzata dal forte influsso greco-bizantino – avvolge ogni cosa con il suo manto di eleganza. Ciò che resta, è solo uno struggente desiderio di ritorno.

QUANDO ANDARE E PERCHÉ

Se si vuole godere appieno della città e degli splendidi tramonti che arrossano la pietra leccese, primavera ed estate sono il periodo migliore. Tuttavia, tenete presente che i flussi turistici raggiungono il massimo proprio in concomitanza del periodo estivo, con tutti gli eventuali disagi del caso. Ma Lecce si fa godere benissimo anche in autunno (in realtà un lento, dolce prolungamento dei giorni più caldi) e nella brevissima stagione invernali, quando può essere piacevole partecipare ai preparativi per le festività natalizie. Ormai conosciuta nel mondo per la sua fama di città del barocco, Lecce è in grado di offrire altre sorprese, dalla ricca offerta enogastronomica ai vicini litorali con spiagge bianchissime e mare cristallino, all'allegria contagiosa delle sagre e feste che ne animano le vie. Su tutto, la sensazione – in ogni occasione – di sentirsi accolti e di non essersi mai allontanati da casa.

COME ARRIVARE

→IN AUTO Il modo migliore e più veloce per raggiungere Lecce da nord è con l'autostrada **A14 Adriatica**, da dove si prosegue sulla **SS16/E55** per Brindisi, quindi sulla **SS613/E55 Brindisi-Lecce** (a due corsie per ogni senso di marcia;

prestare molta attenzione, specie durante le ore notturne), fino a intersecare la tangenziale cittadina. Provenendo dal versante tirrenico, **A16 Napoli-Canosa** fino all'immissione sulla A14, quindi si segue il percorso precedente. Da Santa Maria di Leuca, è possibile raggiungere Lecce con la **SS275 di Santa Maria di Leuca** fino a Maglie, dove si imbocca la SS16 fino in città. Altre arterie di collegamento importanti sono la **SS7 ter Salentina**, che porta a Taranto, e la **SS101 Salentina di Gallipoli**, che conduce alla cittadina affacciata sullo Ionio.

→IN AUTOBUS Lecce è collegata con tutte le principali città italiane: tre corse giornaliere per Brindisi, Taranto, Potenza, Salerno e Napoli e una settimanale per Siena e Firenze (**Miccolis**, Via delle Mammole 26/28, Modugno, tel. 0805315334, www.miccolis-spa.it), per Roma e Pisa (**Marozzi**, Via Bruno Buozzi 36, Bari, tel. 0805790111, www.marozzivt.it) e per tutti i maggiori centri del Nord della penisola (**Marino**, via Carpentino CS 1063, Altamura, tel. 199800100, www.marinobus.it). Arrivi e partenze convergono presso il nuovo bus terminal dell'ex Foro Boario.

→IN TRENO La stazione di Lecce (piazza Oronzo Massari) è servita da **Trenitalia** (tel. 892021, www.fsitaliane.it) e **FSE-Ferrovie del Sud Est** (numero verde 800079090, www.fseonline.it) ed è capolinea della **ferrovia Adriatica Ancona-Lecce** e delle tratte regionali **Martina Franca-Lecce** e **Otranto-Lecce**. Treni a lunga percorrenza collegano il capoluogo salentino a Roma, Milano, Trieste, Venezia, Bolzano e Torino.

→IN AEREO Lo scalo cittadino di riferimento è l'**Aeroporto del Salento di Brindisi Casale** (tel. 08314117208, www.aeroportidipuglia.it), a circa 45 km, raggiungibile con la SS613, quindi la SS16 e SS379, uscita 'Aeroporto'. L'aerostazione è ottimamente collegata a Lecce con un bus navetta che conduce fino al nuovo **City Terminal** cittadino, ubicato nei pressi della rotatoria all'ingresso della città (viale Porta d'Europa, tel. 0832256124); nove le corse giornaliere (la prima alle 5.35, l'ultima alle 20.15) con tempo di percorrenza di 40 minuti circa, biglietto € 6.

Voli low cost

Compagnie che operano su Brindisi: **AirOne** (tel. 199207080, www.flyairone.it), da Milano Malpensa; **Blu-express.com** (tel. 199419777, www.blu-express.com), da Roma Fiumicino; **Ryanair** (tel. 899678910, www.ryanair.com), da Bologna, Milano (Orio al Serio), Pisa, Roma Ciampino, Torino, Venezia-Treviso e Verona; **Volareweb.com** (tel. 199414500, www.volareweb.com), da Roma Fiumicino e Venezia.

COME MUOVERSI

→IN AUTO Anche Lecce ha istituito una **zona a traffico limitato (ZTL)**, suddivisa in 12 aree distinte. In quelle contrassegnate dalla **A** alla **M** il traffico è vietato dalle 0 alle 24 e l'accesso è consentito solo ai residenti e agli autorizzati. Nel settore **N** il traffico è vietato dalle 23 alle 6 (telecamere in otto varchi elettronici, attive dalle 22 alle 6, divieto di transito, sosta e fermata a tutti i veicoli non autorizzati). Tre sono i grandi **parcheggi di interscambio (Foro Boario** e **Carlo Pranzo**, in prossimità della superstrada per Brindisi, e **Torre del Parco**, a sud, nei pressi del-

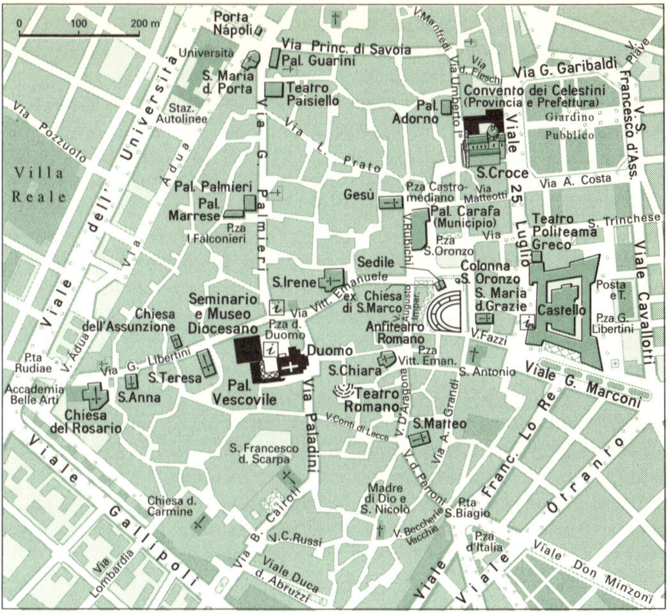

Eventi e manifestazioni

Festival del Cinema Europeo

(aprile)

Organizzato da Art Promotion, è ormai un appuntamento fisso nel panorama delle rassegne cinematografiche d'interesse nazionale (Segreteria, via Vecchia Frigole 36, tel. 3920657536, www.festivaldelcinemaeuropeo.it).

Miami International Piano Festival in Lecce

(giugno-luglio)

Appuntamento biennale, si svolge in teatri e luoghi storici di Lecce; nutrita serie di concerti (www.nireo.it/Festival-in-Lecce).

Green Sound Festival

(agosto)

La filosofia è quella delle quattro R (riduzione, riutilizzo, riciclo, recupero). Per fare della sostenibilità ambientale uno stile di vita (www.greensoundfestival.it).

La Notte della Taranta

(agosto)

Nato nel cuore della Grecìa Salentina, è il più grande evento musicale dedicato al recupero della pizzica e alla sua fusione con altri linguaggi musicali. Melpignano, sede principale della manifestazione, è a un passo (www.lanottedellataranta.it).

Festa di Sant'Oronzo

(agosto)

Festa dedicata al patrono della città: processione suggestiva, luminarie grandiose, bancarelle, spettacoli e ristorazione (www.festadisantoronzo.it).

Fiera dei Presepi e dei Pupi

(dicembre)

Mercato popolare con merci di ogni genere, tra cui statuine per il presepe di fattura artigianale. Nell'ex convento dei Teatini, mostra di presepi artistici realizzati in terracotta e in cartapesta dalle abili mani dei pupari locali.

l'ospedale), dai quali è possibile raggiungere il centro con apposite **navette** (**Rossa** e **Blu**, tariffa oraria solo parking € 0,52 - non valida per Torre del Parco - giornaliero sosta+navetta € 1,50). Le altre aree di sosta cittadine sono distribuite in quattro zone (rossa, rosa, verde e blu) che, a seconda della vicinanza con il centro storico, hanno tariffe orarie variabili da € 0,52 a € 1,50; gli orari in cui è in vigore la tariffa sono 9-14 e 16-21, tranne nella zona blu, dove è attiva solo nella fascia mattutina.

➔IN AUTOBUS Il servizio di trasporto pubblico urbano è gestito da **SGM** (SP Lecce Vernola, km 1,5, tel. 0832340898-0832230431, www.sgmlecce.it), che gestisce 12 linee urbane e due suburbane (biglietto con validità 90 minuti € 0,80, € 1,50 se acquistato a bordo, carnet da sei corse € 4). Pur ultimata, la rete filoviaria cittadina (tre linee per 26 chilometri totali) attende ancora di essere messa in esercizio. **STP** (via Lecce 99, San Cesario di Lecce, tel. 0832228441 o numero verde 800447472, www.stplecce.it) gestisce invece il servizio extraurbano nell'ambito della provincia salentina e sulle direttrici per Taranto e Brindisi.

➔IN TAXI A Lecce è attivo 24 ore su 24 il servizio web e radiotaxi gestito da **Lecce Taxi - Salento Taxi** (www.leccetaxi.it), che risponde al numero tel. 08321791071. Per utilizzo notturno (24-7), prenotazioni entro le ore 21. Aree di sosta in piazza Mazzini (tel. 0832246150), piazza S. Oronzo (tel. 0832306045) e piazza le della Stazione (tel. 0832247978).

SCOPRIRE LECCE A PIEDI

Se si potesse descrivere con una parola il carattere di Lecce, 'leggiadra' sarebbe forse quella più adatta. Qui il barocco non opprime, non offusca la vista con ori rilucenti. Ma dona invece a tutto l'insieme un che di elegante sussiego, funzionando da elemento unificatore insieme alla calda pietra leccese.

Dal cuore della città, **piazza Sant'Oronzo** - dominata dalla statua del protettore benedicente - può partire un ideale itinerario che vada alla scoperta delle sue diverse anime: l'**anfiteatro romano** e il cinquecentesco **'Sedile'** (o palazzo del Seggio), la scenografica **piazza del Duomo**, dove il barocco domina incontrastato così come negli intarsi filigrana-

A Lecce in bicicletta

Lecce, tra le città del Sud della penisola, è quella che forse sta dedicando maggiore attenzione alla mobilità alternativa, complice l'orografia del territorio assolutamente pianeggiante. Così sono apparsi, sia pure timidamente, cinque percorsi ciclabili cittadini e – a supporto – l'iniziativa di bike-sharing **Bicincittà**, grazie alla quale sono state istituite sette postazioni di prelievo tramite una tessera elettronica. La riconsegna della bicicletta può avvenire in un punto diverso da quello dove è stata prelevata, proprio per facilitare una mobilità intermodale. Il servizio è attivo tutti i giorni nella fascia oraria 7-22, tariffa giornaliera € 10, tre giorni € 20 (informazioni: Urp Comune di Lecce, via Rubichi 1, tel. 0832682312).

ti della splendida **basilica di S. Croce**, in via Umberto I, fino ad arrivare al liberty delle dimore che affacciano lungo i viali e che rimandano ai fasti della Belle Epoque.
Dalla centralissima piazza del Duomo, una breve deviazione in via Paladini permette di godere dei piaceri offerti dal 'Caffè letterario' (www.caffeletterario.org), attivissimo bar, infuseria, libreria e spazio teatral-musicale, dove ci si potrà prendere una pausa. Lecce vuole dire anche ottima cucina e le offerte abbondano nel centro storico. Chi preferisce un pasto completo nel rispetto della tradizione potrà rimanere in zona scegliendo tra le numerose trattorie e ristorantini. E i nostalgici dei 'fumosi locali nordeuropei' potranno soddisfare anche qui, nel profondo Sud, la loro voglia di birra o vino in pub come il 'Joyce' - a pochi metri dalla basilica di S. Croce - dove si può ascoltare musica irlandese, leggere un buon libro e fare uno spuntino.

I MUST DA NON PERDERE

Complesso monumentale di piazza del Duomo

ⓘ Informazioni: Cattedrale dell'Assunzione della Vergine, piazza del Duomo, tel. 0832308884, 6.30-12 e 16-18.30 (invernale) o 17-19.30 (estivo); Museo diocesano d'Arte sacra e Biblioteca innocenziana, piazza Duomo, tel. 083251211, www.comune.lecce.it, mar-sab 9.30-12.30 e 16-19 (invernale) o 17-20 (estivo), dom solo su prenotazione, visita al chiostro € 1, integrale € 4

Considerato, a ragione, uno degli spazi più affascinanti della penisola, l'area è sorvegliata da due **propilei**, che introducono alla splendida piazza circoscritta da un'armoniosa sequenza di edifici barocchi: i **palazzi gemelli** (ai lati dei propilei), l'imponente **campanile** sulla sinistra, la **Cattedrale**, al centro, il **Palazzo Vescovile**, alle sue spalle e, sulla destra, il **Seminario**.
La disposizione scenografica degli edifici crea un effetto di sorpresa nel visitatore, ancora più forte quando ci si accorge che lo sfarzoso prospetto della Cattedrale (opera di Giuseppe Zimbalo, così come l'alta **torre campanaria a cinque piani rastremati**) che fronteggia i propilei non è quello principale - molto più sobrio e rivolto verso l'ala sinistra dell'episcopio - ma immette invece nella navata laterale. L'edificio sacro, edificato nel 1144 e nuovamente nel 1230, venne completamente ristrutturato nella seconda metà del XVII secolo dallo Zimbalo su mandato dell'arcivescovo Luigi Pappacoda.
L'interno, **a croce latina e tre navate** divise da pilastri a semicolonne, conserva un **soffitto ligneo** con opere di Giuseppe da Brindisi e, nei dodici altari laterali e in quello maggiore, dipinti di Gian Domenico Catalano, Oronzo Tiso e Gianserio Strafella. L'aspetto attuale della **residenza vescovile** (la costruzione originaria risa-

le al XV secolo) è dovuta a Emanuele Manieri, che eliminò lo scalone esterno e rese il prospetto molto più equilibrato e lineare, con una serie di **arcate intercalate da colonne doriche.** A Giuseppe Cino si deve invece la realizzazione del Seminario (1694-1709), che presenta una monumentale struttura di **facciata a bugnato** a due piani, più un terzo, molto più semplice, dovuto a un intervento posteriore. All'interno, pregevole chiostro. Il Seminario ospita al primo piano il **Museo diocesano d'Arte sacra** (opere dal XV al XVIII secolo) e la **Biblioteca innocenziana.**

Basilica di S. Croce

ⓘ **Informazioni: Basilica di S. Croce, via Umberto I 3, tel. 0832241957, www.basilicasantacroce.eu, lun-dom 9-12 e 17-20, visite turistiche sospese durante le funzioni religiose**

Edificata a partire dal 1549, la basilica assunse il suo aspetto definitivo solo alla metà del secolo successivo, con la realizzazione dello splendido **rosone** e del **timpano superiore**. Alla facciata, suddivisa in tre ordini e ricca di simbolismi legati alla vittoria della lega cristiana contro la flotta turca nella battaglia di Lepanto, lavorarono Gabriele Riccardi, che si occupò del primo ordine, Cesare Penna e Francesco Antonio Zimbalo.
Ai **tre portali** (opera dello stesso Zimbalo) della facciata è sovrapposta una enorme **balaustra retta da telamoni**, al di sopra della quale è il secondo ordine, scandito da **due coppie di colonne corinzie** e dominato dall'enorme rosone; ai lati sono le statue di San Benedetto e Celestino V, fondatore dell'omonimo ordine.
L'interno, a croce latina e originariamente a cinque navate (le due esterne vennero in seguito riadattate a cappelle laterali), ospita ben **diciassette altari**, tra i quali quello maggiore è incorniciato in un portale riccamente decorato. Notevole il **soffitto ligneo a cassettoni** che domina la navata centrale. Le volte delle navate sono sorrette da due ordini di nove colonne ciascuno.

SPUNTI E CHICCHE LOW COST

Anfiteatro romano

ⓘ **Informazioni: Anfiteatro romano, piazza S. Oronzo, da ottobre solo visite su prenotazione, tel. 0832246517, tutti i giorni (tranne quelli in cui sono previsti spettacoli), 16-18.30, intero € 2, ridotto (per gruppi superiori a 10 persone) € 1, possibilità di visite guidate a pagamento**

L'anfiteatro romano di Lecce è un monumento di epoca augustea situato nella centralissima piazza S. Oronzo e, insieme al teatro, costituisce la testimonianza più viva dell'importanza assunta dalla città tra il I e il II secolo d.C. Del monumento, realizzato in parte direttamente nella roccia e in parte su arcate in opera quadrata, rimangono allo scoperto, oltre a una parte dell'arena ellittica – intorno alla quale si sviluppano le **gradinate** dell'ordine inferiore – **due corridoi anulari**, uno che corre sotto le gradinate, l'altro, esterno, porticato, cui appartengono i numerosi e robusti pilastri, sui quali era imposto l'ordine superiore scandito da una **galleria di fornici**. Oggi è possibile ammirare solo un terzo della struttura originaria, che poteva ospitare circa 25 000 spettatori, parte della quale è ancora interrata al di sotto della piazza.

Museo della Cartapesta

ⓘInformazioni: Museo della Cartapesta, viale XXV Luglio, tel. 0832244845-0832246517, lun-ven 9-13 e 16-20, sab-dom primo ingresso alle 9.30; ingresso gratuito

Alla tradizione e all'arte della cartapesta la città ha da poco dedicato uno spazio espositivo permanente all'interno delle sale del castello Carlo V. Furono i veneziani ad apprenderne la tecnica nella lontana Cina e a importarla in Occidente assieme agli arabi, che a loro volta la diffusero nella penisola iberica. I rapporti commerciali tra la Serenissima e i mercanti salentini prima, quindi l'influsso della dominazione spagnola poi, determinarono lo sviluppo autonomo della nuova tecnica nel Leccese, dove assurse al massimo splendore. Seconda solo a Napoli quanto a numero di santi protettori, la cartapesta leccese offriva una risposta rapida alla crescente domanda di statuaria e oggettistica sacra.

Le ricchezze del liberty

ⓘInformazioni: Villa Indraccolo, via Manifattura dei Tabacchi 3, residenza privata, non visitabile

Dopo esservi riempiti gli occhi con il barocco levigato o in filigrana del centro storico, può essere interessante andare a scoprire una parte meno nota, ma non per questo meno interessante, della città. Gli edifici liberty che affacciano su **viale Gallipoli**, o nei pressi immediati, e che sono stati realizzati in seguito alla sistemazione dei viali extramurali intorno al 1825, rappresentano infatti un lascito importante e ben si integrano con il resto del contesto urbano. Particolar-

Il griko

La lingua grika è un dialetto neogreco parlato nella **Grecìa Salentina**, comprendente i comuni di Calimera, Carpignano Salentino, Castrignano de' Greci, Corigliano d'Otranto, Cutrofiano, Martano, Martignano, Melpignano, Soleto, Sternatia e Zollino. Questi comuni hanno dato vita all'**Unione dei Comuni della Grecìa Salentina** (www.greciasalentina.org) il cui scopo è quello di salvaguardare, con iniziative e spettacoli, questo preziosissimo patrimonio culturale. Il Parlamento ha riconosciuto la comunità greca del Salento come gruppo etnico distinto e come minoranza linguistica grica dell'etnia grico-salentina.

mente degne di nota **villa Indraccolo** (1898-1900) e il coevo **villino Zaccaria**, che sono caratterizzate da torrini merlati in varie fogge, eleganti moduli dalle sinuosità tipiche dello stile di costruzione e **ricchi decori in pietra leccese.** Nel villino è interessante l'uso delle **lunette del bovindo** a cornucopie traboccanti di fiori e frutta, strumenti musicali e altri simboli.

Parco naturale regionale Bosco e Paludi di Rauccio

ⓘ Informazioni: Cooperativa Terradimezzo, via Abba 34, tel. 0832302297, www.coopterradimezzo.it, ingresso gratuito

Avendo a disposizione una giornata, può essere molto piacevole una gita a ciò che resta dell'antica 'foresta di Lecce', un tempo ampia e diffusa area boschiva a ridosso del litorale, che si sviluppava in un'area compresa tra Lecce, la costa adriatica, Otranto e Brindisi. Il parco, oggi sito di importanza comunitaria, è uno spaccato del tipico paesaggio rurale salentino, in cui rimangono evidenti segni di speciali vicende del processo di antropizzazione.
L'area si estende complessivamente per per oltre seicento ettari, comprendendo un **bosco a lecceta**, una **zona umida** e **due bacini costieri** (Idume e Fetida), realizzati insieme con i tre canali (Rauccio, Gelsi e Fetida) per la bonifica dei terreni e la confluenza delle acque di risorgiva. La restante parte del territorio è occupata da **lembi di macchia mediterranea** e da ampie **aree agricole** con colture orticole e arboree, oltre ad aree incolte preva-

Pizzica e taranta

Il folclore salentino è probabilmente uno tra i più originali dell'intera Italia meridionale. La forte influenza ellenica si esprime nei canti, nelle fiabe e nei racconti di streghe, ninfe e folletti che popolano la magica campagna salentina, dove satiri bianco-vestiti custodiscono tesori nascosti nelle grotte e sotto i dolmen. Numerosissimi sono anche i canti d'amore, di lavoro e di lutto, le ninne-nanne e i racconti dell'epica resistenza contro i saraceni, sia in salentino sia in griko. Il **tarantismo**, studiato dai più noti antropologi mondiali, è un fenomeno storico-religioso che affonda le sue radici nei culti orgiastici e nelle religioni misteriche greche. La vittima del morso simbolico della tarantola trova rimedio al suo male in un ballo liberatorio chiamato 'pizzica', che col ritmo ossessivo dei tamburelli conduce a uno stato di trance naturale e alla liberazione dal maleficio. Accompagnata da eccellenti gruppi musicali locali, la pizzica è diventata ormai un vero fenomeno di massa, ballata da migliaia di persone di ogni età in occasione delle tantissime feste popolari, suscitando l'interesse di musicisti e appassionati in tutto il mondo. Il cuore della taranta batte a Melpignano, a pochi chilometri da Lecce, scenario dell'ormai celebre festival (info: tel. 0836332161, www.lanottedellataranta.it).

lentemente utilizzate per il pascolo del bestiame. Il tratto di costa interessato è di circa 4 chilometri. Si tratta di un campionario di un ambiente particolarmente diversificato, che si arricchisce ancora di più con la presenza di **micro e macrohabitat di rilevante interesse naturalistico**.
L'attuale aspetto della vegetazione spontanea è il risultato delle profonde e secolari interazioni tra le trasformazioni indotte dall'uomo, per l'utilizzo a fini agricoli ed edificatori del terreno, e il continuo adattamento della vegetazione naturale al mutare delle condizioni ambientali. Così, accanto a fenomeni di diffusione di specie infestanti, che colonizzano ambienti oramai degradati e impoveriti nella loro originaria componente floristica, sopravvivono preziose realtà botaniche e tesori naturalistici che rendono il sito di Rauccio assai interessante dal punto di vista della conservazione e della rinaturalizzazione.

MANGIARE A LECCE

ADRIATICO-DA GINO E GIANNI

Via Adriatica al km 2, tel. 0832399210, www.ristoranteadriatico.it • coperti 130 • chiuso mercoledì, periodo in gennaio e in agosto • cucina pugliese e classica • Nel verde, un locale luminoso, condotto con cordiale professionalità; in cucina valide proposte alla brace, sia di carne sia di pesce. • **Prezzi:** 25/45

ALEX RISTORANTE

Via V. Fazzi 15/19, tel. 0832301107-3491311239, www.alexbaristorante.com • coperti 100+30 • chiuso periodo in settembre • cucina pugliese, marinara e di ricerca • Ambiente moderno ed elegante, con piacevole spazio all'aperto per la bella stagione, proprio nel cuore del centro storico. Propone specialità del territorio, con piatti in prevalenza a base di pesce fresco; interessante cantina. • **Prezzi:** 30/40

ALLE DUE CORTI

Corte dei Giugni 1, tel. 0832242223, www.alleduecorti.com • coperti 65 • chiuso domenica, periodo in agosto • cucina del Salento • In pieno centro storico, piccolo locale che propone esclusivamente piatti e vini della tradizione enogastronomica salentina, secondo le stagioni. Pasta e gelati (gli antichi 'spumoni' leccesi) di produzione propria. Prodotti locali in vendita nell'annesso negozio. • **Prezzi:** 25/35

BISTROT PERSONÈ

Via Umberto I 9, angolo S. Croce, tel. 0832246302, www.palazzopersone.it • coperti 80 • aperto sera di sabato e di domenica • cucina del territorio • All'interno di un palazzo d'epoca del centro storico, un ambiente con arredi di design, pareti in tufo, soffitti a volta e atmosfere intime e accoglienti. In cucina, tipici sapori locali, rivisitati di volta in volta dallo chef. • **Prezzi:** 10/20

CAFFÈ TITO SCHIPA

Via dei Fedele 14, tel. 3388201791, www.caffetitoschipa.com • chiuso sera di lunedì • bar caffetteria • Nel cuore del centro storico, un locale giovane eppure già entrato tra i classici della ristorazione

Chicche golose

Pasta e pasùli alla leccese: pasta con fagioli cotti in pignata, peperoncino e ricotta forte. Tra le specialità tipiche, le **sagne 'ncannulate**, sorta di pappardelle lunghe che si condiscono come le orecchiette, la **ricotta marzotica leccese** e il **pasticciotto leccese**, un dolce composto da una pasta frolla farcita di crema pasticcera e cotto in forno.

leccese, ideale per un caffè, una colazione o uno spuntino veloce. Dal pasticciotto, tipico dolce locale, all'originale aperitivo 'Tito Schipa', fino alle insalate varie e di mare, agli stuzzichini, agli assaggi di primi piatti e alle sfoglie ripiene di ricotta e spinaci o con prosciutto. Particolarità: offre anche servizio di guida turistica. • **Prezzi:** 10/20

DOPPIOZERO

Via Paladini 2, tel. 0832521052, www.emporiodoppiozero.com • coperti 40+40 • chiuso sera di lunedì • cucina del territorio e classica • In una caratteristica via del centro storico, un locale dal gusto moderno e informale, caratterizzato da un arredo semplice e rustico. Più che un ristorante è un emporio, con prodotti regionali e di alta qualità; il pane è fatto in casa, ottima varietà di rari salumi e formaggi, soprattutto ricotta e stagionati. Da provare i panini farciti. • **Prezzi:** 20/30

L'ANGIULINU

Via Principi di Savoia 3, tel. 0832245146 • coperti 70 • chiuso domenica • cucina tradizionale leccese • Cucina salentina doc in questa tipica e storica osteria leccese che propone specialità casalinghe che non deluderanno, a prezzi veramente alla portata di tutti. • **Prezzi:** 10/15

OSTERIA DEGLI SPIRITI

Via C. Battisti 4, tel. 0832246274, www.osteriadeglispiriti.it • coperti 60 • chiuso domenica sera e lunedì a mezzogiorno, periodo in giugno • cucina del Salento • Di fronte alla villa comunale, un locale curato e piacevole, suddiviso in quattro salette con i coperti sotto alte volte in pietra. Buona selezione di etichette salentine e nazionali e cucina che ripropone vecchie ricette: ciceri e tria, polpette al sugo, filetto di baccalà al cartoccio e, per concludere, la torta pasticciotto. • **Prezzi:** 25/40

PICTON

Via Idomeneo 14, tel. 0832332383, www.acena.it/picton • coperti 70 • aperto dicembre-giugno, chiuso domenica • cucina del Salento • Nei pressi di Porta Napoli, due sale eleganti, con volte in pietra e un grande camino. Cucina salentina rivisitata, con un occhio di riguardo per i prodotti del territorio: porcini e cipollata al vin cotto, cocotte di fave con gamberi rossi e salamino piccante, chitarrina con la 'nduia di polipo e ricci di mare, crema di torrone nel croccante di mandorle; al livello inferiore enoteca-stuzzicheria. • **Prezzi:** 19/38

TRATTORIA CUCINA CASERECCIA LE ZIE

Via Col. A. Costadura 19, tel. 0832245178, www.lezie.it • coperti 45 • chiuso lunedì e sera di domenica, Natale-Epifania, Pasqua e periodo tra agosto e settembre • cucina del Salento • In centro, una trattoria di lunga storia ('le zie' sono le due anziane proprietarie) in una casa dei primi del Novecento. La cucina è tradizionale ed è motivo di richiamo per gli stessi leccesi, che qui riscoprono le radici della loro ricca cucina: paste fresche, legumi e verdure, dolci casalinghi, secondo le ricette del territorio. Vini e olio locali. • **Prezzi:** 30/35

TRATTORIA NONNA TETTI

Piazzetta Regina Maria 17, tel. 0832246036 • coperti 75 • sempre aperto • cucina del Salento • Nel cuore della Lecce barocca, classica trattoria casalinga che propone piatti genuini della tradizione locale, con buon rapporto qualità/prezzo. • **Prezzi:** 20/25

VILLA DELLA MONICA

Via SS. Giacomo e Filippo 40, tel. 0832458432, www.villadellamonica.it • coperti 500+300 • chiuso martedì, periodo in gennaio e tra luglio e agosto • cucina del Salento e classica • Costruita nella seconda metà del Cinquecento, la struttura mantiene in tutti gli ambienti tracce dell'architettura rinascimentale. La cucina attinge alla tradizione locale (con il pesce in evidenza) ma con alcuni piatti della gastronomia internazionale: cavatelli all'aragosta, gnocchetti alla crema di pistacchio, bianco d'orata su foglia di limone. • **Prezzi:** 20/40

DORMIRE A LECCE

ANTICO BELVEDERE

B&B • Via Vignes 15, tel. 0832307052-3661967436, www.beb-lecce.com • 6 camere • Camere semplici, con ingresso indipendente e buoni comfort; in posizione particolarmente strategica per la visita alla città. • **Prezzi:** camera doppia 50/90

ARANCETO

B&B • Corte dei Carretti 7, tel. 0832241544-3393953928, www.aranceto.net • 4 camere • Casa del '500 completamente ristrutturata, in pieno centro storico, offre quattro camere ampie e confortevoli. Nel giardino mediterraneo, a richiesta, viene servita la colazione a base di marmellata, arance e prodotti locali. • **Prezzi:** camera doppia 50/70

AURORA

B&B • Viale Marche 11, tel. 3387098107, www.bbaurora.com • 4 camere • A pochi passi dal centro storico e dalla stazione ferroviaria. Due le formule: B&B, con prima colazione; self catering, tutto l'occorrente per preparare da sé la colazione, uso della cucina e accesso diretto alla splendida terrazza. • **Prezzi:** camera doppia 50/80

BAROCCO

B&B • Via Ribezzo 1, tel. 3286021369, baroccolive@libero.it • 3 camere • Nelle immediate vicinanze di piazza Mazzini, camere confortevoli e ben attrezzate e un locale con uso di cucina. Per la colazione, convenzioni con alcuni esercizi nelle immediate vicinanze permettono di gustare le specialità tradizionali. • **Prezzi:** camera doppia 40/60

CASA ELISABETTA

B&B • Via A. Vignes 15, tel. 0832307052, www.beb-lecce.com • 6 camere • Adiacente a piazza S. Oronzo, un'antica dimora signorile accoglie questo B&B che ospita in camere riservate e indipendenti, con letti in ferro battuto. • **Prezzi:** camera doppia 50/60

CENTRO STORICO PRESTIGE

B&B • Via Santa Maria del Paradiso 4, tel. 0832243353-3497751290, www.bbprestigelecce.it • 3 camere, 1 appartamento • Nel cuore di Lecce, elegante dimora signorile dagli arredi raffinati, dotata di camere confortevoli e luminose. Ampio living e roof garden affacciato sulla maestosa basilica di S. Giovanni. • **Prezzi:** camera doppia 70/90

IL CASTELLO

B&B • Corte dei Tolomei 10, tel. 3299514303, www.bbilcastello.eu • 6 camere • Nel centro della città, una sistemazione che offre comfort e professionalità, fornendo oltre alla gradevolezza degli ambienti anche una serie di servizi utili, come il pass per il parcheggio in alcune zone a traffico limitato della città. • **Prezzi: camera doppia 60/65**

LA CORTE

B&B • Via R. Caracciolo 24, tel. 3355607630-3287155115, www.lacortebeb.it • 4 camere, 2 appartamenti • Nel centro storico, questa struttura avvolta dai caldi colori della pietra leccese offre camere arredate con semplicità e buon gusto; la colazione, abbondante e a base di specialità tipiche, viene servita in una sala con vista panoramica sulla città. • **Prezzi: camera doppia 60/80**

LA TERRAZZA

B&B • Via Di Casanello 39, tel. 3493169952-0832301741, www.laterrazza-beb.com • 4 camere • La Terrazza, al primo piano di un palazzo di inizi Novecento, signorile e tranquillo, è a due passi dalle principali mete turistiche e commerciali della città. La prima colazione, abbondante e molto curata, è servita nell'ampio salone oppure, durante l'estate, sulla splendida terrazza. Dispone di due garage dove lasciare l'auto a un costo minimo. • **Prezzi: camera doppia 60/75**

LECCESALENTO

B&B • Via Richel 3, tel. 3805292246, www.bebleccesalento.com • 6 camere, 1 appartamento • Si colloca proprio nel cuore della città barocca: la splendida piazza S. Oronzo. Se l'ambiente è così esclusivo, non sono da meno l'ospitalità e il comfort offerti da questa struttura. Il proprietario è sempre a disposizione degli ospiti con informazioni, depliant, guide della città e gentili omaggi. • **Prezzi: camera doppia 55/65**

LE TERRAZZE DI VIA DI BRIENNE

B&B • Via dei Prioli 29, tel. 3473052600-0832246119, www.bedlecce.com • 3 camere • In pieno centro città, offre camere dotate di tutti i comfort, arredate con gusto ed estrema cura dei dettagli. Bella terrazza privata con solarium e vista panoramica sulla città. • **Prezzi: camera doppia 65/80**

TORRE RINALDA

Campeggio • Località Torre Rinalda, tel. 0832382161, www.torrerinalda.it • Il campeggio si affaccia su una lunga spiaggia di sabbia fine; offre piazzole alberate con tamerici e olivi, casemobili dotate di veranda coperta e giardino, chalet in legno. Tessera Club obbligatoria.

VICO DEL SOLE

B&B • Vico del Sole 4, tel. 0832309431, www.vicodelsole.it • 2 camere • Vicinissimo a piazza S. Oronzo, in un edificio recentemente restaurato e ridisegnato secondo i principi del Feng Shui. Pietra, legno e ferro si sposano perfettamente con gli arredi di matrice etnica. Ricca colazione a base di prodotti locali e stagionali. • **Prezzi: camera doppia 55/55**

VILLA LIBERTY

B&B • Viale V. Alfieri 2, tel. 3490824774, www.villalibertylecce.it • 6 camere, 2 appartamenti • Situato in un palazzo storico a due passi dal centro città, dispone di camere e appartamenti accoglienti e confortevoli. Si organizzano escursioni guidate in auto, a cavallo e in barca verso mete caratteristiche. • **Prezzi: camera doppia 55/65**

MATERA

passione lucana

Nucleo abitato di origini antichissime, solo nell'alto medioevo Matera assunse le caratteristiche di centro urbano: longobardi, bizantini, saraceni e normanni si succedettero nel dominio della regione per oltre quattro secoli, fino all'avvento, nel XV secolo, dei d'Aragona e dei conti Tramontano. Capoluogo della Basilicata dal 1633 al 1806, la città divenne capoluogo di provincia nel 1927. Basterebbero le parole di Carlo Levi a definirla: «Chiunque veda Matera non può non restarne colpito, tanto è espressiva e toccante la sua dolente bellezza». Matera è cambiata negli anni, ha fatto di quella bellezza dolente un punto di forza. Lo ha riconosciuto anche l'Unesco, che nel 1993 l'ha dichiarata Patrimonio dell'Umanità. I Sassi, un tempo simbolo di dolore, sono stati recuperati a nuova vita e hanno contribuito ad affrancare – almeno in parte – il capoluogo. Centro di sperimentazioni, anche architettoniche: come negli anni Cinquanta del secolo scorso, quando i nuovi quartieri della città che avrebbero ospitato gli abitanti dei Sassi furono progettati dai più grandi urbanisti dell'epoca. Matera, dove la vita non si è mai fermata dal Paleolitico in poi, è stata un vero e proprio laboratorio a cielo aperto, dove studiare la storia dell'uomo. Per cercare di scoprire il suo passato, e per cercare di capire il suo futuro.

QUANDO ANDARE E PERCHÉ

Matera, a dispetto della latitudine, gode di estati secche e ventilate che non affaticano più di tanto le escursioni lungo i vicoli della città o alla scoperta delle chiese rupestri, dall'altra parte della rupe. È uno dei pochi luoghi in Italia, e non solo, che permette di entrare in contatto con ciò che siamo stati e con l'archetipo di civiltà che serbiamo in noi. Ma forse si può andare a Matera solo perché guardare il sole tramontare sulla Civita, dall'altra parte della gravina, osservare le luci delle case che disegnano poco alla volta una via lattea tutta terrena è uno spettacolo difficile da dimenticare e che commuove.

COME ARRIVARE

→**IN AUTO** Per chi arriva dal versante tirrenico percorrendo l'autostrada **A3 Salerno-Reggio Calabria** l'uscita è quella di '**Sicignano**', da dove ci si immette prima sul raccordo **Sicignano-Potenza**, quindi si prosegue sulla **SS407 Basentana/E847** per circa 70 chilometri, fino allo svincolo per Matera, con successiva immissione sulla **SS7**, da percorrere fino al capoluogo. Giungendo dal

Eventi e manifestazioni

Parco Murgia Festival
(marzo-dicembre)
Serie di incontri, workshop, conferenze, laboratori, trekking ed escursioni alla scoperta del territorio compreso nell'area del Parco della Murgia (Ente Parco della Murgia materana, via Sette Dolori 10, tel. 08353361666, www.parcomurgia.it).

Jazziamoci
(giugno, agosto, dicembre)
È una delle più amate rassegne dedicate al jazz declinato in tutte le sue sonorità e versioni. Concerti sparsi tra le location più suggestive della città e in alcune chiese rupestri (Onyx Jazz Club, via Cavalieri di Vittorio Veneto 20, tel. 0835330200, www.gezziamociamatera.onyxjazzclub.it).

Festa della Bruna
(luglio)
Partecipatissima festa popolare, le cui origini sono rintracciabili intorno alla fine del Trecento e nella quale si mischiano elementi sacri ad altri di ispirazione profana (www.festadellabruna.it).

Women's Fiction Festival
(settembre-ottobre)
Kermesse internazionale di narrativa femminile; la particolarità del WFF è la presenza di un congresso per scrittori, laboratori creativi, master class e workshop interattivi. Per i lettori, incontri, tavole rotonde, reading e premi, con ospiti di livello internazionale (www.womensfictionfestival.com).

Presepe d'Amore nei Sassi
(dicembre)
Tradizione iniziata negli anni Settanta del secolo scorso, è stata ripresa in grande stile nel 2010. I Sassi si trasformano in un grande presepe vivente (tel. 0835241271, www.presepeneisassi.it).

versante adriatico si percorre la **A14 Adriatica Bologna-Taranto** da nord, uscita al casello di **Foggia Nord**, quindi - in successione - **SS655 Bradanica** fino a Melfi e **SS658** fino alla sua immissione sulla Basentana. Per chi percorre la A14 da sud, il casello è quello di **Bari Nord**, con immissione sulla **SS96 Barese** fino ad Altamura e da qui, con la **SS99**, fino a Matera.

→IN TRENO L'unica linea ferroviaria che arriva nel capoluogo lucano è quella che collega la città di Bari a Matera. A scartamento ridotto e non elettrificata, è gestita dalle **FAL-Ferrovie Appulo Lucane** (corso Italia 8, Bari, tel. 0805725229, www.fal-srl.it) e nel tratto urbano assolve le funzioni di linea metropolitana. La stazione principale, **Matera centrale**, è interrata in piazza della Visitazione; gli altri scali cittadini in uso sono **Lanera**, nel polo universitario, e **Villa Longo** (via Nazionale, tel. 0835388192); biglietto di sola andata da Bari € 4,50.

→IN AEREO Lo scalo più vicino per poter raggiungere Matera in aereo è l'**Aeroporto internazionale "Karol Wojtyla"** di Bari Palese (via-

Voli low cost

Compagnie che operano su Bari: **Air Italy** (tel. 892024, www.airitaly.it), da Olbia e Verona; **Air One** (tel. 199207080, www.flyairone.it), da Alghero, Milano Malpensa e Palermo; **Blue-Express.com** (tel. 199419777, www.blue-express.com), da Catania; **easyJet** (tel. 899678990, www.easyjet.com), da Milano Malpensa; **Ryanair** (www.ryanair.com), da Bologna, Cagliari, Genova, Milano (Bergamo), Pisa, Roma Ciampino, Torino e Trapani.

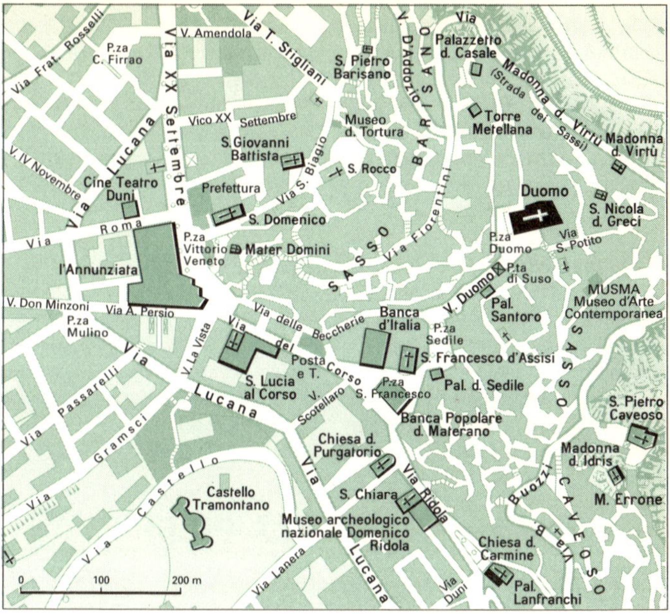

le Enzo Ferrari 1, tel. 0805800358-0805800346, www. aeroportidipuglia.it), dal quale è possibile raggiungere Matera con un servizio navetta **COTRAB** (c.da Riofreddo, Potenza, tel. 0971476857, www.cotrab.it, tre corse giornaliere da e per Matera), oppure con **Pugliairbus** (pugliairbus.aeroportidipuglia.it, biglietto prenotabile online, due corse giornaliere da e per Matera).

→IN AUTOBUS Matera è raggiungibile con collegamenti diretti dalle maggiori città del Centro e del Sud Italia. I maggiori concessionari per le linee extraregionali sono le **Autolinee Marino** (via Carpentino 1063, Altamura, tel. 199800100-0803112335, www.marinobus.it) e **Marozzi** (via Buozzi 36, Bari, tel. 0805790111, www.marozzivt.it). Tutte le corse arrivano e partono da piazza della Visitazione.

COME MUOVERSI

→IN AUTO L'accidentata orografia del centro, la vetustà e il delicato equilibrio degli ambienti (e il rispetto che dovrebbero richiedere) e la nuova regolamentazione della **zona a traffico limitato** (ZTL), approvata alla fine del 2010 (per verifiche, www.comune.matera.it), consigliano vivamente di lasciare l'automobile in un'apposita area di sosta. Per coloro che proprio se ne sentissero orfani, si ricorda che perfino la zona dei Sassi è transitabile con l'amato veicolo, ma in un unico senso di marcia, con accesso da via D'Addozio e proseguendo per via Madonna delle Virtù e via Buozzi. Ma il centro storico è da percorrere tassativamente a piedi, anche per non perdersi neanche una piccola parte dello spettacolo che si presenta alla vista. Le **aree di parcheggio**, gestite da **SISAS Service** (piazza Matteotti, tel. 0835266469), hanno tariffe orarie che vanno da € 0,70 (strisce blu, solitamente 8-14 e 16-20) a € 1 (in struttura, piazza Firrao e angolo via Lucana/via Vena, entrambi aperti tutta la settimana, 24 ore su 24).

→IN AUTOBUS Il servizio di trasporto urbano è gestito da **CASAM** (via della Scienza, numero verde 800110595, www.casam.it), che è attiva con una quarantina di linee. Biglietto di corsa semplice € 0,70 (€ 1,50 se acquistato in autobus), a tempo (180 minuti) € 0,80, cumulativo 12 corse € 7.

→IN TAXI Il servizio taxi - con corse per l'aeroporto di Bari e gli scali ferroviari di Metaponto e Ferrandina - è gestito, tra gli altri, da **Chiffi & Figli** (tel. 3332685173, www.taximatera.it) ed è sempre attivo.

SCONTI E RIDUZIONI

→UNPLICARD
Carta emessa dall'Unione nazionale delle Pro Loco d'Italia, permette di ottenere uno sconto sugli itinerari e sulle visite guidate ai Sassi di Matera. Il costo della carta è di € 2 (Unplibasilicata, tel. 0835207813, www.unplibasilicata.it).

SCOPRIRE MATERA A PIEDI

È una domanda che i cittadini di Matera si pongono spesso. I Sassi, e poi? Il rischio è che lo storico insediamento, che tante attenzioni ha procurato alla città (e che dovrebbe funzionare da volano per la candidatura a Capitale europea della Cultura nel 2019), si anteponga a tutto il resto che Matera ha da offrire, lasciando sullo sfondo la grande offerta culturale e il ricco patrimonio ambientale che le sono propri. È però un dato di fatto che i **Sassi** sono probabilmente la prima cosa che viene in mente quando si sceglie di recarsi nel capoluogo lucano. Allora un itinerario di visita può prendere le mosse proprio dagli storici rioni aggrappati alla rupe, sul-

Biking Matera

In città, almeno per ora, non esiste un servizio di bike sharing. Ciò non vuol dire che Matera e i suoi dintorni non siano un territorio ciclabile, tutt'altro. Pur caratterizzati da saliscendi, i percorsi che partono dalla città e vanno alla scoperta della regione sono alla portata di buona parte di cicloturisti e amatori del viaggio slow. Itinerari possibili sono quelli che da Matera conducono al **Parco della Chiese rupestri** sull'altopiano della Murgia, da dove è possibile godere dello spettacolare belvedere sulla città vecchia; oppure verso l'**Oasi WWF del lago di S Giuliano**, lungo una strada panoramica con scarso traffico automobilistico; o, ancora, fino a **Montescaglioso** e la sua magnifica **abbazia benedettina**. Per quelli più allenati, tour fino a **Miglionico**, con visita al **castello del Malconsiglio** e corroborante pausa in uno dei numerosi panifici del paese. Tra le manifestazioni che promuovono l'uso della bicicletta e la scoperta del territorio, **Agri-Bike** tocca le principali località presenti nell'agro materano.

la cui sommità sorge la **Civita**, o città vecchia, dominata dalla **Cattedrale** e dalla lunga teoria di palazzi nobiliari. Ci si può quindi inoltrare lungo i percorsi che conducono alla visita delle splendide **chiese rupestri**, luoghi di culto scavati nel tufo.
Per la meritata pausa si può optare per un aperitivo o - se non siete molto stanchi - per due passi in piazza Vittorio Veneto, il principale punto di ritrovo cittadino, oppure **piazza S. Pietro Caveoso**, affollata di tavolini e dehors, sede nei mesi estivi di numerosi concerti e spettacoli. Da qui, gli amanti delle serate a *la page* troveranno di che soddisfarsi nei molti locali che affollano il centro storico; chi invece predilige forme di intrattenimento più tranquille, potrà optare per uno spuntino 'culturale' (in alcuni bar è infatti possibile consultare libri sulla storia e le tradizioni di Matera e della Basilicata) oppure una cena in una delle molte trattorie che affollano la Civita e che non incideranno più di tanto sul budget.
Se poi volete vedere la città da un'altra prospettiva, allora niente di meglio che recarvi alla vicina **Oasi del lago di S. Giuliano**, bacino creato dallo sbarramento del Bradano, dove ottimi agriturismi sapranno rifocillarvi garantendovi relax e tranquillità. Per i forzati degli appuntamenti culturali, approfondimenti low cost al **Museo archeologico nazionale "Domenico Ridola"**, nell'omonima via (tel. 0835310058, lun 14-20, mar-dom 9-20, ingresso € 2,50, gratuito fino a 18 anni e oltre i 65), oppure al **Museo nazionale d'Arte medievale e moderna della Basilicata**, in piazzetta Pascoli (tel. 0835256262, 9-20 tutti i giorni tranne mercoledì, ingresso € 2).

I MUST DA NON PERDERE

I Sassi

ⓘ Informazioni: APT Matera, via De Viti De Marco 9, tel. 0835331983, www.aptbasilicata.it, lun-ven 9-13, lun e gio anche 16-19, informazioni per visite guidate; Museo-Laboratorio della Civiltà contadina, via S. Giovanni Vecchio 60, tel. 0835344057, www.museolaboratorio.it, ingresso € 2; MUSMA-Museo della Scultura contemporanea, via S. Giacomo, tel. 0835330582 (Fondazione Zètema), www.musma.it, novembre-marzo, 10-14, aprile-maggio, 10-14 e 16-20, giugno-ottobre 10-20, lun chiuso, biglietto € 5, ridotto € 3

Sono un intreccio di vicoli, chiese e case antiche che sprofondano nella terra e conservano tracce delle epoche storiche e degli avvenimenti che si sono susseguiti a Matera nel corso dei secoli. Abitati in condizioni difficili fino agli inizi degli anni Cinquanta, quando vennero forzatamente evacuati, i Sassi sono rimasti in stato di abbandono fino al 1986. A partire da allora, grazie a finanziamenti pubblici, è stato possibile recuperare buona parte del patrimonio architettonico e offrire così la possibilità di tramandare un modello abitativo unico e in equilibrio perfetto con la natura circostante.
I Sassi si compongono di due grandi rioni: Sasso Barisano e Sas-

so Caveoso, addossati allo sperone roccioso della **Civita**, il cuore dell'urbanizzazione medievale. Il **Sasso Barisano**, volto a nord-ovest, è il più ricco di portali scolpiti e fregi che ne nascondono il cuore sotterraneo. Ospita prevalentemente strutture ricettive, locali e piccoli esercizi commerciali, oltre al **Museo della Civiltà contadina**. Il **Sasso Caveoso**, che guarda invece a sud, è disposto come un anfiteatro romano, con le case-grotte che scendono a gradoni fino a via Casalnuovo. Sulla sommità, dalla piazza di S. Pietro Caveoso (con l'omonima chiesa recentemente restaurata), è possibile ammirare il panorama della gravina e la schiera di case e grotte digradanti. All'interno del Sasso è anche il **MUSMA-Museo della Scultura contemporanea**, ospitato nelle sale di palazzo Pomarici.

SPUNTI E CHICCHE LOW COST

Le chiese rupestri

ⓘ Informazioni: CEA-Centro Educazione Ambientale, Jazzo Gattini e Masseria Radogna, contrada Murgia Timone, tel. 0835332262, www.ceamatera.it, biglietti due chiese € 2,50 (ridotto € 1,50), tre chiese € 5 (ridotto € 3, minimo 10 persone); Cooperativa ArteZeta, palazzo Pomarici, rioni Sassi, tel. 3205350910, www.artezeta.it; Oltre l'Arte, tel. 3298032639

Nate per lo più durante l'alto medioevo, sono luoghi di culto scavati nel tufo e rappresentano uno dei tratti distintivi del territorio materano. Si tratta di circa 150 tra **basiliche**, **eremi** e **cripte** disseminati prevalentemente nel tessuto urbanistico dei Sassi, oppure ricavate nella roccia dell'altopiano della Murgia, sulla sponda opposta della gravina. Le chiese, con i loro **virtuosismi architettonici** e i loro **affreschi**, costituiscono oggi eccezionali opere d'arte, retaggio e testimonianza dell'alto livello culturale raggiunto dalle comunità rupestri. Se nel Sasso Barisano spiccano la massiccia presenza di **S. Pietro Barisano**, la ricchezza iconografica di **S. Lucia alle Malve** e l'eleganza del **Convicinio di S. Antonio**, in quello Caveoso attirano l'attenzione il **complesso chiesastico di S. Maria**

La fede nella Bruna

I festeggiamenti in onore della Madonna della Bruna, partecipatissimi, hanno inizio con la processione dei pastori, per salutare il Quadro della Vergine. La mattina del 2 luglio la statua mariana viene portata nella chiesa di Piccianello, quindi in processione sul carro trionfale. La sera, nel piazzale del Duomo, dopo i tradizionali tre giri della piazza (simbolo della presa di possesso della città da parte della patrona), la statua viene deposta nella Cattedrale. Intanto il carro, circondato dagli uomini a cavallo, viene restituito alla folla, che lo distrugge completamente, in un tripudio generale. A chiudere l'evento, spettacolari fuochi pirotecnici che illuminano tutta la città a giorno.

de Idris e **S. Giovanni** e la riccamente affrescata **S. Barbara**. Non tutte le chiese sono accessibili o facilmente raggiungibili; per informazioni, meglio rivolgersi alle società o cooperative che ne curano la gestione, che sono in grado di fornire anche delle guide autorizzate ed effettuare la prenotazione.

Matera al cinema

Informazioni: Assessorato al Turismo, viale Aldo Moro, tel. 08352411, assessore.turismo@comune.mt.it

L'aspetto lunare e il paesaggio scabro e assolato della gravina hanno spinto molti registi - a partire dagli anni Cinquanta del secolo scorso - a scegliere Matera **come set per le loro produzioni**. Le aride e rocciose distese che attorniano la città si sono da sempre prestate a produzioni del filone biblico, trasformando così Matera e i suoi scorci nei luoghi in cui nacque e visse Gesù. Uno dei primi ad accorgersi delle potenzialità del territorio fu **Pier Paolo Pasolini**, che tra i Sassi girò il *Vangelo secondo Matteo*, nel 1964. Da allora, è stata una corsa continua ad accaparrarsi i set materani: ultimo, in ordine di tempo, dopo **Mel Gibson** e il suo *La Passione di Cristo* (2004), *Nativity*, di **Catherine Hardwicke**. Tra i siti preferiti, oltre ai Sassi, il complesso rupestre di S. Pietro in Principus, il boschetto-selva di Venusio e alcuni angoli di Murgia Timone. La fama di Matera come luogo ideale per ambientare vicende di duemila anni fa ha avuto ripercussioni anche sul turismo, favorendo il graduale incremento di quanti vi si recano solo per visitare i luoghi resi celebri dalla pellicola.

Mercatino degli Scambi

Il terzo fine settimana di ogni mese, collezionisti e curiosi potranno trovare mobili e lampade antiche, pizzi e bigiotteria e prodotti dell'artigianato locale. Le bancarelle espongono anche oggetti da collezione, modernariato, antiquariato, hobbistica, strumenti musicali, mobili e materiale vario (piazza della Vittoria, tel. 0835389471).

Artigianato a Matera

Informazioni: Assessorato alle Attività produttive, viale Aldo Moro, tel. 08352411, assessore.aapp@comune.mt.it

Nei Sassi sono ancora attivi gli **antichi forni**, alimentati a fascine, per la cottura di oggetti in terracotta: vasi, piatti, brocche e statuine per il presepe. Particolarmente ricercati, e presenti ovunque, sono i **cuccù**, fischietti in terracotta a forma di gallo che emettono un suono acuto che richiama il canto del cuculo. Tradizione antichissima è anche quella della lavorazione della **cartapesta**, legata in particolare all'allestimento del carro trionfale per la festa della Madonna della Bruna.

MANGIARE A MATERA

AL FALCO GRILLAIO

Via Ridola 17, tel. 0835331128 • coperti 50+40 • chiuso lunedì, periodo in febbraio • cucina del territorio • A due passi dai Sassi, locale caratteristico a gestione familiare, con tre salette interne e bella terrazza. Cucina tipica della Murgia, ottima carta dei vini. • **Prezzi:** 15/35

HEMINGWAY

Via Ridola 44, tel. 0835310794 • coperti 60+120 • chiuso martedì (tranne in estate) • cucina • Architettura ottocentesca e arredamento classico, la gestione propone soprattutto piatti di pesce, rielaborati partendo dalla tradizione; servizio nel dehors nella bella stagione. • **Prezzi:** 20/40

I DUE SASSI

Via Ospedale Vecchio 1/2, tel. 0835331916-3491621401 • coperti 80+50 • chiuso martedì (tranne in estate) • cucina lucana • In zona centrale, un ambiente raccolto, dotato di terrazza e parcheggio esterno gratuito; la cucina propone piatti regionali con specialità tipiche della tradizione lucana. • **Prezzi:** 18/25

IL CANTUCCIO

Via delle Beccherie 33, tel. 0835332090 • coperti 37+20 • chiuso lunedì, periodo in luglio • cucina lucana • Nel centro storico, trattoria rustica e curata, con cucina del territorio che segue le stagioni e le offerte del mercato. Bella varietà di formaggi tipici. La cucina rimane aperta fino alle 23. • **Prezzi:** 20/40

LA CANTINA DELLA BRUNA

Via Spartivento 20, tel. 0835335010, www.lacantinadellabruna.com • coperti 180+50 • chiuso domenica e sera di lunedì in bassa stagione • cucina lucana • Per sperimentare l'ebbrezza di mangiare nelle grotte e nei cunicoli dei Sassi. Qui, in una calda atmosfera, si può gustare il cutturidd e la pignata con carne e aromi della Murgia. • **Prezzi:** 20/35

LA STALLA

Via Rosario 73, tel. 0835240455, www.ristorantelastalla.net • coperti 57+30 • chiuso martedì (in estate pranzo di martedì e di domenica) • cucina del territorio • All'interno di una vecchia stalla nella zona dei Sassi, un ristorante accogliente e ben curato, con sale scavate nella roccia e piacevole dehors estivo. In cucina, prodotti del territorio, con menu che variano in base alle stagioni. Fra le specialità, cavatelli con purè di cicerchie, funghi cardoncelli e rucola e dolci fatti in casa. • **Prezzi:** 20/30

LA TALPA

Via Fiorentini 167, tel. 0835335086, donatella.latalpa@libero.it • coperti 120+90 • chiuso martedì e mezzogiorno di mercoledì, novembre • cucina del territorio • Si pranza in un locale all'interno di uno dei Sassi, che d'estate si trasferisce su una terrazza con vista mozzafiato della cattedrale. Tra pasta fatta in casa, pizza cotta nel forno a legna e cantina ricca di vini, c'è solo l'imbarazzo della scelta. • **Prezzi:** 20/35

Chicche golose

Il **pane di Matera** – forme tonde da uno e due chili, crosta croccante, colore giallo e prolungata conservazione – è oggi noto ben al di là dei confini regionali. Tra le altre specialità, la **pezzenta** (salume che si ottiene con gli scarti dalla lavorazione dei salami, aromatizzato con semi di finocchietto selvatico e peperoncino piccante), **tagliarell e fasul** e **soppressata**.

NADÌ

Via Fiorentini 1/3, tel. 0835332892-3396010828, www.ristorantenadi.com • coperti 75+25 • cucina lucana • Per metà scavato nella roccia e per metà costruito in tufo, è uno dei locali più caratteristici della città. La cucina è prettamente locale, ricca di prodotti tipici con denominazioni Igp e Dop, mentre particolarmente apprezzata dagli amanti della carne è la braceria a vista. • **Prezzi: 25/35**

OI MARÌ

Via Fiorentini 66, tel. 0835346121-3355363810, www.oimari.it • coperti 100+80 • aperto solo la sera (tranne sabato, domenica e festivi) • cucina lucana e campana • Nel rione del Sasso Barisano, il locale è stato scavato nel tufo. In città è celebre soprattutto per le sue veraci pizze napoletane, ma la cucina offre anche piatti della tradizione lucana, con influenze talvolta pugliesi. Eccellenti etichette nazionali a denominazione Doc e Igt. • **Prezzi: 15/30**

RIVELLI

Via Casalnuovo 27, tel. 0835311568, www.ristoranterivelli.com • coperti 80+16 • chiuso sera di domenica e lunedì, periodo in novembre • cucina lucana • Locale situato in una vecchia cantina ristrutturata nel Sasso Caveoso, su tre livelli e con una piccola corte; la cucina, attiva oltre le 22, propone: cavatelli con funghi e salsiccia, arrosto di agnello o capretto, tagliata fiorentina; notevole scelta di dolci fatti in casa. • **Prezzi: 20/35**

SAN PIETRO BARISANO

Rione S. Biagio 52/56, tel. 0835346191, www.ristorantesanpietrobarisano.com • coperti 90+25 • chiuso martedì, periodo in febbraio e in novembre • cucina lucana e di ricerca • Una grotta naturale scavata nel tufo, con cucina a vista dove si preparano piatti tipici locali, a base di materie prime fresche e genuine. In tavola non manca il fragrante pane di Matera, elemento tipico della cucina lucana, cotto nei forni a legna e lavorato con farina bianca e integrale. In cantina solo una selezione dei migliori vini locali. • **Prezzi: 15/40**

STANO-LA CUCINA CASERECCIA

Via S. Cesarea 67/69, tel. 0835344101, www.stanoristorazione.it • coperti 120+35 • chiuso sera di domenica e lunedì (tranne in estate), ferie variabili • cucina marinara • Proprio a ridosso del Sasso Barisano, accoglie in ambienti semplici, curati in ogni dettaglio; in cucina, proposte a base di pesce fresco e prodotti tipici del territorio. Tra gli altri, antipasto casereccio (tra cui coppette di melanzane ripiene, baccalà e lampascioni fritti), tagliolini con cicerchie, astice fresco, ricotta fritta, capuntini con ceci e pancetta, pastorale (carne di pecora o di agnello in umido accompagnata da verdure), cernia gratinata con pinoli. Fornita carta di vini, con ampia selezione di etichette lucane e nazionali. Anche pizzeria. • **Prezzi: 20/40**

TRATTORIA DEL CAVEOSO

Via Buozzi 21, tel. 0835312374-32939910202, www.trattoriadelcaveoso.it • coperti 50+40 • chiuso ferie variabili • cucina lucana • Nella suggestiva cornice dell'antico rione, all'ingresso del Sasso Caveoso, un accogliente locale, suggestivo per le sue caratteristiche architettoniche, con splendida terrazza esterna per la stagione estiva. Propone piatti della tradizione lucana accompagnati da ottimi vini finemente selezionati, tra cui l'autoctono Aglianico ed etichette nazionali. Buona scelta di formaggi • **Prezzi: 20/35**

DORMIRE A MATERA

AL CONVENTO
B&B • Via Purgatorio Vecchio 3, tel. 3387055929-0835314099, www.alconventomatera.it • 2 camere • Residenza storica nella zona dei Sassi. La struttura è costruita interamente in blocchi di tufo ed è dotata di ogni comfort. • **Prezzi:** camera doppia 59/65

BED&BREAKFAST DEL CASALE
B&B • Via Casale 43, tel. 3397362067-3289513357, robypaoli@alice.it • 1 camera • Situata nel cuore del Sasso Barisano, all'interno di una corte privata, la casa è parte in tufo e in parte ricorda l'architettura di un ipogeo. Ambiente tranquillo, arredi semplici e colorati. Accoglienza cortese. • **Prezzi:** camera doppia 60/80

BEST VALUE
B&B • Via F.lli Grimm 5, tel. 3332310789, www.sassihotel.it • 3 camere, 2 appartamenti • Nel centro cittadino, propone camere dagli arredi semplici e dotate di un'ampia terrazza. Ottima prima colazione e possibilità di degustare i vini locali offerti dalla casa. • **Prezzi:** camera doppia 50/60

CASA STELLA
B&B • Via Casalnuovo 257, tel. 0835310272-3356534040, www.sassicasastella.it • 4 camere • Dal restauro conservativo di ambienti contadini si sono ricavate belle e confortevoli stanze arredate in stile rustico e molto curato. Prima colazione a scelta, tra dolce e salata. • **Prezzi:** camera doppia 60/85

CAVEOSO
Albergo • Piazza S. Pietro Caveoso, tel. 0835310931, www.caveosohotel.com • 11 camere • In un suggestivo palazzo nella zona dei Sassi, ristrutturato secondo i canoni moderni ma mantenendo una raffinata eleganza, camere insonorizzate e confortevoli. Prima colazione a buffet dolce e salato, a base di prodotti tipici della zona. • **Prezzi:** camera doppia 80/120

DANY'S HOUSE
B&B • Via Cappuccini 32, tel. 0835314082-3385626111, www.danyshouse.com • 2 camere • All'interno di una palazzina bifamiliare, camere ben arredate e funzionali nelle dotazioni. Ricca colazione. • **Prezzi:** camera doppia 55/60

IL CHIOSTRO DELLE CERERIE
Albergo • Via Cererie 16, tel. 0835344075, www.chiostro.it • 16 camere • Ricavato dalla ristrutturazione di un antico convento, è strutturato intorno a un chiostro centrale, sul quale affacciano le camere, al primo piano, e le aree comuni, al pianoterra. Parcheggio custodito e collegamento wi-fi. Ampio giardino. • **Prezzi:** camera doppia 66

IL PICCOLO ALBERGO
Albergo • Via De Sariis 11, tel. 0835330201, www.ilpiccoloalbergo.it • 11 camere • In un palazzo dei primi del Novecento, ristrutturato, nel cuore della città, camere confortevoli di tono moderno; nella hall, connessione wi-fi e piccola biblioteca dedicata ai tesori del territorio. • **Prezzi:** camera doppia 75/90

IL PORTICO DEI SASSI
B&B • Piazza S. Biagio 3, tel. 3299608500, giannidemola@libero.it • 2 camere • Alle porte dei Sassi, la struttura si affaccia su una piccola corte privata, caratteristica della zona. I locali, arredati con mobili antichi, donano fascino e suggestione al soggiorno. • **Prezzi:** camera doppia 50/70

IL VICINATO

B&B • Piazzetta S. Pietro Caveoso 7, tel. 0835312672-3394452409, www.ilvicinato.com • 1 camera, 1 appartamento • Nel cuore del Sasso Caveoso, in un palazzo che conserva ancora alcuni tratti originali, gli ospiti alloggiano in un appartamento dagli arredi semplici e curati. Accoglienza cordiale e atmosfera tranquilla. • **Prezzi: camera doppia 70**

LA PIAZZETTA

B&B • Piazza S. Pietro Caveoso, tel. 3383038421-0835319751, www.lapiazzettabeb.it • 1 camera • Nel cuore dei Sassi, la struttura si trova in un antico palazzo restaurato ed è dotata di ogni comfort. L'arredamento è semplice ma raffinato. • **Prezzi: camera doppia 55/65**

LE RONDINELLE

B&B • Recinto 1° Fiorentini 1/2, tel. 3335711599-0835259211, www.bedandbreakfastlerondinelle.com • Stagionale • 2 camere • Nei Sassi, la struttura è caratterizzata da un'architettura tipica locale, con volte a crociera. Arredi semplici ma curati, ambiente tranquillo e informale. • **Prezzi: camera doppia 60/68**

LE TRE CIVETTE

B&B • Via Lucana 249, tel. 0835388562-3397924614, www.letrecivette.it • 2 camere • Nella via principale del centro, con camere spaziose, luminose e arredate con gusto, ognuna caratterizzata da un dipinto murale da cui trae il nome. Ricca colazione, con prodotti tipici del territorio. • **Prezzi: camera doppia 50/70**

MASSERIA DEL PANTALEONE

Agriturismo • Località Chiancalata 27, tel. 0835335239, www.agriturismopantaleonematera.it • 10 camere • Tra olivi e campi coltivati, a un chilometro dalla città, l'agriturismo offre camere accoglienti e ben arredate, ricavate dalla ristrutturazione di un'antica stalla. Ottima cucina del territorio, che privilegia la qualità delle materie prime. • **Prezzi: camera doppia 46/60**

MATINELLE

Agriturismo • Località Matinelle, tel. 0835307343-3289340305, www.lematinelle.com • 3 camere • Tipica casa rurale, con camere ricavate nell'ex stalla, mobili in arte povera e sala da pranzo ampia arredata con vecchi attrezzi agricoli. • **Prezzi: camera doppia 60/70**

PINETA PADUCCI

B&B • Contrada Serra Paducci, tel. 3285820626, www.pinetapaducci.com • Stagionale • 3 camere • Nella rigogliosa pineta sulle pendici della collina Serra Paducci, ha ingresso indipendente. È dotato di ogni comfort. • **Prezzi: camera doppia 60/60**

POZZO MISSEO

B&B • Località Pozzo Misseo, tel. 0835332668-3332911895, www.pozzomisseomatera.com • 4 camere • A breve distanza dal centro, in un contesto tranquillo, all'interno di una pineta. Comodo servizio di navetta da e per l'aeroporto di Bari. • **Prezzi: camera doppia 50/60**

SAN POTITO

B&B • Via S. Potito 10, tel. 0835333744-3356730798, www.bandbsanpotito.it • Stagionale • 2 camere • Situato nella Civita, offre ambienti molto luminosi arredati con sobria eleganza. • **Prezzi: camera doppia 65/70**

SAN ROCCO

B&B • Via S. Rocco 78, tel. 0835336484-3489580371, www.bebsanrocco.it • 2 camere • Struttura accogliente e confortevole, con camere rinnovate negli arredi e dotate di tutti i comfort. • **Prezzi: camera doppia 60**

RAGUSA-IBLA
splendente barocco

Altra città dal volto duplice – nel nome e nella geografia – l'odierna Ragusa-Ibla è il risultato del violento terremoto che nel 1693 devastò completamente la Sicilia orientale. Dall'antica Ibla – sicula, greca, romana, araba e spagnola – sorsero due città: quella nuova, sul colle di Patro, primo nucleo dell'odierna Ragusa, e quella vecchia, a valle, ricostruita faticosamente sulle rovine dell'antico centro abitato, con un fitto reticolato di vicoli, piazzette e scalinate. La dualità geografica, che rispecchiava antiche contrapposizioni religiose e nuove rivalità sociali, venne ribadita anche dal punto di vista amministrativo, tanto che solo nel 1926 i due nuclei urbani furono accorpati per dare vita all'attuale capoluogo. Città che fa dell'accoglienza uno dei suoi punti di forza, Ragusa-Ibla è oggi capace di riservare molte sorprese al viaggiatore attento: non solo nelle manifestazioni più esplicite del barocco fiammante che ne abita piazze e vicoli e che le hanno meritato il titolo di Patrimonio dell'Umanità, ma anche nella ricchissima offerta enogastronomica e nella possibilità di integrare il soggiorno in città con rapide puntate nei maggiori centri del val di Noto e al vicinissimo litorale.

QUANDO ANDARE E PERCHÉ

Per chi è affascinato dal carattere duale della città, sono da non perdere gli appuntamenti con le feste dedicate ai due santi antagonisti: Giorgio, patrono di Ibla, e Giovanni, protettore di Ragusa. Gli amanti della buona cucina e dei prodotti a chilometro zero troveranno – è il caso di dirlo – pane per i propri denti in occasione della rassegna dedicata alle culture agroalimentari del Mediterraneo che si tiene ogni due anni a cavallo di giugno e luglio. Novembre e dicembre sono invece il momento perfetto per quanti pensano che il barocco sia la cassa di risonanza ideale per la musica d'organo. Una delle capitali del barocco siciliano, Ragusa-Ibla è in grado di offrire un ottimo livello di ricettività a prezzi decisamente ragionevoli, senza dimenticare l'eccezionale qualità dell'enogastronomia locale, garantita anche in ristoranti e trattorie che si caratterizzano anch'essi per prezzi decisamente low.

COME ARRIVARE

→IN AUTO Situata nella parte sudorientale della Sicilia e un tempo sfavorita dalla difficile orografia, Ragusa è oggi ben collegata alla rete

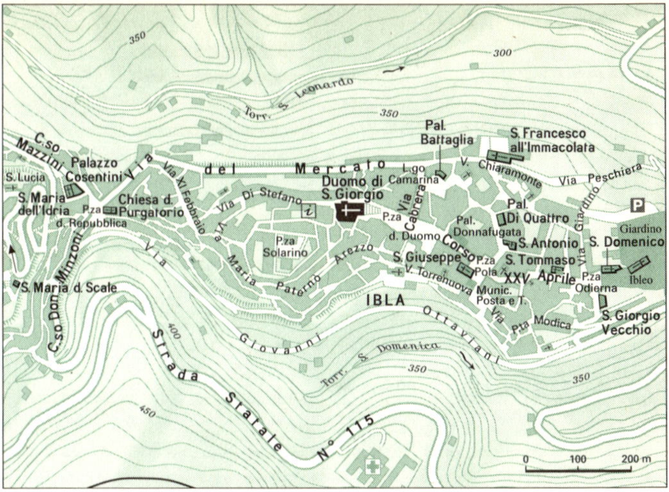

stradale isolana. Con la **SS115 Sud Occidentale Sicula** si raggiungono Trapani e Siracusa, mentre la **vecchia sede Modica-Ragusa**, della stessa arteria, permette un collegamento diretto con la vicina Modica. La **SS194 Ragusana** mette in collegamento il capoluogo con i comuni montani di Monterosso e Giarratana, mentre per chi arriva da Catania la **SS514 di Chiaramonte**, pur molto trafficata, risulta ancora l'itinerario migliore. A livello locale, molto importante è la **SP25 Ragusa Mare**, che mette in comunicazione la città con la frazione costiera di Marina di Ragusa.

→IN TRENO Il traffico ferroviario si svolge lungo la linea **Siracusa-Gela-Canicattì**, ed è gestito da Trenitalia (tel. 892021, www.fsitaliane.it). La linea collega alcune tra le più importanti località della provincia ed è al centro di un interessante progetto di riqualificazione come metropolitana locale. Nella stazione (in piazza del Popolo, a sud del Ponte Nuovo) transitano solo treni a carattere regionale.

Voli low cost

Compagnie che operano su Catania: **Air Italy** (tel. 899500093, www.airitaly.it), da Napoli, Olbia, Torino e Verona; **Air One** (tel. 199207080, www.flyairone.it), da Milano Malpensa e Pisa; **blue-express.com** (tel. 899199034, www.blue-express.com), da Roma Fiumicino, Bari e Cagliari; **easyJet** (tel. 8992344589, www.easyjet.com), da Milano Malpensa; **eurofly** (tel. 199509960, www.eurofly.it), da Bologna, Firenze, Lampedusa, Milano Linate e Malpensa, Roma Fiumicino, Torino e Verona); **Wind Jet** (tel. 892020, www.volawindjet.it), da Milano, Parma, Pisa, Rimini, Roma Fiumicino, Torino, Venezia e Verona.

→IN AEREO Lo scalo attualmente più vicino alla città è l'**Aeroporto internazionale di Catania Fontanarossa** (tel. 0957239111, www.aeroporto.catania.it), distante 120 km e raggiungibile in circa 1 ora e 30 minuti. A breve dovrebbe essere pienamente operativo l'**Aeroporto di**

Eventi e manifestazioni

Festa di San Giorgio

(maggio)

Tre giorni di celebrazioni non stop in onore del patrono di Ibla. Il venerdì, grande processione che tocca prima la chiesa del Purgatorio (dove rimane l'Arca santa), quindi quella di S. Tommaso, dove la statua del beato trascorre la notte. Il giorno successivo, i due simulacri riuniti rientrano alla Chiesa Madre. La domenica pomeriggio si svolge la processione finale, con la statua del beato e l'Arca che tornano all'interno della chiesa del Purgatorio. All'uscita, la statua di S. Giorgio, portata a spalla, viene fatta danzare nella piazza prospiciente la chiesa (Associazione S. Giorgio Martire, www.sangiorgioragusa.it).

Festa di San Giovanni Battista

(giugno-agosto)

Il 24 giugno, giorno della sua nascita, Ragusa celebra il santo patrono con una messa solenne e con l'esposizione delle reliquie. I festeggiamenti solenni si svolgono però in occasione della data del martirio: il 29 agosto la statua del santo (risalente ai primi del Cinquecento) viene portata in processione lungo le strade della città, tra migliaia di fedeli che ne accompagnano il percorso con grossi ceri accesi (www.sangiovanniragusa.it).

Cheese Art

(giugno-luglio)

Rassegna biennale di scienza delle culture casearie e agroalimentari del Mediterraneo che si tiene nello splendido scenario del castello di Donnafugata (SP25 Ragusa-Mare km 5, tel. 0932619389, www.cheeseart.it).

Ibla Grand Prize

(luglio)

Concorso di musica classica internazionale che vede in lizza cantanti lirici e compositori italiani e stranieri sui palchi della sala Falcone Borsellino e del palco tenda di piazza Pola. Numerosi i concerti gratuiti (www.ibla.org).

Estate Iblea

(luglio-settembre)

Rassegna estiva di musica, teatro e danza, con spettacoli all'aperto nelle location più suggestive di Ragusa-Ibla e provincia (www.comune.ragusa.gov.it).

Ibla Buskers

(ottobre)

Festival degli artisti di strada – giocolieri, musicisti, teatranti e prestigiatori – che anima vicoli, piazze e scorci della città per un'intera settimana. Spettacoli gratuiti, ma sono gradite le offerte (www.iblabuskers.it).

Festival Organistico Internazionale

(novembre-dicembre)

Concerti per organo che si tengono all'interno delle splendide chiese barocche cittadine, che sono tutte dotate di un proprio strumento e di un'ottima acustica: da non dimenticare, infatti, che Ragusa vanta una tradizione secolare nell'arte organaria (www.comune.ragusa.gov.it).

Comiso "Vincenzo Magliocco", a 15 km dal capoluogo, che ospiterà numerosi voli low cost.

→IN AUTOBUS Tutti gli autobus extraurbani ed extraregionali fanno scalo nel piazzale antistante la stazione ferroviaria. **Sena** (via Dante 94, numero verde 800930960, www.sena.it) gestisce corse dirette da Bologna, **Interbus** (tel. 093166710, www.interbus.it) da Napoli, Roma, Taranto, Brindisi e Bari, mentre **Sais** (tel. 093552411, www.giamporcaro.it) ed **Etna Trasporti** (tel. 095532716, www.etnatrasporti.it) si occupano dei collegamenti da Palermo, Messina, Enna, Catania e dall'aeroporto di Fontanarossa. La compagnia **Sais** gestisce anche una linea diretta a frequenza bisettimanale da e per Pisa.

COME MUOVERSI

→IN AUTO Essendo Ragusa una città piuttosto trafficata, conviene muoversi a piedi: l'orografia accidentata è mitigata dalle distanze relativamente brevi e da collegamenti continui tra le due parti della città. **SiSosta** (tel. 0932080361) gestisce il park in struttura **Ponte Vecchio** (tariffe da € 0,90 per la prima mezz'ora lun-ven 9-15, € 0,30 lun-ven 15-9 e sab-dom). L'auto si può lasciare anche nella città nuova (piazza della Libertà, o nei pressi della stazione), oppure alle porte di Ibla, alla fine di corso Don Minzoni o in via Ottaviani.

→IN AUTOBUS Il servizio di trasporto urbano è gestito da **AST-Azienda Siciliana Trasporti** (via Sorda Sampieri, Modica, tel. 0932767301, www.aziendasicilianatrasporti.it, biglietto con validità 90 minuti € 1, giornaliero € 1,70), con **15 linee** che raggiungono tutti i quartieri della città. I capolinea principali sono il **Nodo Zama** (accanto alla stazione degli autobus) e il **Nodo piazza del Popolo** (di fronte alla stazione ferroviaria). Solo la linea 3 svolge servizio notturno (fino all'1 di notte), con corse tra il centro città e Ibla. Durante l'estate, alle linee in esercizio nel capoluogo se ne aggiungono altre due (A e B), che servono Marina di Ragusa.

→IN TAXI Due i terminal dei taxi in città: in piazza della Libertà, nella città nuova (tel. 0932621379), e a Ibla (tel. 0932244109). Per altre informazioni, controllare il sito: www.comune.ragusa.gov.it.

SCOPRIRE RAGUSA A PIEDI

La veduta migliore di Ragusa-Ibla si ha provenendo dalla strada provinciale che da Modica conduce direttamente in città: in basso il centro storico di Ibla, in alto la città nuova di Ragusa. Percorso obbligato per una visita è senza dubbio l'intricato reticolo urbano della città vecchia. Lasciata l'auto in via Ottaviani, si può risalire verso il **portale di S. Giorgio**, ciò che rimane dell'antica omonima chiesa, in stile gotico-catalano. Alla sua sinistra si accede al bel **giardino ibleo**, angolo di verde che accoglie tre chiese e dal quale si gode di una splendida vista della vallata sottostante. Risalendo corso 25 Aprile, si incontrano in successione la **chiesa di S. Giuseppe**, in piazza Pola, e i **palazzi del Circolo di Conversazione** e **Donnafugata**; poco dopo si giunge nella piazza che ospita il **Duomo** dedicato a S. Giorgio, che troneggia al culmine di una scalinata.

Percorrendo via Tenente Di Stefano, si attraversa il cuore di Ibla, dal quale si godono splendidi scorci della Cattedrale e di Ragusa alta, con la **chiesa di S. Maria delle Scale** (oltre 300 gradini da piazza della Repubblica). Il sagrato della chiesa è dominato, dall'alto di una scalinata, dalla **chiesa delle Anime del Purgatorio**, con bel portale barocco.

Se non siete ancora stanchi, dall'altro lato della piazza la salita Commendatore riconduce alla città alta passando accanto alla **chiesa di S. Maria dell'Itria**, con torre campanaria ricoperta di piastrelle in ceramica di Caltagirone, e al **palazzo dei Cosentini**; poco oltre, imboccate in sequenza via XXIV Maggio e corso Italia, è possibile ammirare lo splendido **palazzo Bertini** con le sue grottesche decorazioni. Ibla può offrire anche ottimi spunti di **shopping** a basso costo. Se infatti Ragusa superiore si caratterizza per la presenza di negozi e marche prestigiose, la città bassa offre una fitta rete di piccole botteghe e di negozietti dove acquistare prodotti dell'artigianato - tele ricamate, sfilati e merletti - e della gastronomia locali. In città è operante il primo mercato degli agricoltori, che permette di comprare ortaggi, frutta, formaggi e vino a chilometro zero direttamente dai piccoli produttori locali.

I MUST DA NON PERDERE

Portale di S. Giorgio

Informazioni: Portale di S. Giorgio, via del Portale, visibile dalla sede stradale

Il portale è tutto quanto rimane della vecchia chiesa di S. Giorgio, realizzata nel XII secolo a Ibla. Restaurata e abbellita dal conte Goffredo, la costruzione venne rasa al suolo nel corso del devastante sisma che colpì la Sicilia sudorientale alla fine del XVII secolo. L'interno della chiesa - a tre navate delimitate da due fila di sette colonne - ospitava ben dodici altari e un prezioso fonte battesimale, mentre l'esterno era caratterizzato dall'imponente **campanile**, tra i più alti realizzati fino ad allora in Europa.
Il **portale**, in pietra calcarea rosa chiaro, celebra le gesta del santo nell'atto di trafiggere il drago di fronte alla regina di Berito genuflessa; la scena è inserita in una **lunetta** cui sono sovrapposti nove archi. Gli interstizi fra gli archi sono ornati da figure che rappresentano arti e mestieri, motivi floreali ed esseri fantastici e mostruosi, retaggio degli antichi bestiari medievali. Custodito da una cancellata, il portale è il simbolo della città e ha fornito lo spunto per il premio cittadino 'Portale d'Argento'.

Chiesa di S. Maria delle Scale

Informazioni: Chiesa di S. Maria delle Scale, via XXIV Maggio, apertura 9-14 e 15.30-19

Edificata nel XIV secolo sulle fondamenta di un preesistente convento di epoca normanna, la chiesa è stata **ricostruita in forme barocche** dopo il violento sisma del 1693. È uno dei diciotto tra palazzi, edifici sacri e realizzazioni cittadine di epoca barocca che dal 2002 sono sotto la tutela Unesco come Patrimonio dell'Umanità. La riedificazione dell'edificio, con **struttura a tre navate senza abside**, non ha cancellato le tracce del passato: sia all'esterno - elementi di impronta gotica sono infatti visibili nel

portale e in un **pulpito** alla base della torre campanaria - sia nell'interno, come è il caso delle **quattro cappelle della navata di destra**, caratterizzate da **arcate in stile gotico-catalano**. Di particolare rilevanza il *Transito della Vergine*, altorilievo policromo in terracotta.

Duomo di S. Giorgio

ⓘ Informazioni: Duomo di S. Giorgio, piazza Duomo; Museo del Duomo, piazza Duomo, tel. 0932220085, sab-dom 10.30-12.30 e 15-19, ingresso € 2

Realizzato anch'esso dopo il terremoto del 1693, il Duomo, dedicato a S. Giorgio, costituisce probabilmente il capolavoro del genio barocco del siracusano Rosario Gagliardi. L'edificio, realizzato al culmine di una lunga e scenografica **scalinata**, risulta leggermente fuori asse rispetto al resto della piazza che lo ospita, dal fondo della quale resta così visibile la **cupola di impianto neoclassico**. La **facciata è convessa**, ornata ai lati da colonne e statue, e sormontata dal campanile. L'interno, **a croce latina e tre navate**, è caratterizzato da ricche vetrate istoriate, sulle quali sono riportate scene del martirio di S. Giorgio. All'interno dei locali della casa canonica, il **Museo del Duomo** custodisce, tra i vari pezzi in repertorio, il prezioso **tesoro** della chiesa madre.

SPUNTI E CHICCHE LOW COST

Cattedrale di S. Giovanni Battista

ⓘ Informazioni: Cattedrale di S. Giovanni Battista, via Roma 134, tel. 0932621658, www.cattedralesangiovanni.it, 7.30-12 e 15-19.30

La **Cattedrale**, una delle numerose opere di Gagliardi, domina la centrale piazza S. Giovanni da un'ampia terrazza sostenuta da una loggia. Costruita subito dopo il terremoto sul sito di un'antica chiesa, fu terminata nel 1778. La monumentale **facciata, suddivisa in cinque sezioni da maestose colonne**, caratterizzata da lesene bugnate che si ripetono anche ai lati della costruzione e arricchita da tre portali, fronteggia un immenso **sagrato** ed è resa asimmetrica dalla presenza del **campanile a cuspide**, sulla sinistra, mentre la parte destra presenta solo il basamento, incompleto, di una seconda torre campanaria. Il **portale centrale** è affiancato da due coppie di colonne riccamente scolpite,

Musei low cost

Vale la pena visitare il **Museo archeologico ibleo** (via Natalelli, tel. 0932622963, tutti i giorni 9-14 e 16-19, ingresso € 2), che illustra, in cinque sezioni, l'archeologia e la storia antica del territorio, dal Neolitico fino alla tarda antichità. La sede è nel Palazzo Mediterraneo, edificio realizzato negli anni Cinquanta del secolo scorso nella zona di espansione della città.

che reggono un timpano spezzato. L'interno è composto da **tre navate** suddivise da colonne e da volte riccamente decorate, con stucchi settecenteschi realizzati dai fratelli Gianforma. Il **transetto** è ornato con le **statue raffiguranti la Fede, la Speranza e la Carità e il Padre Eterno con angeli**. La chiesa conserva, inoltre, una statua cinquecentesca del Battista, oltre a un organo e alla statua del santo patrono, entrambi risalenti al XIX secolo.

Giardino ibleo

Informazioni: Giardino Ibleo, via G.B. Odierna, tel. 0932652374; per la visita alle chiese, Infotourist, piazza S. Giovanni, tel. 0932684780, lun-ven 9-13 e 15-19, sab 9-13, dom chiuso

Il tour de force turistico può trovare una piacevole e rilassante sosta nel **Giardino ibleo**, o 'della villa comunale', situato al limite orientale di Ibla, da dove affaccia sulla valle del fiume Irminio. Realizzato nel secolo XIX, lo spazio si caratterizza per l'interessante coesistenza di un notevole patrimonio botanico e di importanti edifici e strutture architettoniche, quali **chiese monumentali**, un **museo** e **resti di mura e pavimentazioni** antecedenti il terremoto del 1693.
Superato l'ingresso (sulla destra i **resti della chiesa di S. Giorgio Vecchio**), si incontra la **chiesa di S. Giacomo apostolo**, risalente al XV secolo ma completamente ricostruita nel corso del Settecento. In fondo, nell'angolo sudorientale, la **chiesa dei Cappuccini Vecchi**. Semplice la facciata, ravvivata da **quattro paraste a capitelli corinzi** che reggono un frontone neoclassico accompagnato da due piccoli campanili. L'interno, con **tetto a capriate**, ospita *Assunta fra angeli e santi*, una delle opere maggiori di Pietro Novelli, detto 'il Monrealese', forse il più importante pittore siciliano del Seicento.

Castello di Donnafugata

Informazioni: Castello di Donnafugata, contrada Donnafugata, tel. 0932619333, mer-ven-sab 9-13, mar-gio-dom 9-13 e 14.45-16.30, lun chiuso, ingresso castello e parco € 6, 6-18 anni e oltre 65 € 3

A circa 15 km da Ragusa si trova il castello di Donnafugata, celebre per essere stato più volte lo sfondo di numerosi set cinematografici e televisivi. Il castello, in realtà una grande villa, fu ampliato per iniziativa del barone Corrado Arezzo ai primi del '900.
Esteso su un'area di 2500 metri quadrati e provvisto di 122 stanze, l'edificio presenta la **facciata principale ornata da una bellissima loggia in stile gotico-veneziano**, con otto balconi a sesto acuto che danno accesso alla grande terrazza sottostante la loggia; belle bifore ingentiliscono le altre facciate.
Fra gli ambienti interni, il **salone degli Stemmi**, con le pareti ornate

dagli stemmi nobiliari delle più importanti famiglie siciliane, il **salone degli Specchi**, la **sala del Biliardo**, l'**appartamento del Vescovo**, la **stanza della Musica** e la **biblioteca**; largo l'utilizzo della pietra pece locale per la pavimentazione delle stanze. Il castello è circondato da un ampio parco di circa otto ettari, al cui interno diverse costruzioni servivano a rendere più piacevole il soggiorno degli ospiti: la coffee house, il tempietto, il *pirdituri* - o labirinto in pietra - una grotta artificiale che riproduce un ambiente carsico e, disseminati lungo il percorso, parecchi vasi in ceramica di Caltagirone. Il sito è raggiungibile con due corse ferroviarie giornaliere dalla stazione di Ragusa (biglietto € 2).

MANGIARE A RAGUSA

A RUSTICANA

Corso XXV Aprile 68, tel. 0932227981, arusticana@live.it • coperti 35+55 • chiuso martedì, novembre • cucina ragusana • Nei pressi del Giardino ibleo, un locale semplice che propone una cucina tipica elaborata con abilità. Parmigiana di melanzane, ravioli di ricotta con sugo di maiale, pasta alla Norma; trippa, salsicce e carni alla brace a seguire. **• Prezzi: 20/25**

BAGLIO LA PERGOLA

Contrada Selvaggio, tel. 0932686430, www.baglio.it • coperti 220+250 • chiuso martedì, periodo in gennaio • cucina siciliana rivisitata • Elegante, ricavato dalla ristrutturazione di un antico edificio rurale, con cucina in funzione anche dopo le ore 22. La tavola, prevalentemente a base di pesce, si avvale degli ottimi prodotti del territorio, ma lascia ampio spazio anche alla sperimentazione e al rinnovamento: tortino di broccoletti e baccalà con emulsione di ciliegini essiccati, maccheroni con pesto di pistacchio, gamberi e profumo d'arancia; fra i dolci (di produzione artigianale) si fa apprezzare la torta al pistacchio con salsa al mandarino. **• Prezzi: 25/40**

CUCINA & VINO

Via Orfanotrofio 91, tel. 0932686447, www.cucinaevino.eu • coperti 38+55 • chiuso mercoledì in inverno, periodo in febbraio • cucina siciliana • Ristorante collocato nella parte storica di Ragusa. La cucina è all'insegna della tradizione, caratterizzata da un'attenta scelta dei prodotti del territorio. Tra gli altri, ravioli di ricotta con crema di zucca e pancetta ragusana, costata di maiale ripiena e, per finire, gelo di limone o di cannella. Bella veranda esterna curata nei particolari. **• Prezzi: 20/35**

IL BAROCCO

Via Orfanotrofio 27/29, tel. 0932652397, www.ilbarocco.it • coperti 70+40 • chiuso mercoledì, periodo in gennaio • cucina siciliana • Palazzo settecentesco e cucina tipica regionale con varietà di antipasti, come il cacio argentiera, bocconcini di mozzarella ragusana e il rustico della casa; tra le specialità: ravioli di ricotta fatti in casa alla ragusana, cavati alla Norma, arrosto misto e salsicce ragusane e, per finire, crema di ricotta al marsala. Nello stesso palazzo, anche enoteca con vendita e degustazione di vini e di prodotti tipici locali. **• Prezzi: 20/30**

MONNA LISA

Via E. Fieramosca, tel. 0932642250, www.monnalisaragusa.com • coperti 150+300 • cucina siciliana e classica • In zona periferica, un ampio locale di fine Ottocento, con arredi moderni, in funzione anche dopo le ore 22. Cucina nel solco della tradizione, divisa tra pesce e carne (da segnalare, in particolare, l'impiego del formaggio ragusano Dop). Anche pizzeria. • **Prezzi:** 20/30

ORFEO

Via S. Anna 117, tel. 0932621035, ristoranteorfeo@tiscali.it • coperti 50 • chiuso domenica • cucina siciliana • Locale tradizionale, con cucina del territorio: cavati al capuliato di ciliegino ragusano tostato, spezzatino di vitello con patate, mousse di ricotta e mandorle tostate al miele, crêpes con ricotta e pere caramellate. • **Prezzi:** 30/40

TRATTORIA AL CASTELLO

Località Castello di Donnafugata, viale del Castello, tel. 0932619260, www.alcastellodonnafugata.com • coperti 100+150 • chiuso lunedì • cucina ragusana • Nelle vecchie stalle del castello di Donnafugata, propone appetitose ricette del territorio elaborate in cucina con ingredienti selezionati e attenzione alla stagionalità. Si inizia con le tradizionali scacce (focacce) imbottite e i saporiti salumi e formaggi locali; poi ravioli di ricotta al sugo di maiale o altre paste caserecce, costata di maiale ripiena, salsicce e carni alla griglia. A conclusione: cassatelle di ricotta e altri dolci della casa. • **Prezzi:** 16/30

Chicche golose

La cucina locale risente di forti influssi arabi. È il caso della **giurgiulena**, o cubbiata, un torrone di semi di sesamo, miele, zucchero, mandorle, scorze di agrumi e cannella. Altre specialità ragusane sono la **pasta casciata**, la **pasta alla Norma**, **'mpanatigghi** (dolcetti a forma di mezzaluna, con cioccolato e carne) e i **biscotti bolliti** al cumino.

U SARACINU

Via del Convento 9, tel. 0932246976, ristoranteusaracinu@live.it • coperti 140+50 • chiuso domenica, periodo in giugno • cucina ragusana • Locale storico nel cuore di Ibla, d'ambiente rustico e di 'colore' con dehors in piazza per il servizio estivo. La cucina propone i piatti tipici del Ragusano abbinati a vini rigorosamente siciliani. In menu: salumi tipici iblei, tagliolini al ragù di agnello, filetto al pepe verde, piatti di pesce e cassatina di ricotta a chiudere. • **Prezzi:** 20/30

DORMIRE A RAGUSA

AZALAI

B&B • Via Pezza 23, tel. 0932654907-3476442033, www.bbazalai.com • 1 camera, 1 appartamento • Affacciata sul giardino interno, struttura tranquilla in pieno centro storico. Ampia terrazza attrezzata a solarium, dove si serve la colazione. • **Prezzi:** camera doppia 50/60

CASINA DI GROTTA DI FERRO

B&B • Località Torre Mastro, tel. 0932664065-3338772000, www.grottadiferro.it • 7 camere • Dimora nobiliare dell'Ottocento, restaurata e adibita a residenza turistica. Le camere, al piano terra, sono nei locali che ospitavano stalle e magazzini. • **Prezzi:** camera doppia 76/98

DISCESA SANTA MARIA

B&B • Corso Mazzini 3, tel. 3356025865, www.discesasantamaria.com • 1 camera, 1 appartamento • Nel centro storico di Ragusa Ibla, appartamento dall'atmosfera romantica, con elementi moderni in armonia con l'antico delle volte e del tufo a vista. Terrazza attrezzata. **• Prezzi: camera doppia 50/65**

IL GIARDINO DEI SOSPIRI

B&B • Via dei Sospiri 24, tel. 0932651418-3332174485, www.ilgiardinodeisospiri.it • 4 camere • Nella parte nord-est del centro storico ibleo, prende il nome da un posto di pedaggio ottocentesco, dove si 'sospirava' per pagare gabelle e balzelli. Oggi è una sistemazione raccolta e ben curata, con giardino e interni sobriamente arredati. **• Prezzi: camera doppia 40/70**

IL GIARDINO DI PIETRA

B&B • Località Ibla, via Chiasso Guerra 13, tel. 0932621809-3337085448, www.giardinodipietra.com • 4 camere • A poca distanza da piazza Duomo, un palazzo di fine Settecento, con ampi saloni e soffitti a volta decorati. Le camere e gli spazi comuni sono arredati con mobili d'epoca. **• Prezzi: camera doppia 60**

LAGO SANTA ROSALIA

Agriturismo • Località Carcallè, tel. 3392061694, www.agriturismolagosantarosalia.com • 6 camere • Poche, semplici e curate le camere; corsi di equitazione, escursioni in fuoristrada alle zone archeologiche e, per i più piccoli, osservazione degli animali nella fattoria. Ottima cucina ragusana. **• Prezzi: camera doppia 54**

LA LUNA NEL POZZO

B&B • Via Monte Raci 13, tel. 368666670, www.lunanelpozzobb.com • 4 camere • Antico caseggiato rurale degli inizi del secolo scorso. Atmosfera rustica, arredi in arte povera, ambienti di tono elegante e sobrio e ampio cortile. **• Prezzi: camera doppia 50/60**

LE CHICCHE

B&B • Via Salita Specula 7, tel. 330849862-0932239180, www.bblechicche.com • 5 camere • In centro, offre camere dotate di tutti i comfort, in un'atmosfera romantica e rilassante. Nel palazzetto ottocentesco convivono armonicamente tradizione e design contemporaneo. Dalla terrazza e dalle camere, splendida vista sul Duomo di S. Giorgio e sui tetti del centro storico. **• Prezzi: camera doppia 60/90**

LE FIORIERE

B&B • Via M. Paternò Arezzo 104, tel. 0932621530-3498191534, www.bblefioriere.it • 3 camere • Nel cuore del centro storico, in una antica dimora del Settecento, camere ricavate dai vecchi dammusi del palazzo, dalle caratteristiche volte a botte. Suggestivi e curati gli spazi esterni. **• Prezzi: camera doppia 65/75**

LE SIRENE

B&B • Località Ragusa Ibla, via M. Paternò Arezzo 56, tel. 3393120760, www.lesirenebb.com • 2 camere • Ambienti di charme, in un palazzo ottocentesco nel cuore di Ibla. Camere curate negli arredi e con dotazioni di standard alberghiero. **• Prezzi: camera doppia 75/95**

MARINA DI RAGUSA

LE CHICCHE

B&B • Via G. Sortino 3, tel. 330849862-0932239180, www.bblechicche.com • 2 camere, 2 appartamenti • Villa sul mare con rifiniture di lusso e ogni genere di comfort, con patio e spazi esterni. Prezzi convenzionati per escursioni in barca. **• Prezzi: camera doppia 50/80**

SIRACUSA
culla di civiltà

Siracusa, luogo dell'anima cui tutti possono attingere per ritrovare le proprie radici, centro millenario di cultura che ha accolto tra le sue braccia filosofi, scienziati e scrittori. Sopravvivono, nelle sue strade, nei suoi palazzi, nelle sue chiese, le vestigia di un passato ricco e glorioso. Le origini della città risalgono all'VIII secolo a.C. e hanno nell'isola di Ortigia il loro nucleo storico. Favorita dalla posizione geografica, con un porto naturale di notevoli dimensioni e un territorio fertilissimo, la Pentapoli (al nucleo originario di Ortigia si aggiunsero Acradina, Tyche, Neapolis ed Epipoli) si affermò ben presto come una delle maggiori potenze della Magna Grecia. In fase declinante durante la dominazione romana, la città assunse l'attuale assetto urbanistico a seguito delle successive presenze bizantina, araba e normanna. Il barocco, stile ai cui canoni ci si rifece per la ricostruzione della città nel XVIII secolo, rappresenta un importante elemento unificatore. Dopo un periodo di decadenza e di incuria, il cuore della città si offre nuovamente al visitatore in tutto il suo splendore, con interventi radicali di recupero volti a rafforzare il suo ruolo di città vocata all'accoglienza. Come ha sottolineato anche l'Unesco, che nel 2005 l'ha dichiarata Patrimonio dell'Umanità insieme alla necropoli di Pantalica, «la più grande e bella di tutte le città greche» è tornata finalmente a risplendere.

QUANDO ANDARE E PERCHÉ

Il momento migliore per godere delle bellezze della città è quando le viuzze di Ortigia o i sentieri che attraversano la Neapolis e il suo distretto archeologico si svuotano della massa caotica di turisti agostani e il solleone concede una tregua: l'inverno, che qui assume al massimo le sembianze di una tardiva primavera, permette in più di un'occasione di concedersi una cena a base di sapori isolani in uno dei numerosi ed economici locali che affollano il lungomare. Sia pure non molto low cost, maggio e giugno sono invece ideali per quanti vogliono godere della magia offerta dalle rappresentazioni classiche nello splendido scenario del Teatro greco. Siracusa e l'isola di Ortigia offrono una summa monumentale di tutte le civiltà che qui si sono avvicendate, ciascuna delle quali ha lasciato, stratificate e ben riconoscibili, numerose tracce di sé. Ma al di là dell'interesse suscitato dal reperto storico o dal singolo monumento o palazzo, sono soprattutto gli stretti vicoli del nucleo storico cittadino a offrire scorci e passeggiate indimenticabili, sospesi tra il panorama marino e l'intricato dedalo che rimanda a una *casbah* del lontano Oriente. Ma non c'è solo questo: botteghe artigiane dove fare compere a prezzi ragionevoli e un'ottima offerta enogastronomica che non svuota il portafoglio sono il complemento ideale per qualche giorno di vacanza a Siracusa.

COME ARRIVARE

➔IN AUTO Per quanti arrivano da Messina e Catania, Siracusa è raggiungibile con la **SS114 Orientale Sicula**, all'omonimo svincolo. Provenendo da Caltagirone e Palazzolo Acreide si può utilizzare la **SS124 Siracusana**, mentre chi arriva da Gela può utilizzare la **SS115 Sud Occidentale Sicula** e quindi, da Rosolini, il tronco meridionale dell'autostrada **A18**, che conduce direttamente in città all'altezza dello svincolo di Siracusa.

➔IN TRENO La stazione (piazza Stazione, tel. 0931406353) è capolinea per i convogli **Trenitalia** (tel. 892021, www.fsitaliane.it) a lunga percorrenza provenienti da Napoli, Milano, Roma, Torino e Venezia e dalle maggiori città del Paese; intenso anche il traffico regionale, con treni da Catania, Gela, Messina e Modica. In direzione sud, la ferrovia è a binario singolo e non elettrificata.

➔IN AEREO Lo scalo commerciale di riferimento è l'**Aeroporto internazionale di Catania Fontanarossa** (tel. 0957239111, www.aeroporto.catania.it), distante poco più di 60 km e raggiungibile con mezzi propri in circa 1 ora. **Interbus** (tel. 093166710, www.interbus.it) gestisce i collegamenti tra l'aeroporto e la città con una decina di corse giornaliere e un tempo di percorrenza che supera di poco l'ora.

Voli low cost

Compagnie che operano su Catania: **Air Italy** (tel. 899500093, www.airitaly.it), da Napoli, Olbia, Torino e Verona; **Air One** (tel. 199207080, www.flyairone.it), da Milano Malpensa e Pisa; **blue-express.com** (tel. 899199034, www.blue-express.com), da Roma Fiumicino, Bari e Cagliari; **easyJet** (tel. 8992344589, www.easyjet.com), da Milano Malpensa; **eurofly** (tel. 199509960, www.eurofly.it), da Bologna, Firenze, Lampedusa, Milano Linate e Malpensa, Roma Fiumicino, Torino e Verona); **Wind Jet** (tel. 892020, www.volawindjet.it), da Milano, Parma, Pisa, Rimini, Roma Fiumicino, Torino, Venezia e Verona.

➔IN AUTOBUS Tutte le corse regionali ed extraregionali arrivano presso il terminal di corso Umberto 196. **Interbus** (tel. 093166710) cura i collegamenti regionali con Avola, Catania e Palermo e - una volta al giorno - con Brindisi, Gallipoli, Lecce e Taranto. **AST-Azienda Siciliana Trasporti** (SP14 Siracusa-Canicattini Bagni 8, tel. 0931462711, www.aziendasicilianatrasporti.it) gestisce le corse da Caltagirone, Catania, Modica, Piazza Armerina e Ragusa.

COME MUOVERSI

➔IN AUTO L'intera area di Ortigia è stata dichiarata **zona a traffico limitato** (ZTL), per cui è consigliabile lasciare l'auto in una delle aree di sosta attrezzate sulla terraferma. Il grande parcheggio **Molo S. Antonio**, in via Bengasi (nei pressi della stazione marittima, tariffa oraria € 0,50, giornaliero 7.30-21 € 4),

Eventi e manifestazioni

Treno del Barocco
(marzo-ottobre)
Tutte le domeniche (tranne quella di Pasqua). Tour ferroviario con fermate nei maggiori centri del barocco siciliano (prenotazioni tel. 0932759634).

Festival del Teatro Classico
(maggio-giugno)
Nello scenario del Teatro greco, tragedie e drammi del teatro classico. I più grandi autori rivisitati attraverso la lente di scrittori, registi e attori di fama internazionale (Fondazione INDA, corso Matteotti 29, tel. 0931487200-1, www.indafondazione.org).

Santa Lucia
(maggio e dicembre)
Il culto di S. Lucia, patrona di Siracusa, è talmente radicato in città, da essere celebrato due volte nel corso dell'anno, la prima domenica di maggio e il 13 dicembre (www.comune.siracusa.it/SantaLucia).

Festival Internazionale del Balletto
(luglio-agosto)
Rassegna internazionale dedicata alla danza in tutte le sue espressioni, con interpreti e coreografi tra i maggiori della scena internazionale (Arte Viva, via Po 43, Roma, tel. 068842218, www.festivalballettosiracusa.com).

LatomiArte
(luglio-agosto)
Appuntamento che si tiene ogni anno nelle Latomie dei Cappuccini, la cava di pietra di epoca greca, con un ricco programma di spettacoli teatrali e concerti (www.comune.siracusa.it.

Festival della Filosofia
(novembre)
Incontri, workshop, appuntamenti culturali e seminari dedicati alla filosofia; spettacoli teatrali e musicali aperti a tutti (www.nuovaacropolisiracusa.it).

Luci a Siracusa
(dicembre-gennaio)
Kermesse invernale di arte e originali iniziative culturali; tra queste, "Cinegiocando", rassegna di cinema per bambini rivolto alle famiglie in visita alla città (www.luciasiracusa.it).

è collegato con l'isola di Ortigia dai bus navetta della AST ogni 30 minuti, così come il parcheggio **Talete**, sito sul lungomare di Levante (lun-sab, gratuito 5-21, 21-5 € 1, navetta ogni 15 minuti). Altre aree di sosta a Ortigia in largo Caravaggio e piazza Mazzini, e nelle canoniche strisce blu (tariffa oraria € 0,60). Il servizio parking è gestito da **GE.PA.** (via Senatore Di Giovanni 33, tel. 0931462481, www.gepapark.com).

→IN AUTOBUS Il servizio di trasporto urbano è curato da **AST-Azienda Siciliana Trasporti**, che gestisce 19 linee urbane oltre a 3 linee di bus navetta (biglietti a tariffa bioraria e giornaliera).

→IN TAXI Il servizio di radiotaxi è fornito da **CTS-Consorzio Taxisti Siracusani** (via Tucidide 34, tel. 199242824, www.siracusataxi.com).

Siracusa free tour

Tra i servizi low cost disponibili in città spicca quello del Comune, che permette di scaricare dal suo sito una serie di itinerari audio nei formati per lettori mp3, iPod e palmari Pocket PC. Le audioguide, disponibili all'indirizzo www.wikkionline.com/SR/I_it/conditions.aspx, sono scaricabili gratuitamente e permettono di seguire tre diversi itinerari cittadini – "Parco archeologico", "Ortigia" e "A spasso per la città" – e due extraurbani – "Fuori città Nord" e "La città verso Sud". Per ulteriori informazioni: Ufficio Turismo del Comune, via Mirabella 29, tel. 0931464657.

SCOPRIRE SIRACUSA A PIEDI

La visita a Siracusa è sempre un'esperienza multipla e multisensoriale. I livelli conoscitivi spaziano dai miti alle testimonianze vive delle culture che qui hanno trovato il loro luogo di elezione, ai capolavori architettonici di cui vicoli, piazze e stradine sono ricolme.

Due possono essere le proposte di 'viaggio' all'interno del pianeta Siracusa. La prima tocca **Ortigia**, cuore antico della città, cui si accede attraverso il 'Rettifilo' (corso Umberto I) che, scavalcata la **darsena**, porta direttamente sull'isola. Da qui in avanti sorpresa e meraviglia si susseguono senza sosta: i resti del **tempio di Apollo** – il più antico della Magna Grecia – lasciano il posto, dopo poche centinaia di metri, alla seducente piazza Archimede e alla **fontana di Artemide**, che ne domina il centro; da qui, con una bre-

Biking Siracusa

È recente l'apertura della pista ciclabile che utilizza la dismessa cintura ferroviaria urbana nel tratto compreso tra via Piave e il vecchio mattatoio comunale. In città è attivo il servizio di bike sharing **GoBike**, sistema automatico di condivisione di biciclette pubbliche. Affiliato alla rete "Bicincittà", il servizio ha però la peculiarità di essere il primo **bike sharing misto**, offrendo infatti biciclette tradizionali e a pedalata assistita (o elettriche) per affrontare senza difficoltà pendenze e dislivelli. Quindici le postazioni in città, di cui cinque nella sola Ortigia. Abbonamento annuale per residenti e tessere prepagate (giornaliero € 10, 3 gg € 20, 7 gg € 40) per visitatori occasionali in vendita in corso Umberto I 21 e presso l'edicola della stazione ferroviaria (Ufficio Siracusa GoBike, numero verde 800910658; Tecnicar, tel. 3345609740, www.bicincitta.com).

vissima deviazione a nord-est, il trecentesco **palazzo Mergulese-Montalto**, solo il preludio alla scenografica **piazza del Duomo**, che nel suo spazio semiellittico ospita alcuni tra i maggiori capolavori barocchi della città. La **fonte Aretusa**, sorgente d'acqua dolce abbellita da piante di papiro, è di poco discosta, all'inizio del lungomare Alfeo, così come la **Galleria regionale di Palazzo Bellomo**, che custodisce sculture e pitture dal medioevo ai giorni nostri, tra cui un capolavoro quale l'*Annunciazione* di Antonello da Messina. Lo squadrato **castello Maniace**, risalente alla dominazione normanna, svetta sull'estremità meridionale dell'isola: inoltrandosi nel fitto reticolo di vicoletti medievali che coronano a nord la fortezza si può trovare ristoro, assaporando le specialità cittadine in uno dei molti ristorantini e trattoria che affollano la zona.

Il secondo itinerario si svolge sulla terraferma, e tocca il **distretto archeologico della Neapolis**, anch'esso raggiungibile con i mezzi pubblici dell'AST. Qui è custodito l'immenso patrimonio che testimonia della grandezza della città in epoca ellenistica, a cominciare dal grande **Teatro greco**, tutt'oggi utilizzato per rappresentazioni classiche. Egualmente mirabili l'**anfiteatro**, manufatto romano di epoca imperiale perfettamente conservato, l'imponente **ara di Ierone II**, risalente al III secolo a.C., e le **latomie**, le grandi cave di calcare utilizzate fino dall'epoca greca per la realizzazione di templi, strade e strutture destinate alla difesa della città e che successivamente furono impiegate come luogo di detenzione: tra tutte, la latomia del Paradiso custodisce l'impressionante **orecchio di Dioniso**, enorme cavità scavata nella roccia dall'acustica eccezionale, e la **grotta dei Cordai**, luogo un tempo deputato alla tessitura delle corde in canapa. Il **Museo archeologico regionale "Paolo Orsi"** ospita una tra le più importanti raccolte europee di reperti preistorici e di epoca greca. A pochissima distanza dalla città sono visitabili l'**Area marina protetta del Plemmirio**, mix ineguagliato di bellezze naturali e importanti reperti archeologici, e l'affascinante **castello di Eurialo**.

I MUST DA NON PERDERE

Il Duomo e la sua piazza

Informazioni: Duomo, piazza Duomo 16, tel. 093168768, lun-dom 7.30-19.30

Unico vero spazio aperto di Ortigia insieme a piazza Archimede, quella del Duomo è una delle più belle piazze della Sicilia orientale. Il particolare spazio semiellittico, oggi completamente pedonalizzato, è dominato dal Duomo, nucleo centrale verso il quale convergono i movimenti curvilinei dell'area circostante. Affacciano sulla piazza, tra gli altri, il **palazzo del Senato**, ora sede del Municipio, realizzato da Giovanni Vermexio tra il 1629 e il 1633, con la sua balconata e lesene che inquadrano nicchie e finestre, mentre al piano terra sono visibili i resti delle fondazioni di un tempio ionico risalente al VI secolo a.C. Di fronte all'edificio comunale, il settecentesco **palazzo Beneventano del Bosco** ingloba un preesistente edificio di epoca sveva, mentre all'estremità opposta spicca l'elegante balconata del tardo barocco **palazzo Borgia del Casale**. Accanto, la **chiesa di S. Lucia alla Badia**, interamente distrutta dal terremoto del 1693 e ricostruita nel 1703 su progetto dell'architetto Luciano Caracciolo; dal 2010 ospita il capolavoro caravaggesco *Seppellimento di S. Lucia*.
Il **Duomo**, con la splendida **facciata barocca** mossa da colonne, architravi e cornicioni, è l'edificio architettonicamente più importante della piazza. Edificato a partire dal 1728 su progetto dell'architetto trapanese Andrea Palma, presenta esternamente anche un imponente complesso statuario, opera del palermitano Ignazio Marabitti. Una delle particolarità del complesso è l'avere inglobato il **preesistente tempio di ordine dorico dedicato ad Atena**, resti del quale sono tuttora visibili sul lato interno del vestibolo e sui fianchi delle navatelle, così come, esternamente, dalla contigua via Minerva. Furono i bizantini a trasformare l'originario luogo di culto in chiesa cristiana, ottenendo l'impianto a tre navate attraverso la muratura degli spazi tra le colonne e aprendo otto archi per lato nelle pareti della cella del tempio greco. All'interno, veri e propri capolavori di **Antonello Gagini** (*Madonna della Neve*), **Luigi Vanvitelli** (ciborio) e **Pietro Rizzo** (simulacro argenteo di S. Lucia).

Teatro greco

Informazioni: Teatro greco, viale Paradiso (Parco archeologico), tel. 093166206, lun-dom 9-18, ingresso € 10, fino a 18 anni e oltre i 65 € 4

Un altro dei monumenti simbolo di Siracusa, il Teatro greco, con i suoi 140 metri di diametro uno dei più vasti dell'antichità, è il principale catalizzatore del **Parco archeologico della Neapolis**. Supposta opera dell'architetto Demoskopos, sarebbe stato utilizzato per le rappresentazioni già nel 470 a.C. In realtà, la tesi più accreditata - sostenuta da alcune iscrizioni dell'epoca - è che la struttura oggi visibile sia stata fatta edificare da Ierone II, nel III secolo a.C. La **cavea** è suddivisa in nove 'spicchi' mediante **otto scalinate**; degli originali 67 ordini di gradini, interamente scavati nella roccia, ne restano solo i 46 inferiori, mentre quelli superiori - formati da enormi massi squadrati - furono asportati dagli spagnoli per innalzare la cinta muraria di Ortigia.

SPUNTI E CHICCHE LOW COST

La fonte Aretusa

ⓘ **Informazioni: Fonte Aretusa, imbocco lungomare Alfeo, visibile dalla sede stradale**

Fino al 1847, anno in cui venne realizzato l'attuale invaso semicircolare che affaccia **all'imbocco del lungomare Alfeo** (oggi abbellito dalle piante di papiro), la millenaria sorgente d'acqua dolce sbucava direttamente tra gli scogli. Uno dei luoghi simbolo della città, alle sue origini leggendarie hanno reso omaggio scrittori, poeti e viaggiatori di ogni epoca. Ancora oggi si resta affascinati dal mito della ninfa Aretusa: trasformata in fonte da Artemide per sfuggire la corte serrata di Alfeo, si inabissò nello Ionio per riapparire sulle rive dell'isola di Ortigia. Qui però giunse anche l'indomito Alfeo che, trasformato da Zeus in fiume, potè finalmente mischiare le sue acque a quelle dell'amata.

Latomie e S. Nicolò ai Cordari

ⓘ **Informazioni: Latomia del Paradiso, viale Paradiso, tel. 093166206, lun-dom 9-18; Latomia dei Capuccini, largo Cappuccini, tel. 0931411394 o 3336456499, lun-ven 9.30-13; Chiesa di S. Nicolò ai Cordari, piazza S. Lucia, tel. 096166206, lun-dom 9-18**

Avendo più tempo a disposizione, non si può lasciare Siracusa senza aver visitato la **latomia del Paradiso**, la più vasta e probabilmente la più celebre delle cave siracusane. Parzialmente aperta al pubblico in quanto ancora soggetta a lavori di consolidamento, deve il suo nome alla lussureggiante vegetazione che l'avvolge e ospita, al proprio interno, il cosidetto '**orecchio di Dioniso**', impressionante cavità dalla resa acustica eccezionale.
Degna di nota è anche la **latomia dei Cappuccini**, all'estrema periferia settentrionale della città, circondata da impressionanti pareti a strapiombo. All'ingresso del parco archeologico è anche la piccola **chiesa di S. Nicolò ai Cordari**, costruzione normanna a navata unica dell'XI secolo. L'edificio sorge su una grande aula tripartita da pilastri che ai tempi serviva da serbatoio per la raccolta delle acque: queste, attraverso un condotto, venivano fatte defluire nel vicino anfiteatro.

Festa di S. Lucia

ⓘ **Informazioni: Comune, via S. Metodio 28, numero verde 800299507, www.comune.siracusa.it/SantaLucia.**

Indiscutibilmente economica è una puntata a Siracusa in occasione delle ricorrenze dedicate a S. Lucia, quando l'intera città si pavesa a festa e le pasticcerie sfornano la delicata cuccìa, frumento cotto e poi addolcito con miele o zucchero, e arricchito spesso con ricotta. La prima domenica di maggio la grande processione in onore della Santa viene preceduta dalla liberazione di quaglie e colombe dall'alto della **chiesa di S. Lucia alla Badia**, mentre il 13 dicembre il corteo sacro si muove dal Duomo alla **chiesa di S. Lucia al Sepolcro** - nell'omonima piazza - per fare ritorno in piazza Duomo sette giorni dopo (periodo così detto 'dell'ottava').

Gratis

A Siracusa è possibile visitare gratuitamente la **Galleria civica d'Arte contemporanea** (via S. Lucia alla Badia 1, tel. 093124902, www.montevergini.com, mar-dom 9-13 e 16-20) e il **Museo del Papiro** (viale Teocrito 66, tel. 0931 161616-093122100, www.museodelpapiro.it). Quest'ultimo, fondato nel 1989, testimonia dell'antica tradizione della lavorazione del papiro a Siracusa, città nei pressi della quale sorge la colonia più estesa della pianta di papiro egiziano (*Cyperus papyrus*) in Europa.

Castello di Eurialo

ⓘ **Informazioni: Castello di Eurialo, via Epipoli-SP46, tel. 0961711733, aperto tutti i giorni 9-tramonto, ingresso € 4, 18-25 anni € 2, gratuito sotto i 18 anni e oltre i 65**

Molto affascinante è anche la brevissima escursione ai resti del **castello di Eurialo** (dal greco *eurvelos*, chiodo dalla larga base), svettante sull'altopiano di Epipoli: si potrà godere di panorami indimenticabili dalla sommità della fortezza fatta erigere nel V secolo a.C. da **Dionisio il Vecchio**. A circa 7 km dalla città, in direzione di Belvedere, sorge la più grande e completa opera militare che sia rimasta del periodo greco: circa 15 000 mq di estensione, larghi **fossati**, **torri d'avvistamento**, un **ponte levatoio** e **trincee sotterranee** rendevano Siracusa inespugnabile.

Area marina protetta del Plemmirio

ⓘ **Informazioni: Consorzio Plemmirio, via Abela 2, tel. 0931449310, www.plemmirio.it**

Area di grande valore paesaggistico e storico, coincidente con la penisola della Maddalena e dove, accanto a fondali cristallini, con grotte, cavità e calette, sono importanti reperti archeologici che testimoniano della presenza umana già in epoca preistorica.

MANGIARE A SIRACUSA

ARCHIMEDE

Via Gemmellaro 8, tel. 093169701, trattoria.archimede@gmail.com • coperti 150+120 • chiuso domenica (tranne in estate) • cucina siciliana • Due sale accoglienti divise da archi trecenteschi, in attività dal 1938; pesce fresco e cucina tipica con specialità di mare: lasagne di pesce, ravioli di scampi, spigola all'arancia e sorbetto al mandarino. Sull'altro lato della via, pizzeria della stessa gestione. **• Prezzi:** 25/40

DAFNE

Via Elorina 97, tel. 093121616-093166110, www.dafneristorante.com • coperti 200+500 • chiuso mezzogiorno di lunedì, periodo in gennaio e in novembre • cucina siciliana e classica • Sulla sponda del fiume Anapo, un locale di buon tono; servizio estivo di ristorante e pizzeria nell'ampio giardino, con piano bar tutte le sere. Tra le proposte: spaghetti ai ricci di mare, pesce al sale e ottimi dolci locali. È gradito abbigliamento sobrio. **• Prezzi:** 30/40

DIONISO

Via Arezzo 29, tel. 093124679-3273071855, www.dionisowine.com • coperti 40+20 • chiuso martedì (tranne in estate) • cucina siciliana e di ricerca • Nel cuore di Ortigia, una trattoria tipica che propone specialità locali a base di carne e pesce sempre freschissimi. L'ambiente è informale, con due salette interne e qualche tavolo anche all'esterno. La cantina offre più di 700 etichette nazionali. **• Prezzi:** 25/40

LA CANTINACCIA

Via XX Settembre 13, tel. 093165945-3333512113, www.ristorantelacantinaccia.it • coperti 90+100 • aperto maggio-settembre, chiuso martedì • cucina siciliana • In posizione centrale, locale in stile rustico, con bella veranda fronte mare e giardino; linea gastronomica che privilegia il pescato giornaliero: caponata di pesce spada, linguine ai ricci, pesce al sale, zuppa di cozze e vongole e frittura mista di paranza. Anche pizzeria. **• Prezzi:** 20/30

LA SPIAGGETTA

Località Fontane Bianche, viale dei Lidi 473, tel. 0931790334, info@ristorantelaspiaggetta.it • coperti 500+300 • chiuso martedì (tranne in estate) • cucina siciliana • Locale capiente e di linee moderne, con vista sulla bella insenatura naturale. La cucina, anche con forno per buone pizze, propone gustosi piatti locali e, in particolare, specialità ittiche: ottimi gli spaghetti ai ricci o al nero di seppia, la zuppa di pesce e il dolce della casa. **• Prezzi:** 25/35

LIMONETO

Via del Platano 3, tel. 0931717352, www.limoneto.it • coperti 150+50 • aperto solo la sera (giugno-settembre anche domenica a mezzogiorno), chiuso novembre • cucina del territorio • Piacevole ristoro agrituristico, circondato da un bel giardino e

Chicche golose

La tradizione culinaria siracusana si basa su una felice commistione tra sapori di mare e di terra. Della tradizione orientale è rimasto vivo il sapiente utilizzo delle spezie, presenti in molti piatti. Tra le specialità, la **pasta con il ragù e le noci**, il **tonno alla ghiotta**, con pomodori, peperoni, patate e cipolla, il **coniglio alla stimpirata** (preparato utilizzando pinoli, uva sultanina e capperi) e la deliziosa **cassata**.

dall'agrumeto che dà il nome all'azienda. La sala da pranzo è di tono rustico, l'atmosfera familiare e la cucina propone le specialità del territorio realizzate con materie prime accuratamente selezionate. Il menu varia spesso seguendo il ritmo delle stagioni; tra le proposte è possibile trovare: verdure grigliate e caponata, ravioli di ricotta al sugo, capretto al forno con patate e, per finire, cassata e cannoli di ricotta. A disposizione, per chi volesse pernottare, anche alcune camere. • **Prezzi:** 22/30

MIZZICA SICILIY FAST FOOD

Via del Consiglio Reginale 29, tel. 093165099, mizzicasicilyfastfood@virgilio.it • coperti 20+60 • chiuso mercoledì (tranne in estate), gennaio e febbraio • cucina siciliana • Un mix di moderno e rustico sia nell'arredo sia nella proposta gastronomica; una sorta di fast food 'alla siciliana' e rosticceria, a conduzione familiare, con possibilità di asporto delle specialità dal sapore tipicamente casalingo che propone. Tra queste: anellini siciliani, lasagne vegetariane, pasta alla Norma, polpo alla Luciana, sarde a beccafico, pesce spada alla siracusana. • **Prezzi:** 12/25

OSTERIA DA MARIANO

Vicolo Zuccalà 9, tel. 093167444, www.osteriadamariano.it • coperti 80+40 • chiuso martedì, luglio • cucina siciliana • Locale informale con tavolini anche all'esterno, sotto balconi fioriti. Atmosfera simpatica, favorita dalla cortesia del proprietario che accoglie, consiglia, si fa in quattro per l'ospite. Ricette dell'entroterra siracusano come le penne con le mandorle o la pasta con pomodoro secco, la frittata di ricotta, gli involtini di melanzana, le carni alla griglia, l'insalata di arance con le cipolle. • **Prezzi:** 20/25

OTTOCENTO

Via Roma 5, tel. 0931483003, www.ottocentoristorante.com • coperti 140 • chiuso martedì, ferie variabili • cucina siciliana • Al primo piano di uno splendido palazzo di metà Ottocento, un locale elegante e raffinato, con autentici arredi d'antiquariato e finestre che si affacciano sulla piazza principale di Ortigia. La cucina propone i piatti della tradizione siciliana più schietta, molti dei quali a base di pesce fresco. Dal menu: caponata di pesce, ravioli di ricotta al nero di seppia, grigliata mista di pesci e crostacei e, per chiudere, i deliziosi dessert siciliani, come il parfait di ricotta e i cannoli. Curata selezione di vini esclusivamente regionali. • **Prezzi:** 25/45

ROOF GARDEN

Passeggio Adorno 10/12, tel. 0931319100, www.hotel-desetrangers.it • coperti 80 • cucina mediterranea e di ricerca • Uno dei due ristoranti del prestigioso Hotel Des Etrangers che sorge nel cuore di Ortigia, in posizione incantevole di fronte al mare. Ambiente raffinato, arricchito da marmi e stucchi, con magnifica terrazza panoramica che invita a pranzare all'aperto. In tavola i piatti della migliore cucina mediterranea, rivisitata con mano felice per adeguarla ai gusti di oggi. • **Prezzi:** 30/40

SHANGHAI

Via Castello Maniace 7, tel. 093121388 • coperti 60 • chiuso mercoledì • cucina cinese • Quasi al vertice dell'isola di Ortigia, un locale che riprende nel nome la zona di origine, ma non mancano piatti cantonesi o del Nord della Cina. Non c'è che da scegliere: piatti di pesce, carne, verdura, in agrodolce, al vapore, stufati o fritti, per arrivare all'anatra laccata alla pechinese (da prenotare). • **Prezzi:** 10/20

DORMIRE A SIRACUSA

AL MERCATO DI ORTIGIA

B&B • Piazza Cesare Battisti 3, tel. 093161188-3403762060, www.almercatodiortigia.it • 3 camere • Situato nell'affascinante e caratteristico mercato di Ortigia, offre camere arredate con originalità, dai toni caldi e confortevoli. Ricca colazione. **• Prezzi: camera doppia 50/69**

ARTEMARE SIRACUSA

B&B • Riviera Dionisio il Grande 82, tel. 093168797-3396143648, www.artemare.sr.it • 4 camere • All'interno di un antico palazzo signorile, a pochi metri dal mare e dalle principali attrazioni turistiche; offre comfort e servizio qualificato; molto bella la corte coi portici che fa da sfondo al grazioso giardinetto. **• Prezzi: camera doppia 50/60**

CAPO CORSO

Agriturismo • Località Capo Corso, traversa Ponte di Capo Corso 1, tel. 0931711834-3478817660, www.capocorso.it • 6 camere, 3 appartamenti • Uno dei primi agriturismi di Siracusa, a due passi dal capoluogo, si trova su una collina dove regnano silenzio e tranquillità. Gli alloggi sono ampi e confortevoli; negli ambienti comuni, arredati con cura, gli strumenti tradizionali del lavoro dei campi. Piscina a disposizione. Cucina regionale, realizzata con i prodotti aziendali. **• Prezzi: camera doppia 50/70**

CASA CRISTINA

B&B • Via Chindemi 8, tel. 093162205-3397849649, www.casacristinasr.it • 3 camere • Antico palazzo nobiliare interamente restaurato, di fronte al tempio di Apollo. Le camere sono luminose e spaziose, arredate con mobili originali della casa. A disposizione degli ospiti un'accogliente sala da pranzo. **• Prezzi: camera doppia 50/70**

CASE DAMMA

B&B • Strada per Canicattini 28 al km 9, tel. 0931717405-3472536720, www.casedamma.it • 4 camere • Tra giardini di aranci e limoni, un'antica masseria con evidenti rimandi ottocenteschi offre camere dal buon comfort, ricavate dalla ristrutturazione dei magazzini e del fienile, e sala da pranzo nell'ex palmento-trappeto, adibito a frantoio. A pochi chilometri le spiagge di Fontane Bianche e Vendicari. **• Prezzi: camera doppia 72/90**

IL CASALE

B&B • Località Isola, via delle Fornaci 103, tel. 0931721398-3392001287, www.ilcasalebb.com • 5 camere, 2 appartamenti • Sull'isola di Ortigia, una dimora di campagna dall'arredo classico e di stile; la residenza è dotata di sala lettura e veranda con vista sul giardino. Per il tempo libero, immersioni guidate e convenzione con un vicino ristorante. **• Prezzi: camera doppia 50/100**

ITACA

B&B • Piazza Archimede 2, tel. 3406314981, www.itacainn.it • 4 camere • Nel cuore del centro storico, camere interamente ristrutturate, nel rispetto del preesistente impianto, ma con stile moderno e grande cura nei particolari. **• Prezzi: camera doppia 60/100**

LA CORTE

B&B • Località Fontane Bianche, via Orsa Minore 16, tel. 0931790012, www.lacortesiracusa.it • Stagionale • 3 camere • Vicino al mare, dotato di ogni comfort, dalla climatizzazione ad ambienti comuni quali libreria e terrazza. La colazione viene servita nel patio o nella bella veranda, che si affaccia sul giardino. **• Prezzi: camera doppia 60/100**

ORTIGIA - CAMERA CON VISTA

B&B • Via delle Carceri Vecchie 23, tel. 3493933613-093165355, www.ortigia-cameraconvista.it • 3 camere • In un palazzo dell'Ottocento situato sull'isola di Ortigia, una sistemazione che offre camere con bella vista sul mare. Gli ambienti sono arredati con mobili d'epoca e hanno un tono semplice, elegante e confortevole. **• Prezzi: camera doppia 60/90**

PICCOLO HOTEL CASA MIA

B&B • Corso Umberto I 112, tel. 0931463349, www.bbcasamia.it • 22 camere • In pieno centro, una piacevole struttura con poche camere, ampie e luminose, dotate di soffitti a volta, mobili in stile liberty e comfort essenziali. Durante i mesi estivi, la ricca colazione è servita in un grazioso cortiletto esterno. **• Prezzi: camera doppia 65/90**

POZZO DI MAZZA

Agriturismo • Località Milocca, S.P. 58, tel. 368666928, www.pozzodimazza.it • Stagionale • 11 camere • Ricavato da un caseggiato ottocentesco circondato da una orangerie, l'agriturismo è articolato in diversi casali ristrutturati nel rispetto dell'architettura originale. Gli alloggi, attrezzati con moderni comfort, hanno ingresso indipendente e soppalco. Colazione con gustosi prodotti artigianali. **• Prezzi: camera doppia 76/104**

RINAURA

Campeggio • Località Marina Sindona, contrada Rinaura, S.S. 115 al km 4, tel. 0931721224, www.campingrinaura.it • Questo impianto si trova in campagna, tra olivi e mandorli, e si presenta molto semplice nelle strutture e nei servizi; camere e bungalow in muratura con bagno e cucina. Apprezzabili la manutenzione e la pulizia.

SOLELUNA

Agriturismo • Località Cozzo Pantano 6/B, tel. 093161104-3471343051, www.soleluna-sicilia.it • 5 camere • Azienda immersa nella macchia mediterranea ricavata da vecchi magazzini e vecchie stalle rimodernate. Bel giardino con parco giochi, solarium e piscina panoramica. Possibilità di acquistare i prodotti dell'azienda, tutti rigorosamente di agricoltura biologica. **• Prezzi: camera doppia 60/80**

TRE ARCHI

B&B • Via del Crocifisso 30, tel. 0931483020-3284712001, www.trearchisiracusa.com • 5 camere • Nel cuore di Ortigia, una struttura risalente alla fine dell'Ottocento recentemente ristrutturata. Arredi eleganti e tutti i comfort in stanze caratteristiche, ampie e accoglienti. La colazione si consuma direttamente nel cuore della città, in un caffè vicino. Parcheggio convenzionato. **• Prezzi: camera doppia 60/90**

TRISKELES

B&B • Via Torino 27, tel. 0931744709-3345801605, www.bbtriskeles.com • 5 camere • Elegante struttura sita dietro la basilica di S. Lucia. Camere spaziose ed eleganti, con mobili in arte povera. Colazione nel solco della tradizione isolana. **• Prezzi: camera doppia 50/70**

VILLA CRISTINA

Agriturismo • Località Cozzo Pantano 15, tel. 3485121829, www.agriturismovillacristina.com • 6 camere • Masseria a breve distanza dalla città e dalle principali località balneari della zona; camere accoglienti, arredate con gusto e numerosi confort; veranda esterna, ideale per i momenti di pace e relax. Per gli amanti dello sport, a disposizione anche un campo da tennis. **• Prezzi: camera doppia 70/90**

CAGLIARI
bellezze capitali

Costruita su sette colli come la Città Eterna, Casteddu domina il golfo degli Angeli. Da sempre le origini di Cagliari sono avvolte nel mistero e nel mito, secondo il quale fu Aristeo, figlio di Apollo, a porne le fondamenta. Stanziamento nuragico in origine, città fenicia, quindi cartaginese a partire dal V secolo a.C., la città conobbe un periodo di grande splendore sotto la dominazione romana, per poi vivere con alterne fortune l'egemonia di pisani e aragonesi. Quel che è certo, è che fin dal basso medioevo Cagliari ha svolto la funzione di centro più importante dell'isola (è del 1327 l'elevazione a 'città regia'), ruolo sancito definitivamente nel 1948, con la sua elezione a capoluogo regionale. Città aperta all'innovazione e alla progettualità, oggi Cagliari non è più il luogo di transito da lasciare in fretta per tornare 'in continente', ma la forza trainante di un'isola che vorrebbe finalmente iniziare a correre con le proprie gambe. Fatta di panorami improvvisi che si aprono sull'amplissimo golfo – da capo Carbonara, a est, a capo Spartivento, dalla parte opposta – Cagliari aspetta così, accogliente e cosmopolita, per un abbraccio difficile da dimenticare.

QUANDO ANDARE E PERCHÉ

Cagliari, oltre a godere di un clima eccezionale e di un ambiente e territorio generosissimi quanto a bellezze naturali e a offerta enogastronomica, è una città ricca di arte, storia e cultura; naturalmente vocata all'accoglienza, vi farà sentire in ogni momento a vostro agio, contenti di averla scelta per la vostra vacanza, seppure breve. Quanto alla scelta del periodo, sarebbe facile dire durante l'estate. Il clima – godibilissimo anche nelle stagioni di mezzo – aiuta a coniugare i tour cultural-gastronomici al relax da spiaggia: il Poetto è a due passi, ma anche i bellissimi arenili che occhieggiano da Villasimius e Maddalena sono raggiungibili in breve tempo. Tuttavia, potendo, ci sentiamo di consigliare la primavera, quando la natura esprime il massimo della sua forza e i dintorni, come tutta la Sardegna, assumono stupende tonalità di verde, offrendovi una visione del territorio davvero inusuale.

COME ARRIVARE

→IN AUTO Cagliari, all'estremità meridionale della Sardegna, è il terminale di una fitta rete viaria, che la collega con tutti i principali centri dell'isola: la **SS131 Carlo Felice**, con

Sassari, Alghero e Porto Torres; la **SS125 Orientale Sarda**, con San Teodoro tramite la diramazione della SS131, e da qui fino a Olbia; la **SS130 Iglesiente**, con Iglesias e Carbonia; e la **SP17**, con Villasimius. A livello locale, particolare importanza rivestono la **SS554 Cagliaritana**, che funziona da raccordo esterno di tutti gli assi viari che convergono sulla città, e la **SS131dir**, o **asse mediano di scorrimento**, che mette in comunicazione la viabilità cittadina con la superstrada Carlo Felice.

→IN TRENO La stazione di Cagliari, in piazza Matteotti, è il punto di arrivo delle linee **Trenitalia** (tel. 892021, www.fsitaliane.it) da Iglesias, Carbonia, Oristano, Olbia, Golfo Aranci e Sassari; vi fanno scalo anche i convogli del servizio suburbano da Decimomannu. Tutta la rete ferroviaria sarda non è elettrificata.

→IN AEREO Lo scalo cittadino è l'**Aeroporto internazionale "Mario Mameli" di Cagliari Elmas** (via dei Trasvolatori, località Aeroporto, Elmas, tel. 070211211, www.cagliariairport.it), distante 7 km dal centro città. L'aerostazione è raggiungibile con il bus navetta **ARST-Trasporti Regionali della Sardegna** (via Zagabria 54, numero verde 800865042, www.arst.sardegna.it) in partenza dall'autostazione di piazza Matteotti (stallo 8), con un tragitto di circa 10 minuti. Prima corsa alle 5.20, le tre successive alle 6.10, 7.10 e 8.10, quindi partenze ogni 30 minuti, dalle 9 alle 22.30.

→IN AUTOBUS Cagliari è collegata ai principali centri regionali dal servizio di bus extraurbani **ARST** (www.arst.sardegna.it), con corse giornaliere da Sassari e Nuoro.

→IN NAVE Il porto storico di Cagliari (Stazione Marittima, Molo Sanità, via Roma) è il terminal di diverse linee **Tirrenia** (tel. 892123, www.tirrenia.it) da Arbatax, Civitavecchia, Napoli, Palermo e Trapani.

Voli low cost

Compagnie che operano su Cagliari: **Meridiana fly** (tel. 892928, www.meridiana.it), da Bologna, Firenze, Milano (Orio al Serio e Linate), Napoli, Olbia, Palermo, Roma Fiumicino, Torino, Venezia e Verona; **easyJet** (tel. 899234589, www.easyjet.com), da Milano Malpensa; **Ryanair** (tel. 89901880, www.ryanair.com), da Bari, Cuneo, Genova, Milano Orio al Serio, Parma, Perugia, Pescara, Pisa, Roma Ciampino, Trapani, Trieste, Venezia-Treviso e Venezia-Marco Polo.

COME MUOVERSI

→IN AUTO Pur avendo una discreta viabilità, Cagliari presenta una vasta **zona a traffico limitato** (ZTL). Nel centro storico sono presenti cinque aree con queste caratteristiche – **Castello, Marina, Stampace Basso, Stampace Alto** e **Villanova** – l'accesso alle quali è vincolato a orari e permessi particolari. Anche il lungomare **Poetto**, da piazza Arcipelaghi fino al canale adduttore delle Saline, è sottoposto a rigida regolamentazione (traffico inibito nella fascia oraria 21-6). Per girare in città conviene allora lasciare la macchina in qualche parcheggio del centro e muoversi a piedi, oppure servirsi dei mezzi pubblici, che circolano dalle 4 del mattino fino alle 00.50 e grazie ai quali, mediamente con due linee, è possibile raggiungere quasi tutto il territorio cittadino. **Parcheggi gratuiti** sono quelli di piazza Palazzo e piazza del-

Eventi e manifestazioni

DanzaInMovimento
(marzo-novembre)

Rassegna di danza contemporanea organizzata dall'associazione Tersicorea (via Nazario Sauro 6, tel. 070275304, www.tersicorea.it, biglietti € 6, ridotti € 5).

Festa di S. Efisio
(maggio)

Dal 1657, ogni primo maggio si svolge la processione dedicata a S. Efisio. Sfilano i figuranti nei costumi tradizionali, le *traccas* (carri addobbati a festa trainati da buoi) e i cavalieri del Campidano. Il 4 maggio il simulacro del Santo fa il suo rientro nella chiesa cagliaritana (tel. 0706778470).

European Jazz Expò
(maggio)

Evento internazionale di musica jazz, ormai un punto di riferimento tra le rassegne di genere. Come palcoscenico principale, il verde del parco di Monteclaro; di contorno, concerti in teatri e palcoscenici improvvisati per le strade della città (www.jazzin sardegna.it).

Monumenti Aperti
(maggio)

Oltre cento monumenti protagonisti di una due giorni tutta dedicata alla riscoperta del patrimonio culturale cittadino (www.monumen tiaperti.com.it).

Sagra della Madonna di Bonaria
(luglio)

Celebrata solennemente dalla processione che, nella notte tra il 24 e il 25 aprile, i fedeli compiono da Sinnai fino al santuario a lei dedicato, la Madonna di Bonaria riceve la sua consacrazione la prima domenica di luglio. In quella data, infatti, ha luogo la celebre processione con la statua della Vergine, che viene condotta fino al porticciolo di Su Sicco, dove viene calata in mare una corona in memoria dei marinai morti in guerra. Al ritorno, i fedeli accompagnano la statua nella basilica (piazza Bonaria 2, www.bonaria.eu).

la Repubblica, così come la grande area prospiciente lo Stadio Sant'Elia. **CTM Service** gestisce 2850 posti auto in città, con tariffe che nei parcheggi a raso sono di € 0,50 nelle fasce orarie 9-13 e 16-20, tranne in via Alghero e in largo Carlo Felice, dove si applica una tariffa pari a € 1 per ogni ora di sosta. Nel **multipiano** di via Manzoni la tariffa oraria è di € 0,60.

→IN AUTOBUS Il servizio di trasporto urbano è curato da **CTM** (viale Trieste 159/3, numero verde 800078870, www.ctmcagliari.it), che gestisce 30 linee automobilistiche e 3 filoviarie (la 5 e le circolari 30 e 31). Biglietti (validità 90 minuti con esclusione di Metrocagliari € 1,20, validità 120 minuti € 2, giornaliero € 3) in vendita presso i **CTM Point** di piazza Matteotti e viale Trieste.

→IN METROTRANVIA Dal 2008 la città si è dotata di una linea tranviaria – **Metrocagliari** – ricavata dalla ricostruzione del tratto urbano della ferrovia a scartamento ridotto per Isili. Lunga poco più di 6 km, collega piazza della Repubblica a Monserrato (con otto fermate intermedie) in circa 18 minuti. Il servizio è attivo nell'orario 6-23 (festivi 7-21).

→IN TAXI Nove sono le postazioni fisse dei taxi in città; tra queste, la principale è l'area di piazza Matteotti, nei pressi dello scalo ferroviario e dell'autostazione. Il servizio di radio e web taxi è gestito 24 ore su 24 dalle cooperative **Radiotaxi 4 Mori** (via Maglias 5, tel. 070400101, www.cagliaritaxi.com) e **Radiotaxi Cagliari Rossoblu** (via Duomo 19, tel. 070658130, www.radiotaxirossoblu.com).

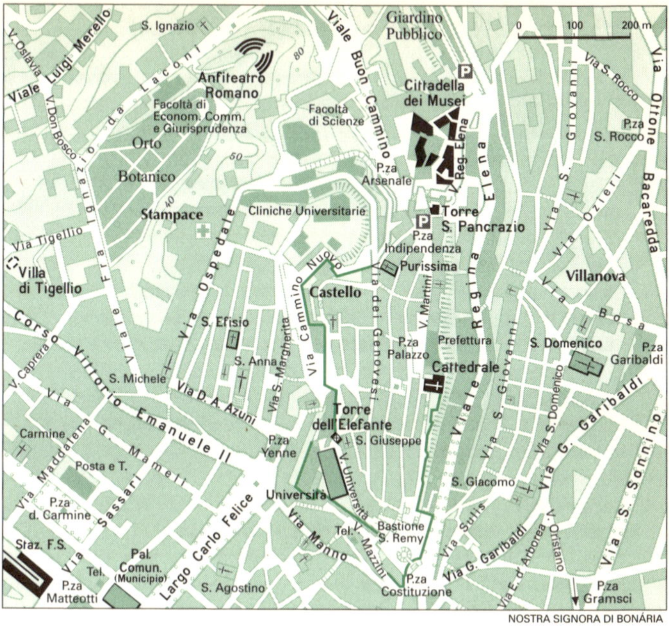

SCONTI E RIDUZIONI

➔KARALIS CARD

Per chi sceglie di fermarsi a Cagliari qualche giorno, può essere conveniente acquistare la Karalis Card (www.karaliscard.it), la carta integrata per l'accesso illimitato gratuito o scontato ai luoghi della cultura e all'intera rete di trasporto pubblico afferente al CTM-Consorzio Trasporti e Mobilità di Cagliari. Le tipologie sono due e hanno entrambe validità annuale, al costo rispettivamente di € 30 (adulti) e € 25 (minori di 18 anni e over 60); si può acquistare in tutti i musei cittadini e i siti aderenti all'iniziativa, nei CTM point, nei punti di informazione turistica, all'aeroporto e nelle stazioni, oltre che nelle agenzie di viaggio, nelle librerie e in molti alberghi, edicole e parcheggi.

Wi-Cagliari

A partire dal maggio 2010 è stata approntata una rete wi-fi gratuita, in grado di coprire i principali punti della città. Dopo il primo collaudo, avvenuto in occasione della festa di S. Efisio, è possibile navigare liberamente per una sola ora al giorno, mentre l'accesso ai siti istituzionali è sempre disponibile. Il tutto, previa identificazione tramite numero di cellulare. Condizione imprescindibile (e anche un po' macchinosa) per i turisti: l'acquisto di una scheda di telefonia mobile e la registrazione presso gli info point dislocati in città o l'Urp comunale. Al momento, le aree coperte dal servizio sono quelle da via Roma a piazza Jenne, da viale S. Vincenzo ai Giardini pubblici e viale Buoncammino, oltre al lungomare del Poetto.

SCOPRIRE CAGLIARI A PIEDI

Negli ultimi anni Cagliari ha cercato di darsi una nuova dimensione, riparametrando anche il suo ruolo di polo commerciale e di transito. E in buona parte c'è riuscita: con un sostanziale ammodernamento delle infrastrutture (rete di trasporti, Parco della Musica, nuovo quartiere fieristico) e con la rivalutazione - peraltro ancora in corso - del suo ricco patrimonio storico e architettonico.
Un modo interessante di approcciare la città è quello di passeggiare sui bastioni, punto di osservazione privilegiato e sorta di *miradouro* sui quartieri storici del centro cittadino: **Castello**, **Villanova**, **Marina** e **Stampace**. Proprio da Castello, l'antico *castrum* che domina la città dall'alto e ne costituisce il nucleo storico, può partire la discesa verso il mare. Perdersi nel dedalo di vicoli medievali o ritrovarsi di colpo davanti a panorami aperti sulla città o sul golfo è questione di un attimo, come dalla cima dell'ottocentesco **bastione di Saint Remy**. Nei pressi, la **porta di San Pancrazio**, attraverso la quale si accede al complesso culturale che occupa l'area della **cittadella spagnola** e dell'**ex arsenale**, dove spiccano la **Pinacoteca** e il **Museo archeologico nazionale**.
Scendendo appena, l'aragonese **Palazzo Reale**, il settecentesco **palazzo di Città** e la più volte ristrutturata **Cattedrale di S. Maria** affacciano su piazza Palazzo, antico nucleo del potere politico-religioso cittadino. Attraversato il quartiere di Stampace, dove sono anche importanti testimonianze della città romana (**anfiteatro** e **resti della villa di Tigellio**), ci si può prendere una sosta per uno spuntino low cost una volta giunti a Marina - quartiere affollato di pizzerie, trattorie e bar - prima di scendere al porto. Da qui, via Garibaldi permette di raggiungere il quartiere di Villanova, dove si può visitare la raccolta d'arte novecentesca della **Galleria comunale d'Arte**, oppure il complesso gotico di **S. Domenico**.
Nulla vieta - se il giro diventa troppo pesante - di prendersi invece una pausa di relax sul **litorale del Poetto** oppure, più oltre, sulle spiagge che punteggiano senza soluzione di continuità la costa fino a Villasimius o a Capo Teulada.

Cagliari in bicicletta

Anche Cagliari si è dotata di un servizio di bike sharing, affiliandosi al circuito **Bicincittà**. Il sistema, estremamente semplice (che si avvale di una tessera elettronica ricaricabile), consente di prelevare la bicicletta in un punto qualsiasi della città e, dopo averne usufruito, di lasciarla in un altro. Nel centro della città sono a disposizione degli abbonati al servizio 35 biciclette, utilizzabili 24 ore su 24, 7 giorni su 7. Si parte con 4 punti-bici (**via Sonnino, piazza Repubblica, piazza Matteotti** e **Marina Piccola**), ai quali dovrebbero aggiungersene altrettanti (**via Mediterraneo, piazza Yenne, Marina** e **Villanova**) nel corso del 2012. Gli interessati potranno farsi rilasciare la card elettronica presso l'info point di piazza De Gasperi 2, tel. 0706778585.

I MUST DA NON PERDERE

La città vecchia: castéddu 'e suso

ⓘ Informazioni: Palazzo Reale, piazza Palazzo 2, tel. 0704092000; Antico Palazzo di Città, piazza Palazzo, lun-dom 9.30-13.30 e 16-20, ingresso € 4, ridotto € 2,50; Cattedrale di S. Maria, piazza S. Maria, tel. 070663837, www.duomodicagliari.it, lun-sab 7.30-12 e 16-20, dom e festivi 8-13 e 16.30-20.30; Pinacoteca nazionale, piazza Arsenale, tel. 070684000-07060518245, www.pinacoteca.cagliari.beniculturali.it, mar-dom 9-20, chiuso lun, ingresso € 4, ridotto (18-25 anni) € 2, **gratuito fino a 18 e oltre i 65**, cumulativo con Museo archeologico nazionale € 5; Museo archeologico nazionale, piazza Arsenale, tel. 070684800-070655911, mar-dom 9-19.15, chiuso lun, ingresso € 4, ridotto (18-25 anni) € 2, **gratuito fino a 18 e oltre i 65**, cumulativo con Pinacoteca € 5

Il **Castello** è sempre stata la residenza preferita di nobili e potentati locali. Alla **cittadella** - fondata dai pisani nel XIII secolo - si accede ancora oggi attraverso le antiche porte medievali, oppure - da Villanova - con la monumentale scalinata dell'ottocentesco **bastione di Saint Remy**, con annessa passeggiata coperta e la sottostante **terrazza Umberto I**. Gli altri varchi si aprono in corrispondenza della **torre dell'Elefante** (accesso da Stampace) e della **torre dell'Aquila** (oggi inglobata nel neoclassico palazzo Boyl, accesso da Marina). Di rilievo anche la **torre di San Pancrazio**, gemella di quella dell'Elefante, che anticamente fungeva da porta di accesso da nord-est, funzione oggi svolta dal portico annesso al **palazzo delle Seziate**, o delle 'sedute'.
Castello è sede, tra gli altri, del **Palazzo Reale**, o **viceregio** (oggi sede della Prefettura e della Provincia), dell'**ex palazzo di Città** e della **Cattedrale di S. Maria**, edificata in stile romanico e successivamente connubio di diversi stili artistici stratificatisi nel corso di oltre sette secoli. All'interno del quartiere è il **polo museale** (la **Cittadella dei Musei**), centrato principalmente sulla **Pinacoteca nazionale** - con lavori di artisti sardi dal Cinque al Novecento, opere pittoriche dei secoli XV-XVIII di scuola genovese, napoletana e romana, e una raccolta di retabli sardi e catalani del Quattrocento e Cinquecento - e il **Museo archeologico nazionale**.

Santuario di Nostra Signora di Bonaria

ⓘ Informazioni: Complesso del Santuario di Nostra Signora di Bonaria, piazza Bonaria 2, tel. 070301747, www.bonaria.eu, 6.30-11.30 e 16.30-19.30, Museo del Santuario, dom-lun 9-11.30 e 16-18.30

Posizionato su di un colle nella parte orientale della città, il complesso dedicato a Nostra Signora di Bonaria si compone del **santuario** vero e proprio - di impianto trecentesco, con **portale in stile gotico-aragonese** recuperato dalla medievale chiesa di S. Fran-

cesco in Stampace, demolita nel XIX secolo - della **basilica**, edificata nel corso di due secoli a partire dal 1704, e dell'annesso **convento dei Mercedari**.
Il santuario, in origine cappella della cittadella fortificata costruita dagli aragonesi, presenta una facciata a capanna estremamente semplice, in linea con quella della basilica. L'interno è a un'**unica navata**, con volta ogivale, e ospita nell'abside poligonale, al termine del presbiterio, la **statua lignea della Madonna in trono**, protettrice dei naviganti. La basilica presenta una **facciata barocca** in pietra calcarea suddivisa in due ordini: quello inferiore, a tre fornici inquadrati da coppie di lesene, immette nel pronao d'ingresso, diviso in tre campate; in quello superiore si apre la loggia delle benedizioni sormontata da un timpano con lo stemma dei mercedari. L'interno, con **impianto a croce latina a tre navate** (di cui quella centrale con volta a botte) e ampio transetto, ha dieci cappelle; le navate laterali presentano volte a vela, sovrastate da cupolini ottagonali.

SPUNTI E CHICCHE LOW COST

Il Ghetto degli ebrei

ⓘ Informazioni: Il Ghetto, via S. Croce 18, tel. 0706402115, inverno 9-13 e 16-20, estate 10-22, chiuso lun, visite guidate su prenotazione

Il complesso erroneamente noto come 'Ghetto degli ebrei' sorge sul bastione di S. Croce, tra la via omonima e il Cammino nuovo, a picco sulle mura di cinta del quartiere di Castello. L'edificio nacque nel 1738 come **caserma militare** intitolata al regnante sabaudo Carlo Emanuele III ed era destinata a ospitare il reparto dei Dragoni di Sardegna (corpo militare storico del Regno di Sardegna), funzioni che svolse fino al XIX secolo. Nel 1863, momento di massima attività, la caserma alloggiava più di 300 uomini e 40 cavalli, abitazioni per veterani, scuderie dei Carabinieri, magazzini del Genio e l'Intendenza militare. Alla fine dell'Ottocento, cessato l'uso militare, l'edificio fu ceduto a privati e trasformato in piccole abitazioni, cadendo via via in uno stato di degrado.
L'impropria denominazione di 'Ghetto degli ebrei' deriva dal fatto che poco più avanti, nella zona, esisteva realmente il quartiere dove abitava una piccola comunità ebraica, in un'area delimitata dalle vie S. Croce e Stretta. In effetti, la presenza di ebrei a Cagliari durò fino al 1492, anno di promulgazione dell'editto con il quale i reali spagnoli li scacciavano da tutti i loro territori. Il Ghetto è stato recuperato tramite un complesso e articolato restauro e, nel 2000, restituito alla città. È diventato un **centro culturale polifunzionale** che ospita mostre, convegni, seminari e concerti. Le terrazze che sovrastano il complesso offrono una visione panoramica unica della città e del golfo.

Grotta della Vipera

ⓘ **Informazioni: Grotta della Vipera, viale S. Avendrace 87, tel. 0706778490, visite su richiesta**

Si tratta di è un **monumento funebre romano** molto interessante, databile tra la fine del I e il II secolo d.C., voluto da Lucio Cassio Filippo per la moglie Pomptilla, che offrì la propria vita in sacrificio agli dei affinché facessero guarire il marito dalla malaria. All'interno del monumento c'è una struggente e tenera poesia dedicata dal marito all'amata. Le vipere in epoca romana simboleggiavano la fedeltà nell'amore coniugale. Il monumento, che si trova alle pendici del colle **Tuvixeddu**, è scavato nella roccia e fa parte della necropoli che si trovava lungo viale S. Avendrace.

Cagliari sole e mare

Per gli amanti del mare, la provincia di Cagliari è il luogo ideale: oltre a quella già citata del **Poetto** citiamo la spiaggia di **Tueredda**, di **Porto Piscinn**i e le spiagge intorno a **Villasimius**, **Costa Rei** e **Santa Margherita di Pula**. La zona costiera intorno a Villasimius, inoltre, è diventata un'area marina protetta, dove è possibile fare diverse immersioni ed escursioni, tra cui è consigliata quella sul promontorio di **Capo Carbonara**.

Parco regionale Molentàrgius-Saline

ⓘ **Informazioni: Parco naturale regionale Molentàrgius-Saline, Punto informativo, via La Palma, tel. 07037919201, www.parcomolentargius.it, aree di accesso lun-dom 8-17; noleggio biciclette: lun-dom 9-13 e 15-19, tariffa oraria € 3, mezza giornata € 7, giornata intera € 9, fino a 10 anni tariffe a partire da € 1, € 3 e € 5**

La piana che costeggia il golfo di Cagliari comprende una delle zone umide più importanti dell'intero bacino mediterraneo, un ambiente preziosissimo per numerose specie limicole e di migratori: a questo proposito, vale da solo la visita il volo dei **fenicotteri rosa**, che qui si danno appuntamento all'arrivo dei primi freddi.
Il parco, compreso tra l'asse mediano di scorrimento, a nord, e il lungomare del Poetto, fu istituito nel 1999 su un'area di circa 1600 ettari, a protezione dei bacini di acqua dolce (Bellarosa minore e Perdalonga) e salata (Bellarosa maggiore e Perda Bianca) della zona, oltre allo **stagno salmastro di Quartu**. Importanti anche le testimonianze di archeologia industriale legate alle antiche attività di **estrazione del sale**.
Nell'area sottoposta a tutela è attivo il **Centro di Educazione ambientale e alla sostenibilità "Molentàrgius"**, che coordina le attività legate alla valorizzazione dell'ambiente: didattica, visite guidate, birdwatching, manifestazioni, seminari. I sentieri del parco sono percorribili con le biciclette rese disponibili dal servizio di noleggio presente presso l'Edificio Sali Scelti.

MANGIARE A CAGLIARI

4 MORI

Via M. Angioy 93, tel. 070650269 • coperti 120 • chiuso sera di domenica • cucina sarda • Nel cuore del centro storico, un locale rinomato per la proposta gastronomica, fedele alle tradizioni sarde, e per la freschezza delle materie prime impiegate in cucina. **• Prezzi:** 30/40

AL PORTO

Via Sardegna 44, tel. 070663131 • coperti 60+15 • chiuso lunedì, periodo in gennaio • cucina mediterranea • Un ambiente elegante che pone particolare attenzione ai prodotti freschi di stagione e alle specialità della cucina di mare con qualche spunto creativo. Interessante carta dei vini, tutti locali, e buona selezione di oli, salumi e formaggi. **• Prezzi:** 25/40

BASILIO

Via Satta 112/A, tel. 070480330, www.ristorantebasilio.it • coperti 90+28 • chiuso domenica, periodo in gennaio e in agosto • cucina sarda e mediterranea • Nel centro della città, un ristorante che da oltre cinquant'anni propone il ricettario della cucina cagliaritana: spaghetti arselle e bottarga, parasangue di cavallo, fritto misto. La cantina conta una sessantina di etichette, esclusivamente sarde. **• Prezzi:** 20/30

CAFFÈ SOTTO LA TORRE

Piazza S. Giuseppe 2, tel. 070660199-3337329181 • coperti 40 • chiuso mercoledì, periodo natalizio • cucina mediterranea e nouvelle cuisine • Locale recentemente rinnovato in uno dei quartieri storici, ideale per cene con gli amici e pranzi di lavoro; tra i piatti, il riso agli agrumi, filetto alla mela verde e crema catalana con frutta di stagione. Serate a tema; anche saletta privata, cioccolateria e tecoteca. Cucina aperta fino alle 2. **• Prezzi:** 11/25

CRACKERS

Corso Vittorio Emanuele 195, tel. 070653912 • coperti 50 • chiuso mercoledì, periodo tra agosto e settembre • cucina piemontese e classica • Un angolo di Piemonte in terra sarda, dal tono familiare e informale. In menu, piatti di varia ispirazione, ma comunque con prevalenza di risotti, bolliti misti, brasato al Barolo in abbinamento a una curata carta dei vini. **• Prezzi:** 27/38

FLORA

Via Sassari 45, tel. 070664735, ristorante flora@tiscali.it • coperti 70+40 • chiuso domenica, periodo in agosto • cucina sarda e classica • La trattoria è ancora quella di tanti anni fa, mentre la proposta in cucina continua a crescere. Il menu racchiude i piatti della tradizione, elaborati con cura utilizzando le materie prime del territorio, sia di mare sia di terra: spaghetti ai granchi, pesce cappone al forno con patate, cinghiale con olive e, per finire, croccantino in salsa di fragole. **• Prezzi:** 30/35

IL PEPE ROSA

Via della Pineta 108, tel. 070303313 • coperti 60+60 • chiuso pranzo di domenica e lunedì, ferie variabili • cucina classica • Conosciuto in città soprattutto per le pizze, questo locale è anche un buon ristorante, che propone piatti di qualità. Cucina sarda e non solo da gustare nella veranda all'aperto. Solo la sera, pizze. **• Prezzi:** 20/30

LA CANTINA

Via dei Mille 3, tel. 070672039 • coperti 70 • chiuso domenica • cucina classica • In zona centrale, in una traversa di via Roma,

Chicche golose

Tra le specialità cagliaritane ci sono i **candelaus**, dolcetti a forma di candela che si ottengono da una sottilissima sfoglia di pasta di mandorle glassata che ricopre un morbido impasto di mandorle fresche, aromatizzato con acqua di fiori d'arancio. Da assaggiare la **bottarga** (uova di muggine o di tonno, salate, pressate ed essiccate), le **seadas** (sfoglie ripiene di formaggio pecorino, fritte in abbondante olio e poi ricoperte di zucchero o miele caldo, meglio se di corbezzolo), e i **malloreddus** (pasta corta, secca). Da bere, il caratteristico **mirto**.

quasi di fronte al porto, è un locale informale e giovanile in cui consumare un pasto veloce. Difficile scegliere tra le tante stuzzicanti e originali proposte. Dai panini agli snack, ai piatti composti. • **Prezzi:** 8/10

LA MOLA SARDA

Viale Trento 84, tel. 070280983, lamolasarda@hotmail.com • coperti 100 • chiuso lunedì e sera di domenica, periodo natalizio e in agosto • cucina sarda • Locale di vecchia data, una bella sala, luminosa e spaziosa, arredata con gusto e semplicità e una sala disponibile per piccoli banchetti. La cucina propone i piatti della tradizione locale, tutti basati su prodotti ittici freschi e su ingredienti di accertata qualità. • **Prezzi:** 22/35

RED FOX PUB

Via S. Giovanni 400, 3420042223 • coperti 120 • chiuso agosto • www.redfoxpub.net • pub birreria • Buona scelta di piatti in un locale dove si respira la tipica atmosfera del pub inglese; ottimo per una cena informale e rilassata. Buone le birre - anche artigianali - e ottimo rapporto qualità/prezzo. • **Prezzi:** 10/15

TRILOGY CLUB

Via Sassari 11/13, tel. 070656060 • coperti 75 • chiuso domenica, periodo in agosto • cucina sarda e classica • Un servizio accurato e cortese è garantito in questo elegante locale del centro, disposto su due livelli, dagli arredi moderni e di buon gusto, così come una raffinatezza nella preparazione dei piatti tipici della cucina classica e sarda. Dal menu segnaliamo: un antipasto a base di code di gambero con crema di basilico, le tagliatelle con pesto di rucola o gli spaghetti con frutti di mare e bottarga al cartoccio, il filetto di manzo o un ottimo duetto alla sarda (orata gratinata al forno con i gamberoni), il tutto accompagnato da vini esclusivamente del territorio. • **Prezzi:** 25/40

DORMIRE A CAGLIARI

ALMEA

B&B • Via Rockfeller 27, tel. 3280095151-3498181808, a.curin@tiscali.it • 3 camere • A pochi minuti dal centro e dalla spiaggia, elegante appartamento con camere accoglienti e confortevoli. Ricca colazione a base di prodotti genuini. • **Prezzi:** camera doppia 65/80

ANTICO PALAZZO CRISARIPA

B&B • Via Canelles 104, tel. 3479230287, www.crisaripa.it • 2 camere • All'interno delle mura del castello medievale, si alloggia in una dimora di charme, con due camere finemente ristrutturate, elementi d'arredo originali e tutti i comfort. • **Prezzi:** camera doppia 80/90

ARY

B&B • Via Roma 93, tel. 3387409704-3920469732, www.casaary.it • 2 camere • In un palazzo di fine Ottocento, una casa che dispone di camere piacevolmente arredate e dotate di comfort. Un comodo soggiorno ricco di libri e la cucina completano l'offerta. **• Prezzi: camera doppia 70/80**

BOUGANVILLE

B&B • Via dei Tritoni 8, tel. 3402808612, mariapaolaciani@tiscali.it • 3 camere • All'interno di una villa e in un ampio giardino, non distante dalla zona fieristica, camere arredate con classe, luminose e confortevoli. In inverno, la prima colazione viene servita in un ampio salone (utilizzabile anche come sala lettura e relax), in estate sotto un gazebo, in giardino. **• Prezzi: camera doppia 70/90**

CASA EMANUELA

B&B • Via Isole Tremiti 3, tel. 070370578-3486527389, www.casaemanuela.it • 2 camere • Appartamento al primo piano di una villa nel quartiere residenziale e turistico del Poetto. A pochi minuti dal centro storico, propone camere accoglienti e spaziose complete delle principali dotazioni. Per il relax, ampia terrazza con vista panoramica sul mare e un piccolo giardino nel quale, in estate, viene servita la colazione. **• Prezzi: camera doppia 70/100**

CENTRO STORICO VIA MANNO

B&B • Vico Manno 1, tel. 3358302020-0708642769, www.centrostoricoviamanno.it • 6 camere, 2 appartamenti • In pieno centro, all'interno di un palazzo d'epoca, struttura elegante che propone ampie camere completamente ristrutturate e confortevoli. Vicinissimi monumenti e musei e, poco distante, la spiaggia del Poetto. Ricca la prima colazione che, in estate, viene servita sul terrazzo. **• Prezzi: camera doppia 85/100**

CHIAR DI LUNA

B&B • Via della Pineta 47, tel. 3927697508-3294334059, www.bbchiardiluna.it • 1 camera • A cinque minuti dal porto e dal lungomare Poetto, in una zona ben servita dai mezzi pubblici, ambiente semplice e confortevole e accoglienza garbata. Anche visite guidate. **• Prezzi: camera doppia 52/70**

DA GIAMPI E CARMELA

B&B • Via della Malva 44, tel. 070543363-3391309783, gmuggir@tin.it • 3 camere • Accogliente villa immersa nel verde di un grande giardino, a pochi minuti dalla spiaggia e dall'aeroporto, dispone di tre camere accoglienti e luminose, dotate di tutti i comfort. Nell'ampia zona giorno viene servita la prima colazione, a base di prodotti tipici. **• Prezzi: camera doppia 70/90**

DONNA POMPTILLA

B&B • Viale Trento 124, tel. 070283532 • 4 camere • Nel centro della città, deliziosa struttura nata dall'attento recupero di un'antica dimora che ha mantenuto il gusto della residenza di campagna. Gli ambienti sono curati e confortevoli, così come le quattro spaziose camere, sapientemente arredate con mobili d'epoca, tessuti dell'artigianato sardo e ceramiche artistiche. **• Prezzi: camera doppia 80/98**

ELIZABETH

B&B • Via S. Giovanni 60, tel. 3282833115, www.elizabethbb.com • 3 camere • All'interno del quartiere Villanova, dimora ristrutturata rispettando le architetture e i materiali originari. Camere accoglienti e arredate in modo raffinato, colazione a base di prodotti genuini. **• Prezzi: camera doppia 70/90**

HOSTEL MARINA

Ostello • Piazza S. Sepolcro 3, tel. 070670818, www.aighostels.com • 35 camere • In pieno centro, a due passi dalle piazzette del rione Marina e da piazza Yenne. Camere confortevoli e climatizzate, ricca prima colazione servita tra le 7 e le 10. • **Prezzi:** camera doppia 60

IL GIRASOLE

B&B • Vico Barcellona 6, tel. 070651917-3282924138, www.ilgirasole.sardegna.it • 8 camere • Atmosfera intima e rilassata per un soggiorno all'insegna del bel vivere, nel cuore del centro storico della città. • **Prezzi:** camera doppia 80/85

IL VILLINO

B&B • Via Vittorio Veneto 96, tel. 070271130-3335241294, www.ilvillinodicagliari.it • 3 camere • A breve distanza dal centro storico, un'elegante villa con giardino che offre alloggi ampi e luminosi, dotati dei più moderni comfort. Colazione a base di prodotti genuini e dolci tradizionali. • **Prezzi:** camera doppia 75

LEWIS

B&B • Via Capri 3, tel. 070560784-3358392656, www.vacanzainsardegna.it • 2 camere • Accogliente e confortevole, al secondo piano di una palazzina affacciata sul lungomare di Poetto. Camere confortevoli; colazione, a base di prodotti tipici, servita sulla terrazza. • **Prezzi:** camera doppia 70/90

MISTRAL MARINA PICCOLA

B&B • Via dei Villini 31, tel. 3392035486-3920279318, www.mistralmarinapiccola.it • 6 camere • Al piano terra di un'elegante palazzina con giardino, camere confortevoli e luminose; colazioni ricche e gestione attenta. Posizione strategica, nei pressi dei principali stabilimenti balneari della città. • **Prezzi:** camera doppia 50/80

OLD CARALIS

B&B • Via V. Porcile 11, tel. 070666991-3492912853, www.oldcaralis.it • 2 camere • Nel quartiere della Marina, camere arredate con gusto e dotate di ogni confort. Ottimo per escursioni nel centro storico e per la vicinanza al lungomare e alla spiaggia, entrambi raggiungibili in pochi minuti. La ricca colazione viene servita nella sala. • **Prezzi:** camera doppia 65/95

RESIDENZA KASTRUM

B&B • Via N. Canelles 78, tel. 070662304-3480012280, www.kastrum.eu • 6 camere • Nel centro storico di Cagliari, all'interno del castello, la residenza offre camere spaziose ed eleganti dotate di tutti i comfort. Terrazza panoramica, dalla quale ammirare la città in tutta la sua bellezza, soprattutto al tramonto. • **Prezzi:** camera doppia 70/90

VILLA MARIA LUISA

B&B • Viale Poetto 252, tel. 070370454-3477088167, www.villamarialuisa.eu • 3 camere • Struttura accogliente, con camere dagli arredi moderni e personalizzate con oggetti che i titolari hanno raccolto durante i loro viaggi. Possibilità di acquistare dolci tipici sardi e libri fotografici dedicati alla Sardegna. • **Prezzi:** camera doppia 70/80

VILLAMUS'A

B&B • Via E. Costa 7, tel. 3921160158-3409474812, www.villamusa.it • 2 camere • Lungo la litoranea che percorre la costa sudorientale, un luogo di approdo dopo una giornata spesa fra le spiagge assolate, che vanno da Villasimius e Costa Rei sino a Santa Margherita, e le scogliere a strapiombo di Capo Teulada. A disposizione degli ospiti, camere semplici e confortevoli e colazione a base di prodotti locali. • **Prezzi:** camera doppia 50/90

Touring Club Italiano
Presidente: Franco Iseppi
Direttore generale: Fabrizio Galeotti

Touring Editore
Direttore contenuti turistico-cartografici: Fiorenza Frigoni
Responsabile editoriale: Cristiana Baietta

Editor: Paola Pandiani
Redazione: Paola Bressani

Coordinamento cartografico: Davide Mandelli
Redazione cartografica: Mariangela Ruzza

Segreteria: Laura Guerini, Daniela Marchi
Coordinamento tecnico: Francesco Galati
Progetto grafico: Mara Rold
Copertina: Nausica Boccali

Hanno collaborato:
Realizzazione: Edicomma Studio Editoriale - Milano, con Gabriele Penna per la stesura dei testi, Rosanna Schiavone per il coordinamento e la revisione dei testi, Laura Coscia per la redazione, Nadia Orlandi per l'impaginazione
Esecuzione cartografica: LS International Cartography - Milano

Strada 1, Palazzo F9, 20090 Assago - Milano
www.touringclub.com

Codice: H0907A
EAN: 9788836556311